[주석·증보판]

교육의 개념

| 이홍우 지음 |

문음사
도서출판

不登高山不知天之高也
不臨深谿不知地之厚也
不聞先王之遺言不知學問之大也

【주석 · 증보판 서문】

독자에게 부끄러운 고백을 하자면, 이 책을 구상할 당시 저자는 교육학에도 그 학문을 전공하는 사람들이나 심지어 교육에 관심을 가진 사람들이 외울 만한 책－老子노자 道德經도덕경이나 불교의 金剛經금강경과 같이, 그냥 열심히 읽는 것 이상으로 부분부분을 외우면서 이따금 반추해야 할 책－이 있으면 좋겠다고 생각했다. 이 고백을 하기가 부끄러운 것은, 물론, 최종적인 성과가 그 수준에 어이없이 미달하기 때문이지만, 그럼에도 불구하고 여기서 그 고백을 하는 것은 그것이 이 책 초판의 서술 방식과 체제가 어째서 현재와 같이 되어 있는가를 설명해 주면서 동시에 원래의 초판에 덧붙여진 '주석 · 증보'라는 것이 무엇을 위한 것인지를 설명하는 데에 필요하기 때문이다.

원래 저자의 생각이 그러했기 때문에, 이 책을 처음 썼을 당시에 저자는 독자의 이해에 결정적인 지장을 주지 않는 범위 내에서 가능한 한 간결한 서술을 하려고 노력하였다. 저자는, 그 생각을 하지 않았더라면 당연히 장황하고 자세한 설명을 붙였어야 할 경우에도, 오로지 '외우는 책'이 되어야 한다는 요구 조건 때문에 그 설명의 필요를 묵살할 수밖에 없었다. 또한, 저자는 문단의 길이, 절과 절 사이의 균형 등에도 주의를 기울이지 않을 수 없었다. 글의 한 부분에 관하여 자세한 설명을 붙이다가 보면 그러한 균형을 도모하기가 어려웠을 것이다. 그뿐만 아니라, 독자의 이해를 위하여 필요한 모든 설명을 하지 않고 그것을 최대한 자제하는 데에는 그것대로 利點이점이라고 할 만한 것도 있을 수 있다. 사실상, 그동안 저자는 이 책에 관하여 다소간 우호적인 논평을 하는 독자를 만날 때는 이따금 '이 책을 충분히 "감상"하려고 하거든 눈으로 읽지 말고 소리 내어 낭독해 보라'는 충고를 해 주곤 했다. 우리가 자주 듣는 말이지만, 동서양을 막론하고 책을 소리 내어 읽지 않고 눈으로 읽는 '默讀'묵독의 관례는 생긴 지 기껏해야 이삼 세기밖에 되지 않는다고 한다. 앞의 '부끄러운 고백'에 나타나 있듯이, 특히 이 책의 경우에는 낭독의 필요가 더 절실하며, 군데군데 필요한 설명을 장황하고 자세하게 붙이는 것은 분명히 낭독에 지장을 줄 것이다.

그러나, 물론, 그러한 설명이 필요하다는 것은 어쩔 수 없다. 아닌 게 아니라, 저자는 이 책의 초판이 출판된 것과 거의 동시에 이 '주석 · 증보판'에 나타나 있는 것과 같은 형태의 주석을 붙여야 하겠다고 생각했고, 출판사에 그 계획을 통보한 것만도 이미 사오 년이 경과하였다. 이 작업이 오늘까지 미루어진 것은 그 필요가 절실하지 않아서가 아니라 그보다 더 절실한 필요 때문에 그것이 우선순위상 뒤로 밀려났기 때문이다. 더 절실한 필요가 있건 없건 간에, 이제는 이 일을 더 이상 미룰 수 없게 되었다. 주석을 붙일 자리는 본문에 (*) 표로 표시되어 있고, 책의 뒷부분에 장별로 실려 있는 주석에는 그 주석으로 풀이되는 부분이 본문의 문단 번호(예컨대 ¶3)로 표시되어 있다. 말할 필요도 없는 일이지만, 본문을 읽는 도중에 (*)표가 나올 때마다 뒤의 주석을 들추어 보는 것은 앞에서 말한 '감상'에 장애가 될 것이다. 이 문제는 저자로서는 달리 방도가 없다.

이와 같이 주석을 붙이는 것 이외에 이 주석 · 증보판에는 두 개의 증보자료가 추가되어 있다. 하나는 '전통 가정교육의 방법적 원리'라는 꽤 긴 글이다. 이 글은 원래 저자의 다른 책 (『지식의 구조와 교과』)에 부록으로 실려 있던 것을 그 원래의 책에서 뽑아 이 책으로 옮겨 실었다. 그 글의 내용으로 보아 이 책의 한 부분을 이루는 것이 훨씬 더 적절하다고 생각되기 때문이다. 그 글에는 다른 내용과 함께, 이 책에서 논의되는 교육의 개념 중에서 두 가지—성년식 개념과 사회화 개념—의 '가정교육판'이 취급되어 있는 것이다.

'학생에게서 배운 것'이라는 제목이 붙어 있는 또 하나의 증보자료는 그 자체로서도 읽을 만하다고 생각하지만, 그보다는 주로 이 책을 강의의 교재로 사용할 경우에 그 강의 담당자에게 참고가 될 수도 있으리라는 생각에서 수록해 놓은 것이다. 이 책의 초판으로 이따금 개론 수준의 강의를 할 때, 저자는 매주 강의의 일부—세 시간이나 두 시간 중의 한 시간—를 할애하여 학생들에게 특정 주제에 관한 '소견서'를 써오게 하여 강의 시간에 그 중의 한두 개를 샘플로 읽고 토론하도록 하였다. 저자가 판단하기에, 이것은 학생들에게 대단히 의미 있는 공부가 되었다. 학생들은 그 주제로 자신의 소견을 쓰는 동안에 이미 그 주제에 관하여 생각해 본 바가 있으며, 그렇기 때문에 강의 시간에 발표되고 토론되는 다른 학생들의 소견과 자신의 생각을 비교해 볼 기회를 가질 수 있는 것이다. 강의가 끝난 뒤에 저자는 학생들의 소견서를 수합하여 그것들을 세밀히 읽고 다음 강의에 저자 자신의 견해를 곁들여 그 결과를 '보고'하였다. 저자는 학생들이 제출한 소견서에 그다지 친절하지는 못하지만 군데군데 밑줄을 치거나 짤막한 논평을 붙여서 학기 말에 학생들에게 돌려주었다. 저자가 학생들에게 강조한 바와 같이, 학생 각자에게 쌓이는 소견서의 양과 질 그것이 그 학생의 그 학기 공부의 가장 중요한 부분이다.

이 둘째 증보자료는 저자가 학생들에게 제시한 소견서의 주제와 그것에 대한 학생들의 소견을 대략적으로 소개한 것으로 되어 있다. (각 소견서의 '제목' 다음에 적혀 있는 질문은 학생들이 써야 할 소견서의 방향을 지시하기 위한 것이다.) 저자가 그 강의를 한 지는 가장 최근의 것으로 따지더라도 줄잡아 10년은 경과하였을 것이며, 그렇기 때문에 저자가 보관하고 있는 '보고용' 메모를 참조하더라도 그 내용을 자세하게 기억하는 데는 한계가 있다. 그러나 이 증보자료와 관련하여 중요한 것은 제목과 학생들의 반응과 저자의 논평 모두가 예시에 지나지 않는다는 점이다. 분명히 말하지만, 저자의 이 예시를 따라서 저자가 한 것과 같은 방식으로 학생들에게 소견서를 쓰게 하는 강의자는 누구든지 거기서 학생들이 배우는 것보다 더 많은 내용을 배울 수 있을 것이다.

이 둘째 증보자료에 뒤이어 저자는 또한 저자가 담당한 교육학 개론 강의의 중간고사 문제와 기말고사 문제를 선별적으로 예시하였다. (그 중에는 저자가 이 책이 아닌 다른 책―『교육의 목적과 난점』―을 교재로 사용한 학기의 고사 문제도 한두 개 포함되어 있다.) 저자가 보관하고 있는 자료에는 중간고사 문제와 기말고사 문제가 구분되어 있지만, 독자가 보아서 알 수 있듯이, 그 두 가지는 성격상 전혀 구분되지 않는다. 학생들에게 중간고사는 기말고사를 어떤 형태로 치르게 될 것인지에 관한 예고요 또 그것을 위하여 어떤 준비를 해야 하는지를 알게 하는 연습과 같은 것이다. (시험은 언제나 '오픈 북'으로 치러진다.) 중간고사 결과는 소견서에 대해서 한 것과 정확하게 동일한 방식으로 '보고'된다. 그때 학생들은 채점 기준도 동시에 듣게 된다. 저자의 채점 기준은 중요한 순서대로, 1) 문제가 요구하는 답을 할 것(relevance), 2) 답에 모순이 없고 일관된 견해가 제시되어 있을 것(coherence), 그리고 3) 문장이 정확하고 아름다울 것(transparence)의 세 가지이다. 두 차례의 시험 결과는 소견서와 마찬가지로 저자에게 가르쳐 준 것이 있었으며, 그렇기 때문에 '학생에게서 배운 것'이라는 제목에 별로 어긋나지 않는다.

앞에서 저자는, 이 책에 주석을 붙일 필요를 절실히 느꼈으면서도 그 일이 오늘까지 미루어진 것은 그보다 더 절실히 필요한 다른 일 때문이라고 말하였지만, 최근 10년의 형편으로 말하자면 그것이 유일한 이유는 아니다. 그것은 이 책의 구상 또는 그것을 받쳐주고 있는 '교육의 개념'에 관한 저자의 생각과도 관련이 있다. 독자가 보는 바와 같이, 이 책 제1장의 마지막 부분, 그리고 초판 서문과 마지막 장의 첫 부분에서 저자는, '교육'은 우리가 그것을 개념으로 규정하기 전에는 그 형체를 알 수 없는 오리무중의 물건과 같은 것이며 교육은 '교육의 개념'에 의하여 규정되는 바로 그것이라는 점, 교육을 규정하는 개념은 이때까지의 교육학 연구가 누적적으로 정련시켜 온 문제의식을 반영한다는 점, 그러한 의미의 '교육의 개념'은 세 가지로 대표되며 그 이외에 '교육의 개념'으로 자처하는 것들은 사실상 그 세 가지 개념의 부연이나 비판에 지나지 않을 가능성이 있다는 점, 그리고 그뿐만 아니라 그 세 가지 개념은 완전히 이질적인 문제의식을 반영하며 따라서 그것들을 '종합'하는 상위의 포괄적인 개념은 있을 수 없다는 점 등을 상당히 확고한 어조로 강조하고 있다. (이러한 생각을 할 때 저자는 『경험과 그 양상』이라는 책에 나타나 있는 오우크쇼트의 사고방식에 거의 전적으로 의존하였다. 이 점에 관해서는 본문의 해당 부분에 대한 주석에서 다시 언급하겠다.)

그렇다면 저자 자신의 '교육의 개념'은 무엇인가? 그것은 이 책에 제시되어 있는 대로, 세 명의 학자의 저작에 가장 분명하게 천명된 세 개의 개념 중의 어느 하나에 속하는가, 그렇지 않으면 그것을 '종합'하거나 그것들에 대하여 대안적인 입장을 나타내는 제4의 개념인가? 사실상, 이 책의 초판을 세밀하게 읽은 독자 중에는 맨 마지막 장에 나와 있는 '세계를 배우는 것'이라는 정의가 그러한 제4의 개념을 나타내는 것이 아닌가 하는 의문을 제기한 사람들이 있었다. 지금도 다소간 마찬가지이지만, 그 의문에 대하여 저자는 적절한 대답을 해 줄 수 없었다. 그뿐만이 아니다. 이 책을 구상하던 바로 그 무렵에 저자가 쓴, 저자 자신의 '교육의 개념'이 제시되어 있는 것으로 간주될 수 있는, 『교육의 목적과 난점』(초판, 1984)에서 저자는 분명히 '성년식 개념'과 '사회화 개념'에 각각 상응하는 '학문에 의한 교육'과 '제도에 의한 교육'을 교육의 '양대 지주'로 명명하면서, 교육을 온전하게 이해하기 위해서는 그 양대 지주 사이의 대립이 어떤 방식으로든지 처리되어 그 사이에 조화로운 관련이 확립되지 않으면 안된다고 말하였다(초판 후기). 더 나아가서 저자는 그 책의 제4판 서문(1987)에서 그 대립의 처리는 '교육학에서 도저히 외면할 수 없는 중요한 문제'를 나타내며, 그럼에도 불구하고 그 당시까지 저자에게는 전혀 그 해결의 기미가 보이지 않는다고 말하였다. 그러나 그 양대 지주를 관련짓는 것은 바로 성년식 개념과 사회화 개념이라는 두 가지 개념을 '종합'하는 것이 아닌가? 그리고 그것을 '종합'하는 것은 바로 제4의 개념을 제안하는 것이 아닌가?

이 책의 초판이 출판된 이후에 경과한 18년이라는 세월은 한 사람의 학문적 생애에서는 결코 짧은 기간이 아니다. 아마 위와 같은 생각이 바탕에 깔려 있었기 때문이겠지만, 저자는 그 동안 세 가지 개념의 '대표성'과 그것들 사이의 '종합 불가능성'에 관하여 심각한 지적 번민을 겪었던 것이 분명하다. 그 번민은 다른 것이 아니라 그 세 가지 (또는 두 가지) 개념이 동일한 한 가지 이상을 지향한다고 볼 수는 없는가, 또는 다른 말로, '세계를 배우는 것' 그리고 그 결과로 '세계를 이해하는 것'이 단순히 세계를 배운다든가 세계를 이해한다는 말이 표면상 나타내는 것 이상으로 우리 각자의 삶에 모종의 확실한 의미를 가진다고 볼 수는 없는가 하는 질문에서 빚어진 것이다. 그 번민을 거치는 중에, 현재 저자는, 세 개의 개념에 대해서 한 것과 똑같이 이름을 붙이자면, '심성함양 개념'이라는 것을 가지게 되었다. 이 개념이 제시되어 있는 저자의 『대승기신론 통석』(2006)에 나타나 있는 바와 같이, 이 개념에서는 성년식 개념과 사회화 개념(또는, 학문에 의한 교육과 제도에 의한 교육)이 심성함양이라는 동일한 이상을 위하여 협응하는 것으로 되어 있다.

이와 같이 교육의 개념을 둘러싼 저자의 학문적 편력을 장황하게 늘어놓는 것은 그것이 이 책에 주석을 붙이는 일에 결정적으로 장애가 된다는 것을 말하기 위해서이다. 이 책의 구상과 현재의 '심성함양 개념' 사이에 명백한 상치 또는 모순이 존재한다는 사실에 비추어, 이 책에 주석을 붙이는 일은 다음 두 가지 방향 중의 하나를 따를 수밖에 없을 것으로 생각된다. 하나는 현재의 심성함양 개념을 염두에 두고 그것을 표준으로 삼아 주석을 붙이면서 본문의 필요한 부분을 개작하는 것이다. 이것이 완전하고 타당한 방법이 되리라는 것은 의심할 여지가 없지만, 그것은 어느 편인가 하면 또 한 권의 책을 새로 쓰는 것이나 다름없다. 이것은 저자의 형편상 따를 수 없는 방향이다. 또 하나는 심성함양 개념은 완전히 잊어버리고 오로지 원래의 구상에 전적으로 매달리면서 그것에 일관된 주석을 붙이는 것이다. 이것은 손쉬운 방법이기는 하지만, 지적 정직성에 어긋나는 만큼 저자가 따르고 싶지 않은 방향이다. 그 동안 저자는 이 두 가지 방향 중의 어느 쪽으로도 마음을 정하지 못한 채 갈팡질팡 비생산적인 방황을 계속해 왔다.

그러나 이제 그 방황은 더 이상 용납되지 않고, 어떤 방식으로든지 끝내지 않으면 안된다. 어떻게 해야 하는가? 위의 두 가지 방향 중에서 어느 하나를 꼭 따라야 한다면, 저자는 '따를 수 없는' 방향이 아닌, '따르고 싶지 않은' 방향을 따를 수밖에 없다. 그러면서도 저자는 두 가지 고려 사항을 덧붙인다. 첫째로, 저자는 지금도 이 책의 원래의 구상이 완전히 그릇되다는 확신을 가질 수 없으며, 그렇기 때문에 그 원래의 구상을 버리고 완전히 새로운 책을 쓰는 것이, 설사 가능하다 하더라도, 반드시 옳은 일인지 알 수 없다. 둘째로, 곰곰이 생각해 보면, '심성함양 개념'이라는 이름으로 불리는 '교육의 개념'을 과연 성년식 개념과 사회화 개념을 '종합한', 그것들과 대등한 지위를 가지는 '제4의' 개념으로 보아야 하는가도 분명하지 않다. 심성함양 개념은 또 하나의 '교육의 개념'이 아니라 단순히 성년식 개념과 사회화 개념이 한 가지 동일한 이상을 지향한다는 것을 드러내는 것이며, 이것을 드러내기 위하여 반드시 원래의 구상에 강조되어 있는 것과 같은, 그 두 가지 개념의 이질성－그것들이 각각 교육에 관한 상이한 문제의식을 반영한다는 점－이 부정되어야 하는 것은 아니라고 볼 수도 있는 것이다. 이렇게 말하는 것은 앞에서 말한, 교육의 개념에 관한 두 가지 생각 사이의 상치나 모순이 원만하게 해결되었다는 뜻이 아니다. 그 문제는 여전히 존재한다. 여기서 그 말을 하는 것은 저자에게 그 문제가 여전히 남아 있다는 것과, 독자가 이 책을 읽을 때 이 점을 염두에 두기를 바란다는 것을 말하기 위해서이다. 사실상, 그동안 저자의 생각을 지켜본 예리한 독자라면 그 두 가지 '교육의 개념' 사이의 표면상의 모순

속에서 그보다 더 근본적인 연속성을 발견하는 데에 어려움을 겪지 않을 것이다.

이 모든 것을 바탕에 깔고 말하자면, '심성함양 개념'이 다른 두 개념을 종합한 상위의 개념인가 아닌가, 또는 그것들과 병렬적인 제4의 개념인가 아닌가를 가리는 것은 사실상 그다지 중요한 문제가 아니라고 말할 수도 있다. 참으로 중요한 것은 교육을 보다 완전하게 이해하기 위한 이론적 도구를 발굴하고 연마하는 것이다. 이 점에서 심성함양 개념은 응분의 주목을 받아 마땅하다. 왜냐하면 심성함양 개념은 다른 두 개념에 비하여 훨씬 더 '교육이론'과의 관련을 강하게 드러내고 있으며, 교육의 '개념'보다는 교육의 '이론'에 더 가까운 것이기 때문이다. 근래 일부 교육학도들 사이에 통용되는 용어를 사용해서 말하자면, 심성함양 개념은 성리학이나 불교 수행론에 전형적으로 나타나 있는 '교육이론의 메타프락시스적 성격'을 반영하고 있다(저자 번역의 존 듀이 『민주주의와 교육』 개정 · 증보판, 2006, 증보자료 참조). 그러나 이 면에서의 교육이론은 아직은 정련되어 가는 도중에 있으며, 그에 따라 심성함양 개념 또한 마찬가지이다.

독자가 보는 바와 같이, 이 책의 초판 서문에서 저자는 다음과 같이 말하였다 – '교육의 개념'은 대학의 교육학과에 갓 들어온 학생과 정년퇴직을 앞둔 교육학 교수가 다 같이 공부할 수 있는 것이지만, '양자 사이에는 문자 그대로 天壤之差천양지차가 있다. 교육학과 신입생이 공부하는 "교육의 개념"은 장차 그의 공부로 채워야 할 빈껍데기 윤곽이요, 정년퇴직 교수의 머릿속에 있는 "교육의 개념"은 모든 세부사항이 꽉 들어차서, 억지로 그리지 않아도 저절로 그려지는 윤곽이다. 순전히 관념상으로 말하자면, 이 양자의 차이가 바로 교육학의 깊이를 가늠하는 지표가 된다고 말할 수 있을 것이다.' 저자는 현재 '정년퇴직 교수'이다. 만약 초판 서문의 말대로라면, 주석 · 증보판에 붙이는 저자의 주석은 '억지로 그리지 않아도 저절로 그려지는' 교육의 개념의 윤곽을 보여주는 그런 것이 아니면 안된다. 그러자면 저자는 현재 저자가 교육에 관하여 가지고 있는 모든 생각을 그 주석에 쏟아 부었어야 한다. 사실상, 앞에서 말한 그 방침에 따라, 초판의 본문에는 전혀 수정을 가하지 않은 채 주석만 붙이는 일을 하면서 저자는, '모든 생각'은 아니더라도 될 수 있는 대로 많은 생각을 쏟아 붓고 싶은 충동을 최대한으로 자제하지 않을 수 없었다. 그것은 오직 현실적인 제약 때문이었다. 그러면서도 저자는 훗날 그 현실적인 제약에서 벗어난 누군가가 현재 저자가 붙이고 있는 것과 같은 종류의 주석을—저자의 주석을 정면으로 부정하는 것까지도—세대에서 세대로 이어 내려가면서 덧붙여 주었으면 하는 바람을 가지고 있다. '교육학의 학문적 깊이'를 만천하에 '객관적으로' 보여 주려면 그 주석은 천 페이지, 만 페이지에 달하더라도 부족할 것이다.

난삽한 手稿수고를 인쇄 가능한 형태로 바꾸는 일에서 저자는 두 명의 誠敬齋성경재 회원의 手苦수고를 빌었다. 李美鍾 선생은 본문을 타자하는 일을 기꺼이 담당했을 뿐 아니라 이 주석 · 증보판이 하루 빨리 완성될 수 있도록 끊임없이 저자를 독려하였다. 주석과 그 밖의 자료를 타자하고 가다듬는 일은 李鎬贊 선생이 맡아 주었다. 이 두 분에게 저자는 갚을 길 없는 큰 빚을 지고 있다. 이 책의 초판 당시의 張錫泰 사장의 뒤를 이어 文音社를 책임지고 있는 趙福子 사장은 한자투성이의, 한글세대에게 정서적으로 외면당하는 책을 묵묵히 찍어내면서 저자의 태만을 너그럽게 용납해 주었다. 저자는 그분과 문음사 편집부의 金南權 과장에게도 감사의 뜻을 표한다.

2009. 8.

李 烘 雨 謹識

【초판 서문】

¶1 길건 짧건 간에 글이라는 것은 보통 첫 문장에서부터 그 방향이 점차로 결정되면서 끝 무렵에 가서는 거의 고정된 방향으로 곧장 줄달음질치듯이 마지막 문장으로 이어진다. 이때까지 저자가 글을 써낸 것이 얼마 되지는 않지만, 이 책을 쓰는 동안 저자는 전례없이 특이한 경험을 하였다. 처음 시작하는 부분에서는 오히려 방향이 꽤 고정되어 있는듯하더니 뒤로 갈수록 점점 四通八達사통팔달로 넓게 열려 있어서 어디를 지향해야 할지 갈피를 잡을 수 없다는 느낌을 받았다. 근 2년 전에 비교적 '가벼운 마음으로' 첫 부분에 손을 댄 후, 특히 중반 이후에 저자는 예상하지 못했던 긴 공백기를 겪어야 했다.

¶2 책을 끝낼 무렵에야 비로소 저자는 그 특이한 경험에 관하여 저자 나름의 분석을 할 수 있게 되었다. 결국 그 공백기는 저자의 건강 문제나 불순한 일기 탓이 아니라, 이 책이 다룬 주제의 성격, 그리고 그 주제를 다룬 방식 때문이었다고 생각된다. 단 하나의 개

념으로 교육을 규정할 때에는 교육이 비교적 단순하고 선명한 모습으로 부각된다. 이 경우에는, 마치 백지 위에 하나의 직선을 긋는 것과 같이, 이미 주어진 방향으로 계속 글을 이어 나가기만 하면 된다. 그러나 거기에 하나, 그리고 또 하나의 개념이 추가되면, 그 직선에는 비스듬한 각도를 이루는 사선이 한 개 두 개 추가되어, 생각의 방향은 그만큼 갈라지고, 그 세 개의 선이 각각 어떤 방향을 달리고 있으며 그 사이에는 어떤 관계가 있는가 하는 새로운 문제가 대두된다. 저자의 그 공백기는 아마 이 문제를 해결하는 데에 필요했던 것 같다. 그러나 그것은 결코 쉽게 해결될 만한 문제가 아니며, 저자의 경우 또한 그다지 확실한 성공을 거둔 것 같지도 않다. 만약 독자의 질정에 힘입어 수정 보완할 기회를 가지게 된다면 천우신조로 여기겠다.

¶3 '교육'이라는 것은, 물론, 뚜렷한 형체를 갖춘 '물건'이 아니요, '교육은 이러이러한 것이다'라고 말하는 것도 이미 뚜렷한 형체를 나타내고 있는 물건을 기술하는 것과는 다르다. 흔히 '교육의 개념을 규정한다'는 표현을 쓰지만, 사실을 말하자면, 이 표현은 '개념으로 교육을 규정한다'는 뜻으로 이해되어야 한다. 교육은 '교육의 개념'에 의하여 규정되는 것 바로 그것이다. '교육의 개념'은 '교육은 무엇인가'라는 문제를 답할 때 우리가 사용하는 개념이다. 이 개념은 이때까지 사람들이 '교육은 무엇인가'라는 문제를 생각할 때 늘 사용해 온 개념이며, 그것은 또한 이때까지의 교육학 연구—여러 분야에 걸친 세부적인 문제를 다룬 연구—에 사용되어 온 개념과

다를 수 없다. 이때까지의 교육학 연구는, 말하자면, 교육의 개념에 '구체성'을 부여하기 위한 학문적 노력이었다고 볼 수 있다. 마찬가지 이유에서, 교육의 개념을 이해한다는 것은 '교육의 정의'—교육의 개념을 최종적인 언어로 진술해 놓은 것—를 말할 수 있게 된다는 것과는 다르다. 교육의 개념을 이해한다는 것은 '교육의 정의'를, 그 밑에 깔려서 그것을 받쳐 주고 있는 세부적인 연구들—그것에 구체적인 의미를 부여하는 이론적 질문들—과 관련하여 이해한다는 뜻이다. (물론, 그 세부적인 연구들은 각각 교육에 관한 특정한 '문제의식'을 표현한다.)(*)

¶4 '교육의 개념', 또는 그 질문 형식의 표현인 '교육은 무엇인가'라는 주제는 이때까지 주로 교육학의 입문단계(예컨대 '교육학 개론' 강의)에서 취급되어 왔고 아마 앞으로도 그러할 것이다. 그러나 만약 앞의 말이 옳다면, 이 주제는 교육학의 입문단계에서보다는 그 완성단계에서 더 적절하게, 더 풍부하게 취급될 수 있을 것이다. '교육은 무엇인가'라는 질문은 교육학 공부의 어느 단계에서나 제기될 수 있지만, 이 동일한 질문을 대학의 교육학과에 갓 들어온 학생이 할 때와 정년퇴직을 앞둔 교육학 교수가 할 때를 비교해 보면, 양자 사이에는 문자 그대로 천양지차가 있다. 교육학과 신입생이 공부하는 '교육의 개념'은 장차 그의 공부로 채워야 할 빈 껍데기 윤곽이요, 정년퇴직 교수의 머릿속에 있는 '교육의 개념'은 모든 세부사항이 꽉 들어차서, 억지로 그리려고 하지 않아도 저절로 그려

*_ 이하 (*)는 책의 뒷부분에 장별로 실려 있는 주석을 표시한다.

지는 윤곽이다. 순전히 관념상으로 말하자면, 이 양자의 차이가 바로 교육학의 깊이를 가늠하는 지표가 된다고 말할 수 있을 것이다.

¶5 마지막 장에 간략하게 언급된 존 듀이의 경우를 제외하면, 이 책에 취급된 교육의 개념은 鄭範謨 선생님과 피터즈와 뒤르껭에 의하여 제시된 세 가지이다. '공학적 개념'과 '성년식 개념'과 '사회화 개념'이라는 이름은, 각각의 성격을 집약적으로 표현한다고 생각되기는 하지만, 그 세 저자가 그 이름에 전적으로 찬성하리라는 보장은 없다. 그 이름은 최종적으로는 저자 자신의 임의에 의하여 붙여진 것이라고 보아야 할 것이다. 피터즈나 뒤르껭의 경우와는 달리, 정범모 선생님과 저자와의 각별한 관계 때문에, 혹시 그분의 이론을 이 책의 한 부분으로 삼은 데 대하여 저자의 분별없음을 나무랄 독자가 있을지도 모르지만, 이 점에 있어서 저자는 추호의 거리낌도 없다. 설사 '공학적 개념'이라고 불리는 견해를 그분만큼 선명하게 제시한 다른 학자가 세계 어디엔가 있었다 하더라도, 저자는 그 학자 대신에 정범모 선생님을 선택하기에 주저하지 않았을 것이다. 그러나 적어도 저자가 아는 한, 지금까지 그런 학자는 없다. 정범모 선생님의 교육의 개념을 이 책의 첫머리에 내걸 수 있게 된 것은 저자에게는 하늘이 내려 준 영광이다.

¶6 이 책에 취급된 세 가지 개념은 각각에 관하여 저자가 약간 공부한 일이 있다는, 순전히 우연적인 고려 때문에 선정된 것이 아니다. 그 세 가지는, 적어도 저자가 믿기에는, 교육의 개념으로서 '대표적인' 것이다.(*) 앞에서 말한 바와 같이, '교육의 정의'가 곧

'교육의 개념'은 아니며, 따라서 교육의 정의 수만큼 많은 교육의 개념이 있는 것은 아니다. 이 책에 논의된 세 가지 개념 이외에도, 그것이 나타내는 것에 못지않게 심각한 '문제의식'을 나타내면서 또한 종래의 교육학 연구에 의하여 그 의미가 구체화될 수 있는, 진정한 교육의 개념이 또 있다고 생각하는 독자가 있다면, 혹시 그것이 그 세 가지 개념의 '부연'이나 그것에 대한 '비판'이 아닌지 다시 확인해 보기 바란다. '부연'의 경우는 말할 것도 없고, 교육의 개념에 대한 '비판'이, 그것이 비판하는 교육의 개념과 동일한 지위를 가질 수는 없다.

¶7 이 책의 주요부는 그 세 가지 개념이 각각 교육에 대하여 어떤 문제의식을 표현하고 있으며 교육의 어떤 측면을 부각시키고 있는가를 말하는 것으로 되어 있다. 그런 문제의식에 입각한 교육의 세 가지 개념을 고찰하는 저자 자신에게도 아마 그 나름의 '문제의식' 같은 것이 있을 수 있을 것이다. 구태여 말하자면, 오늘날의 사회에서는 저자가 이 책에서 말한 '위대한 것에 대한 동경과 찬탄'이 점점 사라져가고 있다는 것, 그리고 그것은 교육(또는, 교육의 실패)의 결과이면서 동시에 현재의 교육에 영향을 미치고 있다는 것이다. 다수의 사람이 그렇다고 하면 그렇다는 식의 사고, 대중의 이해나 선호가 학문과 문화의 표준이 될 수 있다는 식의 사고, '본질적으로 위대한' 문학, 음악, 미술은 있을 수 없으며 많은 사람들에게 만족과 즐거움을 주는 것이 바로 '가치'라는 식의 사고가 만연되어 있는 상황에서는 교육이 필요하지도 가능하지도 않다. 저자가 보기에, 존 듀이의 '교육이론'은 이런 종류의 파국을 태아적인 형태로 예고하

고 있다. 다만, 듀이에게 있어서 그것은 막아야 할 파국이 아니라 지향해야 할 이상이다.

¶8 그러나, 위의 문제의식을 포함하여, 이 책의 내용에 '새로운 것'은 아무것도 없다. 저자는 대부분의 사람들이 이미 알고 있는 것을 '이것은 이렇고 저것은 저렇다'고 드러내어 말했을 뿐이다. 석가여래의 손바닥을 벗어나 세계의 끝까지 날아갔다고 하는 것은 오직 손오공 자신의 생각이며, 석가여래가 보기에는 그는 여전히 손바닥 안을 맴돌고 있었을 뿐이다.

¶9 문음사의 張錫泰 사장은 이 책을 쓰겠다는 저자의 언약을 받은 이래로 긴 세월을 끈기 있게 기다려 주었다.(*) 그분에게 사과와 감사의 뜻을 표한다. 이 책을 쓰는 동안 저자는 많은 사람들로부터 거의 '압력'에 해당하는 격려와 지원을 받았다. 그분들에게 감사를 드린다. 특히 林炳德, 車美蘭 두 선생이 이 책의 마지막 장에 관하여 해 준 호의적인 논평은 저자에게 큰 도움이 되었다. 다만 두 선생이 거기에 적힌 생각을 자신의 것으로 받아들이는가의 여부는 전적으로 그들의 '自由意志'자유의지에 속한다. 책의 맨 앞장에 『荀子순자』의 한 구절을(*) 써 넣고 싶다는 저자의 强勸강권을 끝내 뿌리치지 않은 柳芳蘭 선생에게도 저자는 감사의 빚을 지고 있다.

¶10 책을 한 권 쓰고 난 뒤에, 아무리 보잘것없는 것이라 하더라도, 그 책이 많은 사람들의 마음에 들기를 바라는 것은 저자들의 공통된 마음일 것이다. 그러나 지금 이 책의 경우에, 단 한 분 鄭範

謨 선생님을 기쁘게 해드릴 수 있다면 저자는 그것만으로도 만족할 수 있다. 다른 뜻에서가 아니라, 이 책은 저자가 선생님의 슬하를 떠나 꽤 오랫동안 고아처럼 여기저기 걸식을 하다시피 한 톨 두 톨 섭취한 지적 자양의 일단을 보여 주기 때문이다. 그 밖의 모든 다른 무례가 그러했듯이, 이 책 여기저기에 선생님의 啣字함자를 적어 넣은 무례 또한 용서받을 수 있다면, 저자는 감히 이 책을, 한때 저자에게 이 세상 모든 기쁨의 근원이었던 정범모 선생님께 바친다.

1990. 8. 21.

李烘雨 謹識

【목　차】

不登高山不知天之高也
不臨深谿不知地之厚也
不聞先王之遺言不知學問之大也

교육의 개념

不登高山不知天之高也
不臨深谿不知地之厚也
不聞先王之遺言不知學問之大也

제 1 장

문제의 성격

¶1 '교육의 개념'이라는 이 책의 제목을 일상적인 질문으로 바꾸어서 표현한다면 '교육은 무엇인가'라는 것으로 된다. 이 책에서는 이 질문에 대한 몇 가지 대표적인 대답을 제시하고 각각에 관하여 필요한 만큼의 고찰을 하고자 한다. 그러나 그에 앞서서 이 '교육은 무엇인가'라는 질문이 어떤 성격의 질문인가, 그리고 그 대답에 관하여 고찰한다는 것은 어떤 종류의 일인가 하는 문제에 관하여 생각해 보겠다.

1. 교육의 개념이 논의되는 맥락

¶2 키에르케고르의 저작 중에 다음과 같은 우화가 적혀 있다—한 정신병 환자가 입원을 하고 있었다. 그는 스스로 정신이 온전하다고 생각하여 그 억울한 幽囚狀態유수상태로부터 탈출하기로 마음먹었

다. 드디어 자유를 위한 企圖기도에 성공하여 그는 마을로 향한 길을 내려가고 있었다. 그는 생각했다—'내가 마을에 갔다가 붙잡히면 다시 이 지긋지긋한 병원에 갇히게 되겠지. 그러나 만약 내가 확실한 객관적 진리를 말한다면, 그것이야말로 내 정신이 온전하다는 명백한 증거가 될 거야.' 이렇게 생각하면서 걷는 동안에 그는 길바닥에 떨어져 있는 공 하나를 주워서 뒤 호주머니 속에 넣었다. 그가 걸을 때마다 그 공은 뒤 호주머니에서 퍽퍽 소리를 내고 부딪혔다. 공이 부딪힐 때마다 그는 '지구는 둥글다'를 되뇌었다. 마을에 들어서는 길로 곧 그는 친구 집에 가서 자신이 온전하다는 증거로서, '지구는 둥글다', '지구는 둥글다'를 연발하였다. 말하자면 그는 스스로 정신병자임을 증명한 것이다.(*)

¶3 '교육은 무엇인가'라는 질문은 별로 낯선 질문이 아니며 그렇기 때문에 우리는 그 질문이 일상생활에서 흔히 대두된다고 생각하기 쉽다. 그러나 사실은 전혀 그렇지 않다. 일상생활에서는 말할 것도 없고, 심지어 세부적인 교육문제가 상당히 전문적인 수준에서 논의되는 동안에도 '교육은 무엇인가'라는 질문이, 적어도 이와 같이 명시적인 형태로 제기되는 경우는 거의 없다. 세부적인 교육문제를 논의할 때, 논의에 참여하는 사람들은 대부분의 경우에 오직 그 질문에 대한 대답을 묵시적으로 가정하고 그 가정 위에서 목하 논의되는 교육 문제에 관한 자신의 견해를 피력할 뿐, 그 질문을 명시적으로 제기하지도 않고 그 대답을 언어화하여 진술하지도 않는다.

¶4 '교육은 무엇인가'라는 질문이 명시적으로 거론되는 전형적인 경우는 교육학 개론 강의 시간이나 교육학의 개론서를 집필할 때이

다. 이 경우에는 목하 논의의 관심사인 교육이라는 것이 어떤 것인가 하는 문제가 당연히 다루어질 것이며, 다분히 일반적인 용어로 된 교육의 정의가 내려질 것이라고 기대된다. 아마 이 책도 그런 경우에 해당한다고 볼 수 있을 것이다. 그런데 지금 우리의 문제는, 그런 경우에 다루어지는 '교육은 무엇인가'라는 질문이 어떤 성격의 것이며, 그런 경우에 내려지는 교육의 정의에 대하여 우리가 어떤 태도를 취해야 하는가 하는 데에 있다. 그러므로 이 문제를 생각하는 데에는 교육학에 관한 개론 수준의 강의를 하거나 교육학 개론 책을 쓰는 사태를 분석하는 것이 별로 도움이 되지 않는다. 그것을 위해서는 오히려 교육학 개론 이외의 사태에서 '교육은 무엇인가'라는 질문이 거론될 만한 경우를 찾아서 그 경우를 분석해 보지 않으면 안된다.

¶5 교육학 개론의 사태를 예외로 치면, '교육은 무엇인가'라는 질문은 아무데서나 느닷없이 불거져 나오는 것이 아니라 반드시 모종의 맥락에서 제기된다. 어떤 사람이 갑자기 '교육은 무엇인가'라고 묻는다면, 우리는 그 사람이 무엇을 알고자 하는지 알 수 없을 것이다. 이 질문은 흡사 앞의 키에르케고르의 우화에 나오는 '지구는 둥글다'라는 말과 같이, '미친 사람'의 질문이 되고 말 것이다. 마치 그 정신병자의 '지구는 둥글다'라는 말이 거의 절대적인 객관적 진리를 표현함에도 불구하고 여전히 미친 사람의 말인 것처럼, 아무 맥락 없이 불거져 나온 '교육은 무엇인가'라는 질문, 그리고 그것에 대한 대답은, 그것이 비록 일상적으로 친근하고 객관적으로 타당하게 들린다 하더라도, 여전히 '의미'를 가질 수 없다. '교육은 무엇인

가'라는 질문, 그리고 그 질문에 대한 대답은 그 질문을 제기하게 하는 맥락과 관련하여 의미를 가지며, 우리가 그 의미를 파악하는 것도 그 맥락에 비추어서가 아니면 안된다.

¶6 '교육은 무엇인가'라는 질문이 자연스럽게 제기되는 것은 어떤 사태에서인가? 여기에 대하여, 어떤 사람은 '지적 호기심'이라는 식으로 대답할지 모른다. 말하자면, 교육이 무엇인가를 알고자 하는 욕망이 생길 때 '교육은 무엇인가'라는 질문이 자연스럽게 발생한다는 것이다. 그러나 우선 실지로 그런 경우가 있을 수 있는가 하는 것도 의심스러운 일이지만, 설사 교육이 무엇인가를 알고자 하는 욕망이 생기는 경우가 실지로 있다 하더라도, 이런 식의 대답은 근본적인 대답이 될 수 없다. 물론, 지적 호기심이라는 것은 아무것에 관해서나 생길 수 있는 만큼, 그것이 '교육은 무엇인가'라는 문제에 관하여 생겼다고 해서 안될 것은 없지만, 어째서 하필 그 문제에 관해서 지적 호기심이 생겼는가에 대해서는 응분의 설명이 주어져야 한다. 어느 문제에 관해서도 마찬가지지만, 지적 호기심이라는 것은 그야말로 하늘에서 떨어지듯이 그냥 생기는 것이 아니며, 그것이 생기는 데는 반드시 모종의 맥락이 있다. 그러므로 문제는 다시, '교육은 무엇인가'라는 질문에 관한 지적 호기심이 어떤 맥락에서 생기는가 하는, 원래의 문제로 되돌아간다. 뿐만 아니라, 이하에서 밝혀질 바와 같이, '교육은 무엇인가'라는 질문을 순전히 지적 호기심의 대상으로 생각하는 것은 이 질문의 엄청난 의의를 어이없이 과소평가하는 셈이 된다.

¶7 '교육은 무엇인가'라는 질문이 자연스럽게, 또는 의미 있게 제

기되는 경우를 이리저리 모색해 보면, 거의 예외 없이 그 질문은 교육에 무엇인가 심각한 문제가 있다고 생각될 때 제기된다는 것을 알 수 있다. 가장 단순한 예로, 어떤 사람이 보기에 오늘날의 교육은 그것이 참으로 교육인가가 의심스러울 정도로 형편없는 꼴로 되어 있다고 하자. 또한 그 사람은 오늘날 교육이 지니고 있는 근본적인 문제점을 비교적 정확하게 규정하려고 한다고 하자. 이때 그 사람에게는 '교육은 무엇인가'라는 질문이 자연스럽게 제기된다. 그리고 '교육은 무엇인가'라는 질문과 그 대답—한마디로 '교육의 개념'—은 그 사람이 오늘날 교육의 문제점을 규정하는 기준으로 작용한다. 그 사람이 하는 생각은 그 형식으로 보면, 1) 교육은 이런이런 것이다, 2) 오늘날 교육은 이것과는 다르다, 3) 그러므로 오늘날의 교육은 그릇되다—고 하는 식으로 되어 있을 것이다. 이것으로 보면, 교육의 개념에 관한 논의는 당시의 교육이 지니고 있는 문제점을 규정하는 기준으로서 필요하다고 말할 수 있다. 이하에서 드러날 바와 같이, 이렇게 말하는 것은 교육의 개념에 관한 논의의 의미를 약간 지나치게 단순화해서 말하는 것이지만, 그렇기는 해도 그 의미를 순전히 지적 호기심과 결부시키는 것이 그릇되다는 것을 보여주는 데에는 충분하다.

¶8 앞에서 말한, 교육의 세부적인 문제가 전문적인 수준에서 논의되는 경우를 다시 생각해 보자. 아주 드물기는 하지만, 이런 논의에서도 '교육은 무엇인가'라는 질문이 제기되는 경우를 상상할 수 없는 것은 아니다. 가령 어떤 특정한 교육 문제에 관하여 두 사람이 상반된 의견을 표방한다고 하자. 얼마간 논의가 진행된 뒤에 두 사

람은 그들의 의견이 상당히 근본적인 데서 갈라진다는 것을 느끼게 되고, 그들의 의견 차이는 어쩌면 '교육은 무엇인가'라는 질문에 대하여 서로 다른 대답을 가지고 있기 때문에 생긴 것인지도 모른다는 생각을 하게 된다. 이때 그들은 그들이 가지고 있는 교육의 개념을 명료화할 필요를 느끼게 된다. 두 사람이 가지고 있는 교육의 개념이 동일한 것으로 확인되건 상이한 것으로 확인되건 간에, 그것이 확인된 뒤에 그들의 논의가 어떻게 진행될 것인가 하는 것은 당장 우리의 관심사가 아니다. 그러나 적어도 한 가지 점만은 분명히 해 둘 필요가 있다. 즉, 가령 '교육은 무엇인가'라는 질문에 대한 그들의 대답이 상이한 것으로 판명되었다고 하고, 또 목하 논의되는 특정한 교육문제에 관한 그들의 의견 차이가 그 대답의 차이에 연유하는 것으로 판명되었다고 하자. 만약 그들이 자신의 논의에 대하여 참으로 성실한 태도를 가지고 있다면, 다시 말하여, 만약 그들이 목하의 문제에 관한 올바른 의견을 찾아내는 데에 진심으로 관심을 가지고 있다면, 그들은 자신들이 교육의 개념을 달리하고 있다는 사실을 확인하는 것으로 논의를 끝내지 않을 것이다. 교육에 관하여 논의하는 동안에 어떤 사람이 '아, 그것은 교육의 정의에 관한 문제이다'라고 말하면서, 이 말이 목하의 논의를 낙착시킨다고 생각한다면, 그것은 잘못된 생각이다. 그것은 곧 정의의 문제에는 논의의 여지가 없다는 생각, 다시 말하면, '당신은 교육을 이러이렇게 생각하지만, 그것은 내가 가지고 있는 교육의 정의와는 다르다. 이야기는 그것으로 끝이다'라는 식의 생각을 나타낸다. 그러나 이하에서 곧 말하겠지만, 정의의 문제는 성격상 그런 것이 아니다. 앞의 경우에 비추어서 말하자면, '교육은 무엇인가'라는 질문에 어떤 대답을 하는가, 또는 교육을 어떻게 정의하는가 하는 것은 목하 논의 중인 교육 문제에 관하여 어떤 의견을 가지는가 하는 문제와 불가분의 관계를 맺고 있으며, 만약 그 의견 중에서 어느 것이 더 올바른 의견인가가 논의의 대상이 된다면, 교육을 어떻게 정의하는가 하는 것도 그와 마찬가지로 논의의 대상이 된다. 만약 그 두 사람이 '우리는 피차 교육의 정의를 달리하니까 그 이상 더 할 말이 없다'고 말하면서 헤어진다면, 그들은, 결과적으로 말하여, 좀 더 올바른 의견을 찾는 일에 관심이 없는 것이며, 따라서 그들의 논의는 애당초 시작하지 말았어야 한다고 말할 수 있다.

¶9 위에서 우리는 '교육은 무엇인가'라는 질문이 자연스럽게 제기되는 두 개의 사태를 고찰하였다. 하나는 교육에 모종의 심각한 문제점이 있다고 생각될 때 그 문제점을 좀 더 명백하게 규정하는 기준으로서 교육의 개념이 거론된다는 것이었고, 또 하나는 특정한 교육문제에 관한 의견 차이가 있을 때 그러한 의견 차이를 파생시킨 보다 근본적인 원천으로서 교육의 개념이 거론된다는 것이었다. 이 두 경우는 교육의 개념이 논의되는 맥락을 예시한다고 볼 수 있다. 이 두 맥락 사이에 모종의 공통점을 찾아볼 수 있는가? 또한, 이 두 경우 이외에, 심지어 교육학 개론 강의까지 포함하여, 교육의 개념이 거론되는 모든 경우를 통틀어서, 교육의 개념에 관한 논의가 그 맥락에서 수행하는 역할을 보다 일반적으로 규정한다면 어떻게 되는가? 이것은 결코 사소한 문제가 아니다. 이것은, '교육은 이러이러한 것이다'라고 말하는 것, 다시 말하면 교육을 정의하는 행위

가 앞의 우화에 나오는 '지구는 둥글다'라는 정신병자의 말과 똑같은 취급을 받지 않으려면 도저히 회피하거나 얼버무릴 수 없는 근본적인 문제이다.

2. 강령적 정의

¶10 셰플러가 '교육에 있어서의 정의'라는, 널리 인용되고 있는 글에서 말한 '강령적 정의'라는 용어는 이 문제를 생각하는 데에 대단히 중요한 단서가 된다.(*) 이 글에서 셰플러는 과학에서의 정의와 과학 이외의 사태에서의 정의를 구분하여, 후자를 '일반적 정의'라고 부른다. (이 일반적 정의에 대하여, 과학에서의 정의는 '조작적 정의'라고 불러도 좋을 것이다. '조작적 정의'에 관해서는 다음 장에서 다시 설명할 기회가 있을 것이다.) 셰플러는 이 '일반적 정의'를 세 가지로 분류하여, 각각이 상이한 맥락에서 상이한 역할을 한다는 것을 보이고 있다. 여기서는 먼저, 셰플러의 설명을 따라 세 가지 정의와 그 역할을 제시하고, 그 중에서 특히 '강령적 정의'가 목하 우리의 문제에 어떤 관련을 가지는지 설명해 보겠다.

¶11 첫째로, 성적 등급을 표시하는 '수, 우, 미, 양, 가'를 각각 정의하는 경우를 생각해 보자. 이 글자들이 각각 무엇을 나타내는지를 아는 사람, 그리고 일반적으로 '정의한다는 것'이 무엇인지 아는 사람이라면 아무도 '수'라는 것은 '뛰어나다'는 뜻이라든지 '가'라는 것은 '무엇무엇을 해도 좋다'는 뜻이라든지 하는 식으로, 각각의 글자를 풀이하려고 하지 않을 것이다. 그 다섯 글자를 정의하자면, '수

는 91점에서 100점까지, 우는 81점에서 90점까지 …… 가는 60점 미만을 뜻한다'고 말해야 한다. 이 정의에서 '정의되는 말'(수, 우 ……)은 '정의하는 말'(91점에서 100점, 81점에서 90점 ……)을 요약하여 붙인 임의적인 이름에 불과하다. 수우미양가가 반드시 이 순서대로 되어야 할 필요도 없으며, 사실상 반드시 수우미양가가 아닌, 전혀 무의미한 부호를 써도 상관이 없다. 중요한 것은 91점에서 100점, 81점에서 90점, 등등을 부르는 이름을 만들어서 쓰기로 약속을 하면 되는 것이다. 그리고 그 이름은 그 약속에 비추어 정의된다. 이런 종류의 정의를 '약정적 정의'라고 부를 수 있다.

¶12 위의 설명에서도 알 수 있는 바와 같이, 약정적 정의에 대해서는 그것이 일상적 어의와 일치하는가의 여부를 물을 수가 없다. 이것을 묻는 것은 곧 '수'가 과연 일상적으로 91점에서 100점 사이의 성적을 나타내는가를 묻는 것이다. '수'가 이때까지 그런 뜻으로 사용되지 않았다는 것을 근거로 하여 그 정의의 타당성을 부정한다면 그것은 약정적 정의의 포인트를 도외시하는 것이다. 왜냐하면 약정적 정의는 종래의 일상적 어의에 의존하는 것이 아니며, 오히려 그 정의에 의하여 규정되는 용어가 일상적 어의에서 '이탈'된다는 것을 보이는 데에 목적이 있기 때문이다. 예컨대 '수는 91점에서 100점 사이의 성적을 나타낸다'는 정의는 '수'가 일상적으로 사용되던 어의—그것이 무엇이든 간에—와는 다른 뜻으로 사용된다는 것을 나타낸다. 그리고 바로 이 점에서 그 정의는 '약정적 정의'이다.

¶13 그러나 우리가 보통 한 용어의 정의를 물을 때, 우리가 듣고자 하는 것은 이런 종류의 정의가 아니다. 대부분의 경우에 우리는

그 용어가 어떻게 일상적 어의에서 이탈하는지를 알고 싶은 것이 아니라, 바로 일상적 어의 그 자체를 알고 싶어 한다. 이때 우리가 알고 싶어 하는 어의를 가리켜 그 용어의 '기술적 정의'라고 부를 수 있을 것이다. 기술적 정의가 어떤 성격의 것인가를 알려면 국어사전을 보면 된다. 국어사전에 나와 있는 낱말 풀이는 대부분의 경우에 그 낱말이 일상적으로—더 정확하게 말하면, 그 낱말의 정의에 대한 요구가 있기 이전에—어떤 뜻으로 사용되고 있는가를 설명해 놓은 것이며, 이 점에서 그것은 기술적 정의에 해당한다.

¶14 예컨대 '교육'이라는 단어가 국어사전에 어떻게 풀이되어 있는지 찾아보자. 한 국어사전에는 '교육'이라는 단어가 '1) 가르쳐 기름, 2) 전체적 인간 형성의 사회적 과정'으로 풀이되어 있다. 한 가지 주목할 사실은, 기술적 정의는 그 형식에 있어서 약정적 정의와 전혀 구별되지 않는다는 것이다. '교육은 가르쳐 기르는 일을 뜻한다'와 '수는 91점에서 100점 사이를 뜻한다'는 동일한 형식을 취하고 있다. 그러나 이 동일한 형식의 이면에는 두 정의에서의 관심의 차이가 숨겨져 있다. 약정적 정의에서의 관심은 위의 정의에서 보면 오른쪽에서 왼쪽으로 작용한다고 말할 수 있다. 왼쪽의 항인 '수'는 오른쪽의 '91점에서 100점 사이'를 요약하는 이름으로 붙여진 것이다. 이에 반하여, 기술적 정의는 그 관심의 방향이 왼쪽에서 오른쪽으로 작용한다. 기술적 정의는 이미 사용되고 있는 '교육'이라는 용어의 뜻을 모르는 사람에게 그 뜻을 알려줌으로써 그 용어를 올바르게 사용할 수 있도록 하는 데에 목적이 있다. 약정적 정의의 관심이 '速記'속기에 있다고 한다면, 기술적 정의의 관심은 '설명'에 있

다. 속기는 오로지 편의에 의거할 수 있지만 설명의 경우는 그렇지 않다. 이 점에서 기술적 정의에 대해서는 약정적 정의에 대해서와는 달리 그 정의가 '올바른' 정의인가를 물을 수 있다. 이때 이 물음은 과연 그 정의가 해당 용어의 일상적 어의와 부합하는가를 묻는 것이다. 앞에서 말한 바와 같이, 약정적 정의에 대해서는 이 물음이 해당되지 않는다. 약정적 정의가 일상적 어의에서의 이탈을 그 포인트로 한다면, 기술적 정의는 그것과의 합치를 그 포인트로 한다.

¶15 국어사전의 낱말 풀이를 생각해 보면 알 수 있는 바와 같이, 기술적 정의는 특정한 맥락을 염두에 두고 내려진 정의가 아니라, 누가 어떤 맥락에서 사용하는가에 관계없이 일반적으로 통용되도록 내려진 정의이다. 그것은 예컨대 '교육'이라는 단어를 모르는 사람에게 그 단어의 일반적인 의미—즉, 맥락무관의 의미—를 알려주기 위한 것이다. 이 점에서 기술적 정의는 앞에서 말한, 교육의 개념이 자연스럽게 거론되는 경우에는 적합하지 않다. 교육에 관한 모종의 심각한 문제점이 느껴져서, 또는 특정한 교육문제에 대한 의견 차이를 명료화할 필요가 있어서, '교육은 무엇인가'라는 질문을 제기할 때, 그 질문을 하는 사람이 찾는 것은 국어사전에 나와 있는 낱말 풀이가 아니다. 그들은 교육이라는 단어가 국어사전에 어떻게 풀이되어 있는지 몰라서 그 질문을 하는 것이 아니라, 그것을 알면서도 그 질문을 하는 것이다. 그들은 교육이라는 단어가 일상적으로—다시, 그 단어의 정의가 문제되기 이전에—어떤 뜻으로 사용되어 왔는가를 알고 싶은 것이 아니라, 그 단어가 정확하게 (또는, 올바르게) 어떤 뜻으로 사용되어야 하는가를 알고 싶은 것이다.

다시 말하면, 그들은 기술적 정의와는 다른 종류의 정의를 요구하는 것이다. 이때 요구되는 정의가 '강령적 정의'이다.

¶16 약정적 정의와 기술적 정의가 그 형식에 있어서 구별되지 않는 것과 마찬가지로, 강령적 정의 또한 그 형식에 있어서 기술적 정의와 다르지 않다. 교육의 개념을 명료화할 필요가 있는 경우에 누군가가 교육의 정의를 내린다면 그 정의는, 형식으로 보면, 국어사전의 낱말 풀이－예컨대, '교육은 가르쳐 기르는 것을 뜻한다'－와 다른 것이 될 수는 없을 것이다. 강령적 정의와 기술적 정의의 차이는 그 형식에 있는 것이 아니라 그것이 쓰이는 목적, 또는 그것이 논의에서 수행하는 역할에 있다.

¶17 셰플러가 보기로 든 '전문직'의 정의를 생각해 보면 이 점을 쉽게 이해할 수 있다. 논의에서 전문직의 정의가 문제로 대두되는 대표적인 사태는 어떤 특정한 직업을 전문직으로 분류해야 하는가 아닌가가 문제되는 경우일 것이다. 이때 전문직을 어떻게 정의하는가에 따라서 이때까지 전문직으로 취급되어 오던 직업이 전문직이 아닌 것으로 분류되기도 하고, 그 반대로 이때까지 전문직으로 취급되지 않던 직업이 전문직으로 분류되기도 한다. 전자의 경우에는 목하 논의의 대상이 되는 그 직업이 이때까지 전문직으로서 누려오던 특별한 대우를 그 이상 누리지 말아야 한다는 주장이 성립하며, 후자의 경우에는 이때까지 다른 전문직들이 누려오던 특별한 대우를 목하 논의의 대상이 되는 그 직업에게도 해 주어야 한다는 주장이 성립한다. (물론, 때로는 이때까지 전문직으로 분류되던 직업을 전문직으로, 또는 전문직으로 분류되지 않던 직업을 전문직이

아닌 것으로 재확인하는 경우도 있으나, 이 경우에도 위와 마찬가지의 해석이 적용된다.) 어느 경우에 있어서나 문제는 목하 논의의 대상이 되는 직업에 대하여 전문직에 해당하는 특별한 대우를 해 주는 것이 옳은가 아닌가에 있다. 이 문제가 표면상으로 '전문직은 무엇인가'라는 정의의 문제로 등장하는 것이다. 이것을 뒤집어서 말하면 다음과 같다. 즉, 위와 같은 맥락에서의 전문직의 정의 문제는 표면상으로 보면 말의 뜻에 관한 문제처럼 보이지만, 사실은 그 이면에 어떤 특정한 직업에 대하여 전문직에 해당하는 특별한 대우를 해 주는 것이 옳은가 아닌가 하는 '행동 강령'(또는 프로그램)의 문제가 들어 있다. 이런 맥락에서 사용되는 정의가 '강령적 정의'이다. 그것을 '강령적 정의'라고 부르는 것은 바로 이와 같이 '어떻게 해야 하는가, 어떻게 하는 것이 옳은가'(이 경우에는 '해당 직업을 전문직으로 대우하는 것이 옳은가')라는 행동 강령의 문제가 들어 있기 때문이다.

¶18 전문직의 정의가 논의되는 경우를 좀 더 구체적으로 생각해 보자. 이제 어떤 직업 하나를 염두에 두고 그것을 전문직으로 보아야 하는가 아닌가가 문제로 되어 '전문직은 무엇인가'라는 질문이 제기된다. 가령 전문직의 정의를 A로 내리면 그 직업은 전문직에 속하게 되고 B로 내리면 그 직업은 전문직에 속하지 않는다. (다시 말하면, 그 직업은 정의 A에 명시된 요건은 갖추고 있지만 B에 명시된 요건에는 미달된다.) 정의 A와 B중에서 어느 것을 옳은 것으로 받아들여야 하는가? 이것이 전문직의 정의가 논의되는 구체적인 사태이다. 가령 어떤 사람이 정의 A를 받아들여야 한다고 주장하면

서 그 근거로서, 정의 A가 이때까지 일반적으로 받아들여 온 관례적 어의에 더 가깝다는 것을 내세운다고 하자. 만약 그 사람이 그것으로 논의가 끝난다고 생각한다면 그것은 전문직의 정의가 논의되는 그 맥락을 전적으로 그릇되게 파악하는 것이다. 왜냐하면 이 사태에서의 문제는 한 정의가 일상적 어의에 부합하는가 아닌가에 있는 것이 아니라, 그것과는 관계없이, 한 용어를 어떻게 정의하는 것이 옳은가(따라서, 목하 논의의 대상이 되는 그 직업을 전문직에 포함시키거나 거기서 제외하는 것이 옳은가)에 있기 때문이다. 그 사람이 정의 A가 관례적 어의에 더 부합한다고 하여 그것이 옳은 정의라고 주장한다면, 그 주장에 대해서는, '그렇다면 목하 논의되는 직업을 전문직으로 대우해 주는 것이 옳은가'라는 질문이 여전히 제기될 수 있고, 그 사람은 이 질문에 대답하지 않으면 안된다.

¶19 정의가 관례적 어의에 부합해야 하는가 아닌가 하는 관점에서 보면, 강령적 정의는 기술적 정의보다는 약정적 정의와 더 비슷하다. 앞에서 말한 바와 같이, 한 정의가 기술적 정의로 간주될 때 그것이 옳은가 그른가는 그것이 일상적 어의에 얼마나 일치하는가에 의하여 판단되는 반면에, 약정적 정의는 처음부터 일상적 어의에서 이탈하려는 의도에서 내려진다. 강령적 정의도 이 점에서 약정적 정의와 동일하다. 예컨대 위와 같은 사태에서 문제는 '전문직을 어떻게 정의하면 사람들이 일반적으로 알고 있는 어의에 부합할 것인가'가 아니라 '전문직을 어떻게 정의하면 이 특정한 직업이 전문직에 포함되거나 거기서 제외되도록 할 수 있을 것인가'에 있다. 그리하여 만약 그 직업이 전문직에 포함되거나 거기서 제외되는 것이

어떤 점에서든지 바람직하다고 판단되면, 그 판단에 맞게 정의가 내려지며, 이 점에서 그 정의는 관례적 어의에 부합하는 것보다는 그것에서 이탈하는 것을 포인트로 삼는다고 말할 수 있다.

¶20 그러나 강령적 정의에 대해서는 약정적 정의의 경우와는 달리 그 타당성에 관한 의문이 제기될 수 있고, 이 점에서 그것은 약정적 정의보다는 기술적 정의와 비슷하다. 약정적 정의에 대해서는 그것이 전달하고자 하는 내용을 편리하게 전달할 수 있다는 것 이상으로, 그것이 과연 올바른 정의인가, 또는 어째서 그 정의를 받아들여야 하는가 하는 질문이 제기될 수 없다. 그러나 기술적 정의와 강령적 정의에 있어서는 그렇지 않다. 다만, 두 경우에 제기되는 질문의 종류 또는 의미가 다를 뿐이다. 기술적 정의에 대해서 그것이 타당성에 관한 질문이 제기된다면, 그 질문은 그 정의가 종래의 관례적 어의를 충실히 반영하고 있는가를 묻는 것이며, 이런 뜻에서 그것을 '언어적' 질문이라고 부를 수 있다. 그러나 강령적 정의의 타당성에 관한 질문은 이것과는 종류가 다르다. 그것은 그 정의에 함의되어 있는 행동 강령이 올바른가(예컨대 특정한 직업을 전문직에 포함시키거나 거기서 제외하여 그것에 상응하는 대우를 하는 것이 올바른가)를 묻는 것이다.(*) 셰플러는 이런 종류의 질문을 앞의 언어적 질문과 구분하여, '도덕적' 질문이라고 부르고 있다. 물론, 여기서 도덕이라는 것은 일상적인 의미에서의 도덕과는 다른, 훨씬 광범위한 의미로서의 '도덕적 판단'에 관계되는 것이며, 그 판단에는 여기서 일일이 열거할 수 없는 여러 가지 복잡한 고려 사항이 개입될 것이다.(*)

¶21 위의 설명에서 쉽게 짐작할 수 있다시피, 인간과 사회에 관한 논의에서 문제되는 정의는 대부분 강령적 성격을 띤다. '교육'이라는 단어의 정의도 마찬가지이다. 교육에 관한 논의에서 교육의 정의가 문제될 때, 그것이 마치 초등학교 학생들의 짧은 글짓기 문제와 같다고 생각할 사람은 아무도 없을 것이다. 그 논의에 참여하는 사람들은 이미 '교육'이라는 단어를 어떤 경우에 써야 하는지 알고 있다. 말하자면 그들은 교육의 기술적 정의는 이미 알고 있는 것이다. 그 논의에서 교육의 정의가 문제된다면, 그것은 곧 교육에 관한 강령 또는 프로그램－다시 말하면, 어떻게 하는 것이 올바르게 교육하는 것인가－에 관한 문제라고 보아야 한다. 말할 필요도 없이, 교육의 강령 또는 프로그램은 크게는 교육의 근본적인 성격에서 시작하여 작게는 입시문제의 방향에 이르기까지 여러 수준에 걸쳐서, 또 다양한 측면에 관하여 논의될 수 있으며, 이 문제들은 따로따로 떨어져 있는 것이 아니라 다소간 밀접한 관련을 맺고 있다. 이런 문제들을 논의하는 맥락에서 교육의 개념이 문제된다는 것은 곧 교육의 개념을 어떻게 규정하는가가 그 논의의 방향에 영향을 미친다는 뜻이다. 이것은 다시, 교육의 개념에 관한 논의는 사소한 것도 아니요 쉽게 낙착될 수 있는 것도 아니라는 것을 말해 준다.

3. 교육의 개념에 대한 지적 자세

¶22 이상의 고찰은 다음과 같은 결론을 시사한다. 즉, '교육은 무엇인가'라는 질문, 그리고 그것에 대한 대답은 편안한 마음으로 할

수 있는 질문이나 대답이 아니라는 것이다. 어떤 사람이 '교육은 이러이러한 것이다'라고 말할 때, 그 말이 그것을 말하는 사람이나 듣는 사람에게 의미를 가지기 위해서는 그 말을 하는 사람이 어떤 점에서 마음이 편하지 않은가가 말하는 사람이나 듣는 사람에게 이해되어야 한다. 그 말이 의미를 가지는 정도는 이것이 이해되는 정도에 달려 있다고 말할 수 있다. 이와 마찬가지로, 어떤 사람이 '교육은 이러이러한 것이다'라는 말을 하등 마음의 동요 없이 편안한 마음으로 한다든지, 그 말이 어떤 마음의 동요를 나타내는가가 말하는 사람이나 듣는 사람에게 전혀 이해되지 않는다면, 그 '교육은 이러이러한 것이다'라는 말은 이 장의 첫머리에 나와 있는 '지구는 둥글다'라는 말 이상의 의미를 가지지 못한다. 이제, 이때까지 말한 바에 비추어 이 점을 설명해 보겠다.

¶23 이때까지의 고찰을 돌이켜 보면, 교육의 정의가 강령적 정의로서의 성격을 띤다는 것은 '교육은 무엇인가'라는 질문이 자연스럽게 제기되는 맥락을 조사해 본 결과로 얻어진 결론이라고 말할 수 있다. 정상적인 경우를 염두에 둔다면, '교육은 무엇인가'라는 질문은 아무렇게나 불쑥 튀어 나오는 질문이 아니라 그것에 대한 대답 여하가 교육의 전반적인 문제를 규정하는 데에나 특정한 교육 문제에 관한 의견을 사정하는 데에 영향을 미친다고 생각될 때 제기된다. 그러므로 '교육은 무엇인가'라는 질문은 교육이라는 단어의 사전적 어의를 묻는 질문이 아니라 교육을 어떻게 해야 하는가, 어떻게 교육하는 것이 올바르게 교육하는 것인가를 묻는 질문이라고 보아야 한다. 교육의 정의, 즉 '교육은 이러이러한 것이다'라는

발언이 '교육은 무엇인가'라는 질문의 대답인 한, 교육의 정의도 그 질문의 성격으로 보아 그것과 동일한 뜻으로 해석되지 않으면 안된다. 다시 말하면, '교육은 이러이러한 것이다'라는 발언은 교육이라는 단어가 일상적으로 어떤 경우에 사용되는가에 대한 대답이 아니라 어떤 교육이 올바른 교육인가에 대한 대답이라고 보아야 한다. (물론, '교육은 이러이러한 것이다'라는 발언이 교육이라는 단어의 사전적 어의를 묻는 질문의 대답이 될 수 없는 것은 아니다. 그러나 어떤 사람이 '교육은 이러이러한 것이다'라고 말한 뒤에, 자신은 오직 교육이라는 단어가 통상 어떤 뜻으로 사용되고 있는가를 말했을 뿐이라고 말한다면, 그것에 대하여 우리가 할 수 있는 말은 당연히, '그런 종류의 발언에는 관심이 없다'는 것이다.)

¶24 그러므로 셰플러가 말한 '강령적 정의'는 '교육은 이러이러한 것이다'라는 발언이 의미를 가지게 되는 조건을 일반적으로 규정하는 것이라고 말할 수 있다. 앞에서도 말한 바와 같이, '교육은 이러이러한 것이다'라는 말은 때로, 예컨대 교육학 개론 강의나 교육학 개론서에서와 같이, 자연적인 맥락을 떠나서도 할 수 있다. 그러나 강령적 정의라는 용어에 나타난 의미 조건은 이 경우에도 여전히 적용된다. 다시 말하면, 강령적 정의라는 용어는 교육학 개론서나 강의에서 흔히 들을 수 있는 '교육은 이러이러한 것이다'라는 말이 어떤 정신 상태의 표현인가를 시사해 주고 있다. 가령 어떤 사람이, 자연적 맥락 안에서건 밖에서건 간에, '교육은 이러이러한 것이다'라고 말한다고 하자. 그리고 우리는 그 사람이 완전히 정상적인 정신 상태를 가지고 있어서, 그 말이 미친 사람의 헛소리도 아니요,

또한 교육이라는 단어의 사전적 어의를 가르쳐주려는 말도 아님을 알고 있다고 하자. 그렇다면 우리는 당연히 그 말 속에 현재의 교육에 대한 그 사람의 문제의식이 들어 있다고 보아야 한다. 그 사람이 보기에 현재의 교육은, 실제적인 면에서 그가 옳다고 생각하는 것에 어긋나는 방향으로 나아가고 있고, 이론적인 면에서 그가 옳다고 생각하는 것에 어긋나는 방식으로 설명되고 있다.(*) 그 사람은 이 사태에 대하여 지적 분개라고 표현해도 좋을 그런 느낌을 가진다. '교육은 이러이러한 것이다'라는 그의 발언은 현재의 교육이 실제적인 면에서나 이론적인 면에서 그릇된 방향을 지향하고 있다는 것을 지적하기 위한 것이며, 그 발언을 할 때 그 사람은 그 지적에 수반되는 일종의 지적 분개도 함께 느낀다. 요컨대 그 사람은 마음이 편하지 않은 것이다.

¶25 물론, 우리는 '교육은 이러이러한 것이다'라는 말을 할 뿐만 아니라 그 말을 듣기도 한다. 나아가서, 우리는 우리가 들은 말을 되받아서 말하기도 한다. 사실상, 지금 우리가 하고 있는 '교육은 이러이러한 것이다'라는 말은 대부분의 경우에 우리가 처음 하는 것이 아니라 남이 이미 한 말을 듣고 그것을 따라 하는 것이다. 강령적 정의라는 말에 함의되어 있는 의미 조건이 도외시될 가능성과 위험이 가장 큰 경우는 바로 이와 같이 남이 내려놓은 정의를 되받아서 말하는 경우이다. 가령 남이 내려놓은 정의를 되받아서 말하는 사람이 그 '교육은 이러이러한 것이다'라는 말을 단어의 사용에 관한 약속('약정적 정의')이나 단어의 관례적 어의('기술적 정의')를 나타내는 것 정도로밖에 생각을 하지 못한다면, 그 사람은 그 말이

가지고 있는 원래의 의미를 완전히 놓치고 만다. 그 사람은 원래 그 말을 한 사람이 교육에 대하여 가지고 있었던 문제의식을 전혀 이해하지 못한다. 그 사람은 원래 그 말을 한 사람이 그 말을 했을 당시에 느꼈던 지적 분개를 함께할 수 없으며, 따라서 하등 마음의 동요 없이 편안한 마음으로 그 말을 되받아서 할 수 있다. 그 사람에게 '교육은 무엇인가'라는 문제는 그야말로 '정의상의' 문제에 불과하며, 교육의 정의에 관한 문제는 교육에 관한 논의에서 하등의 중요한 위치를 차지하지 못한다. 심하게 말하면, 그 사람에게는 자신이 들은 '교육은 이러이러한 것이다'라는 말이 정신병자의 헛소리 이상의 의미를 가지지 않으며, 그 헛소리를 그가 들은 그 상태대로 되받아 함으로써 그 자신도 정신병자의 헛소리를 하고 있는 셈이다.

¶26 이상의 고찰은 결국 이하 이 책에서 제시하고자 하는 교육의 세 가지 정의(또는, 세 가지 교육의 개념)를 이해하는 데 있어서 우리가 어떤 지적 자세를 가져야 하는가를 말해 준다. 그 세 가지 정의라는 것은 鄭範謨 교수의 정의, 피터즈의 정의, 그리고 뒤르껭의 정의이다. 물론, 이들 세 가지 정의는 이 책에서 처음 소개되는 것이 아니라, 이때까지 널리 인용되어 왔고, 특히 우리나라에서 정범모 교수의 정의는 교육학에 대한 가장 초보적인 관심을 가진 사람에게도 알려져 있다. 이들 세 가지 정의는 모두 이 세 저자들이 쓴 책의 첫 부분에 제시되어 있으며,(*) 이것만으로 보면 그것은 모두 앞에서 말한 '논의의 정상적인 맥락' 바깥에서 제시되었다고 말할 수 있다. 그들은 교육의 특정한 세부적 문제에 관하여 의견을 말하는 동안에 적절한 맥락에서 '교육은 이러이러한 것이다'라고 말하는

것이 아니라, 교육에 관한 책을 쓰면서 첫머리에 교육의 정의를 먼저 제시하고 있다. 그러나 분명히 말하여, 그 저자들은 그 정의를 통하여 우리에게 모종의 의미를 전달하고자 한다. '교육은 이러이러한 것이다'라는 그들의 발언이 우리에게 의미를 가지려고 하면, 우리는 그들이 그 말을 할 때 틀림없이 가졌을 문제의식이 무엇인가를 파악하지 않으면 안된다. 우리는 그들이 교육의 어떤 점 때문에 마음이 편하지 않았는지를 이해하고 그들의 그런 느낌을 다소간은 함께 하지 않으면 안된다. 이것은 그들의 정의를 이해하려고 할 때 우리가 당연히 짊어져야 할 지적 부담이다. 이 부담을 감당할 자세나 능력이 없이 그들의 정의를 그냥 되받아 말하기만 하는 것은 그 정의가 가지고 있는 심각한 의미를 전적으로 도외시하는 것이다.

¶27 이 장의 첫머리에서 저자는 이 책에서 '교육은 무엇인가'라는 질문에 대한 몇 가지 대표적인 대답을 고찰하겠다고 말하였다. 여기서 '대표적인'이라는 말은 특별한 의미를 가지고 있다. 이 책에서 고찰하고자 하는 교육의 정의가 정범모 교수, 피터즈, 뒤르껭의 정의인 것으로 밝혀진 지금, 이들의 정의가 어떤 점에서 '대표적인' 것인가에 대하여 궁금히 여기는 독자가 있을 것이다. 이제 이 문제에 관하여 잠깐 언급하겠다.

¶28 여기서 먼저 지적해야 할 점은, 이들의 정의는 모두 교육을 '총체적으로' 정의하려는 시도를 나타낸다는 것이다.(*) 가령, 우리에게 잘 알려져 있는, 정범모 교수의 정의를 예로 들어서 생각해 보면, '인간행위의 계획적 변화'라는 정의를 들을 때, 우리는 이 정의가 교육이라는 이름으로 행해지는 일체의 활동을 포괄적으로 규

정한다고 보지 않으면 안된다. 다시 말하여, '인간행동의 계획적 변화'가 아닌 교육이라는 것은 없다는 것이다. '인간행동의 계획적 변화'인 교육이 따로 있고 그것이 아닌 교육이 따로 있는 것이 아니라, 교육이라는 것은 어떤 것이든지 '인간행동의 계획적 변화'이다. 이 정의를 내린 정범모 교수의 관점이 그러하고, 우리도 그것을 그 관점에서 받아들여야 한다. '인간행동의 계획적 변화'인 교육이 있고 그렇지 않은 교육이 있다고 생각하는 것은 그 정의가 교육의 '총체'가 아닌, 한 '부분'을 규정한다고 생각하는 것이며, 이렇게 생각하는 순간에 우리는 그 정의에 의하여 규정되지 않는 나머지 부분(이것도 역시 교육이라고 보아야 한다)을 어떻게 규정해야 하는가 하는 해결 불가능한 난관에 봉착하게 된다. 이 난관은 오직 우리가 그 정의를 '총체적인' 것이 아니라 '부분적인' 것이라고 생각하는 데서 빚어진 불필요한 난관이다.

¶29 이상 정범모 교수의 정의를 보기로 하여 말한 내용은 피터즈나 뒤르껭의 정의, 그리고 그 밖에 누구의 정의에도 마찬가지로 적용된다. 피터즈나 뒤르껭의 정의도 교육의 한 부분을 규정하는 것이 아니라 교육이라는 이름으로 행해지는 일체의 활동을 규정하는 것이다.(*) 그러므로 이하 이 책에서 고찰될 세 개의 정의를 이해할 때, 마치 그 세 개의 정의가 교육을 세 조각으로 나누어 각각 한 조각씩 규정하는 것처럼 생각해서는 안된다. 그 세 개의 정의는 각각 교육의 전체를 규정한다. 그리하여 우리는 세 개의 상이한 '교육'을 가지는 것이 아니라 세 개의 상이한 '정의'를 가지게 된다. 비유해서 말하면, 그 세 개의 정의는 교육이라는 덩어리 전체를 각각

상이한 방향 또는 시각에서 보는 것과 같다고 말할 수 있다. 하나의 물체를 상이한 시각에서 바라볼 때, 비록 그 물체 자체는 동일한 것이라 하더라도 그것을 보는 시각에 따라 다르게 보이는 것이다. 교육의 정의도 이와 마찬가지이다. 이 책에서 고찰하고자 하는 세 개의 정의는 교육이라는 하나의 총체를 보는 상이한 시각을 나타낸다. 앞의 '부분'이라는 용어와 정확하게 대비되는 용어를 써서 표현하자면, 그 세 개의 정의는 교육의 세 가지 '양상'을 나타낸다고 말할 수 있다.

¶30 교육의 상이한 양상은 각각 상이한 문제의식을 반영한다. 교육이라는 활동을 상이한 시각으로 볼 때 교육은 상이한 문제를 가진 것으로 비친다. 이렇게 비친 교육의 모습이 곧 교육의 양상이다. 이렇게 말하는 것은, '교육은 무엇인가'라는 질문은 특정한 문제의식을 내포하고 있다는 것, 그리고 '교육은 이러이러한 것이다'라는 발언은 그 문제의식을 표현하고 있다는 것을 다르게 말하는 것에 지나지 않는다. (예컨대 정범모 교수의 정의가 교육의 한 양상을 드러내는 것이라는 말을 듣고 난 뒤에도, '인간행동의 계획적 변화'라는 정의가 '모든 교육'을 설명할 수 있는가 하는 의문은 여전히 성립한다고 생각하는 사람들이 있을 것이다. 아마 그렇다고 보아야 할지 모른다. 그러나 그 정의가 '모든' 교육을 설명하는가 하는 의문은, '인간행동의 계획적 변화'를 제외한 나머지 교육이 있지 않은가 하는 뜻이 아니라, '인간행동의 계획적 변화'라는 정의에 나타난 문제의식 이외에, 그것과는 다른 문제의식이 없는가, 그 정의에 의하여 파악되는 교육의 양상이 과연 교육의 '유일한' 양상인가 하는

뜻으로 이해되어야 한다.)

¶31 이상의 고찰은 이 책에서 논의될 세 가지 정의가 어떤 뜻에서 '대표적인' 것인가 하는 문제로 연결된다. 여기서 '대표적'이라는 말은 이 세 가지 정의의 시각이 교육을 보는 대표적인 시각이라는 뜻이며 그 세 가지 정의에서 드러내고자 하는 교육의 양상이 대표적인 양상이라는 뜻이다. 물론, 이 점에 대해서는 이견의 여지가 있지만, 저자가 보기에 그 세 가지 정의는 이때까지 교육학에서 논의된 교육의 양상으로서 대표적이라고 할 만한 것들을 다룬다. 과연 그런지 아닌지는 독자가 판단할 문제이다. 나아가서 저자는 그 세 가지 정의에 의하여 파악되는 교육의 양상은 각각 특이한 것이어서 서로 통합되거나 환원될 수 없는 것이라고 믿고 있다. 이것은 곧 그 세 가지 정의를 종합하면 보다 완전한 정의에 도달할 수 있으리라는 기대가 무모하다는 것을 뜻한다.(*) 그러한 '종합적인' 정의가 어떤 형태를 띨 것인가도 불분명하지만, 설사 그런 정의가 내려질 수 있다 하더라도 그것이 교육을 보는 데에 특별한 유용성을 가질 것인가도 의심스럽다. 그 세 가지 정의가 서로 통합되거나 환원될 수 없다는 것을 보다 확실하게 주장하기 위해서는 각각의 정의에 의하여 설명되는 교육 현상이 어떤 종류의 것들이며 그 현상에 대하여 각각의 정의가 어떤 방식의 설명을 제시하는가를 보일 수 있어야 한다. 그러나 이것을 다소간이나마 자세하게 보이는 것은 이 책이 아닌 다른 기회로 미루는 수밖에 없다.(*)

제 2 장

공학적 개념 : 정범모

¶1 먼저 정범모 교수의 『교육과 교육학』이라는 책(*)에 제시된 교육의 개념을 고찰해 보겠다. 이것을 어째서 교육의 '공학적 개념'이라고 부르는가 하는 점에 대해서는 이하에서 설명할 기회가 있을 것이다. 다만 여기서 '공학'이라는 것은 좁은 의미에서의 공학만 아니라 농학, 의학 등을 포괄적으로 지칭하는 것이며, 이들 여러 분야에 걸쳐서 구안, 시행되는 '기술' 그 자체를 가리키는 것이 아니라 기술을 구안하고 시행하는 데에 관련되는 '사고방식'을 가리킨다. 최근에 널리 사용되고 있는 용어로 말하자면, 여기서 공학이라는 것은 '하드웨어'를 뜻하는 것이 아니라 '소프트웨어'를 뜻한다.(*) 또한, 여기서 공학이라고 하는 것은 근래 교육학의 한 분야로서 부각되고 있는 '교육공학'과 특별히 직접적인 관련을 맺고 있는 것도 아니다. 정범모 교수의 견해를 교육의 공학적 개념이라고 부르면 그것을 당장 교육공학과 관련지어 생각하려고 할 사람이 있을지 모

르고, 또 그 사람은 이하 이 장에서 설명해 놓은 내용을 교육공학의 원리에 비추어 해석하면서 정범모 교수의 견해와 교육공학 사이에 면밀한 개념적 관련이 있다는 것을 보일 수 있을지 모른다. 그러나 이러한 시도가 정범모 교수의 견해를 이해하는 데에 특별히 도움이 되는가 하는 것은 의심스럽다. 적어도, 이 책에서 정범모 교수의 견해를 '공학적 개념'이라고 부를 때, 그것이 교육공학과의 관련을 염두에 둔 것이 아니라는 점은 분명히 말할 수 있다.

¶2 정범모 교수의 정의를 소개함에 있어서, 외람되기는 하지만, 그것을 소개하는 이 저자의 느낌을 한 마디 말하지 않을 수 없다. 저자가 생각하기에, 이 책에서 논의하려고 하는 교육의 공학적 개념을 정범모 교수만큼 선명하게 드러낸 것은 세계에서도 그 예를 찾아보기 어렵다. 물론, 어떤 다른 학자의 경우와 마찬가지로, 정범모 교수의 경우에도 그 학문적 계보를 추적할 수 있고, 또한 그와 유사한 교육관을 표방하는 사람들을 국내에서나 국외에서 흔히 발견할 수 있다.(*) 또한, 교육에 관한 '공학적 관점'은 교육의 '방법'과 밀접하게 관련되어 있다. 그러나 정범모 교수는 그 공학적 관점을 하나의 '교육의 개념'으로 정립하였다. 교육의 공학적 개념이라는 이 방면에 관한 한, 국내외를 통틀어서 어느 누구도 정범모 교수의 『교육과 교육학』이라는 책에 제시된 것만큼 그 생각을 명백하고 강력하게 개진하지는 못하였다. 『교육과 교육학』이라는 책은 교육의 공학적 개념을 제시한 대표적인 저작으로서 전 세계에 내어놓을 만하다. 또한, 이 저작이 한국 학자의 손으로 집필되었다는 사실에 대하여, 그리고 그것에 표명된 견해를 교육의 개념에 관한 한 가지 대표

적 견해로 소개할 수 있게 된 데 대하여, 본 저자는 긍지와 자부심을 억누를 수 없다.

1. 교육의 정의

¶3 『교육과 교육학』의 첫머리에서 정범모 교수는 교육을 '인간행동의 계획적 변화'라고 정의하고, 이 정의는 '조작적 견지, 즉 실제에 포함되는 요인과 활동의 견지에서의 정의', 또는 간단하게 '操作的조작적 정의'라고 말하고 있다(p. 16).(*) 조작적 정의라는 것이 무엇이며, '인간행동의 계획적 변화'라는 교육의 정의가 어째서 조작적 정의인가를 말하기에 앞서서 정범모 교수의 정의 그 자체에 관하여 약간의 설명을 할 필요가 있다. 정범모 교수가 말하는 바와 같이, 이 정의는 '인간행동', '변화', '계획적'이라는 세 개의 요소, 또는 세 개의 '중핵 개념'으로 이루어져 있다. 이제 이 세 요소에 관한 정범모 교수의 설명을 요약해 보겠다.

¶4 먼저, 교육은 인간을 다룬다. 교육이 정치나 경제나 문화 등 사회의 여러 기능에 관심을 가지지 않는 것은 아니지만, 교육은 그런 사회적 기능에 직접 관여하는 것이 아니라 그 기능을 수행하는 인간을 만드는 일에 관심을 둔다. 교육은 '농작물을 기르는 것이 아니라 농작물을 기를 줄 알고 기르려고 하는 인간을 기르는 것'에 관심을 둔다. 그러나 교육은 인간을 기른다고만 말해서는 너무 막연하다. 교육의 정의에 포함되는 요소로서의 '인간'이라는 용어는 교육이 하는 일을 정확하게 지시하는 데에는 불충분하다. '행동'이라

는 용어는 교육이 대상으로 하는 인간의 의미, 다시 말하면 교육이 기르고자 하는 인간의 측면을 구체적으로 지적하는 데에 유용하다. '교육은 인간을 기른다'는 말에서 '인간'은, 사실은, '인간의 행동'을 가리킨다.

¶5 그런데 여기서 '행동'이라는 것은 일상적인 용어라기보다는 과학적인 의미에서 사용되는 용어이다. 일상적인 용어로서의 행동은 신체적인 동작과 거의 동의어로 사용되는 데에 비하여, 과학적인 의미에서의 행동은 동작이라는 형태의 외현적인 행동뿐만 아니라, '지식, 사고, 가치관, 동기체제, 성격특성, 자아개념 등' 인간의 모든 심리적 특성을 포함한다. 일상적인 용어로서의 행동은, '지식과 행동'이라는 표현에서도 알 수 있는 바와 같이, 지식과는 구분되지만, 과학적인 의미에서의 행동은 지식뿐만 아니라 위에 열거된 여러 가지 특성, 즉 이른바 '내면적인 행동'도 포함한다.(*) 다만, 그러한 내면적 행동 또는 심리적 특성을 '행동'이라는 용어로 지칭하는 데에는 그것을 과학적으로 (또는, 이하에서 설명할 용어를 미리 사용하자면, '조작적으로') 의미 있게 정의할 수 있어야 한다는 의도가 작용하고 있다. 정범모 교수가 말하는 바와 같이,

> 아무리 내면 깊숙이 가정되는 인간특성이라도 심리학은 그것을 궁극적으로는 과학적으로 의미 있게 파악할 수 있는 행동으로 정의할 수 있어야 할 것을 주장한다. 아무리 그럴듯하고 아름다운 인간특성이라도 그것이 과학적으로는 의미, 의의 있게 규정하고 포착할 수 없는 것이라면 그것은 학문적으로나 실제적으로나 허구이기 때문이다. 예컨대

> '진취적 정신자세'라는 특성을 과학적으로 의미, 의의 있게 파악하지 못한다면, 그것에 관한 교육이론과 교육실천은 결국 허구와 구호일 뿐, 그저 오리무중에서 떠들썩하고 허우적거리는 것에 불과하다. 그것은 '사과'라고 떠들썩하기만 하지, 사과가 무엇인지, 어떻게, 어떤 상태에서 자라는지 모르고 사과 농사를 한다고 떠드는 것과 같다(p. 19).

사과 농사에 비유해서 말한 이 교육학적 오류를 저지르지 않으려면, 교육에서는 '인간을 기른다'는 말에서의 '인간'을 '인간 행동'으로 파악하지 않으면 안된다.

¶6 둘째로, 교육은 인간 행동의 변화를 일으키는 데에 관심이 있다. 여기서 변화라는 것은 '육성, 조성, 함양, 계발, 교정, 개선, 성숙, 발달, 증대 등을 포함하는 포괄적인 개념'이다. 인간의 활동 중에서 인간 행동에 관심을 가지는 것은 교육만이 아니요, 정치나 경제도 마찬가지로 인간 행동에 관심을 가진다. 그러나 교육 이외의 활동들이 반드시 인간 행동의 '변화'를 일으키는 데에 관심을 가지는 것은 아니며, 그런 활동들이 여기에 관심을 가지는 한, 그것은 성격상 교육이라는 활동에 접근해 간다. 학문으로 따져 보더라도 행동과학 또는 사회과학으로 불리는 학문들은 모두 인간 행동에 관심을 두지만, 교육을 다루는 교육학은 인간행동의 '변화'를 설명하고 인도하는 일을 그 고유의 관심사로 한다. 다시, 여러 행동과학이나 사회과학이 인간 행동의 '변화'를 설명하고 인도하는 일에 관심을 가지는 한, 그것은 성격상 교육학의 영역 속에, 비록 주변적인 위치나마, 한 자리를 차지하게 된다.

¶7 교육이 인간 행동의 변화를 일으키는 활동이므로, 교육이나 교육학은 인간 행동의 변화 가능성－또는 더 정확하게 말하면, 인간 행동이 의도적인 노력에 의하여 변화될 수 있다는 것－을 논리적으로 가정한다. 인간 행동이 선천적으로 결정되어 있다고 믿는다면 교육은 불필요하고 불가능할 것이다. 인간 행동의 의도적 변화 가능성은 교육이라는 활동과 교육학이라는 학문의 성립 기반임과 동시에 그 존재 이유가 된다. 그와 마찬가지로, 교육은, 참으로 교육으로서의 의미를 가지려면, 인간행동의 변화를 실지로 일으킬 수 있어야 한다. '교육력'이라는 것은 다름 아니라 인간 행동을 변화시킬 수 있는 힘을 말한다. '교육은 뜻하는 바가 무엇이건, 게릴라건, 성자건, 창의적 성격이건, 민주적 자질이건, 유효하고 강력성이 있어야 할 것이다'(p. 21). 강력한 교육은 그것이 목적으로 하는 변화를 비교적 단시일에 일으킬 수 있어야 하며, 일단 일으킨 변화가 일반적으로 또 지속적으로 효과를 발휘할 수 있도록 하는 그런 것이어야 한다.

¶8 마지막으로, 인간행동의 변화는 여러 가지 경로를 통하여 일어날 수 있지만, 그것이 교육의 범위에 속하기 위해서는 그 변화가 '계획에 의한' 것이어야 한다. 만약 일체의 인간 행동의 변화를 '학습'이라는 용어로 규정할 수 있다면, 교육은 학습과는 구분되어야 한다.(*) 교육의 정의에 포함되는 요소로서의 '계획'은 간단하게 말하면 '교육 프로그램'을 뜻한다. 교육 프로그램에는 최소한 변화시키고자 하는 인간 행동에 관한 명확한 설정과 의식(즉, '교육목적')과 인간 행동의 변화를 이끌 수 있는 이론(즉, '교육이론'), 그리고 그

이론에 터한 구체적 프로그램(즉, '교육과정')이 포함되어야 한다.

¶9 '계획'은 인간행동, 변화, 계획이라는 세 가지 요소 중에서 핵심적인 위치를 차지한다고 말할 수 있다. 나머지 두 요소는, 말하자면 교육 프로그램으로서의 계획에 종합되며, 그 두 요소가 중요성을 가지는 것도 교육 프로그램에서 그것이 차지하는 위치 때문이다. 그러므로 교육을 정의할 때의 정범모 교수의 문제의식이 이 '계획'이라는 요소에서 가장 잘 드러나는 것도 별로 이상한 일이 아니다.

> 교육 프로그램(교육계획 또는 교육과정)이라는 것은 뜻하는 인간행동을 이런 이론, 이런 원칙에 터하여, 이런 자료, 이런 상황, 이런 방법, 이런 프로그램을 통하여 육성할 수 있다는 계획 또는 과정을 말한다. 마치 농사 프로그램이 이런 원칙, 이런 종자, 이런 토질, 이런 비료, 이런 작업, 이런 프로그램을 통해서 기를 수 있다는 계획 또는 과정을 의미하는 것과 같다. 교육 프로그램은 무엇보다 첫째, 실증된 이론과 원칙의 뒷받침을 가지고 있을 것이 요망된다. 이 점에서 종래의 교육은 극히 약했다는 것을 우리는 솔직히 인정하지 않으면 안된다. 농사 프로그램이나 의료 프로그램에 비하면 흔히 교육은 이론적 배경에 퍽 빈약하다. 현재의 상황에서 뇌수술 프로그램과 사고력 프로그램을 비교할 때, 의학자가 갖는 이론적 자신과 교육학자가 갖는 이론적 자신과는 상당한 차가 있을 것을 쉽게 짐작할 수 있다(p. 25).

¶10 이상, 정범모 교수의 설명에 따라 그 정의에 들어 있는 세 가지 요소를 중심으로 하여 그 정의의 의미를 살펴보았다. 위의 설명만으로도 독자는 그 정의의 의미를 이해하고 거기에 대하여 공감

을 가질 수 있을 것이다. 그러나 독자가 참으로 공감과 감동을 느끼려 한다면, 『교육과 교육학』에서 위의 설명에 이어지는 '교육의 힘'에 관한 설명을 읽어 보아야 할 것이다.

¶11 정범모 교수에 의하면, 교육이 제 본래의 임무를 다할 수 있을 때, 다시 말하면 교육이 실지로 '인간 행동을 계획적으로 변화시킬' 수 있을 때, 교육은 실로 '가공할 힘'을 가지게 된다. 교육이 그것에 맡겨진 일을 올바르게 수행할 수 있다는 것은 곧 확실한 이론에 터한 교육 프로그램으로 어떤 인간 행동이든지 변화시킬 수 있다는 것을 뜻하기 때문이다. 이 점을 설명하는 동안에, 정범모 교수는 교육의 힘을 보여 주는 한 가지 가상적인 보기를 든다. 즉 어떤 사람이 다음과 같은 제안을 해 온다.

> 가만히 내가 관찰해 보니, 이번 오는 선거에서 입후보자들이 부정을 저지를 가능성이 농후하오. 이것을 어떻게 미연에 방지해야 하지 않겠소? 그러니 나는 교육의 전문가, 즉 인간행동의 계획적 변화의 전문가인데, 무슨 일이 있더라도 부정을 안 저지를 정신(인간행동)을 이러이러한 절차와 방법과 과정으로 10일 내에(계획) 길러 놓을 테니(변화), 모든 입후보자들에게 나의 이 교육을 받게 하시오. 그러면 이 나라에서 부정선거는 없어질 것이 아니오?(p. 26).

¶12 말할 필요도 없이, 이 제안은 교육이 그 정의에 합당한 모습을 갖추게 될 때 교육의 전문가가 응당 할 수 있어야 할 제안이다. 현재 교육의 전문가가 그런 제안을 할 수 없는 것은 주로 '선거의

부정을 안 저지르는 행동'을 명확하게, 과학적으로 규정하지 못하기 때문이며, 그런 행동이 어떻게 길러지는가에 관한 이론적 설명과 방법적 고안을 할 수 없기 때문이다. 정범모 교수가 예시한 다음의 제안은 이것과 경우가 다르다.

> 국가발전에는 경제발전이 중요하오. 경제발전에는 모든 제도적, 물질적인 정비와 더불어, 정신자세의 정비가 중요하오. 그런 정신자세 중에서도 국민 전부가, 그 중에서 기업가들이 높은 성취동기 또는 의욕을 가지고 있을 필요가 있소. 이 성취동기(인간행동)를 당신 회사 간부진에게 이러이러한 10일 훈련과정을 통해서(계획) 높게 길러 줄 터이니(변화) 교육받게 하시오. 그 결과는 당신 회사의 수익을 적어도 3배는 올리게 될 것이오(p. 27).

¶13 앞의 부정선거 근절의 경우와는 달리, 이 성취동기 육성은 순전히 가상적인 예가 아니다. 정범모 교수가 그 증거로서 인용하고 있는 책에 상세히 설명되어 있는 바와 같이, 이 경우에는 성취동기라는 '인간행동'이 명확한 과학적 용어로 규정되어 있으며, 동기 및 그 육성에 관한 이론과 실증적 연구가 상당한 정도로 축적되어 있고 그 이론과 연구를 토대로 하여 성취동기 육성 프로그램이 개발되어 있다.(*) 이 점에서 성취동기 육성과정은 정범모 교수의 정의에 들어 있는 요소들을 아마도 가장 잘 갖추고 있다고 말할 수 있을 것이며, 따라서 그것은 교육의 공학적 개념을 전형적으로 예시한다고 보아도 좋을 것이다.

2. 조작적 정의

¶14 위의 정의가 어떤 점에서 '조작적 정의'인가 하는 것은 조작적 정의의 의미에 비추어 쉽게 짐작할 수 있다. 약간 형식을 갖추어서 말하자면, 조작적 정의는 '한 개념이 관찰되는 사태를 정의의 한 부분으로 포함하는 정의'를 뜻한다. 예컨대 기압을 '공기가 누르는 힘'이라고 정의할 때, 이 정의는 조작적 정의가 아니다.(*) 이 정의에는 기압이 관찰되도록 하려면 어떤 사태를 만들어야 하는가에 관한 언급이 들어 있지 않다. 다시 말하면, 기압이라는 개념이 관찰되도록 사태를 만드는 일, 즉 '조작'이 포함되어 있지 않은 것이다. 여기에 비하여, '기압이라는 것은 수은을 가득 채운 유리관을 수은이 담긴 그릇에 거꾸로 세웠을 때 수은 면에서부터 수은 기둥의 높이(또는, 그 높이를 수은의 비중에 비추어 환산한 수치)를 뜻한다'고 하는 정의를 생각해 보자. 이 정의에서 '유리관에 수은을 가득 채우고 그 주둥이를 손가락으로 꼭 막아 수은이 담긴 그릇에 거꾸로 세우는 일'은 기압이라는 개념이 관찰되는 사태를 만들기 위한 조작이다.

¶15 누구나 알다시피, 이 조작은 갈릴레오의 시사에 따라 토리첼리가 처음으로 한 것이다. 토리첼리의 이 조작으로 말미암아 기압은 '과학적인' 개념이 되었고, 기압에 관한 과학적 법칙의 발견도 이 조작으로 말미암아 가능하게 되었다. 이것으로 보면 조작적 정의는 과학이라는 활동에 필수적으로 요구된다고 말할 수 있다. 기압이 어떤 사태에서 관찰되는가를 알지 못하면, 그것에 관한 법칙을 발견할 수 없는 것은 당연한 일일 것이다.

¶16 기압은 자연과학의 개념이지만, 인간과 사회에 관한 개념도 그것이 '과학적 연구'에 등장하기 위해서는 조작적으로 정의되지 않으면 안된다. 예컨대 지능의 정의로서 '머리 좋은 정도'와 '지능검사의 결과를 기준표에 비추어 판독한 수치'라는 두 가지 정의를 비교해 볼 때, 상식적인 사람에게는 전자가 더 의미 있는 정의로 생각될지 모르지만, 지능이 과학적 연구에 유용한 개념이 되기 위해서는 후자와 같은 조작적 방식으로 정의되지 않으면 안된다. 앞의 기압의 경우에서와 같이, 지능검사를 제작하고 실시하는 것은 지능이라는 개념을 관찰 가능한 것으로 만드는 데 필요한 조작이다.(*)

¶17 이상의 설명에 비추어 볼 때, '인간행동의 계획적 변화'라는 교육의 정의가 어째서 조작적 정의인가 하는 것은 단도직입적으로 명백하다. 이 정의에서 조작은, 물론, '계획' 또는 교육 프로그램이다. 앞의 설명과 관련지어 말하자면, 이 계획 또는 교육 프로그램은 교육이라는 개념이 지시하는 '변화', 즉 '인간행동의 변화'가 관찰되도록 사태를 마련하는 일에 해당한다. 그리하여 이 정의에 의하면 하나의 활동이 교육인가 아닌가 하는 것은 그 활동(즉, 교육 프로그램 또는 조작)이 의도하는 인간 행동의 변화가 실지로 관찰되는가 아닌가에 달려 있다. 그 변화가 실지로 관찰되면 그것은 교육이요, 그렇지 않으면 그것은 교육이 아니다.

¶18 여기에 대하여 사람들 중에는 변화가 결과적으로 일어나는가 아닌가보다는 변화를 일으키려는 의도의 유무가 교육을 정의하는 기준으로서 더 중요하다고 생각하는 사람이 있을지 모른다. 그러나 이런 의문은 위와 같은 조작적 정의의 논지에 하등 영향을 미치지

않는다. 우선, 실지 사태에서 변화라는 것은 완전히 일어나든가 완전히 일어나지 않든가의 양분적인 개념이 아니라 정도에 의하여 구분되는 연속적인 개념이다. 그렇기 때문에 오직 의도만 있었고 결과적인 변화가 전혀 나타나지 않는 경우는 실지 사태에서는 상상하기 어렵다. 만약 계획으로서의 교육 프로그램을 실시하고 난 뒤에 행동의 변화가 덜 일어나고 따라서 덜 관찰되면 그만큼 그것은 교육이 아닌 것, 또는 오직 명목상으로만 교육인 것에 가까워진다. 뿐만 아니라, 앞에 요약된 정범모 교수의 설명에 시사되어 있는 바와 같이, 결과보다는 의도가 더 중요하다는 식의 주장은 이때까지 그러한 명목상의 교육을 불가피하거나 정상적인 것으로 받아들이도록 하는 데에 기여한 것이 사실이다. '인간행동의 계획적 변화'라는 정의는 그것이 불가피한 것도, 정상적인 것도 아니라는 것, 교육은, 참으로 그 이름에 부끄럽지 않은 것이 되려고 하면, 인간행동의 변화를 실지로 일으켜야 하고 또 일으킨 변화를 명백히 확인할 수 있어야 한다는 것을 나타낸다.

¶19 이 점은 또한 그 정의에서 '행동'이라는 개념이 가지고 있는 중요성을 말해 준다. 정범모 교수의 설명에 직접 나와 있듯이, '행동'이라는 개념은 교육이 변화시키고자 하는 인간특성을 '과학적으로 의미, 의의 있게 규정하고 포착하기' 위하여 필요불가결하다. 인간특성을 행동이라는 개념으로 파악하지 않으면 교육에서 의도하는 변화를 확인할 수 없는 것은 물론, 그 변화에 관한 법칙을 발견하고 그것에 따라 교육 프로그램을 마련하는 일이 체계적으로 이루어질 수 없을 것이다. 한 마디로 말하여, 그것은 '허구와 구호일 뿐,

그저 오리무중에서 떠들썩하고 허우적거리는 것'에 불과하다.

¶20 예컨대 앞의 기압의 경우에서 알 수 있는 바와 같이, 과학 연구에서의 조작적 정의와 '인간행동의 계획적 변화'라는 정의를 자세히 비교해 보면, 두 경우에 조작적 정의가 가지고 있는 의미 사이에 약간의 차이가 있다고 생각될 것이다. 기압의 경우에는 수은 기둥으로 하는 조작이 그 자체로서 관심의 대상이 되는 것이 아니라 오직 과학이라는 전체적인 활동의 한 부분으로서 그것에 대하여 부차적인 지위를 가진다. 수은 기둥을 거꾸로 세워서 그 높이를 재는 활동은 기압이라는 개념을 실증적으로 확인하는 수단이며, 이것은 그 자체로서 중요성을 가지는 것이 아니라 기압과 관련된 과학적 법칙을 발견하는 수단으로서 중요성을 가진다. (개념을 실증적으로 확인하는 것과 개념에 관련된 과학적 법칙을 발견하는 것을 각각, 정범모 교수의 용어로, 개념의 '의미'와 '의의'라고 부를 수 있을 것이다.)(*) 그러나 '인간행동의 계획적 변화'라는 정의에 있어서는 사정이 약간 다르다. 이 경우에는 인간행동의 변화라는 결과를 얻는 것 그 자체가 목적이며, 따라서 그 변화를 얻기 위한 조작, 즉 계획적 교육 프로그램 그 자체가 직접 관심의 대상이 된다. 아마, 이것은 과학이라는 활동과 교육이라는 활동의 차이에 기인한다고 볼 수 있을 것이다. 과학이라는 것은 1차적으로 법칙의 발견을 목적으로 하는 이론적 활동이며, 여기에 비하여 교육은 모종의 결과(즉, 이 경우에는 '인간행동의 변화')를 얻기 위한 실제적 활동이다.(*)

¶21 그러나 과학과 교육에 있어서의 조작적 정의라는 말에 이상과 같은 차이가 있다고 해서 교육의 정의에 '조작적 정의'라는 용어

를 쓰지 말아야 한다고는 말할 수 없다. 위에서 설명한 바와 같이, '인간행동의 계획적 변화'라는 정의에는 과학에서의 조작적 정의가 갖추어야 할 모든 요건들이 갖추어져 있다고 볼 수 있는 것이다. 뿐만 아니라, 더욱 중요한 것으로서, 위에서 말한 두 경우 사이의 차이가 위에 진술된 정도로 확연하지는 않다는 것을 지적할 수 있다. 얼핏 생각하기에는 '인간행동의 계획적 변화'라는 교육의 정의에서 핵심적 관심은 그 정의를 기초로 하여 과학적인 법칙을 발견하는 데 있다기보다는 변화를 일으키는 것 자체에 있는 것으로 생각되지만, 사실상 과학적인 법칙을 발견하는 것 그것도 위의 정의에서 결코 부차적인 중요성을 가지는 것이 아니다. 인간행동의 계획적 변화라는 조작적 정의는 또한 그 정의에 의하여 확인되는 개념(즉, 교육)에 관한 법칙을 발견하고 이론을 정립하는 기초가 되는 것이다. 이것은 기압의 조작적 정의가 기압에 관한 법칙을 발견하고 이론을 정립하는 기초가 되는 것과 완전히 동일하다. 물론, 이렇게 하여 발견되고 정립된 법칙과 이론은 다시 계획적인 교육 프로그램(조작)을 마련하는 기초가 된다.

¶22 여기에 교육과 교육학 사이의 긴밀한 관련이 있다. 인간행동의 변화를 일으키는 실제적 관심은 교육의 영역이며, 인간 행동의 변화에 관한 법칙을 발견하는 이론적 관심은 교육학의 영역이다. 이론과 실제는 그 관심의 종류에 있어서 명백히 구분된다(pp. 270-3). (그와 마찬가지로, 각각의 관심을 추구하는 사람으로서의 교육학자와 교육자의 역할도 명백히 구분된다.)(pp. 332-5) 그러나 이 양자의 관심은 서로서로를 필요로 한다. 인간 행동의 변화를 일

으키는 실제적 활동으로서의 교육은 교육학의 이론적 활동을 위한 자료를 제공하며, 교육학의 이론은 교육의 실제적 프로그램을 마련하기 위한 기초를 제공한다.(*)

¶23 위의 설명에 비추어 볼 때, '인간행동의 계획적 변화'라는 정의는 말하자면 2중의 의미에서 '조작적 정의'에 해당한다고 말할 수 있다. 먼저, 인간 행동 그 자체가 조작적으로 정의되지 않으면 안된다. 이것은 그 변화를 이론적으로 설명하고 그것을 위한 실제적 프로그램을 마련하는 데에 필요하다. 그리고 실제적 프로그램 그 자체가 하나의 조작이며, 교육이라는 활동의 의미가 바로 이 조작에 의하여 파악된다.

¶24 앞에서 '인간행동의 계획적 변화'라는 정의의 전형적 예시라고 말한 성취동기 육성과정에 비추어 이 점을 좀 더 자세히 설명해 보겠다. 한 동기이론에 의하면, 동기는 전문적인 용어로 '정서적 색조를 띤 연상의 망조직'으로 정의된다.(*) 이 전문적인 용어를 상식적인 용어로 풀어서 설명하면 다음과 같다. 어떤 물체나 사태에 직면할 때 우리는 그것을 단서로 하여 연상을 하게 된다. 이 연상은 하나하나 따로 떨어져 있는 것이 아니라 서로 그물처럼 얽혀 있다. 또한, 이 연상은 우리에게 그 물체나 그것이 일으키는 연상에 대하여 가까이하고 싶다든가 멀리하고 싶다든가 하는 정서적 반응을 일으킨다. '성취동기'라는 것은 그 연상이 '성취', 즉 모종의 탁월한 업적을 이루는 것—그 업적이 어떤 것이든지 간에—과 관련된 동기를 말한다.

¶25 이 정의에 의하면, 성취동기가 강한 사람은 거의 모든 물체나

사태를 당할 때 그것을 단서로 하여 성취와 관련된 상념을 일으킨다. 다시 말하면, 그런 사람은 장차 달성하고자 하는 목표를 그려보며 그 목표를 달성하기 위한 계획을 세우며 그 결과가 달성될 때의 기쁨과 좌절될 때의 절망감 같은 것을 예견한다. 여기에 성취동기를 조작적으로 정의할 가능성이 열린다. 즉, 사태가 애매한 그림이나 사진을 보여주고 그 사태에 관하여 이야기를 꾸며 내도록 했을 때 그 이야기 속에 성취와 관련된 상념이 많이 포함될수록 그 개인의 성취동기가 강하다는 것이다.

¶26 성취동기 육성 프로그램은, 물론, 한 개인의 성취동기의 수준에 변화를 일으키기 위한 조작이다. 이 프로그램은 전체적으로 보면 개인으로 하여금 위의 조작적 정의에 지시된 인간 행동(즉, 성취와 관련된 상념)을 나타내어 보이도록 하기 위한 것이다. 구체적으로, 그 프로그램은 이른바 12개의 성취동기 육성의 원리에 의거하여 제작된다. 이들 원리는 동기에 관한 심리학적 이론이나 법칙 그 자체는 아니지만, 거기에 이론적 근거를 두고 있으며, 그만큼 그것에 의존한다고 말할 수 있다. 그 원리 중의 몇 가지를 예시하면 다음과 같다. 즉, '동기를 육성할 수 있다는 자신과 육성하겠다는 의욕을 가지고 동기육성 과정에 임할 때, 그 개인에게 동기육성 과정은 성공할 가능성이 높다'(원리1), '동기를 정의하는 연상적 망조직을 분명히 개념화할 때, 그 개인에게 동기육성 과정은 성공할 가능성이 높다'(원리3), '동기육성을 계기로 하여 새로운 조회집단의 일원이 될 때, 그 개인에게 동기변화의 가능성과 지속성은 증가한다'(원리12)는 것들이다.

¶27 여기에 인용된 세 개의 원리를 포함하여 그 12개의 원리들은 한 개인의 성취동기를 육성하기 위하여 취할 수 있는 모든 가능한 조치를 나타낸다. 예컨대, 위의 원리1에 의하여 그 프로그램에서는 실지로 훌륭한 업적을 이룩한 사람들을 사례로 하여, 그들의 업적은 결국 강한 동기가 뒷받침이 되었다는 것을 보여준다. 이와 마찬가지로, 원리12에 의해서는 동기육성 과정에 참여한 사람들에게 수료증을 수여하고 일종의 '동창회'를 조직하도록 함으로써 앞으로도 내내 서로 격려하면서 성취동기 집단으로서 유대를 돈독히 하도록 한다. 또한, 그 밖의 다른 원리에 의하여, 강한 성취동기를 가지는 것은 각 개인의 자아개념이나 사회문화적 풍토와 일관된다는 것을 믿도록 한다. 그러나 아마도 그 프로그램의 핵심 부분은 위의 원리3에 의하여 제시된다고 보아야 할 것이다. 실지 프로그램상으로 보면 이 원리는 성취동기 육성과정에 참여하는 개인들에게 성취동기의 '조작적 정의'를 정확하게 알려준다는 것을 의미한다. 이것이 곧 '동기를 정의하는 연상적 망조직을 분명히 개념화하도록' 하는 것이다. 더 구체적으로 말하면, 과정 참여자들은 성취동기의 측정 방법－앞에서 말한, 꾸며낸 이야기의 어떤 대목이 성취 상념을 나타내는 것으로 채점되며 어떤 이야기를 지어내면 성취동기 점수를 높게 받을 수 있는가－을 배우면서, 실지로 성취동기 점수를 높게 받을 수 있는 이야기를 지어내는 연습을 한다. 결국, 성취동기가 높아졌다는 '인간행동의 변화'는, 조작적으로 말하면, 과정에 참여하기 전에 비하여 과정에 참여하고 난 뒤에, 성취동기 점수가 더 높게 채점되는 이야기를 만들어낼 수 있게 되었다는 것을 가리킨다.

¶28 이러한 사정을 알고 나면 독자 중에는 성취동기 육성과정의 효과에 대하여 한 가지 근본적인 의문을 품게 될 사람이 있을 것이다. 그것은 다음과 같다. 즉, '한 개인에게 성취동기 채점방법을 가르쳐 주고 난 뒤에, 그 채점방법에 따라 높은 성취동기 점수를 받을 수 있는 이야기를 그 개인이 지어내었다고 해서 과연 그것으로 동기가 육성되었다고 말할 수 있는가? 만약 동기의 육성이라는 것이 참으로 그런 것이라면, 그것은 그야말로 땅 짚고 헤엄치기와 다를 바 없다'는 것이다. 이 의문의 타당성 여부를 자세하게 따져 보는 것은 당장의 논의와 별로 관계가 없다. 다만, 여기서 말할 수 있는 것은, 위와 같은 의문은, 결과적으로 보면, 정범모 교수의 교육의 개념의 정의를 올바르게 이해하지 못한 데서 생긴다는 것이다. 앞의 설명에서 몇 차례 강조한 바와 같이, 성취동기라는 것이 아무리 고상하고 바람직한 인간특성이라고 하더라도 그것이 '인간행동의 계획적 변화'라는 조작적 정의에 들어오기 위해서는 필경 과학적으로 의미 있게－다시 말하여 그것이 길러졌는지 아닌지를 확인할 수 있는 그런 방법으로－규정되지 않으면 안된다. 성취동기의 경우에 그것은 결국 성취동기의 채점방법으로밖에 달리 파악될 도리가 없다. 뿐만 아니라, 성취동기 검사에서 높은 점수를 받는다는 것은 그야말로 순전히 '점수'에 그치는 것이 아니라, 사물이나 사태에 관한 '지각방식'의 변화를 의미한다. 그리고 그러한 지각방식의 변화를 일으킨 개인들은 적절하게 어려운 과업을 선택하며 그 수행과정을 세밀히 계획하는 등, 이른바 '성취인의 행동 특성'을 나타내며, 성취동기 육성과정을 이수하지 않았으면 분명히 할 수 없었을 법한 업적을

실지로 성취한다.

¶29 그러나 정범모 교수의 입장에서 볼 때 위의 의문에 대해서는 보다 중요하고 결정적인 답변이 한 가지 있을 수 있다. 그것은 다음과 같다. 즉, 비록 성취동기 육성과정이 '인간행동의 계획적 변화'라는 정의의 전형적인, 또 어떤 면에서는 편리한 예시이기는 하지만, 이 정의는 성취동기 육성과정에만 적용되는 것이 아니라 모든 교육활동에, 또 특히 학교 교과를 가르치는 사태에도 마찬가지로 적용된다. 교과를 가르치는 경우를 생각해 보면, 교사는 앞의 의문에서 문제시되는 바로 그런 활동을 하고 있는 것이다. 예컨대 수학을 가르칠 때 교사는 '수학적 사고방식을 가르친다'는 식의 그럴듯한 용어로 자신이 하는 일을 규정할지 모르지만, 그 교사가 실지로 하는 일은 특정한 수학 문제를 풀 수 없는 상태에서 풀 수 있는 상태로의 '행동의 변화'를 일으키는 일이며, 이것을 위하여 교사는 바로 학생으로 하여금 수학시험에서 높은 점수를 받을 수 있도록 가르친다. 이것은 수학시험의 채점방법을 가르쳐주고 그 채점방법에 따라 높은 점수를 받도록 하는 것과 조금도 다름이 없다. 만약 앞의 성취동기 육성과정이 의문의 대상이 된다면 이것도 마땅히 의문의 대상이 되어야 하며, 앞의 그 프로그램이 '땅 짚고 헤엄치기'라면 이것도 마땅히 그런 것이어야 한다. 그러나 수학을 가르치는 경우에 앞의 의문을 제기할 사람은 별로 없을 것이며, 오늘날 수학성적으로 안타까워하는 학생과 학부모들이 그토록 많은 점에 비추어 보면, 그것을 '땅 짚고 헤엄치기'라고 생각할 사람은 더욱 없을 것이다.(*)

¶30 정범모 교수의 견해에 의하면, 수학 교육에서 벌어지고 있는

이런 안타까운 상태는 '수학을 안다'는 것이 정확하게 어떤 행동을 나타내는가에 관심의 초점을 집중시키지 못한 데다가, 그보다 더 중요한 것으로, 그런 행동의 변화를 일으키는 데에 관련되는 이론과 그 이론에 뒷받침된 '공학적 예술'이 부족하기 때문에 빚어진 결과이다. 그 대신 이때까지 교육 또는 교육학에서는, 문학도 철학도 아닌, 또는 반은 문학이요 반은 철학인 수사학을 나열하는 데에 더 노력을 기울여왔다. 그것은 분명히 '사과가 무엇인지, 어떻게, 어떤 상태에서 자라는 것인지 모르고 사과 농사를 한다고 떠드는 것'에 비유될 만하다.

3. 공학적 개념으로 파악되는 교육

¶31 누구든지 정범모 교수와 같은 사고의 틀로 교육을 보는 사람들은 의료, 농업, 토목, 건축, 전자 등 여러 공학 분야의 눈부신 성과에 감명을 받을 것이다. 예컨대 오늘날 장미 전시회에는 우리가 정원에서 흔히 보는 장미에 비해서는 도저히 장미라고 보기 어려운 진귀한 품종이 출품된다. 이러한 장미들을 보면서 아마 그들은 다음과 같이 감탄과 비애가 뒤섞인 느낌을 가지게 될 것이다. 즉, 저런 종류의 장미를 만들기 위하여 원예가들은 무슨 짓을 하였을까? 아니, 무슨 짓을 하지 않았을까? 이 나무를 꺾어 저 나무에 붙이고, 갖가지 호르몬제를 만들어서 바르고 주사하고…… 아마 모르기는 해도 인간으로서 할 수 있는 모든 일을 다 하였을 것이다. 그러나 아니다, 그것은 아무 일이나 닥치는 대로 해서 되는 것이 아니다.

틀림없이 그들은 이론을 가지고 있었고, 그들이 행한 일체의 조작에서 그 이론의 지원과 안내를 받았을 것이다. 예컨대 깨알같은 장미가 닥지닥지 붙어 한 송이의 장미를 이루는 그런 종자를 만들고자 할 때, 그들은 어떤 이론에 의하여 어떤 처방을 하면 그런 장미를 만들 수 있는가를 알았을 것이다. 요컨대 그들은 '계획적 변화'를 일으킬 수 있는 것이다.

¶32 그러나 교육은 어떠한가? 온갖 고상한 구호는 넘치고 있지만, 과연 그 구호에 표현되어 있는 인간특성을 길러낼 수 있는가? 원예사들이 이러이러한 장미를 만들어낼 수 있다는 구호를 외치는 것을 상상할 수 없는 것과 마찬가지로, 구호가 교육하리라는 것은 믿을 수 없다. 참으로 교육을 하려면 구호를 외칠 것이 아니라, 길러내고자 하는 인간특성을 실지로 길러낼 수 있어야 한다. 교육을 하는 사람은 앞의 원예사를 본받아야 한다. 우리는 먼저 우리가 길러내어야 할 인간특성이라는 것이 정확하게 어떤 것인지, 어떻게 된 상태가 그것이 길러진 상태인지 명확히 알아야 하며, 그 상태를 만드는 데에 동원될 수 있는 이론과 처방이 어떤 것인지 알아야 한다. 물론, 교육이 다루는 대상은 식물의 세포나 시멘트 가루와는 달리, 이른바 '자유의지'를 가지고 있어서, 교육자는 원예사나 토목기사와는 달리 그 대상의 저항을 고려해야 한다. 또한, 인간에 관한 이론은 자연에 관한 이론과 동일한 정도의 엄밀성을 가지기 어렵다는 것도 사실이다. 그러나 이런 제약이 있다고 해서 교육이 여러 공학의 이상을 공유해야 한다는 원칙상의 문제를 외면할 수는 없다. 한 마디로 말하여, 교육이 참으로 교육으로서 제구실을 하기 위해서는 '인간행

동의 계획적 변화'라는 정의의 모든 함의를 명백히 인식하고 받아들이지 않으면 안된다.

¶33 아마 위의 느낌과 제안은 교육에 관심을 가지고 있는 사람들에게 널리 공감을 일으킬 수 있을 것이다. 여기에는 충분한 근거가 있다. 확실히, 교육에는 여러 공학들과 공통된 요소, 즉 공학적 측면이 있는 것이다. 공학의 가장 중요한 특징 또는 임무는 우리가 바라는 변화를 일으키는 데에 있으며, 이 점에서 공학의 핵심적 개념은 '의도적 변화'라고 말할 수 있다.(*) 교육도 이와 마찬가지이다. 교육을 어떻게 규정하든지 간에, 교육이라는 것은 무엇인가를 이룩하기 위한 실제적 활동이다. 교육이 일어나는 곳에는 어디서나 반드시 어떤 종류의 것이든지 결과를 이루기 위한 일이 일어나고 있다. 여기에 대하여 어떤 사람은, 교육이라는 이름으로 일어나는 변화 중에는 의도되지 않은 변화도 있다고 말할지 모른다. 그러나 이른바 '무의도적 교육'이라는 것은 대부분의 경우에 의식적으로 교육적 의도를 행사하는 특정한 개인을 지적할 수 없는 경우를 가리킬 뿐이며, 그야말로 어떤 종류의 의도도 확인될 수 없는 경우에, 그 활동을 과연 '교육'이라고 부를 수 있는가는 의문이다. 뿐만 아니라, 설사 엄밀한 의미에서의 '무의도적 교육'이라는 것이 있다 하더라도, 그것은 어떤 방식으로든지 '의도적 교육'이라는 교육의 표준적 사례에 비추어 해석될 수 있을 때 비로소 교육으로서의 지위를 가지게 된다. '이른바 "무의도적 교육"은 교육의 개념에서 제외되어야 한다'(p. 23)는 정범모 교육의 입장은 이 점에서 정당성을 가진다.

¶34 교육에는 반드시 공학적 측면이 있다는 사실, 교육이 일어나

는 곳에는 반드시 모종의 '의도적 변화'를 위한 활동이 일어나고 있다는 사실은 곧 일체의 교육은 공학적 안목 또는 視角시각에서 파악될 수 있다는 것을 뜻한다. 정범모 교수의 '인간행동의 계획적 변화'라는 정의는 그러한 공학적 시각에서 파악되는 교육, 즉 교육의 공학적 개념을 나타낸다. 사실상, 이 장의 첫 부분에 인용된 『교육과 교육학』의 구절에 나타난 바와 같이, 정범모 교수는 다소간 명시적으로 교육을 농학이나 의학과 같은 공학에 비유하고, 양자 사이에 상당히 직접적인 병렬관계가 있음을 시사하고 있다. 뿐만 아니라, 교육의 공학적 개념은 교육학의 역사에서 오랜 뿌리를 가지고 있다고 말할 수 있다. 오랜 역사를 통하여 인류가 '교육방법'에 의식적인 관심을 기울여 왔다는 것은 곧 교육에 공학적 측면이 있다는 것을 보여주는 증거이다.(*) '교육방법'이라는 것은 어떤 것이든지, 비록 그다지 엄밀하게 규정된 것은 아니라 하더라도, '인간행동의 계획적 변화'를 도모하기 위한 것이며, 교육에는 반드시 '방법'이 있어야 하는 한, 교육방법의 역사는 교육의 개념을 공학적 시각에서 파악해온 자취를 보여준다고 말할 수 있다. 그 한 예로서, 코메니우스는 '모든 아동에게 모든 지식'을 가르쳐야 하고 또 가르칠 수 있다고 주장하면서, 이를 위하여 의미상 한 치의 애매성이나 불확실성도 용납하지 않는 '인공 언어'를 고안할 것을 제안한 바 있다.(*)

¶35 이런 주장과 제안을 할 때, 분명히 코메니우스는 교육의 공학적 개념을 염두에 두었다고 볼 수 있다. 말할 필요도 없이, 코메니우스의 이러한 사고방식은 그 후 많은 사람들의 생각으로 이어져 내려오면서 교육학의 한 가지 뚜렷한 전통을 이루어 왔다. 그 많은

사람들에 있어서도 대체로 마찬가지이지만, 코메니우스에 있어서 공학적 관심은 그의 종교적, 형이상학적 관심과 뒤섞여서 그것에 의하여 뒷받침되어 있었다(예컨대, '신의 귀한 아들 딸'). 여기에 비하여, 정범모 교수는 교육의 공학적 개념을 교육학의 논의에서 따로 분리해 내어서 그것을 가장 선명하게 체계적으로 부각시켰다.

¶36 앞의 제1장의 마지막 절에서 말한 바와 같이, 정범모 교수의 정의는 교육의 '총체'를 규정하는 '총체적 정의'이다. 다시 말하면, 교육치고 '인간행동의 계획적 변화'가 아닌 것은 없다는 것이다. 이것을 視覺的시각적으로 표현하자면, '인간행동의 계획적 변화'라는 정의, 그리고 그것이 나타내는 공학적 개념은 교육의 판도 전체를 덮고 있는 셈이다. 그러나 '인간행동의 계획적 변화'가 아닌 교육은 없다고 해서, 이것이 교육의 유일한 정의라든지 그 이외의 다른 개념으로 교육을 파악할 수 없다는 뜻은 아니다. 다시 시각적으로 표현하자면, 공학적 개념은 교육이라는 판도 전체를 덮고 있되, 예컨대 씨줄로 덮고 있으며, 이것과는 달리 날줄로, 또는 빗금으로 교육이라는 판도 전체를 덮는 그런 정의나 개념을 생각할 수 있는 것이다.(*) 이때까지 이 장에서는 정범모 교수의 설명에 나타난 바에 따라 그 씨줄이라는 관점이 어떤 것인가를 설명하고자 하였다. 그러나 그 설명이 다소간 완전한 것이 되려고 하면 한 가지 점을 더 말해야 할 것이다.

¶37 교육이 '의도적 변화'를 목적으로 하는 활동이라는 점에서 다른 공학들과 동일하다는 것은 앞에서 말한 바 있다. 그런데 일단 교육을 공학적 개념으로 파악할 경우에는 그 다른 공학들이 가지고

있는 공학의 일반적 특징이 교육을 보는 데에도 그대로 적용된다고 보지 않으면 안된다. 그러한 공학의 일반적 특징으로서 특히 중요한 것은, 공학은 '목적'이 이미 주어진 상태에서 출발한다는 것이다. 예컨대 의사가 병을 치료하거나 토목기사가 다리를 놓을 경우에, 어떤 상태가 건강한 상태이며 어떤 다리가 좋은 다리인가 하는 것은 이미 결정되어 있다. 만약 이것이 결정되어 있지 않으면 의사나 토목기사는 아무 할 일이 없는 것이다. 그와 마찬가지로, 의학자나 공학사들이 건강한 상태가 어떤 상태이며 좋은 다리가 어떤 다리인가 하는 문제로 논문과 저서를 낸다든지, 의과대학이나 공과대학에서 이 문제를 다루는 강의를 개설하는 경우는 상상하기 어렵다. 만약 의사나 토목기사들이 '목적'이라는 문제에 관하여 논의한다면 그것은 오직 건강한 상태, 좋은 다리라는, 이미 결정된 목적을 전문적으로 상세화하는 정도일 것이다.

¶38 '인간행동의 계획적 변화'라는 정의에 나타난 정범모 교수의 견해는 이 점에서도 공학적 개념을 나타내는 것으로 생각된다. 이른바 '좋은 교육과 나쁜 교육' 문제에 관하여 정범모 교수는 다음과 같이 말하다.(*)

> 변화라는 견지에서 볼 때 …… 좋은 변화를 일으키는 좋은 교육과 나쁜 변화를 일으키는 나쁜 교육을 생각할 수 있다. 이때 '좋고' 또는 '나쁘고'는 가치관의 문제다. 공산주의 교육은 여기에서는 나쁘고 저기에서는 좋을 수 있고, 어떤 사람은 과학적 사고력을 기르는 교육을 좋다고 하고, 어떤 사람은 사회비판력을 기르는 것을 나쁘다고 한다. 가

> 치관에 따라 좋은 행동, 나쁜 행동이 있을 것이며, 그것을 길러내는 교육은 따라서 좋은 교육, 나쁜 교육이 된다. 이 문제는 변화 자체의 과학적 문제라기보다는 변화시켜야 할 것의 가치관의 문제다(p. 21).

¶39 이 마지막, '가치관의 문제다'라는 말에는 여러 가지 복잡한 의미가 담겨 있다고 보아야 하겠지만, 그 중의 한 가지는 '어떤 방향으로 행동을 변화시켜야 하는가는 교육에서 이미 주어져 있으며, 교육은 이 이미 주어져 있는 것에서 출발해야 한다'는 것이다. 사실상, 정범모 교수는 교육학의 한 부분인 '교육목적 이론'을 설명하는 부분에서, '여기에 교육목적 이론이라는 것은 교육에 관한 이념적, 철학적, 가치관적인 고찰을 의미하는 것이 아니고, 도리어 그것을 배제한 과학적인 이론을 말하는 것이다. 교육이론에 관한 한, 교육의 이념과 향방의 결정은 주어지는 것이며, 그것은 과학적인 교육이론 외에 속하는 규범적, 表意的표의적, 情表的정표적인 진술에 의한 사고가 결정해 주는 것이다'(p. 287)라고 말한다. '과학적인 이론'으로서의 교육목적 이론은 주어진 이념이나 향방에 따라 변화시켜야 할 인간특성을 상세하게 규정하는 데에 그 임무가 있다. 그것은 '인간과 사회 기타에 관한 이념적, 당위적, 규범적인 고찰에서 교육의 특정한 방향이 결정되어 주어졌다면, 그것이 인간행동 특성으로서는 무엇을 뜻하는가를 규명하기' 위한 것이다(p. 288).

¶40 그러나 한 가지 명백한 사실로서, 의학이나 공학의 경우와는 달리, 허다한 학자들이 교육의 '목적'에 관한 논문과 저서를 내고 대학의 교육학과에서는 이 문제에 관한 강의를 개설하고 있다. 교육

의 목적에 관한 논란은 거의 인류의 역사만큼이나 오래 계속되어 왔으며 이것으로 미루어 앞으로도 종식될 가능성이 없다고 보아야 할 것이다. 이것은 곧 이때까지 인류는 교육의 목적에 관하여 만족할 만한 정도의 합의에 도달하지 않은 상태에서도 교육을 해왔고 또 앞으로도 변동이 없으리라는 것을 뜻한다. 만약 공학은 목적이 주어진 상태에서 출발한다는, 앞에서 말한 공학의 일반적 특징을 받아들인다면, 위의 사실에 대해서는 응당 모종의 설명이나 해명이 있어야 할 것이다. 공학적 개념에서는 이 사실에 대하여 어떤 방식의 설명 또는 해명을 할 수 있는가? 그 설명을 하려고 하면 공학적 개념은 필경 딜레마에 봉착하게 된다.(*) 만약 교육의 목적에 관한 이때까지의 논란이 의미 있는 것이라면, 목적에 관한 합의가 이루어지지 않은 상태에서 해온 이때까지의 교육은 포인트가 없는 일로 되고 만다. 그러나 만약 교육의 목적에 관한 논란이 계속되어 오는 중에도 실지로 교육을 하는 데에 필요한 수준, 즉 '실제적인' 수준에서는 목적에 관한 합의가 있었다고 본다면, 이때까지 해 왔고 또 앞으로도 해 나갈 교육의 목적에 관한 논란은 포인트가 없는 것으로 되고 만다.

¶41 이 딜레마에서 벗어나는 길을 모색하기 위해서는 앞에서 말한 공학의 일반적 특징을 약간 더 엄밀하게 규정할 필요가 있다. 공학의 경우에, 공학적인 활동을 시작하기 전에 이미 그 목적이 주어져 있다는 것은 그 목적과 활동이 개념상 별개의 것임을 의미한다. '개념상 별개의 것'이라고 할 때의 '개념상'이라는 말은 특별히 중요한 의미를 담고 있다. 목적과 활동이 개념상 별개의 것이라는

말은 목적과 활동 사이에 하등의 관계도 없다는 뜻이 아니라(만약 그 사이에 하등의 관계도 없다면 애당초 '목적'이라든가 '활동'이라는 말이 성립하지 않는다), 무슨 활동으로 그 목적을 달성할까가 결정되어 있지 않은 상태에서도 목적을 결정하는 일이 가능하다는 뜻이다. 활동이 목적에 대하여 '중립적인' 위치에 있다는 말도 마찬가지 의미를 나타낸다. 흔히 '수단과 목적의 관계'라는 말을 하지만, 이 말은, 엄밀한 의미에서는, 수단과 목적이라는 용어로 지칭되는 두 개의 사항(이 경우에는 활동과 목적)이 개념상 별개인 경우에만 적용된다.(*) 그러므로 공학은 이런 엄밀한 의미에서의 '수단과 목적의 관계'에 비추어 파악되는 활동이다. 공학에 있어서는 목적과 활동이 별개의 것이라든지, 활동이 목적에 대하여 '중립적인' 위치에 있다든지, '수단-목적의 관계'가 의미 있게 적용된다든지 하는 여러 가지 표현은, 결국, 공학에 있어서는 동일한 목적이 다양한 수단(즉, 공학 또는 '공학적 예술')에 의하여 달성될 수 있다는 것을 의미한다. 물론, 그 수단은 어김없이 목적을 달성하는 것이어야 하며, 이 점에서 강력하고 효율적인 것이어야 하지만, 어떤 수단을 동원하는가 하는 것은 최종적으로 달성되는 목적에 달려 있으며, 그 목적이 어떤 것인가에는 아무런 영향을 미치지 않는다. 이것이 공학의 일반적 특징이다.

¶42 목적과 활동이 개념상 별개의 것이라든지 그것이 목적과 수단의 관계로 연결되어 있다든지 하는 말은 우리가 생각할 수 있는 거의 모든 활동에 적용되는 만큼, 그것을 특별히 드러내어 말하는 데에 대하여 의아심을 품는 사람이 있을 것이다. 물론, 교육도 활동

이며('교육활동'), 따라서 교육에도 다른 활동에 적용되는 것과 동일한 공학의 일반적 특징이 적용될 수 있다. 이 장에서 우리는 이 측면에서 파악되는 교육의 모습을 고찰하였다. 그러나 관점을 달리해 보면, 교육이라는 활동은 다른 활동과는 구별되는 특이한 성격을 가지고 있다고 볼 수도 있다. 다시 말하면, 교육의 경우에는 교육의 목적과 교육활동이 개념상 별개의 것이라고 볼 수 없는 면이 있는 것이다. 교육의 경우에는 교육을 하기 전에 목적이 주어져 있는 것이 아니라, 어느 편인가 하면, 교육활동 그 자체가 교육의 목적을 정립해 나가는 일이라고 볼 수 있다.(*) 이때까지 무수한 환자를 치료한 의사와 무수한 다리를 놓은 토목기사들 중에 그 '목적'을 모르고 일한 사람이 단 한 사람이라도 있었을까가 의심되는 반면에, 교육의 '목적'에 관한 이론이 분분한 오늘날에도 교육을 하고 있다는 것은 아마 공학과 교육 사이의 그러한 차이를 반영하는 것이라고 볼 수 있을 것이다.

¶43 그러나 다시 강조하지만, 이것은 교육의 공학적 개념이 그릇되다든가 불필요하다는 것을 말하는 것이 아니다. 그것은 다만, 교육을 보는 그 밖의 관점들이 있을 수 있다는 뜻이다. 이 '그 밖의 관점들'은 공학적 개념을 '수정'하거나 '보완'하는 것이 아니다. 수정이라든가 보완이라는 말을 쓰기 위해서는 공학적 개념에 무엇인가 미비점이 있다고 보아야 할 것인데, 공학적 개념에는 그런 미비점이 없는 것이다. 공학적 개념은 교육을 공학적 관점으로 규정하는 것이며 공학적 관점은 다른 관점에 의한 보완을 필요로 하지 않는, 그 자체로 완전한 사고방식을 나타내고 있다. 다음 장에서 우리는

공학적 개념이 나타내고 있는 '근본적 애매성'에 관하여 고찰하게 되겠지만, 이것이 공학적 개념의 '미비점'을 지적하는 것으로 생각되어서는 안된다. 그것은 공학적 개념에 대안적인 개념이 요청되는 이유가 무엇인가를 밝히기 위한 것이며, 그렇게 함으로써 두 관점의 차이를 부각시키기 위한 것이다.

¶44 학자들 중에는 교육이 '바람직한 인간행동의 계획적 변화'로 정의되어야 한다고 생각하는 사람들이 있다. 말하자면, '인간행동의 계획적 변화' 앞에 '바람직한'이라는 말을 덧붙여야 한다는 것이다.(*) 명백하게, 이 정의는 정범모 교수의 정의를 수정 또는 보완하려는 의도를 나타내고 있다. 또한, 그것이 그 정의의 어떤 면을 수정, 보완하려고 하는 것인지도 쉽게 짐작할 수 있다. 거의 틀림없이, 그것은 공학적 개념이 교육활동을 그 이전에, 그것과는 무관하게 주어지는 목적을 달성하려는 일로 규정한다는 점, 그리고 그 결과로 교육이 임의적이고 무가치한 목적을 추구하게 될지도 모른다는 점에 대한 보완일 것이다. 그 정의를 내세우는 사람들이 보기에 그것은 명백히 공학적 개념의 '미비점'으로 보일 것이다. 그러나 앞에서 말한 바와 같이, 그것은 공학적 개념의 미비점이 아니라 특징이며, 오히려 장점이라고까지 말해야 한다. '바람직한'이라는 말을 덧붙임으로써 '인간행동의 계획적 변화'라는 정의가 어떤 면에서든지 더 개선된다고 생각한다면, 그것은 오직 그 정의가 나타내고 있는 예리한 문제의식을 무디게 한다는 의미에서의 '개선'일 뿐이다. 이것을 개선이라고 부르는 것은 '교육은 게릴라건 성자건 간에 의도하는 바를 달성하는 데에 유효하고 강력해야 한다'는 말에 나타나

있는 정범모 교수의 이론적 통증을 공유하지 못한다는 고백이나 다름없다.(*)

제 3 장

성년식 개념 : 피터즈

¶1 앞 장 마지막 부뷰에서의 논의는 공학적 관점 또는 공학직 사고방식에서 '목적'이 어떤 의미를 가지며 어떤 위치를 차지하는가를 보여 주고 있다. 간단하게 말하여, 공학적 사고방식에서 목적은 이미 주어진 것으로 간주된다는 것이다. 여기서 '목적'이라고 하는 것은 정범모 교수의 용어로 '이념과 향방'에 해당한다고 볼 수 있을 것이다.(*) 물론, 목적이 이미 주어진 것으로 간주된다고 해서 목적이 공학적 논의 또는 교육학적 논의에서 하등 중요한 위치를 차지하지 않는다고는 말할 수 없다. 다만, 목적이 공학적 논의 속에 들어온다면 그것은 그 '이미 주어진 목적'을 활동의 실제적 요건에 맞게 상세화하는 일에 지나지 않는다는 것이다. 교육을 공학적 관점에 의하여 파악하는 것, 또는 교육의 공학적 개념이라는 것이 있을 수 있는 만큼, 교육에서의 목적의 위치를 위와 같은 방식으로 파악하는 것 또한 가능하다고 보아야 한다.

¶2 또한, 앞 장 마지막 부분에서의 논의는 목적이 활동에 들어오는 방식에 있어서 교육과 여타의 공학 사이에 차이가 있을 수 있다는 점을 보여 주고 있다. 다른 공학에서와는 달리, 교육에서는 활동 그 자체가 목적을 '정립'한다고 말할 수 있으며, 이 점에서 활동과 목적은 개념상으로 관련되어 있다는 것이다. 이 장에서는 이런 관점에서 파악되는 교육의 개념을 고찰하고자 한다. 이 장에서 고찰할 교육의 둘째 개념은 피터즈의 『윤리학과 교육』이라는 책에 제시된 것이다. 이 둘째 개념에 붙인 '성년식 개념'이라는 이름은 피터즈 자신의 '성년식으로서의 교육'이라는 표현에서 딴 것이다.(*)

¶3 위의 말에서 명백히 알 수 있듯이, 성년식 개념과 공학적 개념의 가장 중요한 차이는 교육에서의 목적의 의미 또는 위치에 있다고 말할 수 있다. 이 차이가 공학적 개념의 문제의식과 구별되는 성년식 개념의 문제의식을 결정한다. 물론, 피터즈가 그의 교육의 개념을 제시할 때, 그는 이 책에서 사용되고 있는 의미에서의 '공학적 개념'과의 대비를 염두에 두었다고는 말할 수 없다. 말하자면, 피터즈는 정범모 교수의 『교육과 교육학』을 읽었을 리가 만무하다. 그렇지만, 적어도 지금 이 책의 논리에 관한 한, 성년식 개념은 공학적 개념에 대하여 대안적인 관점을 제시하는 것으로 볼 수 있으며, 이 점에서 그것은 공학적 개념에 기초를 두고 있다고도 말할 수 있다. 다시 말하면, 실지 순서야 어떻든지 간에, 논리상으로 보아, 성년식 개념은 공학적 개념에서 부각시키고자 하는 교육의 양상, 또는 공학적 개념이 나타내고 있는 문제의식을 인정하면서도, 그것과는 다른 문제의식에 입각하여 그것과는 다른 교육의 양상을 부각시키

고자 한다.(*) 그렇기 때문에, 이 장에서는 피터즈의 교육의 개념을 제시하기에 앞서서, 먼저 성년식 개념의 입장에서 볼 때 공학적 개념에서 도외시되는 측면이 정확하게 무엇인가를 분명히 할 필요가 있다.

1. 공학적 개념의 근본적 애매성

¶1 가령 정범모 교수의 정의, '인간행동의 계획적 변화'를 교육의 정의로 받아들인다고 할 때, 교육을 잘 받은 사람은 어떤 사람일까를 상상해 보자. 물론, 이 요구는 당장 무리한 요구로 들릴 것이다. 우선, '어떤 사람일까'라는 질문 자체가 걷잡을 수 없이 막연하다. 그 질문이 사람의 체격이나 복장을 문제 삼는 것이 아니라는 것은 일단 인정한다 하더라도, 사람의 특징을 기술하는 관점은 그야말로 열거할 수 없을 정도로 많기 때문에 그 중의 어느 것을 문제 삼아야 할지가 막연한 것이다. 또한, '교육을 잘 받았다'고 하는 표현에서 '잘'이라는 말도 어느 수준을 겨냥하는지 분명하지 않다. 그러나 이런 막연한 점이 있기는 해도, 우리는 때로 교육과 관련하여 '교육받은 사람은 어떤 사람인가'라는 질문을 하고 있고, 또 그 질문을 하는 사람이나 받는 사람도 그것이 전적으로 의미 없는 질문이라고는 생각하지 않는다. 말하자면, 그 질문은 공연한 헛소리에 불과한 것이 아닌 것이다. 한 걸음 더 나아가서, 그 질문에 관하여 한번도 생각해 보지 않고 교육을 한다는 것은 있을 수 없는 일이라고 생각할 사람도 있을 것이다.(*) 그리고 이렇게 생각하는 사람들 중에는, 비록

우리가 정확하고 명확한 용어로, 또 만인이 완전히 합의할 수 있는 방식으로 교육받은 사람의 모습을 기술해 내지는 못한다 하더라도, 우리에게는 이 문제에 관한 대체적인, 그리고 묵언의 합의가 이루어져 있다고 생각할 사람들이 있을 것이다.

¶5 다시, 교육을 '인간행동의 계획적 변화'로 정의할 때 이 정의에 의하여 교육을 잘 받았다는 것은 어떤 사람이 되었다는 뜻인가? 독자가 실지로 그 모습을 이리저리 상상해 본다면 거의 틀림없이 그 노력이 수포로 돌아간다는 것을 알게 될 것이다. 사실상, 조금만 깊이 생각해 보면, 그것은 수포로 돌아갈 수밖에 없다는 것을 알 수 있다. 우리가 그것을 상상할 수 없는 것은 그 질문이 막연하기 때문이거나 우리의 상상력이 모자라기 때문이 아니라, 그 질문이 공학적 개념의 논의 속에 들어와 있지 않기 때문이다. 다시 말하면, '인간행동의 계획적 변화'라는 정의는 '교육받은 사람의 모습은 어떤 것인가'라는 것이 아닌, 그것과는 다른 종류의 질문에 대한 대답을 제시하는 데에 그 의도가 있는 것이다. '교육은 뜻하는 바가 무엇이건, 게릴라건, 성자건, 창의적 성격이건, 민주적 자질이건, 유효하고 강력성이 있어야 한다'는 정범모 교수의 말은 이 점을 보여주고 있다. 그리고 이것은, 앞 장의 마지막 부분에서 사용한 표현으로 고쳐 말하면, 공학적 개념에서는 교육이 목적에 대하여 '중립적인' 위치에 있다는 것을 의미한다.

¶6 이제, 교육이 목적에 대하여 '중립적인' 위치에 있다는 이 점이 공학적 개념이 아닌 다른 관점을 가지고 있는 사람들에게 어떤 뜻으로 해석될 수 있는지 생각해 보겠다. 가령 교육에서 가르치고 있

는 온갖 다양한 내용—이른바 '교육내용'—을 어떤 기준에서든지 두 가지 유형으로 구분할 수 있다고 하자. 그리고 교육을 한 결과로, 학생들의 행동이 각각의 내용에 맞는 방향으로 변화되었다고 하자. '인간행동의 계획적 변화'라는 정의에 의해서는 두 경우 중의 어느 것이 교육이고 어느 것이 교육이 아니라는 식의 말을 할 수 없다. 그와 마찬가지로, 교육에서 사용될 수 있는 온갖 다양한 방법—이른바 '교육방법'—을 어떤 기준에서든지 두 가지 유형으로 구분할 수 있다고 하자. 그리고 그 두 가지 방법이 학생의 행동의 변화를 일으키는 데에 실지로 효과를 발휘하였다고 하자. 이 경우에도 위의 정의에 의해서는 교육인가 아닌가 하는 점에서 양자에 차별을 둘 근거가 없으며, 양자를 동일하게 교육의 사례로 간주할 수밖에 없다.

¶7 그런데 '교육내용'과 '교육방법'의 그 두 가지 유형 사이에는 참으로 근본적인 차이가 있어서, 그 각각의 내용과 방법(또는 양자의 결합)으로 교육을 할 때 '교육받은 사람의 모습'에도 마찬가지로 근본적인 차이가 생길 것이 예상된다고 하자. 그리고 이 차이는, 그렇게 근본적으로 상이한 모습의 인간을 기르는 일을 동일하게 '교육'이라는 이름으로 부를 수 있을지가 의심스러울 정도로 근본적인 것이라고 하자. 다시, '인간행동의 계획적 변화'라는 정의에 의해서는, 그 내용과 방법이 인간행동의 변화를 초래하는 데에 효과를 가지는 한, 위의 두 경우를 차별할 근거가 없다. 그러나 중요한 점은, 우리가 그 두 경우를 차별할 근거를 가질 수 없는 것은 오직 '인간행동의 계획적 변화'라는 정의를 받아들였기 때문이며, 그와 마찬가지로, 우리가 그 두 경우를 과연 동일하게 교육이라는 이름으로 부를

수 있는가를 의심할 수 있는 것은 오직 그 정의에 구애를 받지 않을 때이다. 그리하여 교육의 목적에 대하여 '중립적인' 위치에 있다는 사실은, 공학적 개념에 구애되지 않는 사람의 입장에서 보면, 공학적 개념에 근본적인 애매성이 있다는 사실을 의미하게 된다. (물론, 여기서 '애매성'이라는 말은 명백하게 상이한 두 경우를 동일한 것으로 간주하는 논리상의 문제점을 가리킨다.)(*)

¶8 이때까지는 '교육내용'과 '교육방법'의 두 가지 유형, 그리고 그것에 함의된 두 가지 인간상을 가상적인 것으로 취급하였지만, 그것에 대하여 현실적인 의미를 부여하는 것은 언제나 가능하다.(*) 교육에서 취급할 수 있고 또 실지로 취급되고 있는 내용 중에는 성격상, 예컨대 '빛은 직진한다'는 것에 해당하는 것도 있고 '퓨즈를 갈아 끼울 줄 아는 것'에 해당하는 것도 있다. '빛은 직진한다'는 것을 모르던 학생이 교육을 받은 결과로 그것을 알게 되었다면 학생의 행동은 그만큼 변화된 것이며, 퓨즈를 갈아 끼울 줄 모르던 학생이 교육을 받은 결과로 그것을 알게 되었다면 학생의 행동은 그만큼 변화된 것이다.

¶9 그러나 이 두 예에 의하여 대표되는 두 가지 유형의 '교육내용'의 성격을 자세히 분석해 보면, 그 두 가지 사이의 공통점은 오직 양자가 교육을 통하여 가르쳐지는 내용이 된다는 것에 불과하다고 말할 수 있을 정도로, 양자는 거의 모든 점에서 정면으로 대조된다는 것을 알 수 있다. 말하자면, '퓨즈'의 경우에는 그것과 관련된 '문제사태'(즉, 퓨즈를 갈아 끼울 줄 몰라서 불편한 경우)를 일상생활에서 저절로 당면할 수 있는 반면에, '빛의 직진'의 경우에는 그렇

지 않다. '퓨즈'의 경우에는 그 지식의 유용성이 나 이외의 다른 사람을 통해서도 실현될 수 있고 그 혜택이 나만이 아닌 다른 사람에게도 미칠 수 있는 반면에, '빛의 직진'의 경우에는 그렇지 않다.

¶10 이런 여러 가지 차이는 결국 한 가지, 그 양자의 포인트, 또는 달성하고자 하는 목적의 차이로 귀착되며 거기서 파생되어 나온다. '퓨즈'의 경우에 그 포인트 또는 목적은 외적 변화를 일으키는 것(즉, 나갔던 전기가 다시 들어와서 방안이 밝게 되는 것)에 있다. '퓨즈를 갈아 끼울 줄 아는 것'이라는 교육내용이 겨냥하는 문제사태는 바로 그러한 외적 변화가 요구되는 사태(즉, 퓨즈가 나가서 방안이 캄캄한 사태)이다. 그러나 '빛의 직진'의 경우에는 이와 동일한 의미에서의 '문제사태'라는 것이 없다. 그 포인트 또는 목적은 외적 변화를 일으키는 데에 있는 것이 아니라 빛이라는 현상을 과학적 개념에 의하여 볼 수 있도록 하는 것, 다시 말하면 내적 안목을 가지도록 하는 데에 있다. ('안목'이라는 말에서 명백히 시사되는 바와 같이, '빛의 직진'에 관한 안목은 오직 당사자 자신을 통해서만 실현되며, 그 혜택은−만약 그것도 혜택이라고 부를 수 있다면−당사자 자신에게 국한된다.) '퓨즈'의 포인트는 무슨 일인가를 '하는' 데에 있으며, '빛의 직진'의 포인트는 관련 현상을 '보는' 데에 있다. 이런 뜻에서 전자를 '하는 지식'(또는 '하는 교과'), 그리고 후자를 '보는 지식'(또는 '보는 교과')이라고 부를 수 있을 것이다. 또한, '한나'든가 '본다'는 뜻의 희랍어 어원을 존중하여, 양자를 각각 '실제적 지식', '이론적 지식'이라고 불러도 좋을 것이다.(*)

¶11 위의 설명에 시사되어 있는 바와 같이, '유용하다'든가 '필요

하다'는 말을 '하는 지식'의 유용성이나 필요성을 의미하는 것으로 해석하면, '보는 지식'에는 유용성이나 필요성이라고 할 만한 것이 전연 없다. 그러나 한 가지 어김없는 사실은, 우리는 살아가는 동안에 '하는 지식'뿐만 아니라 '보는 지식'도 추구하고 소유하며 전수하고 있다는 것이다. 또한, 아마도 더욱 중요한 사실로서, 우리는, 만약 그렇게 하기로 작정만 한다면, 외적 변화를 일으키기 위한 '하는 일'을 하는 동안에 내적 안목으로 현상을 '보는 일'도 동시에 할 수 있다. 전기의 원리를 알고 퓨즈를 갈아 끼우는가 모르고 갈아 끼우는가는 결과적으로 전깃불이 들어오는가 들어오지 않는가에는 아무 차이를 가져오지 않지만, 그렇다고 해서 퓨즈를 갈아 끼우는 동안에 전기의 원리를 '생각하지' 말아야 하는 것은 아니다.

¶12 교육방법에 관해서도 교육내용에 관해서와 마찬가지 말을 할 수 있다. 일반적으로 말하여, 교육방법이라는 것은 학생에게 모종의 내용을 전달하여 학생이 그것과 일관된 신념(또는 능력)을 가지도록 하기 위한 것이다. 그런데 이 일을 하는 데 있어서는 두 가지 상이한 점에 강조가 주어질 수 있다. 하나는 학생이 그 내용을 믿거나 받아들이도록 하는 데에 강조를 두는 경우이며, 여기서의 관심은 결과적으로 학생이 그 내용을 믿거나 받아들이게 되었는가 아닌가에 있다. 여기에 비하여 또 하나는 학생이 그 내용을 믿든지 믿지 않든지 간에 그것을 어떤 방법으로 믿거나 믿지 않게 되었는가에 관심이 있는 경우이다. 앞의 경우에서와는 달리, 여기서는 학생이 자기 자신의 사고나 이해에 의하여 교육내용을 받아들이도록 하는 데에 강조를 둔다. 전자에서는 단순한 '설득'에 강조가 있다면, 후자

에서는 '이해'에 강조가 있다고 말할 수 있다. 그리하여 교육방법은 위의 두 가지 중의 어느 쪽에 강조를 두는가에 따라 각각 '설득을 위한 교육'과 '이해를 위한 교육'이라고 부를 수 있는 두 가지 유형으로 구분될 수 있다.

¶13 '설득을 위한 교육'과 '이해를 위한 교육'의 구분이 심각하다는 것은 그 중의 어느 것을 교육방법으로 보는가에 따라 '잘 가르치는 것'의 의미가 달라진다는 점에 비추어 명백하다. 예컨대 교사로부터 지구 자전에 관하여 가르침을 받은 결과로 학생이 '우리가 눈으로 보기에는 해가 동쪽으로 떠서 서쪽으로 지는 것 같지만, 사실에 있어서 그것은 지구가 하루에 한 번씩 서에서 동으로 자전하기 때문'이라는 것을 믿게 되었다고 하자. 이 경우에 우리는 교사가 잘 가르쳤다고 말할 수 있는가? 그와는 달리, 교사의 가르침에도 불구하고 학생이 그것을 믿지 않는다고 하자. 교사는 잘못 가르친 것인가? 아마, 그렇다고 말해야 할지 모른다. 그러나 오직 '설득을 위한 교육'에 입각할 때에만 그러하다. '이해를 위한 교육'에 입각할 때, 이 후자의 경우는 그 자체로서는 잘못 가르쳤다는 증거가 될 수 없다. 더구나 학생이, 비록 간접적으로나마 교사의 가르침에 힘입어서 천동설과 지동설의 이론적 쟁점이 무엇이며 천동설에 대한 지동설의 우위가 어떤 고려에 의한 것이었던가를 알고 그런 결론을 내렸다면, 그것은 가르침의 실패를 의미하기는커녕, 가장 찬란한 성공을 거두었다는 증거가 된다.

¶14 '설득을 위한 교육'과 '이해를 위한 교육'의 차이는 근래 '가르치는 일'의 의미 분석에서 부각되는 '교화'와 '수업'의 차이와 대

체로 상응한다. 교화와 수업의 차이는 여러 가지 기준에 의하여 분석되고 있지만,(*) 그것들은 결국 교육을 할 때 교사의 의도 또는 관심이 어디에 있는가 하는 문제로 귀착된다고 볼 수 있다. 교육을 할 때 교사는 학생에게 모종의 외적 결과가 나타나도록 하거나 학생을 통하여 모종의 외적 결과를 실현하려는 의도를 가질 수도 있고 학생의 내적 변화－안목의 변화, 사고방식의 변화－를 일으키려는 의도를 가질 수도 있다.

¶15 전자에서와는 달리 후자의 경우에 교사는 학생이 어떤 사람이 되는가에 진심으로 관심을 가지고 있다. 학생이 무엇을 알게 되었는가 또는 무슨 일을 할 수 있게 되었는가에 관심이 없는 것은 아니지만, 교사는 무엇보다도 학생의 그러한 변화가 학생 자신의 마음 또는 '안목'의 표현이기를 바란다. 또한, 교사는 학생이 해야 할 생각, 가져야 할 마음에 대하여 바라는 바가 있겠지만, 무엇보다도 그것이 '학생 자신'의 안목이나 마음이기를 바란다. 한 마디로 말하여 교사는 학생의 '인간됨' 또는 인격적 성숙에 관심을 가지고 있다. 이것이 '수업'에서의 교사의 의도요 관심이다. 더 정확하게 말하면, 이상과 같은 의도를 가지고 가르칠 때 그 교사의 가르치는 행위는 '수업'에 해당한다. 그러므로 '수업'을 할 때 교사가 '왜 그런가'(이른바 '증거')에 관한 의문을 일으키고 학생들에게 그 문제를 생각해 보도록 자극하는 것은 매우 당연하다. 단순히 '무엇이 이러이러하다'는 것을 일러주는 것이 아니라 '왜 그런가'를 생각해 보도록 하면, 학생들은 그만큼 그 지식을 자기 자신의 생각에 의하여 받아들일 가능성이 있으며, 또 그만큼 그 지식은 그의 내면적 변화

에 기여할 가능성이 있다.

¶16 한편으로 '수업'과 '이해를 위한 교육', 그리고 또 한편으로 '교화'와 '설득을 위한 교육'은 가르치는 행위를 할 때 교사가 가지고 있는 의도 또는 관심의 종류에 있어서 구분된다. '수업' 또는 '이해를 위한 교육'에서 교사의 의도와 관심은 학생의 내적 변화 또는 인격적 성숙에 있으며, 여기에 비하여 '교화' 또는 '설득을 위한 교육'에서 교사의 의도와 관심은 외적 결과를 얻는 데에 있다. 이 외적 결과라는 것에는 예컨대 캄캄한 방에 전깃불이 다시 들어오는 것과 같은, 명백히 학생 바깥의 문제사태의 해결뿐만 아니라, 학생이 맹목적으로 받아들인, 이른바 '암기'된 지식도 포함된다. 암기된 지식은 학생 자신의 진정한 이해가 수반되지 않은 지식이며, 이 점에서 그것은 앞의 문제사태의 해결과 다름없는 외적 결과이다. '교화' 또는 '설득을 위한 교육'에서의 관심이 이런 외적 결과에 있다는 것은 곧 그 외적 결과를 얻는 데에 학생이 '수단'으로 사용된다는 뜻이다. 이 경우에 학생은 외적 결과에 대하여 부수적 또는 우연적인 역할을 담당할 뿐이며, 그 외적 결과가 실현되는 한, 학생이 내적으로 어떻게 달라지는가 하는 것은 그다지 중요한 문제가 아니다. '수업' 또는 '이해를 위한 교육'에서는 사정이 정반대이다. 여기서는 외적 결과가 아니라 학생의 정신상태 그 자체가 '목적'으로 취급된다. 그리하여 교화와 수업의 차이는 결국 학생을 수단으로 보는가 목적으로 보는가의 차이로 연결된다. 교사가 학생을 가르칠 때, 그가 가르치는 학생을 수단으로 보는가 목적으로 보는가 하는 것은 교육에 관련된 가장 근본적인 도덕적 문제이다. 이때까지 교화와 수업의

의미 분석에서 교화가 주로 도덕적 관점에서 문제시되어 왔다는 것은 곧 이 점을 말해 주고 있다. 그리고 그와 마찬가지로, 교화와 수업의 구분은 교육에 도덕적 문제가 개입될 소지가 있음을 보여주는 좋은 사례가 된다.(*)

¶17 교육내용과 교육방법의 두 유형에 관한 이상의 논의는 교육의 공학적 개념에 내포된 '근본적 애매성'을 드러내기 위한 것이다. 그런데 위의 구분에서 보면 교육내용과 교육방법에 있어서의 두 유형들이 거의 완전한 일치를 보여 주고 있다. 교육내용의 두 유형으로서 '하는 지식'과 '보는 지식'은 그 포인트 또는 실현하고자 하는 목적이 외적 변화를 일으키는 데에 있는가 아니면 내적 안목을 주는 데에 있는가에 의하여 구분되었다. 교육방법에 있어서도, 그 두 유형으로서의 '설득을 위한 교육'과 '이해를 위한 교육'은 그 관심이나 의도가 외적 결과를 얻는 데에 있는가 아니면 학생의 내적 변화 또는 인격적 성숙을 도모하는 데에 있는가에 의하여 구분되었다. 이와 같이 교육내용과 교육방법의 두 유형이 결국 외적 결과와 내적 안목이라는 두 가지 목적에 의하여 구분된다면, 교육내용의 구분과 교육방법의 구분은 어느 하나가 다른 하나를 논리적으로 함의하고 있으며,(*) 이 점에서 그 두 가지는 결국 동일한 것으로 보아도 좋지 않은가? 이러한 의문에는 분명히 일리가 있다. 물론, 위와 같은 구분이 교육내용이나 교육방법을 구분하는 유일한 방식은 아니지만, 위의 구분에 의하면 '보는 지식'이라는 교육내용은 그것을 가르치기 위한 방법으로서 '이해를 위한 교육'을 필수적으로 요구하며, 그와 마찬가지로 '하는 지식'은 '설득을 위한 교육'이라는 방법

을 필수적으로 요구한다. 다시 말하면, '하는 지식'과 '보는 지식'은 각각 '설득을 위한 교육'과 '이해를 위한 교육'이라는 방법에 의하여 그 포인트가 올바르게 실현될 수 있을 것이다.

¶18 그러나 그렇다고 해서 교육내용과 교육방법이라는 범주 그 자체가 무의미해지는 것은 아니다. '보는 지식'과 '하는 지식'은 어디까지나 교육내용의 두 유형이며, 그와 마찬가지로 '이해를 위한 교육'과 '설득을 위한 교육'은 교육방법의 두 유형이다. 뿐만 아니라, 교육내용의 두 유형과 교육방법의 두 유형이 교육내용과 교육방법이라는 범주에 관계없이 동일한 의미를 나타내고 있다는 것은 교육의 공학적 개념에 내포되어 있는 근본적 애매성을 드러내려는 우리의 목적을 위해서는 장애가 되는 것이 아니라 오히려 도움이 된다. 왜냐하면 그 두 범주는 통틀어 교육을 받으면서 살아가는 두 가지 상반된 삶의 모습을 보여 주기 때문이다. 그 두 가지 상반된 삶의 모습은 한편으로 '보는 지식'과 '이해를 위한 교육', 그리고 또 한편으로 '하는 지식'과 '설득을 위한 교육'에 의하여 규정된다. 전자에 의하여 규정되는 삶은 '보는 지식'에 내재해 있는 안목을 통하여 내적, 인격적인 변화를 도모하는 삶이요, 후자에 의하여 규정되는 삶은 '하는 지식'을 통하여 유용한 외적 결과를 얻는 데에 강조를 두는 삶이다.(*) 교육의 공학적 개념이 근본적 애매성을 나타내고 있다는 것은 위의 두 가지 삶의 모습 중에서 어느 것이 교육에 일관되고 어느 것이 교육에 일관되지 않는지를 판단할 근거가 그 개념에 의해서는 주어질 수 없다는 뜻이다. 교육을 '인간행동의 계획적 변화'로 정의하는 한, 그것은 앞에서 구분한 두 가지 교육내용

중의 어느 것을 통해서 실현되든지, 그리고 앞에서 구분한 두 가지 교육방법 중의 어느 것에 의거해서 실현되든지 상관이 없는 것이다. 이 정의에 의해서 '교육받은 사람'의 모습을 상상하려고 할 때 어려움을 느끼는 것은 바로 이 점에 기인한다.

¶19 한편으로 '보는 지식'과 '이해를 위한 교육'에 의하여 규정되는 내적 안목과 또 한편으로 '하는 지식'과 '설득을 위한 교육'에 의하여 규정되는 외적 문제사태의 해결은 두 가지가 모두 우리 삶에서 각각 중요한 위치를 차지한다고 볼 수 있을 것이다. 그리고 이 점에서 보면, 교육의 공학적 개념에서 그 중의 어느 하나를 특히 교육과 일관된 것으로 지적하지 않는 것은 오히려 당연한 것으로 생각될지 모른다. 그러나 관점에 따라서는 '교육받은 삶'의 모습을 그 중의 어느 하나에 특이하게 관련된 것으로 보고 교육의 의미를 주로 그러한 삶과 관련하여 규정하려는 입장이 있을 수 있다. 피터즈의 교육의 개념은 바로 이런 관점을 나타내는 것이다.

2. 교육의 개념적 기준

¶20 피터즈의 교육의 개념을 설명하기 위해서는 그의 개념이 제시된 『윤리학과 교육』이라는 책 그 자체에 관하여 약간의 설명을 붙일 필요가 있다. 이 책에서의 피터즈의 의도는 윤리학적 관점에서 볼 때 교육의 어떤 측면이 관심의 대상이 되는가, 거기서 논의되는 문제는 어떤 것들이며 그 문제를 논의하는 방식은 어떤 것인가를 보여 주는 데에 있다. 윤리학적 논의는 '마땅하다, 옳다, 바람직하

다, 가치 있다, 좋다' 등을 특유의 개념으로 하는 실제적 논의의 일종이며(서론:5)(*), 여기에는 예컨대 과학적 논의의 그것과는 구별되는 특유의 논의방식 또는 절차가 있다.(*) 또한, 피터즈 자신의 말로, 교육에 윤리학적 논의가 끼어드는 측면은 크게 보아 내용과 방법의 두 가지이다(3:3). 교육에서 무슨 내용을 가르쳐야 하며 또 그것을 어떤 방법으로 가르쳐야 하는가 하는 문제는 앞에서 말한 '바람직하다, 가치 있다, 마땅하다, 옳다' 등의 특유한 윤리학적 개념으로 논의되어야 하며, 이 점에서 그 두 가지 측면에 윤리학적 논의가 끼어드는 것은 당연하다. 이것은 곧 교육의 내용과 방법의 '가치문제'가 논의되어야 한다는 것을 뜻한다. 그리고 바로 이 점이 피터즈의 교육의 개념에 기본전제가 되어 있다.

¶21 교육의 내용과 방법에 관련된 가치문제를 논의하는 데에 있어서 피터즈는 한 가지 특이한 논의형식을 사용하고 있다. (이 논의형식은 그 후 '선험적 논의' 또는 '논리적 가정에 의한 논의'라고 불리게 되었다. 피터즈는 이것을 칸트의 논의형식에서 빌려 왔다고 말한다. 3:59) 이 논의형식에 관해서는 나중에 특히 교육내용과 관련하여 필요한 만큼 설명을 하겠지만, 어쨌든 피터즈는 이 논의형식을 사용하여, 교육의 '내용'은 무엇이며 그것은 어떤 방식으로 정당화되는가, 교육의 '방법'과 관련된 윤리학적 원리들, 즉 자유, 평등, 인간존중, 그리고 권위, 벌 등은 교육에서 어떤 의미를 가지며 어떻게 정당화되는가를 설명하고 있다.(*) 그의 교육의 개념이 제시되어 있는 것은 이들 문제에 관한 윤리학적 논의가 시작되기 전의, 그 책의 첫머리이다. 첫머리에 제시된 교육의 개념과 그 이후의 윤리학

적 논의는 책의 체제로서는 구획이 지어져 있지만, 첫머리의 교육의 개념은 나중의 윤리학적 논의에 의하여 한층 더 뜻이 명확해지고 풍부해지는 식으로 양자가 면밀하게 관련되어 있다.

¶22 윤리학적 관점에서 관심의 대상이 되는 교육의 측면이 크게 보아서 내용과 방법으로 대별된다는 것은 앞에서 말하였거니와, 이 두 가지 중에서 피터즈의 교육의 개념에 더 직접적인 관련을 가지는 것은 교육내용이다. 여기에는 그럴 만한 이유가 있다. 피터즈가 관심을 가지는 교육방법상의 원리들, 즉 자유, 평등, 인간존중 등은 교육과 관련하여 특수한 의미와 중요성을 가지는 것이 사실이지만, 대체로 말하여 그것들은 교육 이외의 일반적인 인간관계와 관련해서도 논의될 수 있고 또 논의되고 있다. 여기에 비하여 교육내용의 문제, 즉 무엇이 가르칠 만한 내용인가 하는 문제는 유독 교육에만 관련되는 문제이다. 이것은 곧 교육의 개념은 일차적으로 교육내용 문제와 관련된다는 것을 시사한다. 이때까지 피터즈의 교육의 개념이 『윤리학과 교육』의 내용 중에서 교육내용 문제를 다룬 제5장('가치 있는 활동')과 관련하여 주로 논의되어 온 것은 이 점에서 당연하다고 볼 수 있다.

¶23 『윤리학과 교육』에서 피터즈의 교육의 개념을 집약해서 표현하는 '교육의 정의'를 찾는다면 그것은 아마 '문명된 삶의 형식에로의 성년식'이 될 것이다.(*) '성년식'이라는 말은, 보다 일상적인 의미인 '입문'으로 해석한다 하더라도, 교육의 의미를 비유적으로 표현하는 것이며, 그 성년식의 내용인 '문명된 삶의 형식'이라는 것이 구체적으로 무엇을 가리키는지가 밝혀지지 않는 한, 위의 정의는

교육의 의미에 관하여 별로 말해 주는 바가 없다. 그 책에서 성년식의 내용을 나타내는 말로서는 '문명된 삶의 형식'(2:36) 이외에도 '가치 있는 삶의 형식'(9:1), '공적 유산'(2:17), '가치 있는 활동 또는 사고와 행동의 양식'(2:21), '분화된 사고의 형식'(2:25), '사회적으로 구조화된 활동의 틀'(2:24) 등의 다양한 표현이 사용되고 있다. 이들 표현은 '문명된 삶의 형식'의 동의어이거나 그것의 핵심적 내용을 이루는 것으로 볼 수 있으며, 따라서 '문명된 삶의 형식'은 위의 여러 가지 표현이 의미하는 내용을 포괄적으로 지시한다고 볼 수 있다.

¶24 피터즈는, 정범모 교수의 경우와는 달리, 그의 교육의 개념을 한 가지 정의로 요약하여 진술하고 시종 그 정의를 해설해 나가는 식으로 논의를 전개하지 않는다. 그렇지만 『윤리학과 교육』에서 교육의 정의에 관한 비교적 체계적인 진술을 찾는다면 그것은 아마, '교육은 그 개념 안에 붙박혀 있는 세 기준을 모두 충족시키는 방향으로, 가치 있는 활동 또는 사고와 행동의 양식으로 사람들을 입문시키는 성년식이라고 할 수 있다'(2:21)는 말일 것이다. 말하자면, 교육은 가치 있는 활동들 또는 사고와 행동의 양식으로 사람을 입문시키되, 그것이 교육의 개념에 논리적으로 포함되어 있는 '세 가지 기준'을 충족시켜야 한다는 것이다. 여기서 말하는 '세 가지 기준'이라는 것은 '1) 교육은 가치 있는 것을 전달함으로써 그것에 헌신하는 사람을 만든다는 뜻을 가지고 있다(규범적 기준), 2) 교육은 지식과 이해, 그리고 모종의 지적 안목을 길러주는 일이며 이런 것들은 "무기력한" 것이어서는 안된다(인지적 기준), 3) 교육은 교육받는 사람

의 의식과 자발성을 전제로 한다는 점에서, 몇 가지 전달과정은 교육의 과정으로 용납될 수 없다(과정적 기준)'(1:47)는 것이다.

¶25 우선, 이 세 가지 기준이 '교육의 개념에 붙박혀 있다'든가 그것이 교육의 '개념적 기준' 또는 교육이라는 '용어의 사용기준'이 된다든가 하는 말이 어떤 뜻을 가지고 있는가에 관하여 잠깐 언급할 필요가 있다. 피터즈가 주로 따르고 있는 철학사조에 의하면, 교육이라는 용어는 비유적으로 표현하여, 그 나름의 '삶의 역사'를 가지고 있다(1:1-2)(*). 교육은 어제 오늘에 시작된 활동이 아니다. 사람들은 오랜 세월을 통하여 모종의 활동을 하면서 그것을 '교육'이라는 용어로 규정해 왔다. 오늘날 우리가 사용하는 교육이라는 용어에는 인간이 오랫동안 끊임없이 해 오던 그 활동의 의미, 또는 그 활동을 하는 동안에 사람들이 틀림없이 했을 것으로 보지 않으면 안되는 그런 생각이 들어 있다. 그러므로 교육이라는 용어가 가지고 있는 '삶의 역사'는 곧 교육을 하면서 살아온 인간의 삶의 역사이다. 교육의 개념을 이해한다는 것은 이 면에서의 인간의 삶을 이해하는 것이다. 그리고 교육의 개념을 규정하는 일은 교육이라는 측면에서의 인간의 삶을 이해하고 그것을 명백히 드러내는 일이다. 그것은 각자 자기 마음에 떠오르는 '임의적인' 생각을 교육의 정의로 제시하는 것과는 구별되어야 한다.

¶26 피터즈의 교육의 개념, 그리고 특히 그의 세 가지 개념적 기준은 위와 같은 관점에 비추어 이해되어야 한다. 그런 개념적 기준을 제시할 때 피터즈는 교육이라는 용어에 함축되어 있는 인간의 삶의 역사를 이해하고 그 최소한의 윤곽을 그려내려고 한 것이다.

물론, 교육의 세부적인 모습, 또는 교육을 하면서 살아가는 인간의 삶의 세부적인 모습은 시대와 장소에 따라 각양각색일 것이다. 만약 교육을 한 마리의 동물에 비유한다면, 교육의 이 세부적인 모습은 살과 피에 해당한다고 볼 수 있고, 여기에 비하여 피터즈의 이 세 가지 기준은 그 동물의 골격에 해당한다고 말할 수 있을 것이다. 골격은 동물의 모습을 결정하는 최소한의 요구조건이지만, 그와 동시에 그것은 그 모습을 결정하는 데 가장 핵심이 된다. 이와 같이 최소한의 요구조건과 가장 핵심적인 요구조건을 동시에 나타내는 것이 '형식'이라는 용어이다. 그러므로 피터즈의 세 가지 기준은 교육의 '형식적 기준'을 나타낸다고 말할 수 있다. 이 형식적 기준은 교육의 세부적인 모습을 배제한 '골격'에 해당한다. 그것은 교육의 형식, 즉 교육이라는 측면에서 파악된 인간의 '삶의 형식'을 보여준다. '삶의 형식'에 관해서는 이 장의 마지막 부분에서 다시 언급하게 되겠지만, 당장 여기서 확인해야 할 것은, 피터즈의 교육의 개념은 '삶의 형식'의 한 특수적 측면을 드러내고 있다는 것이다.

¶27 때로 피터즈가 제시한 교육의 개념은 피터즈 개인 또는 피터즈가 속하고 있는 특정한 사회의 편견을 표현하는 것에 불과하다는 문제점이 지적되는 것을 볼 수 있다. 말하자면 그 교육의 개념은 피터즈 자신의 '임의적인' 생각에 불과하다는 것이다. 물론, 그 개념을 제시하는 것은 피터즈 개인이며, 그렇기 때문에 피터즈의 견해를 받아들일 수 없는 사람의 관점에서 보면 그것은 임의적인 견해로 보일 수도 있다. 그러나 만약 어떤 사람이 오직 그러한 근거에서 그것을 임의적인 견해라고 판단한다면, 그 사람은 교육의 개념은

어떤 것이든지 임의적인 견해일 수밖에 없다는 주장을 스스로 받아들이는 셈이다. 그 사람이 보기에 교육의 개념에 관한 논의는 결국 한 임의적인 생각과 또 하나의 임의적인 생각 사이의 입씨름일 수밖에 없으며, 그런 논의가 교육의 의미에 관하여 모종의 공통된 이해로 이끌 가능성은 처음부터 막혀 있다. 그런 사람에게 있어서 교육이라는 것은 그때그때 한 특정한 상황에서 한 개인이 교육이라고 생각하는 것 바로 그것이며, 그 개인이 현재 알고 있는 것 이외에는 교육의 의미에 관하여 따로 알아볼 것이 없다. 교육은 인간의 삶의 형식에 뿌리를 두고 있다든가 그 삶의 형식을 장차의 세대에 전수해 준다는 식의 말, 또는 곧 설명하게 되겠지만, 교과가 '내재적 가치'를 가지고 있다는 말은 피터즈 자신의 개인적인 편견을 마치 객관적인 사실처럼 그럴듯하게 내세우는 수법에 지나지 않는 것으로 생각된다. 그러나 이렇게 생각하는 것은 단순히 교육의 개념에 관한 피터즈의 견해를 잘못 이해하는 것 이상으로, 교육의 개념 그 자체를 잘못 이해하는 것이다. 물론, 이렇게 말하는 것은 피터즈의 견해가 교육의 개념에 관하여 절대적으로 타당한 견해를 나타내고 있다는 뜻이 아니다. 피터즈의 견해에도 잘못된 면이 있을 수 있다. 그러나 이 점을 말하기 위해서는 단순히 피터즈의 견해가 '임의적인' 것이라고만 해서는 안되며, 피터즈의 견해 중에서 어떤 부분이 앞에서 말한 의미에서의 '교육의 개념'에 관한 그릇된 이해를 나타내는가를 보일 수 있어야 한다.

¶28 교육의 세 가지 기준 중에서 맨 처음 규범적 기준은 교육과 가치 사이의 개념적 관련, 즉 교육이라는 말에는 무엇인가 '가치 있

는 것'을 전달한다는 뜻이 이미 그 속에 포함되어 있다는 사실을 지적하는 것이다.(*) 교육에는 규범적 의미가 붙박혀 있다는 이 말은 듣기에 따라서는 하등 이론의 여지가 없는, 하나마나한 말로 들릴지 모르지만, 사실은 피터즈의 교육의 개념에 대한 찬반양론이 근본적으로 이 말의 해석 여하에 달려 있다고 말해도 좋을 정도이다. 우선, 그것이 어째서 하나마나한 말로 들릴 수 있는지 생각해 보자. 교육을 통하여 전달되는 '가치 있는 것'은 여러 가지이며, 그것이 어째서 가치 있는가를 설명하는 방식도 여러 가지일 것이다. 이른바 교육의 '규범적 기준'이라는 것은 단순히 교육이 '가치 있는 것'을 전달한다는 것을 말할 뿐, 그 가치가 무엇이며 그것이 어째서 가치 있는 것인가를 말하는 것은 아니다. 교육과 가치 있는 것 사이의 개념적 관련이 이런 수준의 것이라면 거기에는 아무런 실질적인 내용이 담겨 있지 않고, 따라서 그것에 대한 찬반논의 또한 무의미하다. 그것이 논의의 대상이 되는 것은 오직 교육의 가치와 그 근거가 구체적으로 명시될 때이다. 대강 이런 식이다.

¶29 그러나 규범적 기준에 대한 피터즈 자신의 해석은 위의 반론에 시사된 것과는 다르다. 피터즈 자신의 해석에 의하면 규범적 기준은 교육을 통하여 전달되는 가치의 내용과 그 정당화 방식을 거의 정확하게 지시한다. 이 점을 이해하기 위해서는 무엇보다도, 피터즈가 지적한 바, '교육적 가치를 가질 수 있고 또 통상 가지고 있는 활동'과 '교육 그 자체'의 관련과 구분을 명확히 하는 것이 중요하다(1:13).(*) 피터즈 자신의 예로 과학과 목공의 경우를 생각해 보자. 이런 것들은 '활동'이다. 우리가 '교육 활동'이라고 말하는 것에

서 알 수 있는 바와 같이, 교육도 하나의 활동이라고 볼 수 있지만, 사실상 '교육 활동'을 할 때 우리가 하는 활동(또는, 관심을 가지는 활동)은 과학이나 목공 또는 그 밖의 여러 가지 활동 바로 그것이며 그 이외의 다른 것일 수 없다. 교육은 이런 활동을 통하여 이루어지며, '교육 활동'은 바로 이런 활동을 가리킨다고까지 말할 수 있다. 더 정확하게 말하자면, '교육 활동'은 이런 활동들과 동일한 범주에 속하는 별개의 활동을 지칭하는 것이 아니다. 다만, 우리는 과학이나 목공과 같은 활동을 하되, 그것을 '교육 활동'으로서 할 수도 있고 그렇지 않게 할 수도 있는 것이다. 이런 뜻에서 과학이나 목공은 '교육적 가치를 가질 수 있고 또 통상 가지고 있는 활동'에 속한다. 과학이나 목공 등 '활동'에 관해서 말할 때에는 그것이 '그 자체의 내재적 가치 때문에 수행, 전승될 수도 있고 또 생산성, 주택, 건강 등 외재적 목표에 기여하기 때문에 수행, 전승될 수도 있다'(1:13)는 식의 말을 할 수 있다. 그러나 그런 활동을 '교육 활동'으로서 할 때에는, 다시 말하여, '교육을 위하여' 그런 활동을 할 때에는 사정이 동일하지 않다. 이제 '생산성, 주택, 건강 등 외재적 목표'는 해당되지 않는다. 과학, 목공 등의 활동을 '교육 활동'으로 삼을 때, 그것은 '그 자체의 내재적 가치'를 가진 것으로 된다. 이제 그 활동의 가치는 '사람을 교육한다'고 하는 말에 함축되어 있는 바로 그 가치에 의하여 규정된다. 활동의 종류는 여전히 과학이나 목공 그것이지만, 그것을 교육의 일환으로 할 때에는 그 활동의 성격에 변화가 온다. 이와 같이, 교육의 규범적 기준은 한 활동이 교육의 일환으로 수행될 때 그것이 어떤 측면에서 파악되어야 하는가를 규정하는 것이다. 이 점을 피터즈는, '교육은 …… 특정한 활동이나 과정을 꼬집어서 지칭하는 것이 아니라 어떤 활동이나 과정이 갖추어야 하는 기준을 명시하는 것이다'(1:4)라는 말로 표현하고 있다.

¶30 교육이라는 말이 나타내고 있는 가치는, 특히 교육을 하는 사람의 입장에서 보면, 교육의 '목적'을 지시한다고 볼 수 있을 것이다. 물론, '목적'이라는 말은 과학이나 목공 등의 활동과 교육에 다 같이 해당된다. 과학이나 목공에 관해서도 그 목적이 무엇인가를 물을 수 있고 교육에 관해서도 마찬가지 질문을 할 수 있다. 그러나 위에서 말한 것과 같은 이유에 의하여, 양자에 있어서 '목적'이라는 말의 의미는 동일하지 않다. 활동에 관해서 '목적이 무엇인가'라는 질문을 한다면 그것에 대해서는 그 활동이 이러이러한 외적 결과를 얻기 위한 것이라고 대답하는 것이 자연스럽다. 그러나 교육에 관해서는 이런 뜻에서의 질문이 해당되지 않는다. 만약 교육에 관하여 '교육의 목적이 무엇인가'라는 질문을 한다면 그것은 교육이 실현하고자 하는 가치가 무엇인가를 알고자 하는 질문으로 해석되어야 한다. 다시 말하면, 교육의 목적은 '내재적 목적'이어야 한다.(*) 사람들이 때로 교육의 목적을 '교육을 통하여 얻을 수 있으리라고 생각하는 외적 결과', 즉 '외재적 목적'으로 잘못 생각하는 것은, 앞에서 말한 바와 같이, 과학이나 목공 등의 '활동'과 '교육 활동'이 사실상으로 분리되지 않는다는 점에 기인한다. 피터즈 자신의 말을 빌면, '흔히 교육의 목적(내재적 목적)과 교육의 의도(외재적 목적) 사이의 혼란은, 교육적 가치를 가질 수 있고 또 통상 가지고 있는 활동에 관하여 말해야 할 내용을 교육 그 자체에 관하여 말하기 때문에

빚어진다'(1:13).

¶31 이상에서 말한 바와 같이, 교육의 개념적 기준 중에서 규범적 기준은 단순히 교육이 가치를 가져야 한다는 점을 말하는 것 이상으로, 그 가치가 '내재적 가치'여야 한다는 점을 말하고 있다. 그렇다면 그 가치의 구체적인 내용은 무엇인가? 앞에서 쓴 용어로 표현하자면, 이 질문은, 과학이나 목공 등의 활동이 '교육의 일환으로' 수행될 때 그것은 구체적으로 어떤 가치를 가진 것으로 그 성격이 변화되는가 하는 질문으로 된다. 교육의 개념적 기준 중에서 둘째의 '인지적 기준'이 여기에 대한 대답이다. 말하자면 과학과 목공 등의 활동이 교육 활동으로 될 때에는 그것이 '지식과 이해 또는 지적 안목'을 심어주는 데에 기여한다는 것이다. 이것을 뒤집어서 말하면, 활동은 '지식과 이해 또는 지적 안목'을 심어주는 데에 기여하는 한에서 '교육 활동'으로 된다는 뜻이 된다. 규범적 기준과 관련해서 보면, 이 인지적 기준은 규범적 기준이 '내용' 면에서 상세화된 것이라고 말할 수 있으며, 그와 마찬가지로, 그것은 규범적 기준에서 지적된 교육의 '내재적 가치'가 '내용' 면에서 상세화된 것이라고 말할 수 있다. 또는, 『윤리학과 교육』에서의 피터즈의 관심에 비추어 보면, 인지적 기준은 교육의 '내용' 면에서의 윤리학적 논의를 예시한다고도 말할 수 있다. 이 점에 대해서는 다음 절에서 다시 설명하겠지만, 이 절의 첫 부분에서 말한 바와 같이, 윤리학적 논의는 교육의 '내용' 면에만 아니라 '방법' 면에도 적용되며, 이를 위해서도 하나의 개념적 기준이 요청된다. 교육의 셋째 기준인 '과정적 기준'이 여기에 해당된다. 앞의 인지적 기준에서와 마찬가지로, 이 과정적

기준도 규범적 기준, 또는 그것에 의하여 지적된 교육의 '내재적 가치'가 '방법' 면에서 상세화된 것이라고 말할 수 있다.(*)

¶32 이렇게 보면, 결국 규범적 기준은 내용과 방법이라는 두 측면에서 교육의 의미를 한정하는 역할을 하는 것이 분명하다. 이제 이 점을 고려하여 피터즈의 교육의 정의를 진술하자면, 교육은 '내재적으로 가치 있는 내용을 도덕적으로 온당한 방법으로 전달하는 과정 또는 전달받은 상태'를 가리킨다. (이 정의는 교육의 개념을 제시하는 첫머리(1:5)에서 피터즈 자신이 한 말, '교육은 무엇인가 가치 있는 것이 도덕적으로 온당한 방법으로 의도적으로 전달되고 있거나 전달되었다는 것을 함의한다'는 말에 약간의 용어를 바꾼 것이다.) 이와 같이, 피터즈의 교육의 개념이 내용과 방법을 적절하게 한정하고 있다는 바로 이 점이 그의 성년식 개념을 앞 장의 공학적 개념으로부터 구분해 준다.

3. 교육의 내재적 정당화

¶33 앞 절의 첫 부분에서 말한 바와 같이, 피터즈의 『윤리학과 교육』은 가치의 정당화를 위한 한 가지 특수한 논의형식을 발전시키고 그것을 교육의 내용과 방법에 적용하는 것을 주된 내용으로 하고 있다. 또한, 그 논의형식에 의하여 정당화되는 교육의 내용과 방법은 그의 교육의 개념을 좀 더 명확하게 하는 데에 도움이 된다는 것도 앞에서 말한 바와 같다. 피터즈가 제시한 교육의 개념적 기준을 고찰하고 난 지금, 우리는 이 점을 좀 더 분명하게 이해할

수 있게 되었다. 왜냐하면 교육의 규범적 기준이라는 것은 다름 아니라 교육의 내용과 방법이 내재적으로 정당화된다는 것을 밝히는 것이며, 교육의 내용과 방법이 내재적으로 정당화된다는 것을 밝히는 것은 곧 규범적 기준 이외의 나머지 두 기준인 인지적 기준과 과정적 기준을 설명하는 것이 되기 때문이다. 다만, 한 가지 미리 염두에 두어야 할 것은 피터즈가 발전시킨 윤리학적 논의형식은 특별히 '내재적 정당화'를 위하여 고안된 논의형식이라는 것이다.

¶34 내재적 가치 또는 그것에 의한 정당화 방식으로서의 내재적 정당화는 외재적 가치 또는 외재적 정당화와 대조되는 개념이며, 따라서 이것과의 관련에서 이해되어야 한다.(*) 어떤 것(*)의 가치를 설명하는 한 가지, 아마 가장 손쉬운 방법은 그것이 어떤 다른 가치를 실현하는 수단이 된다는 것을 말하는 방법일 것이다. 물론, 여기에 대하여 다시, 그 '어떤 다른 가치'가 어째서 가치를 가지는가 하는 질문이 제기될 수도 있으나, 관심이 처음의 그 어떤 것에 있는 한, 이 '어떤 다른 것'의 가치는, 적어도 그 맥락에서는, 받아들여진 것으로 간주된다. 앞 장에서 우리는 공학적 관심에서 가치가 이런 식으로 설명된다는 것을 보았다. 이 설명 방식, 즉 '어떤 것의 가치는 어떤 다른 것의 수단이 된다는 점에 있다'는 식의 설명 방식에서 문제는 오히려 그 어떤 것이 과연 그 어떤 다른 것을 실현하는 효과적인 수단이 되는가에 있다. 이 문제는 사실에 관한 문제이다. 다시, 이 사실적인 문제에 있어서도 원래의 질문과 대답을 하는 쌍방에 대체로 합의가 이루어져 있다고 볼 수 있다. 그리하여, 어떤 것이 어째서 가치가 있는가 하는 질문에 대하여 그것은 어떤 다른 가치

를 실현하는 수단이 되기 때문에 가치를 가진다는 식의 대답이 주어지면 이 대답은 일단 만족스러운 것으로 받아들여진다. 이때 그 어떤 것이 가지고 있는 가치를 '수단적 가치' 또는 '외재적 가치'라고 하며, 이런 식으로 가치를 설명하는 방식을 '수단적 정당화' 또는 '외재적 정당화'라고 부른다.

¶35 외재적 가치가 '수단으로서의 가치'로 풀이되는 데 반하여, 내재적 가치는 흔히 '그 자체로서 가지는 가치'로 풀이되고 있다. 이 풀이를 따른다면, 내재적 정당화라는 것은 어떤 것이 어째서 가치를 가지는가 하는 질문에 대하여 '그 자체로서 가치를 가진다'고 대답하는 것을 뜻한다. 세상에는, 예컨대 건강이나 행복과 같이, 그것이 어째서 가치를 가지는가 하는 질문에 대해서 그야말로 '그 자체로서' 가치를 가진다고밖에 달리 대답할 수 없는 그런 것들이 있을 것으로 생각되기 때문에 위와 같은 풀이가 의미 있게 들릴 수도 있다. 그리고 내재적 가치를 이런 식으로 해석하면, 그것은 '그 자체로서'라는 말이 시사하는 것과 마찬가지로, '설명이 불필요하거나 불가능한 가치'를 의미하게 된다. 그러나 혹시 이러한 해석이 위에서 말한 건강이나 행복 등, 극히 제한된 몇몇 경우에는 타당성을 가질 수 있을지 몰라도, 지금 우리가 관심을 가지고 있는 교육이 그런 경우에 해당한다고 보기는 어렵다. 우선, 아주 피상적인 수준에서 생각해 보더라도, 교육이 이 점에서 건강이나 행복과 동일한 지위를 가질 수 있는가부터가 의심스럽다. 그러나 무엇보다도 이 문제는 피터즈가 특히 교육의 경우에 외재적 정당화가 의미 있게 적용될 수 없다고 주장한 것과 관련이 있기 때문에, 이 점에 관하여

약간 설명을 붙일 필요가 있다.

¶36 앞에서도 말한 바와 같이, 외재적 정당화는 적어도 그것이 적용되는 맥락에서는 만족스러운 정당화로 받아들여진다. 교육내용을 정당화하는 경우에도 마찬가지이다. 교육내용을 무엇으로 보든지 간에 그것과 수단-목적의 관계로 연결된, 또 그 가치가 대체로 합의된 목적을 찾기는 별로 어려운 것이 아니며, 이 수단-목적의 관계에 의한 정당화는 충분한 설득력을 가질 수 있다. 그럼에도 불구하고 어째서 피터즈는 교육내용을 그것과는 다른 방식으로 정당화하려고 하는가? 아니, 그 이상으로, 어째서 그는 위와 같은 외재적 정당화가 교육내용의 정당화로서 부적절하다고 주장하는가? 여기에 대한 대답은 다른 활동의 경우와는 달리 유독 교육에서 정당화가 특별한 의미를 가지고 있다는 사실에 있다. 교육의 가치가 어디에 있는가를 물을 때, 우리의 관심은 단순히 그 가치가 무엇이며 그것이 어떻게 설명되는가를 알려고 하는 데에 있는 것이 아니라, 교육을 잘 하려면 어떻게 해야 하는가를 알려고 하는 데에 있다. ('교육의 목적이 무엇인가를 묻는 것은 사람들로 하여금 "성취할 가치가 있는 것"에 관하여 명확한 인식을 가지게 하고 그것에 주의를 집중시키는 한 가지 방법이다.')(1:12) 외재적 정당화는 이 면에서 부적절하다. 예컨대 교육의 외재적 가치로 흔히 지적되는 '경제성장'의 경우를 생각해 보면, 교육과 경제성장 사이의 사실적 관련은 교육의 의미에 관하여 아무것도 알려 주는 바가 없다. 뿐만 아니라, 그러한 사실적 관련에 입각해서 교육의 가치를 설명할 때의 의도 그 자체가 교육의 의미를 탐구하는 데에 있지도 않다.(*) 그런데 교

육의 가치를 앞에서 말한 것과 같은 그런 뜻에서의 '그 자체의 가치'로 설명하는 것은 이 점에서 외재적 정당화와 하등 다를 것이 없다. '그 자체로서 가치 있다'는 말은 그 가치에 아무런 설명이 있을 수 없다는 뜻이며, 아무런 설명이 없는 한, 그것에 의하여 밝혀져야 할 교육의 의미 또한 밝혀지는 바가 없다.

¶37 이와는 달리, 피터즈가 말하는 교육의 내재적 가치는 설명될 수 있고 설명되어야 하는 것이다. 앞에서 몇 번이나 말한 그의 논의형식은 바로 그것을 '설명'하기 위한 것이다. 그 논의형식을 '선험적 논의' 또는 '논리적 가정에 의한 논의'라고 부른다는 것은 이미 말한 바 있다. 다소 격식을 갖추어서 정의하자면 선험적 논의라는 것은 '실제적 논의를 합리적으로 사용하는 사람이 그 논의의 논리적 가정으로서 받아들이지 않으면 안되는 믿음을 명백히 드러내는 논의형식'(3:61-2, 4:13-5, 5:25)을 가리킨다고 말할 수 있다.(*)

¶38 이 까다롭고 현학적인 정의를 이해하는 것은-만약 그 타당성을 받아들이는 것을 별도로 친다면-그다지 어려운 일이 아니다. 우선, '실제적 논의'라는 것은, 앞에서도 말한 바와 같이, '마땅하다, 옳다, 바람직하다, 가치 있다, 좋다' 등을 핵심개념으로 하는 논의를 말한다. 이것은 간단하게 말하여 무엇이 옳은가, 또는 왜 그것이 옳은가에 관한 논의이며, 피터즈 자신의 말로, '왜 이렇게 하지 않고 저렇게 해야 하는가'라는 질문과 그 대답으로 이루어지는 논의이다. 실제적 논의를 합리적으로 사용한다고 할 때의 '합리적으로'라는 말은 사실상 오늘날 우리가 알고 있는 대로의 실제적 논의의 성격에 비추어 거의 군더더기이다. '합리적으로' 하지 않는 실제적 논의

는 용어의 모순인 것이다. 다시 말하여 '합리적으로'라는 말은 실제적 논의가 갖추어야 할 형식적 요건에 어긋나지 말아야 한다는 것을 나타낸다. 가령 농담으로 한다든지 기분 내키는 대로 아무렇게나 하는 것은 명백히 '합리적으로' 실제적 논의를 사용하는 것이 아니다. '합리적으로'라는 말에는 비단 이러한 소극적인 의미 이외에도, 용어를 정확하게 사용한다든가 말에 일관성을 기한다든가 논리정연하게 말한다든가 하는 적극적인 의미도 들어 있다.

¶39 그 다음, 이와 같이 '왜 이렇게 하지 않고 저렇게 해야 하는가'라는 문제를 '합리적으로' 고려하는 사람은, '논리적으로 말하여', 모종의 믿음을 전제로 받아들인다고 보지 않으면 안된다. 이 믿음이 실제적 논의의 '논리적 가정'이다. 이 논리적 가정은 그 사람이 지금 하고 있는 실제적 논의가 의미를 가지기 위한 필수적 요구조건이며, 따라서 만약 어떤 사람이 실제적 논의를 (합리적으로) 하면서 그것이 의미를 가지기 위한 조건으로서의 논리적 가정을 가치있게 여기지 않는다면 그 사람은 스스로 자신의 논의를 무효화하는 셈이 된다. 이것이 '선험적 논의' 또는 '논리적 가정에 의한 논의'라고 불리는 논의형식이다.

¶40 이것이 정당화를 위한 한 가지 논의형식이 된다는 것은 피터즈가 취급하는 '정의'의 경우에 비추어 설명하면 쉽게 이해된다. 이제 어떤 사람이 왜 '정의'를 따라야 하는가(즉, '정의'가 어째서 옳은가, 가치 있는가, 등등)를 알고 싶어 한다고 하자. 물론, 그는 이 문제에 심각한 관심을 가지고 있고 그 문제에 합당한 답을 얻는 것이 그에게 대단히 중요한 의미를 가진다고 생각한다. 그런데, 이 문

제에 심각한 관심을 가지는 순간, 그는 무엇이 옳은가, 왜 그것이 옳은가에 관한 실제적 논의에 발을 들여 놓은 것이다. 만약 정의가 실제적 논의의 논리적 가정이 된다는 것이 밝혀질 수 있다면, 정의는 그 사람이 실제적 논의에 심각한 관심을 가지고 있다는 사실 바로 그것에 의하여 정당화된다고 볼 수 있다. 과연, 정의는 실제적 논의의 논리적 가정이 된다고 볼 수 있다. 왜냐하면 정의는 요컨대 이렇게 하느냐 저렇게 하느냐 하는 것을 결정하는 데에는 합리적 이유가 있어야 한다는 원리이며, 이 원리를 옳은 것으로 (또는, 가치 있는 것으로) 받아들이지 않으면 실제적 논의는 의미를 가질 수 없기 때문이다. 만약 어떤 사람이 정의의 가치를 알고 싶어 하면서도 그 논리적 가정인 정의의 가치를 반아들이지 않는다면, 그 사람은, 피터즈의 말과 같이, '실제적 논의를 사용하지 말도록 하기 위하여 실제적 논의를 사용하는' 논리적으로 불가능한 일을 하는 것이다 (4:20).

¶41 피터즈는 위의 논의형식이 교육의 내용에도 의미 있게 적용된다고 본다. 이 면에서의 피터즈의 설명을 이해하기 위해서는 이상의 설명에 이미 시사되어 있는 두 가지 점을 특별히 고려할 필요가 있다. 첫째로, 위의 논의형식을 교육내용에 적용할 때 피터즈의 관심은 교육내용을 처방하거나 제안하는 데 있는 것이 아니라 전통적으로 교육의 내용이 되어 온 것들을 정당화하는 데에 있다. 더 구체적으로 말하면, 피터즈는 교육의 내용 중에서 정당화를 필요로 하는 부분을 정당화하는 데에 관심이 있다. 누구에게나 쉽게 납득되는 외재적 정당화로도 충분히 정당화될 수 있는 부분이라면 따로 정당

화할 필요가 없을 것이다. 교육내용 중에서 따로 정당화할 필요가 있는 부분은 학교의 교육과정으로 등장하는 문학, 역사, 수학, 과학 등, 이른바 '이론적 교과' 또는, 피터즈의 용어로, '사고와 이해의 여러 형식들'이다.(*) 그리하여 교육의 내용을 정당화하려고 할 때 피터즈가 가지고 있었던 질문은, 학교에서 가르치고 있는 그런 이론적 교과에 개인의 동기나 의도와는 상관없는 '그 자체의 가치'가 있다고 볼 근거는 없는가, 그리고 '그 자체의 가치'라는 것은 설명이 불필요하거나 불가능한 것이 아니라 설명이 필요하고 또 가능하다고 볼 수 없는가 하는 것이다.

¶42 교육내용을 제안하는 문제와 관련하여, 피터즈의 설명에는 다음과 같은 견해가 배경에 깔려 있는 듯하다. 즉, 현재의 교육내용과는 다른 종류의 새로운 교육내용을 제안하는 것은 철학자로서의 그의 할 일이 아니요, 나아가서는 그 누구의 일도 아니라는 것이다. 어째서 그런가? 새로운 교육내용을 제안하는 사람은, 그가 누구이든지 간에, 현재의 교육내용을 배운 사람임에 틀림없다. 이제 그 사람이 현재의 교육내용을 깡그리 무시하고 완전히 '진공상태에서' 교육내용을 제안한다고 하자. 누구든지 자기가 배운 것 이외의 다른 종류의 내용을 알 까닭이 없으므로, 그가 제안하는 교육내용 또한 현재의 그것과 크게 다를 수가 없을 것이다. 그럼에도 불구하고 만약 그가 실지로 '새로운 종류의' 교육내용을 제안한다면, 그는 그 제안에 대하여 어떤 근거를 제시할 수 있을 것인가? 그가 무슨 근거를 제시하든지 간에, 그는 새로운 교육내용이 현재의 교육내용보다 더 가치가 있다는 것을 보여야 한다. 다시 말하면 그는 인류의 누적

적인 경험보다 한 개인 또는 몇몇 개인들의 판단이 더 옳을 수 있다는, 정상적인 정신 상태를 가진 사람이라면 감히 엄두도 못낼 주장을 해야 하는 것이다.

¶43 피터즈의 설명을 들을 때 염두에 두어야 할 또 한 가지는 그의 설명이 '논리적' 수준에서의 설명이라는 것이다. 여기서 '논리적' 수준이라는 것은 '사실적' 수준 또는 '심리적' 수준과 대비된다. 위에서 피터즈의 논의형식을 설명할 때, '왜 이렇게 하지 않고 저렇게 해야 하는가'라는 질문을 심각하게 하는 사람은 '논리적으로 말하여' 이러이러한 믿음을 전제로 받아들인다고 보지 않으면 안된다고 말했거니와, 여기서 '논리적으로 말하여'라든가 '보지 않으면 안된다'고 하는 말은 중요한 의미를 담고 있다. 그 말은, 한 특정한 개인이 '왜 이렇게 하지 않고 저렇게 해야 하는가'라는 질문을 고려할 때 그 개인이 실지로 그런 믿음을 마음속에 가지고 있다는 뜻이 아니다. 논리적 가정이라는 것은 한 개인이 심리적으로 그것을 받아들이지 않는다고 해서 부정되는 것이 아니다. 물론, 심리적으로 그것을 받아들이는 개인이 한 명도 없다면 그것을 논리적 가정이라고 볼 수는 없겠지만, 그렇다고 해서 모든 개인이 그것을 받아들여야 하는 것은 아니다. 교육내용을 다루는 제5장의 첫머리에서 피터즈는 그의 논의가 '이래도 그만 그래도 그만'이라는 식으로 생각하는 '무관심한 대중'들을 설득시키는 데는 아무 효력이 없을 것이라고 말하고 있다(5:4-5). 그들은 논리라든가 합리적 논의에 마음이 움직이지 않는 사람들인 것이다.

¶44 피터즈의 논의형식을 교육내용에 적용하면, '왜 이렇게 하지

않고 저렇게 해야 하는가' 또는 '왜 당구나 바둑과는 달리, 역사나 문학은 학교의 교과로서 배워야 하는가'라는 질문을 심각하게 고려하는 사람은 역사나 문학 등, 이론적 교과(즉, '지식의 형식')의 가치를 받아들이지 않으면 안된다는 식으로 된다. 물론, 그 근거는, 그런 이론적 교과의 가치는 실제적 논의의 논리적 가정이라는 데에 있다. 만약 이 설명을 '논리적' 수준이 아닌, '사실적' 또는 '심리적' 수준에서 해석하면, 그것은 그야말로 받아들이기 어려운 것으로 된다. 학교의 교과로서 바둑과 역사, 당구와 문학을 비교하는 사람들 중에는, 이른바 '전통의 권위에 맹목적으로 복종하는' 사람들을 제외하면, 역사와 문학보다는 바둑과 당구를 선택하는 사람들이 충분히 있을 수 있고, 또 그 선택은 개인의 심리적 취향으로서는 하등 나무랄 바가 없다. 그러나 피터즈가 문제 삼는 것은 이런 종류의 심리적 취향이 아니며, 그의 설명 또한 개인의 심리 상태에 관한 기술이 아니다.

¶45 그러므로 피터즈의 설명을 이해하는 한 가지 편리한 방법은 그 설명을 시간상 반대방향으로 읽으면서 '마치 …… 처럼'이라는 형태에 맞추어 읽는 것이다.(*) 말하자면 다음과 같다. 오랜 역사를 통하여 인간은 오늘날 학교의 교과로 가르쳐지고 있는 분화된 지식의 형식을 발전시켜 왔다. 이 지식의 형식을 발전시켜 오는 동안 인간은 '마치' 후세의 인간이 '왜 지식의 형식을 배워야 하는가'라는 질문을 할 때, 그 질문에 대답하기 위한 수단을 가질 수 있도록 해준 '것과 같다.' (물론, 역사상 인간이 '실지로' 그 수단을 제공하기 위하여 지식의 형식을 발전시켜 온 것이 아니요, 또한 후세의 인간이

'실지로' 그것을 수단으로 하여 그 질문에 대답하는 것도 아니다.) 왜냐하면, 지식의 형식에 그 어떤 것이 들어 있든지 간에, 거기에는 또한 '왜 지식의 형식을 배워야 하는가'라는 질문을 의미 있게 하는 모든 것이 들어 있기 때문이다. 그 질문을 하고 그것에 대답하고 하는 행위 그 자체가 지식의 형식을 떠나서는 무의미하다. 지식의 형식은 그 질문과 대답을 하는 사람이 의존할 수 있는 유일한 기반이다. 지식의 형식은 '그 질문에 대답을 하는 수단이 될 뿐만 아니라, 그 질문을 하는 수단이 되기도 한다'(5:45). 다시 말하여, 지식의 형식을 배워야 한다는 믿음은 '왜 지식의 형식을 배워야 하는가'라는 질문이 성립하는 데에 필요한 논리적 가정이며, 바로 그 점에서 정당화된다. 피터즈의 다음과 같은 말은 위에서 '마치 …… 처럼'의 형태로 풀어쓴 것과 동일한 의미를 나타내는 것으로 생각된다.

> 누구든지 일상적인 생활에서 한 발자국 물러서서 '왜 이렇게 하지 않고 저렇게 해야 하는가'라는 질문을 한다는 것은 그 사람이 이미 자신의 의식 속에 진리에 대한 심각한 관심을 가지고 있다는 것을 의미한다. '어떻게 해야 하는가'라는 실제적 질문을 심각하게 하는 사람이라면 어떻게 그러한 질문이 제기되는 사태에 관하여, 또 그 대답의 방향을 결정하는 데 관련되는 여러 가지 사실에 관하여 스스로 알아보려고 하지 않을 수 있는가? [학교의 교육과정을 이루고 있는] 여러 가지 이론적 탐구는 그와 같이 다양한 측면에서 인간경험의 의미를 규정하려는 노력이다. 그러므로 '왜 이렇게 하지 않고 저렇게 해야 하는가'라는 질문을 심각하게 한다는 것은 아무리 초보적인 수준에서라고 하더라도, 그 질문을 하게 하는 實在실재 세계의 다양한 측면에 관한 심각한

관심, 즉 이론적 탐구에의 의욕을 가지고 있다는 것을 의미한다(5:46).

¶46 위의 피터즈의 말에서 '실제적 질문이 제기되는 사태'라는 것은, 물론, 우리의 삶의 사태이다. 그리고 '지식의 형식'은 그 삶의 사태의 다양한 측면을 탐구하기 위한 노력이요 그 결과이다. 그러나 또 한편, 우리의 삶의 사태는－적어도 지적 유산을 물려받고 있는, 또는 '문명된 삶'을 살고 있는, 우리의 삶의 사태는－'지식의 형식'을 사용하고 전수하는 그러한 사태이다. 다시 말하면 지식의 형식을 사용하고 전수하는 것은 '문명된 삶의 형식'으로 우리에게 주어져 있다. 피터즈가 지식의 형식에의 입문과 '삶의 형식'에의 입문을 서로 섞바꾸어 쓰는 것은 이 점에서 당연하다고 볼 수 있다. 교육은 이 '지식의 형식' 또는 '문명된 삶의 형식'에 사람들을 입문시킴으로써 그들로 하여금 문명사회의 성숙한 정식 구성원으로서 역할을 할 수 있도록 해 준다.

¶47 이상이 교육의 내재적 정당화 또는 그것을 중심으로 한 피터즈의 교육의 개념에 관한 설명이다. 짐작컨대 교육의 의미와 가치에 관한 이상의 설명은 많은 사람들에게 만족스러운 것으로 받아들여지기 어려울 것이다. 그것은 다소간은 분명히 저자의 능력 부족 때문이요, 심지어 피터즈 자신의 설명 방식이 완전히 정확한 것은 아니기 때문일지도 모르지만, 그보다 더 중요한 원인은 '교육의 가치'라는 말의 의미에 관한 견해의 차이에 있다고 말해야 할 것이다. 누군가가 '교육의 가치는 이러이러한 것이다'라는 말을 할 때, 보통의 경우라면 그 말을 하는 사람은 그것을 듣는 사람의 마음에 실지

로 교육이 가치 있다는 느낌이 와 닿을 것을 기대한다. 이와 마찬가지로, '교육의 가치는 무엇인가'라는 질문을 하는 사람도 대부분의 경우에 자신의 생각에 교육이 가치 있다는 느낌이 들도록 하는 그런 대답이 아니면 만족스러운 것으로 생각하지 않는다. 그런데 피터즈의 설명은, 어느 편인가 하면, 교육 또는 그것을 통하여 전수되는 '지식의 형식'의 가치는 '교육은 어째서 가치가 있는가'라는 질문이 의미 있는 것으로 성립하기 위해서는 논리적으로 받아들이지 않으면 안된다는 식의 설명이며, 이것은 결국 '교육의 가치는 이러이러한 것이다'라고 말하는 것이 아니라 교육의 가치에 관한 질문은 아예 하지 말아야 한다고 말하는 것이다. 대부분의 사람들이 피터즈의 설명을 만족스러운 것으로 생각하지 않는 것은 이 점에서 매우 당연하다고 볼 수 있다.

¶48 그러나 피터즈의 입장에서 보면, 사정은 완전히 다르다. 교육의 가치를 말하는 것, 또는 교육을 '정당화'한다는 것은 교육에 대하여 '심리적으로 만족을 주는' 설명을 하는 것이 아니라 '논리적으로 강제력이 있는' 설명을 하는 것이다. 교육의 가치에 관한 설명을 듣고 난 뒤에 자신에게 교육이 그야말로 '가치 있는 것', 또는 '좋은 것'이라는 느낌이 들기를 기대하는 것, 그리고 그런 기대에 부응하려는 목적으로 교육의 가치를 설명하는 것은 말하자면 심리적 위안을 요청하고 제공하는 것이다. '지식의 형식'을 학습하는 것, 또는 그것을 통하여 문명된 삶의 형식에 입문하는 것은, 원시부족에서의 성년식이 그렇듯이, 해당 개인에게 대단한 인내와 노력을 요구하는 만큼, 그것에 대하여 심리적 위안이 주어지는 것은, 그것이 어디까

지나 심리적 위안에 불과하다는 명백한 인식이 있는 한, 특별히 해로울 것이 없다. 그러나 만약 그 설명이 참으로 교육의 의미와 가치를 제시해 준다고 믿고 그것을 실지로 교육 문제에 관한 사고와 판단의 기준으로 삼는다면 그것은 재앙밖에 가져올 것이 없다. 왜냐하면 그것은 필경 '교육'의 의미와 가치가 아닌 다른 것을 교육의 의미와 가치로 착각하도록 이끌 것이기 때문이다. '교육의 가치는 무엇인가'를 물을 때 우리가 진정으로 알려고 하는 것, 또는 알려고 해야 하는 것은, 비록 '가치 있는 것', '좋은 것', '바람직한 것'에 관한 우리의 생각과는 어긋난다 하더라도 우리가 논리적으로 받아들일 수밖에 없는, '교육'의 가치가 무엇인가 하는 것이다. 다소 극단적으로 표현하면, '교육은 그대에게 고생 이외에 아무것도 가져다주지 않는다'는 말을 듣고 난 뒤에 거기서 교육의 가치를 알았다고 생각하는 사람이야말로 참으로 교육의 가치를 안 사람이라고 말할 수 있다.

¶49 앞에서 잠깐 언급한 바와 같이, 피터즈 자신도 자신의 설명이 '무관심한 대중들'－주로 의식주에 관련된 쾌락을 가져다주는 것이거나 자신의 소비욕구를 충족시켜 줄 도구가 되는 것 이외에는 '가치'를 인정하지 않는 대중들－을 설득시키는 데는 전혀 호소력을 가질 수 없다는 것을 잘 알고 있다. 더 정확하게 말하자면, 피터즈의 목적은 그런 사람들을 설득하는 데에 있지 않은 것이다. 그의 목적은 그런 사람들에게 호소력이 있는 '가치'를 교육의 가치로 바꾸는 데에 있는 것이 아니라 '교육' 그 자체의 가치를 밝히는 데에 있다. 그러나 말할 필요도 없이, 피터즈가 말하는 '대중'이 교육에 늘 '무

관심한' 것만은 아니다. 그들은 때로 자신이 가지고 있는 '가치'에 따라 교육이 예컨대 퓨즈 갈아 끼우는 것과 같은 '생활의 문제'를 해결하는 데에 직접 도움이 되어야 한다고 주장하고 그 방향으로 교육에 영향을 미치려고 한다. 그들의 목소리는 점점 커지고, 그에 따라 생활의 문제와는 무관한 '쓸데없는 것'을 배우는 데에 바친 땀과 노력을 아까워하는 많은 사람들로부터 점점 호응을 얻고 있다.(*) 피터즈의 입장에서 보면, 그들은 이때까지 자신을 인간으로 형성해 준 삶의 기반, 그리고 현재 자신의 삶을 받쳐주고 있는 삶의 기반을 부정한다. 이것은 인간의 삶을 밑바닥에서부터 잠식하는 가장 위험한 지적 오류이다. 전 인류를 위하여 다행하게도, 아직 그들의 주장은 단순한 주장의 수준에 그치고 있다. 그러나 만약 그들의 주장이 그 수준을 넘어서서 전폭적으로 시행된다면, 머지않아 전 인류는 완전한 야만상태로 되돌아갈 것이 거의 확실하다.

제 4 장

사회화 개념 : 뒤르껭

¶1 앞 장에서 고찰한 피터즈의 교육이 개념에 대하여 몇 가지 관점에서 비판이 있을 수 있고 또 실지로 있었다. 그 중의 한 가지, 그것이 피터즈 자신의 임의적 개념이라는 비판에 대해서는 앞 장에서 잠깐 언급한 바 있고 그것으로 충분하다고 생각된다. 이 비판과 밀접하게 관련되어 있는 것으로서, 피터즈의 개념은 '엘리트주의 교육관'을 나타낸다는 비판이 있을 수 있다. 아마 이 비판의 근거는 피터즈가 지식과 이해, 특히 학교교육에 포함된 지식과 이해를 교육의 핵심으로 생각했다는 데에 있을 것이다. 만약 참으로 이것이 그 비판의 근거라면, 여기에 대하여 피터즈는, 지식과 이해 등 지적 내용을 강조하는 교육이 정의상 '엘리트주의'라면 교육은 엘리트주의일 수밖에 없다는 것 이외에 달리 할 말이 없을 것이다. 그러나 이 경우에 그는 분명히 '엘리트주의'라는 말에 통상적으로 붙어 다니는 부정적인 의미를 부정할 것이다.

¶2 피터즈의 교육의 개념에 대한 비판 중에서 보다 심각한 것으로 두 가지를 들 수 있다. 하나는, 피터즈는 교육을 성격상 학교교육과 동일한 것으로 보고 있으며, 이 점에서 교육의 개념을 부당하게 '좁게' 규정한다는 것이다. 피터즈가 교육을 성격상 학교교육과 동일한 것으로 보는 것은 사실이겠지만, 그렇다고 하여 피터즈가 교육을 '학교'라는 특별한 공간에 국한하여 일어나는 것으로 본다든지 심지어 '학교 안에서 일어나는 것'은 무엇이든지 교육이라고 본다고는 말할 수 없을 것이다. 다만, 피터즈의 주장에 의하면, 교육의 전형적인 사태는 학교의 교과수업 사태에서 찾아볼 수 있으며, 교과수업 이외의 사태에서도 교육이 일어날 수는 있지만 그것도 '교육'이라고 불리는 한, 학교의 교과수업과 그 내용이나 방법에 있어서 동일한 것이어야 한다. 그러나 피터즈의 견해를 이와 같이 해석한다면, 피터즈가 교육의 개념을 지나치게 '좁게' 규정한다는 위의 비판은 일단 타당성을 가진다고 볼 수 있다. 즉, 학교 안에서건 밖에서건 간에, '교과수업과 성격상 동일한 것' 이외의 다른 교육은 있을 수 없는가, 수업사태에서 전형적으로 가르쳐지는 내용을 '교과' 또는 피터즈의 용어로 '지식의 형식'이라고 하면 이것과는 다른 종류의 교육내용을, 교과수업에 사용되는 것과는 다른 종류의 방법으로 전달하는 일은 있을 수 없는가 하는 의문이 충분히 의미 있게 제기될 수 있는 것이다. 비록 '그 이외의 교육'에서 전달되는 내용을 학교의 교과처럼 명시적으로 지적하기는 어렵다 하더라도, 또한 그 내용과 교과가 성격상 동일한 것인지 아닌지를 자세하게 논의할 수는 없다 하더라도, 그런 내용이 있으리라는 것은 직관적으로 분명하다. 그리

하여 피터즈의 '문명된 삶의 형식'이라는 것이 '지식의 형식'으로 이루어져 있는 것이라면, 그 문명된 삶의 형식은 확실히 좁게 설정된 것이 분명하다. 물론, 여기서 '좁게 설정되었다'고 말하는 것은 피터즈의 규정에서 제외된 교육이 거기서 규정된 교육을 포함한다든지, 후자를 확대하면 전자가 된다는 뜻이 아니라, 피터즈의 관점과는 다른 종류의 관점으로 파악되어야 할 교육이 있다는 뜻이다.

¶3 만약 위의 비판이 피터즈의 개념이 너무 좁다는 점을 지적하는 것이라면, 이것과는 정반대로 그것이 너무 '넓다'는 비판도 있을 수 있다. 말하자면, 피터즈의 개념은 교육이 이루어지는 구체적인 맥락으로서의 특정 사회를 염두에 두지 않는다는 것이다. 피터즈의 '문명된 삶'은 특정 사회를 떠나서는 추상적일 수밖에 없으며, 그의 '교육받은 사람' 또한 보편적인 인간이기 이전에 특수적 사회에서 살아가는 특수적 인간이다. 피터즈의 개념에 의하여 '교육받은 사람'은 모든 사회적 조건에 들어맞으며, 마찬가지 이유에서 어느 사회적 조건에도 들어맞지 않는다. 피터즈의 개념에 의하면 '교육받은 한국 사람이 된다'든가 '한국 사람으로 교육받는다'든가 하는 말은, 만약 그것이 '교육받은 영국 사람이 된다'는 것과 동일한 의미를 가지지 않는다면, 의미가 없다. 그러나 사실에 있어서, '교육받은 한국 사람'은, 비록 '교육받은 영국 사람'과 공통된 점이 없는 것은 아니라 하더라도, '교육받은 영국 사람'과 구별되는 별도의 의미를 가질 수 있고 또 아마 가져야 마땅할 것이다. 피터즈의 개념은 이면에서의 교육을 적절하게 설명하지 못한다. 그리고 이 점에서 보면, 피터즈의 교육의 개념이 너무 넓다는 비판은 분명히 타당성을

가진다고 생각된다.

¶4 피터즈의 교육의 개념에 대한 이 둘째 비판은 우리나라에서 십수 년 전에 교육계의 주목을 끌었던 '국적 있는 교육'이라는 슬로건과 관계가 있다. 슬로건이라는 것이 일반적으로 그렇다시피, 이 경우에도 그것이 불러일으키는 정서적 호소력에 상응하는 정도의 이론적 검토가 이루어지지 않았다는 느낌이 들기는 하지만, 그것을 받치고 있던 정치적 기반이 거의 무너지다시피 한 현재에도 그것은 처음에 대두되었을 당시의 호소력을 거의 그대로 가지고 있는 듯하다. '국적 있는 교육'이라는 슬로건은 '한국에서 하는 교육은 한국 사람을 길러내야 한다'는 주장으로 풀이될 수 있으며, 그 슬로건이 현재 상당한 호소력을 가지고 있다는 것은 곧 현재의 교육이 한국 사람을 길러내는 일에 별로 성공을 거두고 있지 못하다는 사실에 광범한 의견일치가 있다는 것을 의미한다. 그러나 '국적 있는 교육'이라는 슬로건, 그리고 그 슬로건의 이면에 들어 있는 현재 교육에 관한 부정적인 평가는 정확하게 교육의 어떤 측면을 겨냥한 것인가? 그것이 피터즈의 개념에서 부각되는 교육의 측면을 겨냥한 것이 아님은 거의 확실하다. 앞에서 시사된 바와 같이, '지식의 형식' 또는 학교의 정규교과는 '탈국적적인' 것이다. '한국 사람을 만드는' 교육적 영향력은 학교의 교과수업이 아닌 그 이외의 사태에 작용한다고 보지 않으면 안된다.

¶5 피터즈의 교육의 개념에 대한 위의 두 가지 비판은 너무 좁다든가 너무 넓다는 식으로 그 방향에 있어서는 정반대이지만, 그 두 가지 비판에 의하여 제안되는 교육의 개념에 있어서는 동일하다고

말할 수 있다. 말하자면 피터즈의 개념에서와 같이, 학교의 수업사태 또는 그와 유사한 사태에서 '지식의 형식'을 전수하는 일로 파악되는 것 이외에, 그것에 대안적인 관점에서 파악되는 교육이 있을 수 있다는 것이다. 그러나 지금 우리의 입장에서 이것을 인정한다는 것은 피터즈에 의하여 규정되는 교육과 그것에 대안적인 교육이라는 '두 개의 교육'이 있다는 것을 인정한다는 뜻이 아니다. 앞에서 공학적 개념과 성년식 개념의 관계에 관하여 말한 내용이 여기에도 적용된다. 그리하여, 이 장에서 우리가 또 하나의 교육의 개념을 고찰하는 것은 피터즈의 개념이 교육의 전체가 아닌, 한 부분만을 나타낸다는 뜻이 아니다. 교육은 하나뿐이며 피터즈의 개념은 이 하나뿐인 교육을 특정한 '개념'(또는, 관점 또는 문제의식)으로 파악하는 것이다.(*)

¶6 이 장에서 고찰하고자 하는 교육의 개념은 '사회화 개념'이라고 부를 수 있을 것이다. 오늘날 '사회화'라는 용어는 거의 '교육'의 동의어라고 볼 수 있을 정도로 교육적 현상을 가장 포괄적으로 지칭하는 용어로 사용되고 있다. 그리고 '사회화'를 이와 같이 포괄적인 용어로 사용하는 사람들은 아마 틀림없이 피터즈의 개념에 의하여 파악되는 학교의 교과수업을 사회화의 한 부분으로 포함시킬 것이다.(*) 그러나 사회화와 교육의 관계에 관한 복잡한 논의는 차치하고라도, 위와 같이 교과수업을 사회화의 한 부분으로 포함시키는 것은 사회화 중에서 교과수업을 제외한 나머지 부분의 성격 문제, 그리고 그것과 교과수업과의 성격상의 차이 문제를 필연적으로 불러일으킨다. 뿐만 아니라, 더욱 중요한 것으로서, 사회화를 교육의

동의어로 사용하면서 그 속에 일체의 교육활동을 포함시키는 것은 애당초 교육의 정의가 문제되는 맥락을 도외시하는 것이다. 앞의 제1장의 고찰에 시사되어 있는 바와 같이, 교육을 사회화로 정의한다는 것은 단순히 교육이라는 용어를 사회화라는 용어로 바꾸어서 부르는 것과는 다르다. 이런 식으로 교육을 정의하는 것은 '사회화'라는 용어의 개념적 특성, 다시 말하여 교육을 사회화로 정의할 때 그 정의가 부각시키고자 하는 교육의 문제의식을 도외시하며, 결과적으로 그 정의는 정의로서의 의미를 가지지 못한다. 물론, 이 점은 사회화라는 개념이 교육을 '총체적으로' 정의한다는 것과 모순 없이 성립한다.

¶7 이 장에서 의미하는 대로의 교육의 사회화 개념은 뒤르껭의 『교육과 사회학』에 제시되어 있다.(*) 뒤르껭의 개념을 고찰하는 데에 있어서 우리가 특히 염두에 두어야 할 것은 그것이 피터즈의 개념에 대하여 대안적 관점을 나타낸다는 것이다. 그러므로 이것을 확인하는 것은 또한 앞에서 말한 '국적 있는 교육'이라는 슬로건이 교육의 어떤 측면을 지적하는가를 보일 수 있을 것이다. 여기서는 뒤르껭의 교육의 개념을 고찰하기에 앞서서, 이 장에서 의미하는 대로의 '사회화'의 개념을 선명하게 예시하는 한 가지 보기로 번스타인의 '언어사회화 이론'을 소개하고자 한다.(*) 번스타인의 이론은 뒤르껭의 교육의 개념을 검증 가능한 형태로 번역한 것이라고 볼 수 있다. 그리고 뒤르껭의 개념을 고찰한 다음에 마지막으로 교육의 사회화 개념에 관련되는 이론적, 실제적 노력의 방향을 제안해 보겠다.

1. 사회화의 한 보기 : 언어사회화

¶8 번스타인의 언어사회화 이론은, 한 마디로 말하여, 언어가 사회구조를 영속화하는 기능을 수행한다는 것을 설명하기 위한 것이다. 여기서 '사회구조'라고 하는 것은, 이하의 설명에서 밝혀지는 바와 같이, 번스타인 자신이 속하고 있는 영국의 계층구조－중류계층과 노동계층이라고 불리는 두 계층의 특이한 생활방식과 문화－를 일컫는다.(*) 한 계층에서 습관적으로 사용되는 口語樣式구어양식은 그것이 가지고 있는 사고와 감정의 전달방식을 통하여 그 계층의 문화를 다음 세대에 전수해 주며, 이 점에서 언어는, 번스타인 자신의 용어로, '사회적 유전인자'(*)를 담지하고 있다.

¶9 번스타인 자신이 간접적으로 인정하고 있는 바와 같이, 그의 이론은 사고를 전달하는 매체로서의 언어의 기능에 관한 어떤 심리학자의 견해를 사회학적 맥락에서 해석한 것이라고 볼 수 있다.(*) 그 심리학자는 언어를 그것이 전달하는 사고의 종류 또는 수준에 따라 두 가지 유형으로 분류할 수 있다는 견해를 제시하였다. 예컨대 한편으로, 사람을 처음 소개받을 때 하는 인사말이나 라디오 아나운서의 일기예보와 또 한편으로, 우리가 보통 '말한다'고 할 때의 말－다시 말하면, 특정한 문제에 관한 그때그때의 생각이나 느낌을 문장의 구조에 담아 표현하는 말－은 양자가 모두 의사소통(즉, 사고나 감정을 전달하는 일)의 수단이라고 볼 수 있을 것이다. 그러나 그 두 가지 언어에 의하여 전달되는 사고나 감정에는 심각한 차이가 있으며, 이 점에서 양자는 유형적으로 구분된다. 소개받았을 때의 인사말이나 일기예보의 경우를 보면, 거기서 전달되는 것도 과연

'사고'라고 부를 수 있을지 의심스럽다. 이것은 그 말이 보통의 의미에서의 사고-즉, 개인이 하는 사고-를 나타내는 것이 아니라 '사회적으로 조건화된 사고', 또는 '사회화된 사고'를 나타내기 때문이다. 거기서 오가는 말은 개인이 마음속에 가지고 있는 개인 자신의 의미를 표현하는 것이 아니라 특정한 사회에서 특정한 경우에 누구든지 응당 하게 되어 있는 '틀에 박힌' 말이다. 사람들은 그 특정한 경우에 상대방이 어떤 말을 하리라는 것을 꽤 정확하게 예측할 수 있다. 그리고 사람들은 그 '예측가능성'에 입각하여 '사회화된' 의미-즉, 그 사회 사람들에게 널리 공유되는 의미-를 주고받는다. 위의 그 심리학자는 이런 종류의 말을 '고도로 기호화된 발언'이라고 하여, 그때그때의 개인의 사고와 감정을 표현하는 '당장 기호화하는 발언'과 구분한다. 물론, 이 두 가지 '발언'은 그 외부적인 특징에 있어서도 차이를 나타낸다. '고도로 기호화된 발언'은 문장이 짧고 어휘가 한정되어 있으며 말의 속도가 빠르다. '당장 기호화하는 발언'에서는 화자가 적절한 단어나 문장 형식을 찾기 위하여 때로 말을 멈추기도 하고 문장 중간에서 이미 말한 부분을 취소하고 다시 시작하는 경우가 있지만, '고도로 기호화된 발언'에서는 그럴 필요가 거의 없다.

¶10 번스타인이 영국의 두 계층-노동계층과 중류계층-의 습관적, 전형적인 구어양식이라고 본 '대중어'와 '공식어'는 대체적으로 위의 두 '발언'에 각각 상응한다.(*) 이 두 구어양식은 구문의 복잡성 정도, 어휘의 다양성 정도 등 외부적인 특징에 있어서도 차이를 나타내지만, 양자의 가장 근본적인 차이는 각각이 사고와 감정을

조직하는 수단으로서의 언어에 대한 상이한 태도(즉, '말은 무엇을 위하여 하는가'에 대한 상이한 견해)를 나타낸다는 점에 있다. 공식어에서는 언어가 인과적, 논리적 관련을 정확한 문법 구조에 맞추어 표현하는 데에 사용된다. 언어가 다른 사람의 사고에 영향을 준다면 그것은 말의 내용—말이 전달하고자 하는 내용—의 논리성 때문이다. 여기에 비하여 대중어에서는 사람들 사이에 흔히 떠돌아다는 막연한 상투적 표현을 주고받으며 말의 내용 때문이 아니라 말을 주고받는 사람들 사이의 정서적 유대('우리는 서로 통하는 사람이 아닌가') 때문에 서로 이해하고 납득한다. 감정의 표현에 있어서도, 공식어에서는 감정이 문장의 표현방식에 세밀하게 구분되어 표현되며, 사람들은 그 표현방식에서 미묘한 감정의 차이를 알아차린다. 이와는 달리, 대중어에서는 단순한 쾌・불쾌, 호오의 감정이 미분화된 상태로 표현되며, 언어는 감정을 '표현'한다기보다는 '발산'하는 수단이 된다.

¶11 노동계층과 중류계층의 자녀들이 대중어와 공식어라는 구어양식을 통하여 '사회적 유전인자'를 물려받게 되는 것은 말할 필요도 없이 그 부모 또는 가족의 다른 구성원으로부터이다. 대중어와 공식어는 각 계층의 부모가 습관적으로 사용하는 구어양식이며 부모는 자녀를 양육하는 데에도 그 구어양식을 사용할 수밖에 없다. 노동계층의 부모는 자녀에 대하여 거의 언제나 간단한 명령이나 당장 눈앞에 보이는 사물을 '구체적인' 언어로 기술하는 말을 하며, 자녀가 명령에 복종하지 않을 때에는 자신의 감정을 충동적으로 표시한다. 자녀는 그 부모로부터 추리나 상상을 표현하는 말을 들어보

는 일이 거의 없다. 추리나 상상을 나타내는 '추상적인' 표현은 대중어의 표현가능성과는 거리가 먼 것이다. 노동계층의 자녀가 부모의 감정을 헤아릴 경우에 그것은 '부모가 좋아한다든가 싫어한다'는 식의 단순한 양분법에 의해서일 뿐이며, 그 강도에 따라 세밀하게 분간된 '미묘한 감정의 차이'에 의해서가 아니다.

¶12 번스타인 자신의 예를 가지고 이 점을 설명하면 이해에 도움이 될 것이다. 자녀가 옆에서 시끄럽게 소란을 피울 때, 중류계층의 어머니라면 예컨대 '애야, 좀 조용히 해 주면 좋겠어'라고 말한다. 이 말에는 그것에 맞는 특이한 어조가 수반된다. 그러나 노동계층의 어머니는 거의 언제나 '닥쳐!'라고 말한다. 이것이 '좀 조용히 하라'는 말의 대중어적인 표현양식인 것이다. 물론, 중류계층의 어머니라고 해서 언제나 위의 말이나 어조를 사용하는 것은 아니다. 아이가 그 후에도 계속 소란을 피우면 어머니는 점점 더 강한 표현과 어조를 사용하다가 아마 어느 단계에서는 '닥쳐'라고 말할 것이다. 다만, 노동계층의 어머니와는 달리, 중류계층의 어머니로서는 최초의 표현과 그 이후의 점점 강한 표현이 자신의 상이한 감정상태를 표현한다는 것, 그 점점 강한 표현은 자녀에 대한 징벌이 된다는 것을 안다. 그리고 부모에게서 양육을 받는 동안에 자녀도 이것을 알게 된다.

¶13 대중어에 의하여 양육된 자녀가 최초로, 그리고 가장 극적으로 '불이익'을 경험하는 것은 학교에 들어갔을 때이다. 학교에서 교사가 사용하는 언어는 그가 익숙해 온 것과는 거의 '외국어'라고 해도 좋을 정도로 판이한 공식어이다. 학교에서 교사가 쓰는 말에

의하여 표현되는 사고는 대중어에 의하여 전형적으로 매개되는 것과는 다른 종류의 것이며, 노동계층의 아이는 그 교사의 말 중에서 대중어로 '번역'될 수 있는 것 이외에는 이해를 할 수 없다. 교사는 '닥쳐'라고 말하기보다는 '얘들아, 좀 조용히 해 주면 좋겠어'라고 말한다. 노동계층의 아이에게 이 말은 '닥쳐'라는 말로 '번역'되어 이해되며, 그것은 '공연히 점잖은 티를 부리는' 말 이외의 아무것도 아니다. 노동계층의 아이가 공격적, 반사회적 성향을 발휘하며 마침내 청소년 범죄에 휘말릴 가능성이 있다는 것은 대중어가 그것을 습관적으로 사용하는 사람에게 '罪惡感閾'죄악감역(*)을 높이는 경향이 있다는 점에 비추어 쉽게 설명된다. 노동계층의 아이는 말이 감정을 세밀하게 구분하여 표현한다는 것을 알지 못하며, 그와 마찬가지로, 자신의 말이 남에게 상처를 입힐 수 있다는 것을 믿지 않는다. 그의 죄악감은 명백히 신체적 상해가 발생했을 때 비로소 발동한다.

¶14 번스타인의 이론은 영국에서 노동계층의 아이가 중류계층의 아이에 비하여 학업성적이나 사회적 적응 면에서 불리한 위치에 있다는 사실에 대한 사회학적 설명을 제공해 주기도 하지만, 여기서 우리의 관심은 그것이 '노동계층 사람' 또는 '중류계층 사람'이 되는 과정을 이론적으로 설명해 준다는 점에 있다. 간단하게 말하여, 대중어와 공식어가 다 같은 영어이면서도 마치 외국어와 같듯이, 그 각각을 습관적 구어양식으로 하는 두 계층의 사람은 다 같은 영국 사람이면서도 마치 외국인과 같이 '다른 종류의' 사람으로 형성된다는 것, 그리고 그것은 그들이 그와 같이 다른 구어양식을 가지

고 있기 때문이라는 것이다. '언어는 그것을 사용하는 사람의 사고를 결정한다'는 강한 언어 결정론적 가설에는 논란의 여지가 있지만,(*) 번스타인의 이론에서 대중어와 공식어는 노동계층과 중류계층의 특이한 세계관과 생활방식(즉, 문화)을 반영하며 그것을 다음 세대로 영속화하는 수단이 되는 것으로 간주된다. 대중어와 공식어는 그것이 가지고 있는 인지적, 정서적 제약이나 이점을 통하여 두 계층의 생활방식의 기저에 있는 중요한 능력들－구체적인 사태를 일반적인 용어로 파악하는 능력, 합리적 질서에 지배되는 것으로서 세계를 파악하는 능력, 장기적인 안목으로 생활을 계획하는 능력, 즉각적인 감정이나 충동을 억제하는 능력 등－을 저해하기도 하고 촉진하기도 한다. 그리고 '이 과정은 말 한 마디를 할 때마다 번번이 강화된다.'

¶15 앞의 설명에 시사된 바와 같이, 번스타인의 이론이 다루는 '언어사회화'(즉, 언어에 의하여 설명되는 사회화)는 학교교육을 받기 훨씬 전부터 시작되며, 학교교육과 무관하게 그 이후에도 여전히 진행된다. 만약 교육의 개념을 피터즈의 그것에 고정시키면 번스타인이 말한 사회화 과정－한 계층의 습관적인 구어양식을 통하여 그 계층의 특이한 인간형이 형성되는 과정－은 '교육'에 속하지 않는 것으로 된다. 예컨대 '얘야, 좀 조용히 해 주면 좋겠어'라고 말하는 어머니가 아이를 지식의 형식에 입문시킨다고는 볼 수 없는 것이다. 그와 마찬가지로, 그것은 공학적 개념에 비추어서도 교육에 속하지 않는다. 예의 그 어머니가 인간 행동의 변화를 위한 계획적 프로그램을 실시한다고는 볼 수 없는 것이다. 그러나, 물론, 사회화 과정은

하등의 인위적인 조치가 가해지지 않은 순전히 '자연적인' 과정은 아니며, 거기에는 비록 공학적 개념에서 의미하는 것과 같은 명백한 형태로는 아니라 하더라도 인간형성을 위한 모종의 인위적인 노력이 작용하고 있다고 보아야 할 것이다. 그리고 그 인간형성의 작용이 성년식 개념의 그것과 동일한 개념체계로 규정되지 않는다고 해서 그것을 교육에서 제외시키려고 하는 것은 교육에 관한 논의영역을 부당하게 한정하는 결과를 가져온다. 이하의 설명에서 알 수 있는 바와 같이, 교육의 사회화 개념에는 그 나름으로 교육을 보는 특이한 문제의식이 있는 것이다.

¶16 그 문제의식의 일단은 해석 여하에 따라서는 번스타인의 이론에서도 엿볼 수 있다고 생각된다. 영국 사회의 계층 구분이 우리 사회에 그대로 적용될 수 없기 때문에 그의 이론은 우리와 아무 상관이 없다든지, '사회화'는 그냥 일어날 뿐이며 그것에 대해서는 하등 의식적인 노력을 할 수도 할 필요도 없다고 생각하는 것은 번스타인의 이론이 현재 우리 사회에 줄 수 있는 중요한 시사를 부당하게 외면하는 것이다. 계층과의 관련 여부를 떠나서, '공식어적인' 어법과 '대중어적인' 어법, 또는 더 평이하게 '점잖은' 말씨와 '상스러운' 말씨의 구분은 언제 어느 사회에나 해당된다. 완곡하지만 세밀하게 자신의 사고와 감정을 정확한 문법형식에 맞추어 표현하는 것은 따로 배우지 않으면 가질 수 없는 '능력'이다. 우리 사회가 현재, 그리고 앞으로 점점 더, 그 능력을 '공연히 점잖은 티를 부리는 수작'이라고 하여 업신여기고, 그 대신에 강하고 원색적인 '발가벗은' 언어를 구사하는 방향으로 나아간다면,(*) 이것은 반드시 '언어

사회화의 기능'을 담당하고 있는 부모나 기성세대 전체가 그 능력을 '가르치는' 일에 관심과 노력을 소홀히 했기 때문이라고 볼 수밖에 없다. 그리고 그 결과는 가히 '문화의 붕괴'에까지 이어질 가능성이 있다. 번스타인의 이론을 그 한 부분으로 하는 '언어사회학'에 관한 최근의 관심은 이 면에서의 교육학적 관심이 절실하고 유용하다는 것을 암시한다.

2. 집단적 의식의 내면화

¶17 뒤르껭의 교육의 개념은 그가 1902년에서 1911에 걸쳐서 한 네 개의 교육학 강연을 모아놓은 『교육과 사회학』의 처음 세 장에 제시되어 있다. 교육의 개념에 관한 그의 견해는 그의 사회학 이론의 직접적인 적용이라고 볼 수 있으며, 따라서 그의 교육의 개념을 이해하는 데는 사회학 일반에 관한 그의 저작들이 참고가 되겠지만, 현재 우리의 목적으로는 그 세 장에 설명된 내용만으로 충분하다. 거기에는 뒤르껭의 교육의 개념이 의심할 여지가 없이 명백하게 제시되어 있는 것이다.

¶18 위의 책에는 교육의 정의에 해당하는 것이 여러 가지 방식으로 표현되어 있지만, 뒤르껭의 교육의 개념을 가장 정확하고 간명하게 나타내는 것은, '어린 세대를 대상으로 하는 체계적 사회화'(p. 72)(*)라는 정의이다. 여기서 '사회화'라는 것은 특별한 의미를 가지고 있는 용어로서, 뒤르껭이 그의 다른 책에서 사용하는 '집단적 의식'이라는 개념을 써서 표현하자면,(*) '이기적, 反社會的반사회적

존재로서의 개인으로 하여금 집단적 의식을 내면화하도록 함으로써 그를 사회적 존재로 형성하는 과정'을 가리킨다. 이 과정은, 사회의 입장에서 보면, '그 자체의 존속을 위한 필요불가결한 조건'(p. 72)을 마련하는 수단이며, 개인의 입장에서 보면, 출생할 때 피부조직 속에 갖추고 태어나는 존재와는 조금도 닮은 점이 없는, 전혀 다른 존재로 '변형' 또는 '창조'되는 길이다(p. 74, p. 153).

¶19 위의 정의를 좀 더 정확하게 이해하기 위해서는 거기에 함의되어 있는 몇 가지 생각을 명백히 드러내어 진술할 필요가 있다.

¶20 첫째는 교육과 사회와의 긴밀한 관련이다. 뒤르껭에 의하면, 교육은 광물학자에게 있어서 암석이나 해부학자에게 있어서 신체에 비유될 수 있는 '사회적 사물'이다. 교육은 사회 속에서 일어날 뿐만 아니라, 사회가 존속하는 데에 '필요 불가결한 조건'이 된다. 그러므로 교육은 사회와의 관련을 떠나서는 이해될 수 없으며, 교육을 이해하는 것은 곧 사회를 이해하는 것이다. '교육기관 중에서 사회제도적 성격을 띠지 않는 것은 하나도 없다. 교육기관은 사회제도의 주요 특성을 소규모의 축소된 형태로 복제하고 있다'(p. 159). 교육은 그 목적에 있어서나 그것을 달성하는 수단에 있어서나 사회적 고려의 제약에서 벗어날 수 없다. 그리고 이 점에서 교육학은 다른 어떤 것이기 이전에 사회학이다.(*)

¶21 둘째는 '사회'의 성격 문제이다. 사회는 개인의 집합체가 아니며 일정하게 구획된 지역을 가리키는 것도 아니다. 물론, 사회에는 개인들이 소속해 있고, 또 사회라는 말이 특정한 지역을 연상시키는 것은 사실이지만, 그 지역과 인구가 곧 사회를 규정하는 것은

아니다. '사회'는 개인들이 존재하고 소멸하는 것과는 무관하게 계속되며 지역의 변동에 관계없이 존재하는 '정신적 실체'를 가리킨다. '한 세대의 유산이 보존되어 다음 세대의 유산에 부가되려면 세대의 소멸을 초월하여 영속하면서 세대와 세대를 결속시켜 주는 도덕적 인격체가 있어야 할 것이다. 이것이 바로 사회이다'(pp. 81-2).

¶22 이런 의미에서의 사회는 '집단적 의식' 또는 '집단 수준의 의식'에 의하여 규정된다. '의식'이라는 것은 원래 개인이 가지고 있는 것인 만큼, 이 의미를 그대로 집단 수준으로 연장하면 마치 집단이 의식을 가지고 있다는 뜻으로 해석될 수 있다. 그러나 집단은 의식을 '가질' 수 없으며, 따라서 집단적 의식과 개인의 의식 사이에는 그 존재 방식에 있어서 하등의 공통성이 없다. 집단적 의식은 사회가 하나의 '사회로서' 기능을 하기 위해서, 다시 말하면 그 내적 동질성을 유지하면서 그것을 다음 세대로 계속 이어지게 하는 일을 하기 위해서, 존재한다고 보지 않으면 안되는 정신적인 내용이다. 집단적 의식은 '사회적 존재'가 가지고 있는 정신적 내용의 총체이며(p. 73), 따라서 교육을 통하여 개인이 습득해야 할 정신적 내용의 총체이다. (『교육과 사회학』에서는 이 '집단적 의식'이 '집단적 관념과 정조'(p. 107)로 표현되어 있다.)

¶23 사회가 인구나 지역과 같은 '경험적 실체'를 의미하지 않는다는 것은 앞에서 말한 바와 같다. 그러나 사회가 집단적 의식이라는 정신적 내용으로 구성되어 있다면, 그것은 사회가 관념적, 추상적인 실체라는 뜻인가? 그렇지 않다. 집단적 의식 그 자체는 관념이지만, 그것은 관념의 형태로 존재하는 것이 아니라 관례, 풍습, 행동 양식

등 '사회제도'—즉, 일체의 삶의 현실—와 관련하여 그것의 정신적 기저로 작용한다. 그리하여 한 사회 안에서의 공통된 삶의 현실—정확하게는, 한 사회의 동질성을 유지하기에 충분한 정도로 공통된 삶의 현실—이 '사회'라는 용어에 구체성을 부여한다.

¶24 셋째는 개인과 사회와의 관계이다. 위의 설명에 비추어 이 문제는 개인과 집단적 의식의 관계로 바꾸어 표현될 수 있을 것이다. 이 문제에 대한 뒤르껭의 견해는 그의 교육관의 가장 중요하고도 두드러진 (또한, 아마도 가장 이론의 여지가 많다고 볼 수 있는) 특징을 나타낸다. 말하자면, 사회 또는 집단적 의식은 개인을 초월한 그 자체의 실체로서 존재하며 그것은 그 구성원인 개인으로 환원될 수 없다는 것, 그리고 개인은 사회의 일방적인 영향력을 거의 수동적으로 내면화할 수밖에 없다는 것이다.

> [교육의 목적과 내용]의 기준이 되는 관습과 관념은 개인들이 창조해 낸 것이 아니다. 이 관습과 관념은 공동생활의 산물이며 또한 공동생활의 필요를 표현하고 있다. 더 나아가서, 그것은 대부분 이전 세대가 이루어 놓은 것들이다. 인류의 과거 전체가 이 격률의 총체를 형성하는 데 기여하여 오늘의 교육을 이끌고 있는 것이다 …… 그렇다면 어떻게 개인이, 그 혼자만의 사적인 생각으로, 개인의 생각에서 나온 결과가 아닌 것을 만들어낼 수 있겠는가? 개인은 그가 원하는 대로 무엇이나 쓸 수 있는 '백지'를 앞에 놓고 있는 것이 아니라, 임의로 창조하지도 못하고 파괴도 변형도 할 수 없는 구체적인 현실을 대면하고 있다. 개인이 구체적인 현실에 대하여 무엇인가 조치를 취할 수 있는 것은 오직 그것을 이해할 수 있게 되었을 때, 그 본질과 성립 조건을

알 수 있게 되었을 때이며, 개인이 그것을 이해할 수 있게 되는 것은 오직 그 현실을 연구함으로써, 마치 물리학자가 물리 현상을, 생물학자가 생물체를 관찰하듯이, 그것을 관찰함으로써이다(pp. 65-6).

우리는 우리가 마음대로 좌지우지할 수 없는 집단적 관념과 정조의 분위기 속에 묻혀서 살고 있다. 교육의 실제가 근거하고 있는 것은 바로 이 집단적 관념과 정조이다. 그 관념과 정조는 우리가 바라는 대로 되어 주지 않는다. 그런 만큼 그것은 우리와는 구분되는 별개의 현상이며, 그 자체 속에 명백하게 규정된 성질을 가진 구체적인 현실로서 우리에게 영향력을 행사한다. 따라서 그것에 대하여 우리가 정당하게 할 수 있는 것은 그것을 관찰하는 것이며, 오직 그것을 아는 것 이외의 다른 목적이 없이 그것을 알려고 하는 것이다(pp. 107-8).

¶25 그러나, 만약 개인이 그의 의도와는 무관하게 존재하는 '사회' 또는 집단적 의식을 수동적으로 내면화하여 사회가 요구하는 인간형으로 형성될 수밖에 없다면, '개인은 견딜 수 없는 폭군에게 복종해야 한다는 뜻이 아닌가?'(p. 78) 이 의문에 대한 뒤르껭 자신의 대답은 그렇지 않다는 것이다. '사실에 있어서 개인의 그 복종은 개인 자신에게도 "이익"이 되는 것이다. 왜냐하면 교육을 통하여 집단적 영향이 우리 각자에게 형성해 주는 새로운 존재는 우리 각자가 될 수 있는 최상의 존재를 나타내는 것이기 때문이다'(p. 78). 집단적 의식에 복종하는 것이 개인에게 '견딜 수 없는' 것으로 생각되려면 그것을 내면화하기 이전의 개인에게 무엇인가 손상되거나 침해될 것이 있다고 보아야 한다. 그러나 사실상, 그 이전의 개인에

게는 이기적인 충동 또는 아직 방향이 정해져 있지 않은 막연한 성향 이외의 아무것도 없다. 개인이 가지고 있는 '좋은 것'은 모두 사회의 영향을 통하여 형성된 것이다. 뿐만 아니라, 집단적 의식은 개인을 획일화하는 것도 아니다. 개인은 집단적 의식의 영향 안에서 얼마든지 다양하게 자유로운 발달을 이룩할 수 있으며, 차라리 그 영향이 그것을 가능하게 해 준다고 말할 수 있다. '자유는 진정한 권위에서 태어나는 딸이다'(p. 100).

¶26 그리고 마지막으로, 위의 설명에 이미 시사되어 있는 것으로서, 교육(즉, 사회화)의 책임을 맡은 부모와 교사의 권위 문제가 있다. 이기적, 반사회적 존재를 사회적 존재로 변형시키는 데는 어떤 형태의 것이든지 강요가 불가피하게 요청되며, 이 강요가 소기의 성과를 거두기 위해서는 그 일을 담당한 사람에게 권위가 있어야 한다. 교육의 효과는 부모와 교사가 아이에게 사회에 대한 복종과 의무를 정정당당하게 강요하는 데서 생길 수 있다. 그러나 교육에 있어서의 부모나 교사의 권위는 그 개인적 업적이나 자질에 의하여 보장되는 것이 아니라 그에게 업무를 위임한 '사회'에 의하여 보장된다. 이 점에서 부모나 교사의 권위는 성격상 성직자의 그것과 유사하다.

> 성직자의 말에 누구나 그토록 기꺼이 권위를 부여하는 것은 성직자가 그의 소명에 대하여 높은 확신을 가지고 있기 때문이다. 그는 자신이 믿는 신, 다수의 비신도들보다 자신이 더 가까이 있다고 느끼는 신의 이름으로 말하는 것이다. 교사도 이와 비슷한 감정을 가질 수 있고 또

> 가지고 있어야 한다. 그도 자신을 초월하는 위대한 도덕적 인격체(즉, 사회)의 대행자인 것이다. 성직자가 신의 해석자이듯이, 교사는 그 시대, 그 국가의 위대한 도덕적 관념의 해석자이다. 교사로 하여금 이 관념에 애착을 가지도록, 그 장엄한 아름다움을 느끼도록 하라. 그렇게 하면 그 관념에 내재해 있는 권위, 교사가 인식하는 권위는 반드시 교사 자신의 것이 되어 그가 하는 모든 행동에 나타나게 될 것이다. 이와 같이 초인간적인 원천에서 흘러나오는 권위에는 긍지도, 허영도, 현학도 끼어들 여지가 없다. 그 권위는 순전히 교사가 자신의 하는 일 또는 '직능'에 대하여 가지고 있는 존경심으로 이루어져 있다. 그리고 그 존경심은 말과 몸짓을 통하여 교사로부터 아동에게 그대로 전달된다(p. 99).

¶27 뒤르껭에 의하면, 한 사회에서의 교육은 '하나이면서 동시에 여러 개'라는 이중의 측면을 가지고 있다(p. 67). 한 사회가 존속하려면 그 성원들 사이에 어느 정도의 동질성이 유지되어야 하지만, 그와 동시에 사회에는 각각 상이한 행동양식과 정신적 자질을 요구하는 수많은 이질적인 집단들이 있다. 사회가 정상적으로 기능을 발휘하려면 이 동질성과 이질성이 동시에 보장되지 않으면 안된다. 그러나 교육의 이 두 측면은 두 가지 별개의 과정을 통하여 이루어지는 것이 아니라 한 가지 동일한 과정의 두 가지 상이한 측면이며, 따라서 그 중의 어느 하나에 작용하는 기제는 다른 하나에도 마찬가지로 작용한다고 보아야 한다. 또한, 이 기제는 학교에서의 교과수업과 가정이나 직장에서의 '사회화'에 동일하게 작용한다고 보아야 할 것이다. 뒤르껭은 교과수업과 그 밖의 사회화의 구분이나 관련에 관하여 전연 언급을 하지 않으며, 오히려, 교과수업을 통하여

전달되는 '기본개념'(p. 79)이나 '지식에의 갈증'(p. 77)은 사회가 우리 각자에게 형성해 주는 '모든 좋은 것'의 한 부분인 만큼 그것의 전수는 집단적 의식의 내면화와 동일한 의미를 가지는 것임을 시사하고 있다.

¶28 그러나 모든 '사회화'의 과정에 공통적으로 작용하는 그 기제는 어떤 것인가? 다시 말하면, 개인이 집단적 의식을 내면화하는 과정은 어떤 방식으로 설명될 수 있는가? 뒤르껭은 사회가 개인에게 영향력을 행사한다든가, 개인은 그 영향력을 받아들여서 '사회적 존재'로 형성된다는 말은 하지만, 그것이 어떤 기제를 통하여 이루어지는가는 설명하지 않는다. 만약 이것이 설명되지 않으면, 예컨대 부모나 교사가 그 권위를 어떤 방식으로 행사해야 하는지, 그것을 행사하는 동안에 그들이 구체적으로 무슨 일을 해야 하는지, 그리고 그 일을 잘하는지 잘못하는지를 어떤 기준으로 판단할지를 알 수 없게 될 것이다. 그러므로 뒤르껭의 교육의 개념이 다소나마 완전하게 이해될 수 있으려면 이 면에서의 보완이 필요하다고 생각된다.

¶29 만약 뒤르껭 자신이 사회화의 기제를 설명하려고 했더라면 그것은 어떤 방식이었겠는가? 후세대의 입장에서 짐작해 본다면, 그것은 필시 앞 절에서 고찰한 번스타인의 '언어사회화 이론'과 유사한 방식이었을 것이다. 번스타인의 설명을 기초로 하여 뒤르껭의 설명을 유추하자면, 그것은 다음과 같은 명제의 형식을 취할 것이다. 즉, '제도화된 행동에는 그것과 일관된 정신적 요소가 내재해 있으며, 제도 안에서의 삶은 구성원으로 하여금 그 정신적 요소를 내면화하도록 한다'는 것이다. 우선, 이 명제가 번스타인의 이론과

동일한 설명 형식을 나타낸다는 것은 당장 명백하다. 번스타인의 이론은 결국 '한 계층의 특이한 구어양식은 그것을 습관적으로 사용하는 사람으로 하여금 그것에 내재해 있는 정신적 요소를 내면화하도록 한다'는 식으로 고쳐 쓸 수 있는 것이다. 위의 명제를 좀 더 자세하게 설명하기에 앞서서, 또 한 가지 지적할 수 있는 것은, 그 명제에 함의된 교육의 설명은 피터즈의 '공적 언어에 담긴 공적 유산으로서의 지식의 형식을 전수하는 일'이라는 설명과는 근본적으로 다르다는 것이다. 그것은 번스타인의 설명이 피터즈의 설명과 다른 것과 마찬가지이다.(*)

¶30 위의 명제를 설명하는 데 있어서 우선 분명히 해 두어야 할 것은, 한 사회(또는 문화권) 안에서의 삶은 하나의 총체를 이루고 있다는 것이다. 다시 말하면, 우리의 삶, 우리가 살아가는 동안에 하는 여러 가지 행동은 표면상으로는 각각 따로따로 떨어진 별개의 행동처럼 보일지 모르지만, 그것이 하나의 사회 안에서 일어나는 것으로 파악될 수 있는 한, 그 사이에는 모종의 관련이 있다는 것이다. (이 관련이 얼마나 일사불란한가, 얼마나 정확하게 규정될 수 있는가 하는 것은 별도로 고찰되어야 할 문제이다.)

¶31 둘째로, 삶 속에서 이루어지는 행동은, 적어도 그 의의 있는 측면에 있어서는, 일체가 '제도화된' 행동이라는 것이다. 우리가 '개인의 행동'이라는 표현을 쓰는 것은 오직 행동을 하는 주체 또는 행동의 수행자가 개인이라는 것을 나타낼 뿐이며, 그 행동이 문자 그대로 '개인의 것'임을 나타내는 것은 아니다. 행동이 문자 그대로 '개인의 것'이라고 볼 수 있으려면 개인이 그 행동을 창시했든가

행동의 수행방식을 개인이 마음대로 좌지우지할 수 있어야 한다. 그러나 우리가 하는 행동 중에서 이런 뜻에서의 '개인의 행동'이라고 할 만한 것은 아무것도 없다. 우리의 행동은 모두 우리가 제도 속에서 태어나서 그 속에서 생활하는 동안에 학습한 것들이다. 그리고 이런 뜻에서 행동의 '원천'은, 그 '수행자'가 개인인 것과는 달리, 제도에 있다고 말할 수 있다.(*)

¶32 이와 같이, 행동의 수행자와 원천이 구분된다는 사실은 행동의 '의미'가 두 가지 상이한 차원에서 규정될 수 있다는 것을 시사한다. '왜 이러이러한 행동을 하는가'라는 질문에 대한 대답을 그 행동의 '의미'라고 볼 수 있다면, 그 질문을 개인적 차원(수행자)과 제도적 차원(원천) 중의 어느 차원에서 해석하는가에 따라 두 가지 상이한 종류의 대답이 나올 수 있는 것이다.(*)

¶33 개인적 차원에서 해석하면 그 질문에 대한 대답은 그 행동을 할 때 개인이 마음속에 가지고 있는 생각, 그 행동을 통하여 실현하려고 하는 의도, 그 행동을 수단으로 하여 달성하려고 하는 목적 등으로 주어진다. 이런 의도나 목적을 통틀어 '동기'라고 부를 수 있을 것이다. 동기는 개인의 심리현상을 기술하는 개념, 즉 '심리적 개념'이다. 심리적 개념으로서의 동기는 원칙상 개인에게 의식된다. 물론, '무의식적 동기'라는 말이 성립할 수 없는 것은 아니지만, 이 경우에 '무의식적'이라는 말은 의식과 무관하다는 뜻이 아니라 의식의 심층에 깔려 있다는 뜻이며, 그것은 예컨대 정신분석의 기법을 통하여 언제나 의식 수준으로 이끌어 올릴 수 있다. 동기는 원칙상 개인에게 의식된다는 바로 이 점 때문에, 만약 '왜 이러이러한 행동

을 하는가'라는 질문을 개인의 동기를 알아보기 위해서 한다면, 우리는 그 개인이 특별히 거짓말을 한다고 볼 이유가 없는 한, 그의 대답을 결정적인 것으로 받아들여야 한다. 개인의 언어적 진술 이외의 다른 곳에서 그의 동기를 찾는 일은 대부분의 경우에 부질없는 일이다.

¶34 이와 같이, 동기는 '왜 이러이러한 행동을 하는가'에 대한 한 가지 대답이 될 수 있으며, 따라서 그것은 행동의 한 가지 '의미'가 될 수 있다. 동기에 의하여 규정되는 의미를 '심리적 의미' 또는 '개인적 의미'라고 부를 수 있을 것이다. 그러나 심리적 의미는 행동의 한 가지 의미일 뿐, 전체는 아니다. 왜냐하면, 만약 행동에 심리적 의미 이외에 다른 의미가 없다면, 한 사회를 사회로서 성립시키는 '동질성'을 설명할 방법이 없기 때문이다. 행동을 할 때 개인들이 가지고 있는 의도나 목적은 개인에 따라 끝없이 다양하므로, 만약 동기 이외의 다른 의미가 없다면 여러 개인의 행동이 공통된 의미를 나타낸다는 말은 할 수 없을 것이다. 그러나 사실상, 동일한 사회, 동일한 제도에 사는 개인들은 한 특정한 행동에 대하여 비교적 공통된 의미를 부여하고 있다. 이것은 곧 행동에는 심리적 의미 이외에 그것과는 구분되는 또 하나의 의미가 있다는 것을 시사한다. 그것을 위의 심리적, 개인적 의미와 구별하여, '논리적 의미', '제도적 의미'라고 부를 수 있을 것이다.

¶35 제도적 의미는 행동을 할 때 개인이 의식하는 동기와는 달리, 제도에 의하여 주어지는, 제도 그 자체의 의미이다. 심리적 의미는 '왜 이러이러한 행동을 하는가'에 대한 개인 당사자의 대답(즉, 동

기)을 들어서 알 수 있는 반면에, 제도적 의미는 행동의 '이유'를 논리적으로 분석함으로써 알 수 있다. 행동에는, 그 행동을 하는 개인이 의식하든지 않든지 간에, 개인이 그 행동을 하는 한, 논리적으로 받아들일 수밖에 없는 이유가 있고, 이 이유 또한 '왜 이러이러한 행동을 하는가'에 대한 대답이 될 수 있다. 그런 이유에서 한 것이 아니라면, 또는 그런 이유에 비추어 설명되지 않는다면 그 행동은, 적어도 제도적 차원에서는, 의미를 가질 수 없는 것이다. 심리적 의미는 개인이 가지고 있는 의도나 목적('나는 이러이러한 목적을 위하여 그 행동을 한다')을 나타내는 반면에, 논리적 의미는 행동을 할 때 개인이 논리적으로 받아들일 수밖에 없는 생각이나 믿음('나는 이러이러한 믿음을 가지고 있기 때문에 그 행동을 한다')을 나타낸다.

¶36 행동과의 관련에서 볼 때, 이 생각이나 믿음은 행동과 논리적 관련을 맺고 있다. 이 관련은 두 가지 방식으로 맺어질 수 있다. 하나는 행동에 생각이 논리적으로 함의되어 있는 경우요, 또 하나는 행동에 생각이 논리적으로 가정되어 있는 경우이다. 전자는 한 개인이 특정한 행동을 한다면 그 귀결로서 특정한 생각을 받아들이지 않으면 안되는 경우이며, 후자는 한 개인이 특정한 행동을 한다면 그에 앞서서 특정한 생각을 받아들였어야 하는 경우이다. 앞에서 이미 시사된 바와 같이, 행동에 생각이나 믿음이 논리적 함의 또는 가정으로 들어 있다고 해서 해당 개인이 '의식적으로' 그런 생각을 한다든지 그 생각을 명문화하여 진술할 수 있다는 뜻은 아니다. 다만, 개인의 행동은 그런 생각과 믿음에 비추어 비로소 의미 있게

설명될 수 있다는 뜻이며, 논리적으로 말하여, 개인이 그 생각이나 믿음을 받아들이지 않으면 그 행동은 의미−제도적 차원에서의 의미−를 가질 수 없다는 뜻이다. 이와 같이, 행동에 들어 있는 논리적 함의와 가정이 곧 행동의 제도적 의미를 나타낸다.

¶37 한 사회에서의 삶이 총체를 이루는 한, 제도적 의미 또한 총체를 이룬다고 보아야 한다. 다시 말하여, 한 사회에서 살아가는 사람들의 여러 가지 행동이 서로 관련을 맺고 있는 것과 마찬가지로, 그 행동의 제도적 의미 또한 서로 복잡하게 얽혀 있는 것이다. 그러나 제도적 의미 사이의 관련은 수학체계에서 보는 것과 같은 일사불란한 관련이 아니라 부분적으로는 갈등이나 대립을 보여주기도 하는 불완전한 관련이다. 그리고 사람들의 삶과 행동이 그렇듯이 제도적 의미 또한 약간은 변화되기도 한다. 이 제도적 의미의 총체를 하나의 공에 비유하자면, 그것은 표면이 매끈한 것이 아니라 여기저기 울퉁불퉁 불거져 나온 공이며, 가만히 고정되어 있는 것이 아니라 꿈틀꿈틀 움직이는 공이다. 이 꿈틀꿈틀 움직이는 울퉁불퉁한 공은 앞의 명제에 나와 있는 '제도에 내재해 있는 정신적 요소', 또는 뒤르껭이 사회적 동질성의 근거라고 본 '집단적 의식', 또는 보다 일반적인 용어로 '문화'를 상징한다고 말할 수 있다.

¶38 그와 마찬가지로, 그것은 우리의 삶 그 자체를 상징하기도 한다. 우리의 행동은 모두 이 공 속에서 이루어진다고 말할 수 있다. 제도 속에서 삶을 살 때, 그리고 삶을 이루는 여러 가지 행동을 할 때, 개인은, 비록 제도 속에 내재해 있는 의미 또는 정신적 요소를 언어로 명문화하여 진술할 수는 없다 하더라도, 그 정신적 요소를

행동으로 표현하며, 행동을 통하여 그것을 구현하고 있다. '집단적 의식의 내면화 과정'은 아마 이런 식으로 설명될 수 있을 것이다. 이 과정에서 언어가 정확하게 어떤 역할을 어느 정도로 수행하는가 하는 문제는 충분히 밝혀지지 않은 문제이지만, 하여간 언어가 그 과정을 촉진한다는 것은 인정할 수 있을 것이다. 인간은 침묵의 동물이 아니기 때문에 행동을 하면서 그 의미를 언어로 규정하고 표현할 것이며, 그런 언어적 표현은 행동의 의미가 마음속에 붙박히는 데에 틀림없이 중요한 역할을 할 것이다. 그러나 그렇기는 해도, 이 과정에서의 언어의 역할이 성년식 개념에서의 그것과 동일하다고 보기는 어려울 것이다. '지식의 형식'은 이미 공적 언어로 표현되어 있고 공적 언어의 형태로 전수된다. 그러므로 이 경우에는 교육내용이 언어로 구성되어 있다고 말할 수 있다. 여기에 비하여 행동의 제도적 의미 또는 집단적 의식의 내면화 과정에서의 언어의 역할은 부차적인 것에 그친다고 보는 것이 옳을 것이다. 물론, 행동에 내재해 있는 제도적 의미를 명백히 드러내는 데는 언어가 반드시 필요하고 또 이것이 그 의미의 내면화를 촉진하는 것은 사실이겠지만, 그 내면화가 반드시 언어의 매개를 필수적으로 요청한다고 보기는 어렵다. 어쨌든, 이 면에서의 성년식 개념과 사회화 개념의 차이를 정확하게 규명하기 위해서는 '마음'의 표현과 획득에 관한 인식론적 고찰이 필요할 것이다.

3. 국민교육의 내용으로서의 민족문화

¶39 뒤르껭은, 교육은 특정한 사회를 염두에 두고서야 비로소 의미 있게 규정될 수 있다는 것을 늘 강조하였다(p. 63). 어느 특정한 시대, 특정한 지역에 구애되지 않는, 이른바 '보편적 인간성'에 의하여 규정되는 교육은, 개인의 자의적인 취향에 의하여 규정되는 교육과 마찬가지로, 관념에 의하여 날조된 허구라는 것이다. 그러므로 뒤르껭에 의하면, 교육은 정의상 '국적 있는 교육'일 수밖에 없다. 우리의 경우에, 뒤르껭의 이 경고가 일깨워 주는 것은, 교육에 관하여 의미 있는 말을 하려면 우리는 '한국인이 되기 위하여 우리가 내면화해야 하는 정신적 요소는 어떤 것인가', '한국인이 가지고 있는 전형적인 심성은 어떤 것인가', 또는 더 간단하게, '한국 사람이 된다는 것은 무슨 뜻인가'라는 문제를 필연적으로 고려해야 한다는 것이다.

¶40 앞 절의 고찰은 이 문제에 접근하는 방법론을 시사해 준다.(*) 이 방법론은 '사람은 그가 의식하든지 의식하지 않든지 간에 모종의 근본적인 질문에 대답하면서 산다'는 명제로 요약할 수 있다. 앞에서 말한 바와 같이, 행동의 기저에 들어 있는 제도적 의미는 '나는 이러이러한 생각이나 믿음을 가지고 있기 때문에 그 행동을 한다'는 말로 나타낼 수 있다. 이때 그 개인이 가지고 있는 생각이나 믿음(더 정확하게 말하면, 가지고 있다고 볼 수밖에 없는 생각이나 믿음)은 반드시 '무엇무엇은 이러이러하다'라는 명제의 형태를 띤다. 명제는 어떤 것이든지 질문에 대한 대답이다. 그러므로 제도적 의미는 곧 질문에 대한 대답으로 이루어져 있다고 말할 수 있다. 총체로서

의 삶 안에 들어 있는 제도적 의미는, 비록 엉성하게나마 서로 관련을 맺고 있는 만큼, 행동에 들어 있는 생각이나 믿음—질문과 대답으로 이루어져 있는 생각이나 믿음—은 서로 관련되어 몇 개의 기본적인 질문으로 연결된다. 결국, 한 사회 또는 문화권 안에서 사는 사람이 어떤 사람인가, 어떤 전형적 심성을 가진 사람인가 하는 것은 그 사회 또는 문화권에서의 삶이 어떤 질문에 대한 어떤 대답을 구현하는가에 달려 있다고 말할 수 있다.

¶41 한 가지 구체적인 예로서, 결혼의 '의미'를 생각해 보겠다. '결혼'이라는 것은, 우리가 보통 '형식과 절차'라고 부르는, 일련의 행동으로 이루어져 있으며, 그 대부분은 당사자에게 의미—'어째서 그런 형식과 절차가 필요한가'—가 불분명한 (적어도, 개인의 의도나 목적이라는 차원에서는 의미가 불분명한) 것으로 되어 있다. 오늘날 결혼식은 우리의 전통적인 혼례가 국가의 경제와 국민의 정신을 좀먹는 '허례허식' 이외의 아무것도 아니라고 주장한 사람들에 의하여 상당히 '간소화'되기는 했지만 그래도 형식과 절차는 여전히 남아 있다. 또한, 요새는 그 전통적인 혼례가 '미풍양속'이라고 하여 그것을 부활시키려고 하는 움직임도 있는 것을 보면, 허례허식과 미풍양속은 그 경계가 그다지 분명하지 않음을 알 수 있다. 어쨌든, 결혼에 포함된 행동이 목적달성의 효율성(즉, 개인적 차원에서의 의미실현)에 위배된다는 것과 그것에 하등의 의미가 있을 수 없다는 것은 완전히 별개의 것이다. 결혼의 형식과 절차는 당사자에게 개인의 의식과는 무관한 결혼 그 자체의 의미—즉, 제도적 의미—를 전달하기 위한 것이라고 볼 수 있는 것이다. 말하자면 그 형식과

절차는, '시집가고 장가간다'는 오늘날의 일상용어에 나타나 있는 바와 같이, 결혼이라는 것은 '한 가문에서 성장한 사람이 양가의 합의에 따라 다른 가문의 일원으로 되는', '가문과 가문 사이의 집단적 문제'라는 의미를 전달하기 위한 것이다.(*) 이 의미는, 번스타인의 표현을 빌어서 말하자면, '결혼을 이루는 행동 하나하나에 의하여 번번이 강화된다.' 결혼의 형식과 절차가 비록 간소화되고 때로는 왜곡된 형태로나마 아직도 남아 있다는 것은 결혼이라는 행동이 현재에도 다소간 이 의미를 전달하고 있다는 뜻이 된다. 이것은 '결혼은 사랑하는 두 남녀 사이의 개인적 문제'라는 식의, 진보적인 사상가가 젊은이들의 머리에 무분별하게 불어넣은 관념과는 정면으로 배치된다. 오늘날 수많은 새댁들이 시댁과의 관계에서 겪고 있는 갈등과 번민은 대부분 이 관념과 삶의 현실 사이의 불일치를 사전에 충분히 예측하지 못했다는 것, 또는 더 직접적으로는, 새댁들이 아직 '결혼은 가문과 가문 사이의 문제'라는, 우리 삶의 현실에 엄연히 존재하는 문화적 표준을 받아들일 마음의 준비가 되어 있지 않은 상태에서 결혼생활을 시작했다는 것으로 설명될 수 있을 것이다.

¶42 '결혼 행동'은 삶이라는 총체의 한 요소로서 그 밖의 다른 행동들과 관련을 맺고 있으며, 따라서 결혼 행동에서 내면화되는 생각이나 믿음은 다른 행동에 의해서도 강화된다. 그와 마찬가지로, 결혼 행동에서 내면화되는 생각이나 믿음은 예컨대 위에서 말한 것과 같은 한 가지 종류—즉 한 가지 질문에 대한 대답—만 나타내는 것이 아니다. 그 행동은 몇 가지 질문에 대한 대답을 동시에 나타낼 수도 있다. 이와 같이 복잡하게 얽혀 있는 질문과 대답의 덩어리가

한 사회에서의 삶에 내재해 있는, 그리고 그 사회의 성원이 내면화하지 않으면 안되는 '제도적 의미'를 나타낸다.

¶43 이상과 같은 방법론적 고려에 입각하여, 최근의 한 연구에서는 한국에서 사는 동안에 우리가 '의식하든지 의식하지 않든지 간에, 대답을 하는 근본적 질문'으로서 네 가지를 들고 있다. 즉, 1) 행복한 삶이란 무엇인가(인생관), 2) 집단 속에서 개인은 어떤 위치를 차지하고 있는가(사회관), 3) 삶과 죽음은 어떻게 관련되어 있는가(생사관), 그리고 4) 인간과 사연의 기본질서는 무엇인가(우주관)가 그것이다.(*) 이 네 가지 질문에 대한 대답은, 1) 삶의 행복은 불행을 현명하게 받아들이는 지혜에 있다(인생관), 2) 개인은 집단에 비추어 그 실체가 규정된다(사회관), 3) 죽음은 삶의 의미를 부각시키며 그 점에서 삶의 연장이다(생사관), 4) 우주의 질서는 음양의 대립과 조화로 표현되며, 인간의 삶은 이 질서에 합치될 때 올바른 모습을 띤다(우주관)는 것이다.

¶44 이 연구에서는, 위의 질문과 대답을 꿰뚫는 정신('국민정신')을 한 마디로 요약하는 것은 '어렵고도 위험하다'는 단서를 단 뒤에, 그것을 '삶의 긍정'이라는 말로 요약하고 있다.

> '삶의 긍정'은 단순히 삶을 중요시한다든가 삶에 집착하는 것과는 달리 '부정을 통한 긍정'이라는 점에서, 흔히 우리의 국민정신으로 지칭되는 현세 중심적 사고라든가 강렬한 삶에의 의지 등의 말만으로는 도저히 전달될 수 없는 복잡한 의미를 담고 있다 …… 부정을 통한 삶의 긍정이라는 정신은 그것이 인생관, 사회관, 생사관, 우주관 각각에

공통적으로 들어 있다는 것 이상의 의미를 가지고 있다. 행복과 불행, 개인과 집단, 삶과 죽음이 각각 긍정과 부정, 혹은 陰음과 陽양의 관계로 연결되어 있다는 것, 그리하여 [그 대립 중의 한 요소는 각각 다른 요소에] 비추어서 비로소 의미 있게 긍정된다는 것, 그리고 더 나아가서, 개인의 삶에 있어서 불행과 죽음이라는 요소는 삶의 소극적인 지주(陰음)로서 삶을 받쳐 주는 반면에 집단과 우주의 존재는 삶의 적극적인 지표(陽양)로서 삶을 이끌어준다는 생각이 '삶의 긍정'이라는 정신에 들어 있는 것이다. 불행과 죽음이 음의 쪽에서 삶을 긍정해 주는 요소라면, 집단과 우주는 양의 쪽에서 삶을 긍정해 주는 요소이다. 이렇게 보면 우리 민족은 삶의 플러스(양)와 마이너스(음)를 동시에 의식하면서 살아왔다고 말해도 좋을 것이다. 다시 말하여, 우리 민족은 삶이 곧 파라독스라는 생각을 가지고 살아왔다는 뜻이다(pp. 162-3).

¶45 물론, 위에서 말한 네 가지 질문과 대답, 그리고 여기에 인용된 생각이 우리의 삶, 또는 그 속에 들어 있는 제도적 의미를 정확하게 기술하고 있는가 아닌가는 여기서 별로 중요한 문제가 아니다. 그것은 다만 우리가 교육의 '사회화 개념'을 의미 있게 논의하기 위하여 어떤 종류의 이론적, 실제적 노력을 해야 하는가를 예시하는 것으로서 충분하다. 그 제도적 의미가 어떤 것으로 판명되든지 간에 그것은, 뒤르껭의 '집단적 의식'과 마찬가지로, 어느 한 개인 또는 몇 명의 개인이 임의로 창안한 것이 아니라 시작을 알 수 없이 오래전부터 우리의 삶에 시시각각 작용하면서 그 속에 태어나는 개인들을 '한국인'이라는 '사회적 존재'로 형성하고 있다. 부모나 교사와 같이 사회화를 담당하고 있는 사람들, 또는 더 중요하게는, 한 나라

의 교육을 이끌 위치에 있는 사람들의 권위-뒤르껭에 의하면, 사회에 의하여 보장된다는 권위-는 이 일을 원만히 하는 데에 발휘되어야 한다. 당장 자신이 보기에 하등 실용적인 의미가 없다고 하여 아무 제도나 마구잡이로 뜯어고치고 새로 들여오는 것은 그 권위의 진정한 의미를 배반하는 것이다.

¶46 문화라는 것은 꿈틀꿈틀 움직이는 공에 비유될 수 있다는 것을 상기할 필요가 있다. 어떤 새로운 요소도 이 공에 영향을 줄 수 있다. 그 충격이 '흡수 가능한' 수준의 것일 때, 그 공은 꿈틀꿈틀 움직이면서 이전의 그 공으로 식별될 수 있도록 그 모양을 다시 가다듬을 수 있을 것이다. 우리의 삶이 이런 상태에 있는 한, 한국인은 한국인일 수 있다. 그러나 한국인 개개인이 제도적 의미를 완전히 무시하고 각기 편리할 대로 행동해 버린다면 그 공은 산산조각으로 박살이 나고 말 것이다. 그때에는 한국인이라고 내세울 것이라고는 아무것도 없이, 오직 본능적인 욕망의 덩어리만 남게 될 것이다. '풍속을 너무 푸대접하면 그 앙갚음이 우리 자식에게 돌아간다'(p. 64)는 뒤르껭의 말은 이것을 경계한 말이라고 볼 수 있다. 뒤르껭의 경우에 그 '풍속이 하는 앙갚음'은 자식들이 서로 조화롭게 살 수 없게 된다는 것이다. 그러나 '자식들이 당하는 앙갚음' 중에서, 아마 자식이 그들의 풍속을 더욱 푸대접하는 것 이상 더 큰 것은 없을 것이다.(*)

제 5 장

시작하는 결론

¶1 이때까지 이 책에서 고찰한 세 가지 교육의 개념은 각각 교육을 보는 특이한 문제의식을 나타내고 있다. 앞의 제1장에서 말한 바와 같이, 그 세 가지 교육의 개념에 해당하는 정의는 그것을 진술한 사람들의 '傷心'상심을 보여 주고 있고, 우리가 그 정의에서 의미를 발견하는 것은 그들의 그 상심을 나누어 가질 수 있을 때이다. 교육의 세 가지 개념을 고찰한 지금, 우리는 그들의 상심이 교육의 어떤 측면을 겨냥한 것인가를 다소나마 이해할 수 있게 되었다. 말하자면, 정범모 교수의 상심은 교육이 응당 가져야 할 행동 변화의 힘을 가지고 있지 않다는 데서 빚어진 것이다. 피터즈는 사람들이 당장의 실제적인 효과에 사로잡혀 있고 교육의 의미를 오직 그 실제적 효과와 관련하여 파악하려고 하는 데 대하여 안타깝게 생각한다. 그리고 뒤르껭은 한 사회의 동질성의 기초가 되는 정신적 요소가 올바르게 다음 세대에 전달되지 않는 데 대하여 우려를 표시하

고 있다. 이런 종류의 '불완전성'은 교육이 있는 곳이라면 어디서나 발견 또는 예상될 수 있는 것이며, 아마 우리가 그들의 문제의식에 쉽게 공감할 수 있는 것도 이 때문일 것이다.

¶2 교육의 세 가지 개념이 나타내는 문제의식은 그 각각이 교육 현상에 관하여 제기하는 핵심적 질문과 면밀히 상응한다. 각각의 개념에서 제기하는 질문을 가장 일반적인 수준에서 예시적으로 진술하자면, 1) 행동의 변화는 어떻게 일어나는가(공학적 개념), 2) 교과의 가치는 무엇인가(성년식 개념), 3) 한 사회에서의 삶은 어떤 문화를 반영하는가(사회화 개념) 등과 같다. 이것은 어디까지나 예시에 불과하며, 또 예시로서도 일반적인 수준의 진술인 만큼, 각각의 질문은 많은 세부적인 질문들을 포함하고 있고 그 각각의 질문에는 또한 다양한 대답이 있을 수 있다. 앞의 세 가지 개념은 이 수많은 질문과 대답에 의하여 점점 더 명확하게 이해될 수 있을 것이다. 그리고 교육의 개념에 포함되어 있는 모든 세부적인 질문과 대답은 교육학의 논의영역을 규정한다. (뿐만 아니라, 이것을 반대편에서 말하면, 교육의 그 세 가지 개념이 이 책에서와 같이 구분된다는 것 자체가 이미 각각에 속하는 질문과 대답이 있다는 것을 암시한다.) 이것이 이 책의 '시작하는 결론'이다.(*)

¶3 그런 질문과 대답들을 다소나마 체계적으로 제시하는 것은 지금 이 책의 범위를 벗어날 뿐 아니라, 무엇보다도 현재 저자의 능력이 미치지 못하는 일이다. 다만, 이 마지막 장에서는, 위의 결론에 덧붙여, 교육을 정의한다고 할 때 그 정의가 대상으로 삼는 것이 어떤 성격의 것인가, 그리고 그것을 정의한다는 것이 어떤 종류의

일인가에 관하여 필요한 만큼의 설명을 붙여 보겠다. (앞의 세 장은 각각의 정의가 그 '대상'의 어떤 측면을 부각시키고 있는가를 설명한 것이다.) 이 장에서 말하고자 하는 내용은 '장님과 코끼리'라는 우화에 가장 여실하게 나타나 있다.

1. 장님과 코끼리

¶4 장님과 코끼리 이야기를 모르는 사람은 아마 아무도 없을 것이다. 장님 너덧이 그 앞에 있는 코끼리가 어떻게 생긴 것인지 알고자 한다. 물론, 코끼리는 장님 한 사람이 전체를 더듬기에는 너무 커서, 각각은 그 한 부분밖에 파악하지 못한다. 그리하여 장님은 각각 지기기 더듬은 부분만으로, 고끼리는 큰 기둥과 같다든지 바람벽과 같다든지 길다란 뱀과 같다든지 하면서 서로 다른 사람의 규정을 부정한다. 이야기에서는 장님이 서로 자리를 바꾼다든지 하여, 코끼리의 다른 부분을 더듬을 기회가 주어지지 않는다. 그리하여 장님은 내내 자기가 파악한 그것이 코끼리의 '전체' 또는 '진면목'인 줄만 안다.

¶5 석가모니가 이 우화를 즐겨 사용한 것으로 미루어 보면, 그것은 근 3천 년을 전해 내려오고 있는 셈이 된다. 이렇게 생각해 보면, 이 이야기에는 당장 한 가지 불가사의한 점이 있음을 알게 된다. 근 3천 년을 전해 내려오는 이야기가 이것만은 아니겠지만, 그래도 이 이야기의 어떤 점이 그토록 오랫동안 그토록 많은 사람들의 마음을 사로잡을 수 있었던가 하는 점이다. 이 이야기에 비극적인 요

소가 있는가? 자신이 가지고 있는 제한된 지각능력으로 그 능력의 한계를 훨씬 능가하는 물체를 파악하려는 장님의 절망적 노력은 아마 일말의 비극감을 자아낼지 모른다. 그와 동시에 거기에는 또한 다분히 희극적인 요소도 들어 있을 것이다. 눈뜬 사람에게는 번연히 보이는 완전한 코끼리를 보지 못한 채 그 한 부분만의 파악을 '전체'로 내세우는 장님의 아집과 지적 허영이 그것이다. 그러나 이 이야기가 이렇게 슬픔과 우스움이 뒤범벅된 복잡한 감정을 일으키는 것이 사실이라 하더라도, 그것만으로는 이 이야기가 그토록 오랫동안 그토록 많은 사람들의 상상력을 자극하는 데에 충분하지 않았을 것이다. 거기에는 그 이상의 중요한 생각이 담겨 있다고 보아야 하며, 그 생각은 누군가 그 이야기를 처음 지어낸 사람이 전달하고자 의도했던 것이라고 보아야 한다. 물론, 그 이야기에 마음이 끌렸던 많은 사람들이 그 생각을 명백히 말로 표현할 수 있었던 것은 아닐 것이다. 그러나 이제 우리는 원래 그 이야기를 지어낸 사람의 마음속에 틀림없이 들어 있었던 그 생각을 우리가 할 수 있는 한 명백하게 드러내어 보고자 한다.

¶6 그 이야기를 해석하는 한 가지 방법은 '장님'을 거점으로 삼는 것이다. 아마 이것이 우리의 마음속에 가장 먼저 떠오르는 해석일 것이다. 장님은 우리와 똑같은 인간이라는 사실이 우리에게 장님의 처지와 동일시하도록 이끈다고 볼 수 있다. 이 해석 방법에서는 장님이 눈이 멀었다는 점이 이야기의 초점이 되어, 그 이야기는 인간 지력의 불완전성을 상징하는 것으로 된다. 그러나, 물론, 이것이 유일한 해석은 아니며, 아마 그 이야기를 지어낸 사람의 생각을 정확

하게 드러낸 것이라고 보기도 어려울 것이다. 왜냐하면 그 이야기는 '코끼리'라는 또 하나의 거점에서 해석될 수도 있기 때문이다. 만약 장님이 인간의 불완전성을 상징한다면 코끼리는 무엇을 상징하는가? 바로 여기에 그 이야기의 깊은 의미가 담겨 있다고 생각된다.

¶7 그 이야기는 마치 장님 이외에 누군가 온전한 시력을 가지고 코끼리를 통째로 볼 수 있는 사람이 있는 듯한 연상을 불러일으킨다. 그러나 말할 필요도 없이, 이 연상은 비유를 비유로서가 아닌, 문자 그대로의 의미로 해석하는 데서 빚어진 그릇된 연상이다. 그 이야기를 올바르게 해석하자면, 눈뜬 사람은 아무도 없으며 따라서 각자 더듬는 것이 코끼리인지 무엇인지, 그 전체가 얼마나 큰지, 심지어 그 '전체라는 것'이 있는지 없는지 알 수 있는 사람은 아무도 없다고 보아야 한다. 이런 형편에서는, 이야기 속의 장님이 그러했던 것처럼, 각자 더듬는 것이 전체이며 그것 이외에 아무것도 없다는 생각을 당연히 하게 되어 있다. 말하자면, 코끼리가 있는지 없는지는 차치하고, 설사 코끼리가 있다 하더라도 그것은 장님이 각각 더듬는 그 부분을 통해서, 또는 그 부분에 한해서, 알려질 수밖에 없는 것이다.

¶8 아마 그 이야기를 지어낸 사람은 장님이 각각 더듬는 것을 한 '부분'으로 하는 온 마리 코끼리라는 '전체'가 있다고 믿었을 것이며, 아마 우리에게도 그것을 믿도록 하기 위하여 그 이야기를 지어내었을 것이다. 그러나 그 이야기를 이와 같이, 아무도 볼 수 없는 온 마리 코끼리에 해당하는 것이 있다는 뜻으로 해석하면, 우리가 과연 그 요구를 받아들여야 할지 어떨지, 과연 우리에게 지각되는

것 이외에, 그것을 한 '부분'으로 하는 '전체'가 있다고 해야 할지 어떨지, 얼른 마음을 정할 수가 없다. 더구나, 우리를 더욱 망설이게 하는 것은 그 '전체'와 '부분'의 관계가 반드시 '코끼리'와 '다리'의 관계가 아니라는 점이다. 코끼리와 다리 사이의 관계라면 혹시 '전체'와 '부분'이라는 말이 성립할지 모르지만, 사실은 코끼리도 다리도 없고, 오직 장님이 더듬는 '부분', 우리에게 지각되는 '부분'이 있을 뿐이다.

¶9 이와 같이, 무엇이 부분이고 무엇이 전체인지가 불분명한 상태에서는 그 '부분'이라는 것이 과연 부분인가, '부분'이라는 것이 곧 '전체'는 아닌가 하는 질문이 당연히 떠오른다. 심지어 그 이야기에서와 같이 '코끼리'와 '다리'를 가지고 생각하더라도 사정은 동일하다. 장님이 더듬는 다리는 코끼리인가 아닌가? 물론, 다리는 '코끼리의 다리'이며, 그 점에서 코끼리의 한 '부분'이다. 그러나 그렇다고 해서, '다리는 코끼리가 아니다'라고 말할 수는 없다. 다리 (또는 배, 꼬리 등) 이외에 따로 코끼리가 있는 것은 아니며, 이 점에서 다리는 분명히 코끼리이다. 하물며, 코끼리로 상징되는 전체가 어떤 모양으로 되어 있는지 모르는 경우에는 '부분'이 곧 '전체'가 되지 말라는 법이 없다. 나아가서, 부분이 전체의 성질을 공유하는 한, 그리고 부분을 보는 것이 전체를 보는 유일한 통로인 한, 부분은 바로 전체이며 부분 이외에 그것과는 다른 전체가 따로 있는 것이 아니라는 식의 생각이 거의 절대적인 타당성을 확보하게 된다. 전체가 아닌 부분밖에 볼 수 없는 것이 인간 지력의 불완전성을 나타낼지는 모르지만, 그 전체는 부분을 통해서밖에 볼 수 없는 것이라면,

그리고 부분이 모든 중요한 점에서 전체와 동일한 것이라면 그것을 특별히 '불완전성'이라고 말할 수 있을지조차 의문이다.

¶10 분명히 그랬을 것이다. 옛날 인도의 그 사람은 그 이야기로서 우리에게, 우리 각자가 '개인으로서' 지각하는 것은 '전체'의 한 '부분'으로서 지극히 부분적이고 피상적인 것에 불과하다는 것, 그러나 그것은 전체와 '본질에 있어서는' 조금도 다르지 않다는 것을 말해 주려고 했을 것이다. 이 복잡한 말을 그런 이야기로서가 아닌 다른 방법으로 어떻게 할 수 있단 말인가?(*)

¶11 그 이야기의 교훈이 '교육을 정의하는 것'의 의미에 관하여 무엇을 시사하는가 하는 것은 거의 말할 필요가 없이 명백하다. 만약 그 교훈이 그릇된 것이 아니라면, 교육을 정의할 때 우리가 대면하고 있는 것은 눈뜬 사람이 번연히 볼 수 있는 '코끼리'가 아니라 장님 앞에 놓여 있는, 형체를 알 수 없는 오리무중의 '물건'이다. 그 물건이 어떤 형체를 하고 있는가 하는 것은 오직 우리의 정의에 의해서만 밝혀진다. 뿐만 아니라, 그 물건은, 장님에게 코끼리가 그렇듯이, 하도 커서, 한 사람의 지력으로는 도저히 그 전체를 파악할 수 없다. 교육을 정의할 때 우리가 사용하는 개념체계는 성격상 교육의 전체를 파악하는 것을 허용하지 않는다. 우리의 개념체계는 성격상 전체로서의 교육의 오직 한 측면만을 파악할 수 있게 되어 있는 것이다. 이 말은 한 사람이 두 가지 또는 그 이상의 개념체계를 사용할 수 없다는 뜻이 아니라, 한 개념체계로 두 가지 또는 그 이상의 '상이한' 정의를 내리는 것이 불가능하다는 뜻이다. 만약 어떤 사람이 동일한 개념체계를 가지고 완전히 상이한 두 가지 정의를

말하려고 한다면, 그것은 마치 장님이 다리와 배를 한꺼번에 더듬으면서 코끼리는 '큰 기둥'이면서 동시에 '바람벽'이라고 말하는 것과 같다. 큰 기둥이 동시에 바람벽이 된다는 것, 큰 기둥과 바람벽의 모양을 동시에 갖춘다는 것은 있을 수 없는 것이다.

¶12 결국, 교육의 전체는 우리가 사용하는 각각의 개념체계에 의하여, 그 개념체계가 다루는 측면 또는 '양상'에 의하여 '양상화'된 상태로 우리에게 알려진다.(*) 교육을 정의하는 사람은 여러 개의 개념체계를 뒤범벅으로 만들면서 자신이 파악하고자 하는 교육의 양상이 정확하게 무엇인지 알 수 없도록 할 것이 아니라, 자신이 선택한 개념체계에 애착을 가지고 그 개념체계 속에서 일관된 견해를 제시하려고 노력해야 할 것이다. 이 책에 취급된 세 개의 개념은 이 노력의 빛나는 성과를 보여 주고 있다. 만약 그 세 개의 개념을 제시한 세 명의 학자가 장님에 비유된다면, 분명히 그 장님은 우리들 보통 장님을 능가하는 예리한 지력의 소유자이다.

¶13 사람들 중에는, 교육의 전체는 그 자체로서는 파악될 수 없다는 말에 대하여 안타까움을 느끼면서, 각각의 정의에 들어 있는 개념체계를 모두 '종합'하면 그만큼 교육의 전체에 더 가까운 정의를 얻을 수 있을 것이 아닌가 하고 생각하는 사람이 있을지 모른다. 그 '종합'이 어떤 방식으로 이루어질 수 있는지도 의문이지만, 설사 이루어질 수 있다 하더라도 그 종합은 오직 각각의 개념체계가 나타내고 있는 날카로운 문제의식을 무디게 함으로써만 가능하다. 마치 잘 벼린 칼을 일부러 무디게 하여 제 구실을 할 수 없게 만들듯이, 그것은 애당초 교육의 정의가 요청되는 맥락을 고의로 도외시

함으로써 정의가 응당 해야 할 제 구실을 못하도록 하는 결과가 된다. 물론, 개념체계가 '종합'될 수 없을 정도로 상이하다면, 그 사이에 '마찰' 또한 있을 수 없다. 상이한 개념체계를 종합하여 '종합적인 개념체계'를 만드는 것은 불가능하지만, 각각을 '상이한' 개념체계로 소유하는 것은 언제나 가능하다. 이것은 특히 다른 사람의 정의를 '이해'해야 할 입장에 있는 우리들 대부분에게 허용되는 축복이다. 우리는 상이한 개념체계를 동시에 소유하면서 교육을 여러 가지 양상에서 이해할 수 있다. 아마 이것이 교육학을 공부하는 사람으로서 우리의 할 일이라고 말할 수 있을 것이다.(*)

2. 세계를 배우는 것

¶14 앞 절에서는 '장님이 코끼리를 더듬는 것'에 초점을 맞추어서 교육을 정의하는 것의 의미를 생각해 보았지만, 여기서는 초점을 코끼리 자체로 옮겨서 교육의 정의가 규정하려고 하는 대상이 어떤 성격의 것인가를 생각해 보겠다. 그 대상은 한 마디로 '세계'라는 말로 부를 수 있을 것이다.

¶15 여기서 말하는 '세계'가 세계전도나 地球儀지구의에 표시된 땅덩어리를 가리키는 것이 아니라는 점은 별 이의 없이 받아들여질 수 있을 것이다. 그러면 세계라는 것은 무엇을 말하는가? 이제 어떤 사람(가령 저자 자신)이 '세계란 무엇인가'라는 질문을 받고 그 대답을 알아내려고 한다고 하자. 아마 그는 자기 주위를 두리번거린다든지 하늘을 쳐다보거나 땅바닥을 내려다보면서 시야에 들어오는

것 전부가 '세계'라고 생각할 것이다. 그는 좀 더 생각해 보다가, 당장 시야에 들어오는 것뿐만 아니라 그에게 보이지 않는다 하더라도 현재 지구 위에서 일어나고 있는 모든 일들 또한 '세계'라고 생각할 것이다. 그러나 '현재'라는 것은 언제를 말하는가? 어제는 '현재'에 들어가는가 들어가지 않는가? 만약 어제가 현재에 들어간다면 어찌하여 한 달 전, 일 년 전, 아니 오천 년 전은 '현재'에서 제외되어야 하며, 마찬가지로 생각하여, 어찌하여 그때 일어난 일은 '세계'에서 제외되어야 하는가? 도대체, 현재 일어나고 있다든가 그때 일어난 '일들'이라는 것은 어떤 것들인가? 과학이론을 정립할 때 과학자의 머리에 있었던 생각, 예술창작을 할 때 예술가의 마음에 떠오른 영감은 그 '일들'에 속하는가 아닌가? 그리하여, 그 결과로 정립되고 제작된 과학이론, 예술작품은 '세계'인가 아닌가? 이런 식으로 생각해 보면 그 중의 어느 것도 '세계'가 아니라고 할 수 있는 것이 없다. 물론, '세계'에는 나 자신도 포함되어 있다. 그 '나'도 하늘 끝 간 데를 모르는 우주와 물질의 가장 작은 단위인 소립자와 조금도 다름없이 '세계'이다.(*)

¶16 세계는 우리에게 주어진 오직 하나의 대상이며 그것 이외에는 다른 대상이 없다. (이런 뜻에서의 세계는 흔히 '총체' 또는 '실재'라는 용어로 표현된다.) 세계에는 과거에 있었던 것과 지금 있는 것을 통틀어 모든 자연물과 자연현상뿐만 아니라 아득한 옛날부터 지금까지 태어나서 죽은 모든 사람, 그들의 행적, 그들이 가지고 있던 생각과 그들이 만든 물건들이 모두 들어 있다. 거기에는 孔子공자의 論語논어와 셰익스피어의 연극, 바하의 음악과 미켈란젤로의

조각, 진시황의 만리장성과 로마의 원형 경기장이 들어 있다. 이때까지 살았던 그 모든 사람들은 위인이건 범인이건, 성인이건 악한이건 간에 각각 그 나름으로 세계에 보탠 것이 있다.

¶17 우리가 세계라고 부르는 것—또는 굳이 그렇게 말해야 한다면, 세계의 구성요소들—을 하나하나 열거하는 것은 누구도 할 수 없는 일이다. 그뿐만 아니라, 거기에는 겉으로 보기에는 닮은 점이 조금도 없는 끝없이 다양한 것들이 포함되어 있다. 여름 하늘의 번개와 공자의 논어 사이에는 하등 닮은 점이 없다. 그런데도 어째서 우리는 그것을 모두 '세계'라고 부르는가? 세계를 이루고 있는 모든 요소들을 '세계'라는 한 가지 이름으로 부를 수 있게 하는 근거는 무엇인가? 만약 세계가 오로지 물리적인 것으로 되어 있다면 '그것이 모두 한 덩어리로 연결되어 있다'는 것이 그 근거가 될 수 있을 것이다. 책상은 방과, 방은 집과, 거리와 도시와 …… 그리고 그 아래의 地殼지각을 거쳐 지구 중심부까지 한 덩어리를 이루고 있다. 그러나 옛날에 살다가 죽어 없어진 소크라테스와 그의 행적이 그것들과 한 덩어리로 연결되어 있다는 것은 어떻게 설명될 수 있는가? 좀 더 열심히 그 근거를 찾아본다면 우리는 필경 다음과 같은 결론에 도달하게 될 것이다. 즉, 우리가 그 모든 것을 '세계'라는 한 가지 이름으로 부를 수 있는 근거는 우리가—비록 나 개인은 아니더라도 나와 똑같은 인간이—그 모든 것에 관하여 '생각'을 품을 수 있다는 점에 있다는 것이다. 나뿐만 아니라 어느 누구의 생각에도 들어올 수 없는 것은 세계가 아니다. 또한, 세계는 우리에게 주어진 오직 하나의 대상인 만큼, '어느 누구의 생각에도 들어올 수 없는 것'은

존재하지도 않는다. 존재하는 모든 것은 세계에 속하며 그것은 또한 우리의 생각에 들어옴으로써 세계에 속하게 된다. 그리하여, 비록 우리가 세계를 이루고 있는 모든 것들을 일일이 열거할 수는 없다 하더라도, 그것을 하나로 뭉뚱그려서 규정하자면 '세계는 우리의 생각에 들어올 수 있는 모든 것이다'라고 말할 수 있다.

¶18 물론, '우리의 생각에 들어온다'는 것은 비유적인 표현이다. 이 표현은 마치 우리의 생각이 '빈 자루'와 같은 것이어서 그 속에 아무것이나 마구잡이로 집어넣을 수 있는 듯한 느낌을 불러일으킬지 모르지만 사실은 그렇지 않다. 우리의 생각은 참으로 특이한 '그릇'이어서, 거기에 들어오기에 적합한 형식을 갖추고 있는 것만을 받아들일 수 있다. '우리의 생각에 들어오기에 적합한 형식을 갖추고 있다'는 것은 '언어—어떤 형태의 것이든지 간에—로 표현되어 있다'는 것을 가리킨다. (이 점에서 언어와 사고와 존재는 모두 동일한 형식을 갖추고 있다고 말할 수 있을 것이다.) 인간은 '세계'라는 것을 가지게 된 것과 동시에 그 세계를 파악하는 수단으로서 언어를 발전시켜 왔다. 그 발전 과정에서 인간은 세계에 대하여 점점 더 치밀한 생각을 하게 되면서, 세계라는 것은 단일한 형식의 언어로는 도저히 파악될 수 없는 다양한 측면 또는 '양상'을 나타낸다는 것을 깨닫게 되고 각각의 양상을 파악하기에 적합한 분화된 언어를 가지게 되었다. 적어도 오늘날 우리가 가지고 있는 세계는 그와 같이 분화된 언어에 의하여 파악되는 분화된 세계이다.(*)

¶19 개인으로서의 인간은 태어나는 순간부터 세계 속에 살면서 거기서 벗어나지 못한다. 세계는 인간에게 주어진 유일한 대상인

만큼, 만약 인간이 무엇인가를 배워야 한다면 그것은 세계 이외의 다른 것일 수 없다. 인간이 세계를 배우는 것은 인간의 내적 충동 때문이라기보다는 오히려 세계가 그것을 보장하기 때문이라고 보아야 한다. 세계는 그 속에 태어나서 살아가는 인간이 세계를 반드시 배우도록 보장한다. 이것이 교육이다. 그리하여, 교육이 하는 일을 가장 일반적인 수준에서 규정하자면, 교육은 세계 속에서 태어난 개인으로 하여금 그 세계를 배우도록 보장하는 일이라고 말할 수 있다. (물론, 개인이 세계를 배우는 과정 그 자체도 '세계'이며, 세계의 '다른 측면'과 동일한 방식으로 파악된다. 앞 절에서 말한 바와 같이, 교육은 세계의 어떤 특정한 부분—미리 명확하게 구획된 부분—을 별도로 지칭하는 것이 아니라 세계 '전체'에 광범하게 퍼져 있다. 그리고 그것은 반드시 특정한 개념체계—생각의 형식—에 의해서만 '교육'으로 파악된다.) 세계가 다양한 양상으로 파악되는 것에 못지않게, 세계를 배우는 방법 또한 다양하다. 그러므로 교육의 의미를 규정하기 위해서는 교육을 통하여 배우는 '세계'라는 것이 어떤 것이며 또한 그것을 배우는 방법이 어떤 것인가에 관한 고려가 필요할 것이다. 그러나 그 방법이 어떤 것인가에 관계없이, 세계를 배우는 일은 개인 혼자서는 할 수 없다는 것, 거기에는 어떤 형태의 것이든지 간에 그에 앞서 세계를 배운 다른 사람의 지도가 반드시 있어야 한다는 것은 분명하다.

¶20 그러나 도대체 한 개인의 생각에 실시로 들어올 수 있는 세계는 얼마나 되는가? 만약 '세계'라는 것이 인간—어느 한 개인이 아닌 모든 인간—의 생각에 들어올 수 있는 모든 것을 뜻한다면, 한

개인이 실지로 교육을 통하여 배우는 세계는 그야말로 '세계'라고 부를 수조차 없을 정도의, 지극히 미미한 한 부분이 아닌가? 이런 경우에도 과연 '교육은 세계를 배우도록 하는 일'이라는 말을 할 수 있는가? 앞에서 말한 장님과 코끼리 이야기의 교훈, 말하자면 전체가 무엇이며 부분이 무엇인지 불분명한 상태에서는 부분이 곧 전체일 수밖에 없다는 교훈이 여기에도 적용된다. 이제, 설명의 편의상, 한 개인의 생각에 세계가 들어와서 그를 '형성'해 주고 있는 상태－또는, 세계로 채워진 개인－를, '전체' 세계와 구분하여, '자아'라고 부르겠다. ('자아는 세계를 비추는 거울이다'라는 말은 이런 뜻에서의 자아를 가장 잘 드러내고 있다.) 위의 반문에 시사되어 있는 바와 같이, 자아는 세계에 비하면, 어이없이 빈약한 것이 사실이다. 그러나 자아와 세계의 관계를 '부분과 전체'라는 말로 규정하는 것은 공간적 지각에 사용되는 틀(부분-전체)을 그것이 해당되지 않는 곳에 잘못 적용하는 것이다.(*) 세계는 '부분'으로 분할될 수 있는 것이 아니며, 개인이 그 분할된 부분을 각각 가지는 것은 더욱 아니다. 앞에서 사용한 '세계의 구성요소'라는 말로 설명하자면, 자아가 빈약하다는 것은 오직 자아가 세계의 구성요소의 극히 일부분만을 담고 있다는 뜻이다. 구성요소가 달라진다고 하여 세계가 달라지는 것은 아니며, 마찬가지로 생각하여 한 자아의 구성요소가 다른 자아와 다르다고 하여 두 자아가 다른 세계를 담고 있다고는 말할 수 없다. 옛날 隋煬帝수양제의 대군과 싸웠던 고구려 병사를 알지 못하는 사람이라고 해서 반드시 군인을 모르는 것은 아니다. 자아는 비록 그 구성요소에 있어서는 빈약하다 하더라도 세계와 다름이 없으며, 구태여 말하자면 '자아화된 세계' 또는 '세계의 자아판'이라고 부를 수 있을 것이다. 자아는 곧 세계이다. 그리고 교육은 '자아가 곧 세계임'을 보장하기 위한 조치이다.(*)

¶21 그러나, 물론, 그 이야기의 교훈의 나머지 부분－즉, 장님이 각각 지각하는 것은 전체 코끼리의 한 사소한 '부분'에 지나지 않는다는 것－도 마찬가지로 중요시해야 한다. 지금 이 경우에 그것은, 자아는 세계보다 작을 수밖에 없다는 뜻이다. 개인의 지력이 아무리 뛰어나고 또 그가 아무리 부지런히 배운다 하더라도 세계에는 언제나 그가 배워야 할 위대한 것들이 넘치도록 남아 있다. 與民樂여민락과 바하 음악은 동일한 세계에 속하지만, 여민락을 배운 사람은 바하 음악의 위대함도 알아야 한다. 아니, 여민락을 배운 사람이라야 바하 음악의 위대함을 안다고 말할 수 있다.(*) 말할 필요도 없이, 자아의 크기, 자아의 위대성은 그것이 '생각을 품을 수 있는' 세계의 크기와 위대성에 비례한다. 자아가 척도로 삼는 세계, 자아에게 동경과 찬탄을 자아내며 때로는 스스로의 보잘것없음에 고통과 절망을 안겨 주기도 하는 그 세계가 크고 위대한 것일 때, 자아는 그만큼 크고 위대해질 수 있는 것이다. 현재 자신이 가지고 있는 것, 알고 있는 것 이외에 위대한 것, 배워야 할 것은 아무것도 없다고 생각하는 사람은 현재까지 그가 배운 것이 얼마나 크고 위대하든지 간에 결코 '교육받은 사람'이라고는 할 수 없다.

¶22 개인의 입장에서 말하자면, 이것은 '개인보다 더 큰 것이 있다'는 것을 하나의 믿음으로 받아들여야 한다는 것을 뜻한다.(*) '개인보다 더 큰 것이 있다'는 이 믿음은 교육의 근본가정인 것과 동시

에, 아마 교육을 통하여 한 개인이 깨달을 수 있는 최고의, 최종의 지혜라고 말할 수 있을 것이다. 그와 마찬가지로, 교사는 각각 자신에게 맡겨진 분야와 수준에서 이 최고의, 최종의 지혜를 전달해주는 사람이다. 이것을 전달해 주려고 하면 교사는 필연적으로 '위대한 것의 구현체'가 될 수밖에 없다. 그 위대한 것이 어떤 것이든지 간에, 그것은 반드시 사람에 의하여 창안되고 예시되지 않으면 안된다. 이 일을 하는 사람이 바로 교사이다. 전 인류의 교사, 불멸의 교사로 추앙을 받는 사람이 여기에 속하는 것은 말할 필요가 없다. 그러나 여기서 말하는 교사는 이들에만 국한되는 것이 아니다. 우리가 알고 있는 '보통의' 교사들－대부분의 경우에 자신이 '위대한 것'을 예시하고 있다는 생각조차 할 겨를이 없이, 묵묵히 두드러지지 않게 자신의 일을 하는 교사들, 교육의 문제점을 소리 높여 선전하는 사람들이 상투적으로 입에 올리는 이른바 '단편적 지식'을 가르치는 교사들,(*) 바깥 사람들이 자신의 일을 규정하는 데 사용하는 '성직'이라든가 '희생과 봉사'라는 용어는 자신과 하등 관련이 없으며, 팔을 걷어붙이고 '보다 나은 사회'를 건설하겠다고 기염을 토하는 사람들은 자신과는 다른 종류의 인간이라고 생각하는 교사들－그들도 분명히 '위대한 것의 구현체'이다. 플라톤이 그 대화편 『고르기아스』에서 칼리클레스의 입을 빌어 묘사한 소크라테스의 모습－어른들 사이에 섞여 그들에게 합당한 어휘나 어조로 말하는 것이 아니라, 서너 명의 조무래기를 모아놓고 길모퉁이에서 그들끼리만 통하는 비밀 이야기를 소곤대는 사람(485e)－은 모든 본질적인 면에서 '보통의 교사들'을 그려내고 있다.(*) 이런 사람들이 있는

곳이면 시장 한복판이나 산속의 오막살이도 '교육의 장'이 된다.(*)

¶23 이때까지 이 책에서 고찰한 세 가지 교육의 개념은 각각 그 나름으로 '개인보다 더 큰 것이 있다'는 믿음, 그리고 그 믿음이 전달되는 과정의 한 측면을 드러내고 있다. 그것은 결국 교육(또는 삶)과의 관련에서 개인이 어떤 위치를 가지고 있는가를 보여 주고 있다. 교육에서의 개인의 위치를 비유적으로 표현하자면, 교육은 하나의 큰 밧줄과 같으며 개인은, 교육을 하는 위치에 있건 받는 위치에 있건 간에, 그 밧줄이 계속 이어져 나가도록 하는 한 오라기 삼실과 같다고 말할 수 있을 것이다. 그 밧줄은 개인이 그것을 이어나가기 오래 전부터 있었던 것이지만, 그것은 이때까지 그것에 묻힌 것에 못지않게 많은 삼실 오라기가 그 속에 묻힘으로써만 이어져 나갈 수 있다. 물론, 그 과정에서 개인의 삶－온갖 노력과 환희와 좌절－이 벌어지며, 이 개인의 삶과 노력이 없이는 그 밧줄이 이어져 나갈 수가 없다. 그러나 인간의 영위로서의 교육은 개인이 겪는 榮枯盛衰 영고성쇠와는 하등 직접적인 관계가 없다. 개인으로서 정당하게 바랄 수 있는 것은 오직 그 한 오라기 한 오라기가 전보다 좀 더 질기고 튼튼하여 그것으로 된 밧줄 또한 질기고 튼튼해졌으면 하는 것 그것뿐이다.

3. 존 듀이의 교육이론

¶24 이 책의 마지막 절을 존 듀이의 교육이론에 할애하는 데 대하여 약간의 설명이 필요하다고 생각된다. 첫째로 말할 수 있는 것은,

교육의 개념을 논의하는 데 있어서 존 듀이는 도저히 빼놓을 수 없는 인물이라는 점이다. 현대에 와서 교육의 개념에 관한 이론적 사고에 가장 광범한 영향을 미친 단 한 권의 책을 든다면 그것은 틀림없이 『민주주의와 교육』일 것이며,(*) 특히 우리나라의 경우에는 교육학의 초창기(1950년 경)부터 계속 그의 영향을 받았다. 뿐만 아니라, 최근에 와서는 그의 이론 중에서 종래에는 비교적 묻혀 있었던 부분이 새로 발굴되면서 그의 이론은 세계적으로 점점 더 회춘의 기운을 보이고 있다. 이런 점으로 보아 이 책에서 듀이의 교육의 개념을 어떤 방식으로든지 고찰하는 것은 필수적인 것이라고 생각된다. 그러나 그럼에도 불구하고, 듀이의 교육의 개념은 이 책의 다른 장과 나란히 독립된 교육의 개념을 나타내는 것으로 취급되기 어렵다. 이하에서 설명할 바와 같이, 듀이의 교육의 개념은 단적으로 말하여 교육의 개념을 부정하는 데에 그 의도가 있다고 말할 수 있다. 이 점을 보이기 위해서는 앞 절에서 저자가 서투른 솜씨로 표현하려고 한 '교육의 정신'에 비추어 듀이의 교육이론을 해석할 필요가 있다. 이것이 듀이의 개념을 이 마지막 절에서 다루게 된 이유이다. 사실상, 저자는 듀이가 교육의 개념을 부정하려고 했다는 바로 거기에 그의 영향력의 비결이 있었다고 믿는다.

¶25 듀이는 교육을 '경험의 계속적인 재구성'(6:20)으로 정의한다. 듀이에게 있어서 '경험의 재구성'은 '성장'과 동의어이므로, 교육은 또한 '계속적인 성장'으로 정의될 수도 있다. 듀이의 이론이 다루고 있는 모든 다양한 측면은 이 '경험의 계속적인 재구성' 또는 '계속적인 성장'이라는 정의와 다소간 직접적으로 관련되어 있으며,

따라서 그 정의를 비교적 완전하게 이해하기 위해서는 그 다양한 측면들을 광범하고 깊이 있게 조사해야 할 것이다. 그러나 여기서는 이 일을 하는 대신에, 이 책에서 취급된 세 가지 정의에 대해서 했던 것과 같이, 듀이의 그 정의가 교육에 관한 듀이의 어떤 문제의식을 반영하는가 하는 문제에 초점을 맞추어 그것을 고찰하고자 한다. 이 면에서의 고찰은 듀이 이론의 여러 세부적인 측면을 이해하는 데에 한 가지 중요한 거점을 제공해 주리라고 믿는다.

¶26 위에 인용된 듀이의 교육의 정의는 무엇인가를 주장하는 동시에 무엇인가를 부정하고 있다. 그 정의가 나타내고 있는 이 적극적 측면과 소극적 측면이 통틀어 그의 문제의식을 규정한다. 논의의 순서에는 약간 맞지 않지만, 그 두 측면을 알아보기에 앞서서, 듀이의 교육관에서는 앞의 제3장과 제4장에서 고찰한 교육의 두 개념 —즉, 인류의 지적 유산으로서의 교과를 가르치는 일(성년식 개념)과 제도에 들어 있는 정신적 요소를 내면화하도록 이끄는 일(사회화 개념)이 구분되지 않는다는 점에 관하여 잠깐 언급하겠다. 듀이에게 있어서 교육에 관한 논의가 의미를 가지는 유일한 기반은 '현재의 개인의 삶'—즉, 개인이 현재의 삶을 위하여 여러 가지 활동을 하는 사태—이다. 듀이의 입장에서 보면, 피터즈의 개념에서 중요시되는 인류의 지적 유산이나 뒤르껭의 개념에서 중요시되는 제도의 정신적 요소는 모두 현재의 개인의 활동과 관련하여, 다시 말하여 그 활동의 결과로 생기는 산물임과 동시에 그 활동을 이끄는 수단으로서, 의미를 가진다.(*) 그리고 인류의 지적 유산과 제도의 정신적 요소가 모두 현재의 개인의 활동과 관련되어 있다는 바로 그 점

때문에, 듀이에게는 교육의 그 두 개념 사이의 구분이 의미를 가지지 않는다.

¶27 듀이가 성년식 개념과 사회화 개념을 하나의 개념체계에 '종합'했다는 것은 곧 '세계'(또는 그것을 배우도록 하는 일로서의 교육)를 그 두 개념보다 더 충실히 기술했다는 뜻이 아닌가? 앞에서 말한 바와 같이, 그 두 개념은 각각 세계의 한 '양상'만을 드러낸 것이므로, 두 개념을 한꺼번에 말한다면 그것은 그만큼 세계의 '양상'이 아닌, '세계 그 자체'를 드러낸 것이 아닌가? 그리고 이 점에서 듀이의 교육의 개념은 앞의 그 두 개념보다 좀 더 '완전한' 것이 아닌가?－이런 종류의 의문이 제기되고 또 그것이 사람들에게 호소력을 가지는 것은, 아마 세계를 기술하는 것은 예컨대 여러 가지 물감을 칠하여 색을 혼합하는 것에 비유될 수 있다고 생각하기 때문일 것이다. 그러나 세계를 기술하는 것은 노란색과 파란색을 칠하여 초록색을 얻는 것에 비유될 수 있는 것이 아니며, 초록색이 처음의 두 색보다 '세계 그 자체'에 더 가깝다고 하는 것도 납득되기 어렵다. 이때까지 몇 차례 말한 바와 같이, 세계는 오직 양상으로만 파악될 수 있다. 그뿐만 아니라, 설사 듀이가 교육의 그 두 개념을 '종합'했다고 하더라도, 그 종합은 오직 교육을 또 하나의 양상－다른 두 양상보다 특별히 완전할 것도 없는 또 하나의 양상－으로 파악하는 결과가 될 뿐이다.(*)

¶28 이제 이 점을 설명하기 위하여, '경험의 계속적 재구성' 또는 '계속적인 성장'이라는 정의를 그것이 나타내는 두 측면－그 정의는 무엇을 주장하며(적극적 측면) 무엇을 부정하는가(소극적 측면)

-으로 나누어 고찰해 보겠다. (물론, 이 두 측면은 마치 동전의 양면과 같이 상호 관련되어 있다.)

¶29 '계속적인 성장'이라는 교육의 정의가 무엇을 부정하는가 하는 것은 '교육의 목적'에 관한 듀이의 견해(8장)와 이전의 저명한 교육이론에 대한 듀이의 비판(5-7장)에 추호의 의심이나 오해의 여지가 없이 잘 나타나 있다. 한 마디로 말하여, 그 정의가 부정하고자 하는 것은 교육에 '절대불변의 고정된 목적'이 있다는 생각이다. 교육의 목적을 다루는 장에서 듀이는, 목적이라는 것은 현재의 개인의 활동을 이끄는 수단이 될 때 그 진정한 의의를 가진다고 말한다. (이런 뜻에서의 목적을 듀이는 '예견된 결과'라는 말로 나타낸다.)

> 목적은 활동을 지력에 의하여 통제되도록 하는 데에 그 의의가 있다. 보다 구체적으로 말하면, 목적은 어떤 주어진 사태에서 여러 가지 다른 방식으로 행동했을 때 나타날 여러 가지 가능한 결과를 예견하고 그 예견된 바를 활용하여 관찰과 실험을 이끌어 나가는 것을 뜻한다. 그러므로 진정한 목적은 외부에서 행동의 과정에 부과된 목적과 모든 점에서 반대된다. 후자의 목적은 고정되고 경직되어 있으며, 주어진 사태에서 지력을 발휘하는 자극이 되는 것이 아니라 이러이러한 일을 하라는, 외적으로 내려진 명령이다. 그러한 목적은 현재의 활동과 직접 관련을 맺지 않고, 현재의 활동에서 멀리 떨어져 있으며 그 목적을 달성하는 데에 필요한 수단과 유리되어 있다. 보다 자유롭고 균형 있는 활동을 유발하는 대신에, 그것은 활동에 제약을 가한다. 교육의 경우에, 이런 외적으로 부과된 목적이 널리 퍼져 있는 것은 교육이 먼 장래를 위한 준비라는 생각과 관련이 있으며, 교사와 학생의 일이 기계적이고 노예

적인 것으로 되는 것도 그러한 목적 때문이다(8:21).(*)

¶30 듀이가 보기에, 그 당시까지 (그리고, 물론, 그 이후에도) 교육에 관한 생각에 영향을 미쳤던 저명한 교육이론들, 말하자면, 교육은 장래를 위한 준비라는 견해를 포함하여, '발현설', '반복설', '형식도야이론', 그리고 플라톤, 루소, 프뢰벨, 헤겔, 헤르바르트의 이론 등, 하여간 듀이 자신의 이론을 제외한 일체의 교육이론은 하나같이 '현재의 활동과 유리된 고정 불변의 목적'을 교육의 목적으로 삼았다는 점에서, 그리고 결과적으로, 교육을 '기계적이고 노예적인 일'로 만들었다는 점에서 공통된 결함을 나타내고 있다.

¶31 이 지적과 비판이 정확하게 무엇을 뜻하는가를 약간 자세하게 고찰하기에 앞서서 한 가지 말할 수 있는 것은, 듀이가 말한 '계속적 성장'은 '최종의 고정된 목표를 향하여 조금씩 나아가는 과정'(5:6)을 가리키는 것이 아니라는 것이다. '성장에는 더 성장한다는 것 이외의 다른 목적이 없다'(4:22). 그러나 성장이라는 것은 정의상 한 자리에 가만히 있는 것이 아니라 어디론가 나아가는 것이다. 그것이 한 가지 고정된 목표를 향하여 나아가지 않는다면 어디를 향하여 나아가는가? 다시 말하면, 성장의 방향은 무엇에 의하여 결정되는가?

¶32 이 문제는 곧 '계속적인 성장'이라는 교육의 정의가 담고 있는 적극적인 주장으로 연결된다. 성장의 방향은 개인이 현재 하고 있는 활동에 의하여 결정된다. 활동에는 반드시 우리가 그것을 통하여 달성하고자 하는 목적, 그 달성 여부가 우리에게 '관심' 또는 '흥

미'를 일으키는 그런 목적(즉, '예견된 결과')이 있다. 활동을 할 때 우리는 '지력'을 행사한다.

> 예견된 결과로서의 목적은 활동의 방향을 지시한다. 목적은 그 활동을 그냥 구경하는 사람의 안일한 관점을 나타내는 것이 아니라, 결과에 도달하기까지 취해야 할 단계 하나하나에 영향을 미친다. 그러한 예견은 현재 주어진 조건을 세밀하게 관찰하여, 결과에 도달하는 데에 어떤 수단을 쓸 수 있는지, 그 과정에 어떤 장애가 있는지를 살핀다. 둘째로, 그것은 수단을 활용하는 데에 있어서 적절한 순서 또는 계열이 어떤 것인가를 시사하며, 가장 경제적인 선택과 배열을 할 수 있도록 한다. 셋째로, 그것은 여러 가지 대안 중에서 가장 적절한 것을 선택할 수 있게 한다 …… 예견되는 결과를 대할 때 우리는 단순히 지적 호기심을 가진 관람자의 자세를 가지고 대하는 것이 아니라 그 결과에 관심(또는, 흥미)을 가지고 대하기 때문에, 우리는 결과를 가져오는 과정에 능동적으로 참여하게 된다. 우리는 우리가 바라는 결과를 초래하기 위하여 사태에 개입하게 되는 것이다(8:5).(*)

¶33 한 활동에서 행사된 지력은 반드시 다음 활동을 더 효율적으로 하는 데에 도움이 된다. 이것이 '성장'(또는, '경험의 재구성')이다. 그러므로 성장의 방향은 오로지 활동의 목적과 그 활동이 이루어지는 상황의 요구조건에 의하여 결정된다고 보아야 한다. 앞에서 말한 그릇된 목적관과 대비시켜 말하자면, 성장은 활동의 바깥에 있는 '외적으로 부과된 목적'에 이끌려가는 것이 아니라 활동의 내적 조건에 의하여 뒤로부터 '떠밀려 간다'는 식으로 표현할 수 있을

것이다.

¶34 결국, '계속적인 성장'이라는 정의가 적극적으로 주장하는 것은 현재의 활동—개인에게 관심이 있는 목적을 달성하는 일—이 중요하다는 것이다. 듀이가 생각하기에 '절대불변의 고정된 목적'은 현재의 활동에 정신을 집중하는 데에 분명히 방해가 된다. '고정되어 있는 목적'이라는 것은, 적어도 듀이가 보기에는, 마치 한 지점에 고정된 막대기와 같고, 그 목적을 추구한다는 것은 마치 거기에 묶인 끈에 목이 매달려 끌려가는 것과 같다는 생각이 든다. 현재의 활동을 중요시하는 사람의 입장에서 보면 그 고정된 목적은 그의 지력과 노력을 불필요하게 분산시키며 그가 관심을 가지고 있는 목적을 달성하는 일에 전심전력할 수 없게 만든다. '추상적이고 불확실한 미래가 현재의 힘과 기회를 통제하며, 이 과정에서 현재는 별로 중요하지 않은 것으로 간주된다'(5:6).

¶35 그러나 듀이도 분명히 인정하겠지만, '고정된 목적'은 막대기도 끈도 아니다. 그러므로 '고정된 목적'이 과연 현재의 힘을 분산시키며 현재의 활동에 제약을 가하는가, 그리고 특히 교육에서 '고정된 목적'의 해독을 강조한 듀이의 의도가 참으로 어디에 있었는가를 알아보기 위해서는 듀이가 말하는 그 '고정된 목적'이 예컨대 어떤 것인가를 알아볼 필요가 있다. 앞에서 말한 바와 같이, 듀이는 자신을 제외한 거의 모든 교육사상가들이 하나같이 교육(또는 삶)의 고정된 목적을 제시했다고 말하고 있다. '철학사조에서 보면, 절대불변의 [목적]의 구체적인 대용물을 제시하려는 시도로서 두 가지 대표적인 이론을 들 수 있다. 이 두 가지는 모두 인간의 삶에

내재해 있는 "총체"나 "절대자"의 개념에서 출발한다. 완전무결한 이상이라는 것은 그냥 이상이 아니라, 현재 여기에 작용하고 있다. 그러나 이 두 이론에서 보는 이상은 오직 암시적으로, 또는 "잠재적으로", 또는 숨겨진 상태로 현재에 들어 있다'(5:8). (여기서 말하는 '두 이론'은 헤겔과 프뢰벨의 이론을 가리킨다. 이 두 이론은 모두 교육을 '내부로부터의 발현'으로 보는 이론으로 분류되어 있다.)

¶36 만약 헤겔과 프뢰벨이 말하는 '총체'와 '절대자'가 '고정된 목적'의 한 보기라면, 그것이, 비록 '숨겨진 상태로나마', 현재의 힘을 분산시키고 현재의 활동을 제약한다는 말은 얼른 납득되지 않는다. 누군가 현재 자신에게 관심 있는 목적을 달성하는 일을 하면서 총체 또는 절대자에게 신경을 쓴다든지, 그것 때문에 방해를 받는다는 것을 어떻게 믿을 수 있는가? 듀이도 그것을 믿지 않을 것이다. 그렇기 때문에 듀이의 그 말은 다른 방식으로 이해되지 않으면 안 된다. 즉, 총체나 절대자가 직접 현재의 개인의 활동(그리고, 교육에서는, 현재 학생의 활동)을 방해하는 것이 아니라, '어른이 아이에게 습득시키고자 하는 지식과 태도'라는 '구체적 대용물'(5:7)－한 마디로 말하여, 부모와 교사의 교육적 영향－을 통하여 방해한다. 그것은 부모나 교사가 반드시 '나쁜' 지식이나 태도를 가르친다는 뜻이 아니라, 단순히 부모나 교사가 영향력을 행사한다는 것 그 자체가 현재의 활동에 대한 아이의 주의력을 흩뜨리고 자유로운 활동에 제약을 가한다는 뜻이다.(*) 그러나, 말할 필요도 없는 일이지만, 듀이가 보기에 현재의 활동을 방해하는 부모와 교사의 영향력은 뒤르껭이 말한 '사회가 개인에게 줄 수 있는 최상의 것', 그리고 피터즈

가 말한 '인간이기를 포기하지 않고는 거역할 수 없는 지적 유산'과 그 내용에 있어서 다를 수 없다.

¶37 결국, '계속적인 성장'이라는 정의가 나타내는 두 측면-주장과 부정-은 듀이의 '세계'-듀이가 그의 교육의 개념을 통하여 드러내려고 한 세계-가 어떤 것인가를 보여 주고 있다. 앞의 고찰에 나타난 바와 같이, 그것은 개인이 당장 그에게 관심이 있는 목적을 달성하기 위하여 하는 활동(이른바 '유목적적 활동')이라는 측면에서 파악되는 세계, 또는 '실제적 문제해결'이라는 측면에서 파악되는 세계이다. 물론, 이것이 세계가 아닌 것은 아니다. 그러나 그것은 피터즈의 개념이나 뒤르껭의 개념이 드러내려고 한 세계보다 특별히 더 충실할 것도 풍부할 것도 없는, 오직 한 양상(즉, '실제'의 양상)에서 파악되는 세계이다. 듀이에게 있어서는 이 세계야말로 인간의 지력이 유효하게 발휘되는 전형적인, 또는 유일한, 사태이다. 이 세계에서는 피터즈의 개념에서 강조되는 '인류의 지적 유산'이나 뒤르껭의 개념에서 강조되는 '집단적 의식'이 그 자체의 세계로서 인정되는 것이 아니라, 오직 실제적 문제해결과 관련하여, 그것에 도움이 되는 한에서만 가치를 가진다.

¶38 실제의 세계(즉, 실제의 양상에서 파악되는 세계)가 있다는 것, 그리고 그것을 비추는 거울로서의 '실제적 자아'가 있다는 것은 몸과 목숨을 가지고 사는 인간이라면 누구나 인정할 수 있다. 그것은 '보통 사람들'이 살고 있는 세계, 이른바 '생활'이라는 것이 전개되고 있는 세계이다. 혹시 정치는 그럴 수 있을지 모르지만, 교육은 그 '보통 사람들'의 세계를 겨냥할 수 없다.(*) 교육은 '위대한 것',

'개인보다 더 큰 것'에 동경과 찬탄을 품을 수 있도록 이끄는 일이다. 사실을 두고 말하더라도, 적어도 듀이의 교육이론이 나오기 전에는, 당장의 실제적 결과를 추구하는 것은 몸과 목숨 때문에 어쩔 수 없이 해야 하는, 인간으로서는 마땅히 부끄러워해야 할 일이라는 것이 일반적으로 인정되어 있었다. (물론, 이 일반적인 경향을 만들어낸 것도 바로 교육이었다.) 그러나 이제 듀이에 와서, 그것은 부끄러워할 것도 아무것도 아닌, 인간에게 주어진 유일의 實在실재, 그리고 교육이 표적으로 삼아야 할 유일의 실재로 된다. 『민주주의와 교육』에서 듀이는 그러한 자신의 주장을 인간심리의 가장 민감한 부분인 계급의식에 호소하고 있다. 현재의 유목적적 활동에 종사하는 것을 부끄러운 것, 하찮은 것으로 여기고 그것으로부터 '위대한 것'으로 눈을 돌리도록 하는 것은 유한계급, 귀족계급이 자신의 특권을 정당화하기 위하여 허위로 조작해낸 이데올로기에 불과하다는 것이다. 뿐만 아니라, 듀이의 그 주장은, 우리가 실지로 어느 '계급'에 속해 있든지 간에, 우리 자신의 자아의 한 측면을 드러내어 말한 것이라는 점 때문에 더욱 강화된다.

¶39 듀이의 설득력이 무엇에 기초를 둔 것이든지 간에, 그가 '위대한 것에 대한 헌신'을 '개인의 욕망 충족'으로 바꿔치기 하려고 한 것은 분명하다. 그렇게 하는 것은 곧 보통 사람들의 생각—교육을 받지 않은 상태에서도 능히 할 수 있는 생각—을 교육의 목적으로 삼는 것이며, 따라서 그것은 교육이 실패한 경우를 오히려 교육의 목적으로 삼는 것이다.(*) 세계의 모든 위대한 것들, 위대한 사람들이 이룩한 모든 위대한 업적은 현재의 유목적적 활동에 도움이

되지 않는 한, 귀족계급의 한가한 여가활동에 지나지 않는다는 말을 하는 사람이 어떻게 '교육'에 관심을 가지고 있다고 말할 수 있는가? 그는 교육을 하라고 말하는 것이 아니라 교육을 하지 말라고 말하는 것이다. 듀이의 '교육의 개념'이 교육의 개념을 부정한다고 말할 수 있는 것은 이 때문이다.

¶40 그러나—누군가 반문할지 모른다—듀이의 교육이론을 위와 같이 제한된 측면에서 고찰한다 하더라도, 듀이는 적어도 교육에서 '개인'이 존중되어야 한다는 것을 주장한 점에서는 옳지 않았는가? 또한 개인이 존중되어야 한다는 것은 역사상 많은 교육사상가들이 끊임없이 강조해 온 교육의 원리이며, 따라서 그것은 그들의 노력에 의하여 확립되어 온 교육학의 빛나는 전통이 아닌가?—물론, 교육에서든 어디서든 개인은 존중되어야 한다. 그러나 삶의 다른 측면은 차치하고라도, 특히 교육에서 개인을 존중한다는 것이 정확하게 무엇을 의미하는가 하는 것은 깊이 생각해 볼 문제이며, 그것이 반드시 현재 개인이 당면하고 있는 문제를 해결할 수 있도록 하는 것—또는, 더 일반적으로, 현재 개인이 가지고 있는 욕망을 받아들이고 만족시켜 주고 더욱 부채질하는 것—을 의미하는가 하는 것은 확실히 의문이다.

¶41 이때까지 그 교육학의 전통을 확립해 온 많은 교육사상가들은 과연 이런 뜻에서의 개인 존중을 주장하였는가? 적어도 존 듀이의 말에 의하면 그 대답은 부정적인 것일 수밖에 없다. 앞에서 말한 바와 같이 듀이는, 자신의 이론을 제외한 모든 교육이론은, 심지어 개인 존중의 최첨단의 기수라고 부를 수 있는 루소조차도, '고정되

고 경직된' 외적 목적을 내세웠으며, 그 결과로 현재 개인이 추구하는 활동, 현재 개인에게 '관심'과 '흥미'가 있는 활동으로부터 개인의 힘과 정력을 분산시키려 했다고 말하고 있다. 분명히 듀이는 피터즈나 뒤르껭도 개인을 문명이나 사회의 부속품으로밖에 보지 않는다고 말할 것이다. 물론, 피터즈나 뒤르껭이 현재 개인의 욕망을 받아들이고 만족시켜 주고 부채질하려고 한 것은 아니다. 그러나 그들이 과연 개인을 존중하지 않았는가 하는 것은 여전히 의문이다.

¶42 차라리, 다음과 같은, 얼른 믿기 어려운 말에 개인존중의 진정한 의미가 들어 있지 않은가 생각해 볼만 하다.

> 나의 생각의 깊이는 이때까지 살았던 모든 인간의 생각을 합친 것과 같다. 나의 수명은 앞으로 영원토록 살아갈 인류의 수명 그 자체이다. 지금 내가 하고 있는 생각의 깊이를 물으면, 누군가 초인적인 능력을 가진 사람은 그것을 과거의 모든 인간이 한 생각으로 풀이할 수 있을 것이다. 그렇게 풀이한 것 그것이 지금 내가 하고 있는 그 생각의 깊이이다. 지금 내가 하고 있는 생각이 장차 어디까지 발전할 수 있는가를 묻는다면, 다시 그 초인적인 능력을 가진 사람은 그것이 장차 모든 인간들이 할 생각에 어떻게 연결되는가를 보일 수 있을 것이다. 그것이 지금 내가 하고 있는 그 생각의 발전가능성이다. 교육은 이 '인간의 대열'에 참여하도록 하는 일이다. 그것은 나의 수명을 영원으로 이어준다.(*)

不登高山不知天之高也
不臨深谿不知地之厚也
不聞先王之遺言不知學問之大也

주석과 증보자료

不登高山不知天之高也
不臨深谿不知地之厚也
不聞先王之遺言不知學問之大也

【주 석】

초판 서문

¶3 개념과 정의 : 본문에서 개념과 정의는 '교육의 정의는 교육의 개념을 최종적인 언어로 진술해 놓은 것을 가리킨다'는 말로 구분되어 있다. (이하 주석에서 '본문'이라고 말하는 것은 그 주석이 붙은 본문의 문단—이 경우에는 서문의 제3문단—을 가리킨다.) '용어의 개념'과 '용어의 정의'는 거의 동일한 의미로 사용되고 있는 만큼, 개념과 정의도 동일한 의미를 가지고 있는 것으로 생각될 수 있다. 또한, '용어를 정의한다'는 표현은 흔히 '개념을 정의한다'는 표현과 섞바뀌어 사용되고 있으며, 이 두 가지 표현은 그 중의 어느 하나는 용법에 맞고 다른 것은 용법에 맞지 않는다고 말할 수 없을 정도로 동일한 의미로 사용될 수 있다. 이런 점들로 미루어 보면, 용어, 개념, 정의는 의미상 서로 밀접하게 관련되어 있음을 알 수 있다.

그러나 그 사이에는 차이도 있기 때문에 여러 가지 표현이 서로 비슷한 의미를 나타낸다고 하더라도 그런 표현을 사용하거나 이해할 때에는 그 차이를 존중하지 않으면 안된다. 무엇보다도 '정의'는 앞의 예에서 보듯이 '정의한다'는 동사로 사용될 수 있는 반면에 '용어'와 '개념'의 경우에는 그렇지 않다. (그렇기 때문에, '정의'라는 단어는, 예컨대 '지식'이라든가 그 밖의 많은 단어가 그렇듯이, 동사적 의미와 명사적 의미로 사용될 수 있다. '지식'이라는 단어는 '아는 행위'를 가리킬 수도 있고 그 행위를 통하여 '알아낸 내용'을 가리킬 수도 있다.) '정의한다'라는 동사에 대하여 용어와 개념은 그 정의하는 행위의 대상이 된다고 말할 수 있다. 그리고 명사형의 '정의'는 용어와 개념을 정의한 결과로 나타난 언어적 진술을 가리킨다.

그러나 본문에서는 또한 '"교육의 개념을 규정한다"라는 표현은 "개념으로 교육을 규정한다"는 뜻으로 이해되어야 한다'고 말하고 있다. 이 말은 어떻게 이해되어야 하는가? 이 책에서 문제 삼고 있는 것은 교육이라는 활동이며, '교육'은 그 활동을 가리켜 부르는 이름이다. 만약 이 책이 무엇인가를 '정의'하고자 한다면, 그것이 정의하고자 하는 것은 교육이라는 활동(그리고 그 활동을 지칭하는 '교육'이라는 용어)이다. 그 결과로 나오는 '정의'는 '교육은 이러이러한 것이다'라는 문장 또는 진술로 표현된다. 그러나 '개념'은, 설사 그것이 어떤 것인가 하는 것은 결국 언어로 표현되어야 한다고 하더라도, 언어로 되어 있지 않다. 말하자면 개념은 언어로 표현되기 이전의 '생각'을 가리킨다. 우리말의 '槪念'개념은 글자 그대로는 '개괄하는 생각'을 뜻하며, 개념에 해당하는 영어와 독일어 단어 concept, Begriff는 각각 '아이를 배듯이 마음속에 배고 있다'든가 '싸잡는다'라는 뜻을 담고 있다. '정의'와 '개념'의 차이를 가장 직접적으로 느끼기 위해서는 그 각각을 찾아보려고 할 때 어디를 들여다보아야 하는가를 생각해 보면 된다. 정의는 책에 나와 있지만, 개념은 머릿속에 들어 있다. '교육의 개념을 정의한다'는 말은 우리가 교육에 관하여 각자 머릿속에 가지고 있는 생각 그것을 문장으로 진술한다는 뜻을 나타낸다.

여기에는 두 가지 주목할 점이 있다. 첫째로, 우리가 각자 머릿속에 가지고 있는 생각—즉, 개념—은 우리가 혼자서 마음대로 생각해 낸 것이 아니라 대부분 책이나 다른 사람들로부터 배운 결과이다. 교육에 관하여 가지고 있는 생각은 개인에 따라 다르겠지만, 그럼에도 불구하고 그것이 한 사회 내에서, 또는 인류 전체를 통틀어 근본적인 공통성을 나타내는 것은 이 때문이다. 둘째로, '정의'는 머릿속에 들어 있는 생각을 언어로 진술한 것이라는 점에서 명백히 알 수 있는 바와 같이, '정의'는 개념의 모든 세부 사항에 이르기까지 전체를 드러내는 것이 아니라 그 생각을 고도로 압축하여 드러내며, 이 점에서 개념의 극히 일부분만을 보여 준다고 말할 수 있다. 한 사람이 제시한 '교육의 정의'—언어적 진술—로부터 그 사람이 가지고 있는 '교육의 개념'을 알아내려고 하면, 우리는 그 정의에 명시적으로 나타나 있지 않은 많은 내용을 보충하지 않으면 안된다. 본문에 나와 있는 '개념으로 교육을 정의한다'라는 표현은, 누군가 교육을 정의하는 사람은 그가 가지고 있는 생각을 가장 잘 나타내어 줄 만한 언어적 진술을 내어 놓는다는 뜻으로 이해될 수 있다. 본문에 나와 있는 바와 같이, '교육은 무엇인가'라는 질문에 대답하려고 할 때 우리는 교육에 관하여 우리가 가지고 있는 생각—교육의 개념—을 사용한다. 그리고 우리의 머릿속에 들어 있는 생각은 전체적으로 볼 때 이때까지의 교육학 연구가 드러낸 '교육의 의미'이다.

¶6 세 가지 교육의 개념의 '대표성' : 이하 이 책에서 '공학적 개념', '성년식 개념', '사회화 개념'으로 불리는 교육의 세 가지 개념은 본문에서 교육의 개념으로서 '대표적인' 것이라고 말하고 있다. (물론, 각각의 개념은 그것을 최종적인 언어로 진술해 놓은 '정의'에 의하여 표현되어 있다.) 이 세 개념이 '대표적인' 것이라고 할 때의 '대표적'이라는 말의 의미에 관해서는 제1장의 본문 ¶27 이하에 약간 언급되어 있지만, 여기서는 과연 그 세 가지 이외의 다른 교육의 개념은 있을 수 없는가에 관하여 생각해 보겠다.

서문의 앞부분(¶3)에 시사되어 있는 바와 같이, 위의 세 가지 개념은 저자가 임의로 설정하거나 제안한 것이 아니라, 이때까지의 교육학 연구에 의하여 제안되고 확립된 것들을 세 가지로 크게 묶은 것이다. (서문 ¶3에서 '이때까지의 교육학 연구는 교육의 개념에 구체성을 부여하기 위한 학문적 노력이었다고 볼 수 있다'고 말한 것은 이것을 가리킨다. 그리고 물론, 현재 교육학 연구를 하는 사람들은 그런 세 가지 교육의 개념을 염두에 두고 자신의 교육학 연구를 구상한다.) 그러나, 그렇다고 하더라도, 교육의 개념이 하필 그 세 가지이며 또 그 세 가지만 있는가? 이 문제에 관해서는 세 가지 점을 지적할 수 있다.

첫째로, 맨 처음의 공학적 개념을 제외한 나머지 두 개념, 즉 성년식 개념과 사회화 개념은 저자가 다른 곳에서 '교육의 양대 지주'라고 부른, '학문에 의한 교육'과 '제도에 의한 교육'에 각각 상응한다. (『교육의 목적과 난점』, 교육과학사, 1998, 제6판, 9장과 11장 참조.) 전자는 교과를 통하여 인간을 형성하는 작용을 가리키며, 후자는 나날의 생활방식을 통하여 인간을 형성하는 작용을 가리킨다. 여기에 비하여 공학적 개념은 이 양대 지주의 밑바닥을 받쳐 주는 '방법'을 별도로 떼어낸 것을 가리킨다고 말할 수 있다. 공학적 개념을 다룬 본문(제2장)에 명백히 시사되어 있는 바와 같이, 공학적 개념은 그 자체로서 독자적인 문제의식을 가지고 있는 독자적인 개념이다. 이런 점으로 미루어 보건대, 위의 세 가지 개념은 교육의 개념으로서 '대표적인' 것이라고 보아도 무방할 것이다.

둘째로, '교육의 정의는 교육의 개념을 최종적인 언어로 진술해 놓은 것'이라는 본문 ¶3의 말에 시사되어 있는 바와 같이, 동일한 개념도 상이한 정의로 표현될 수 있다. 다시 말하여, 교육의 정의가 다르다고 하여 반드시 그것이 상이한 교육의 개념을 표현한다고는 말할 수 없다. 교육의 개념을 표현하는 언어적 진술은 다르더라도 그 정의에 들어 있는 문제의식은 동일할 수 있으며, 그렇다면 그것은 그만큼 동일한 개념을 표현한다고 말할 수 있다. 본문에 명시되어 있듯이, '교육의 정의 수만큼 많은 교육의 개념이 있는 것은 아니다.'

셋째로, 가장 중요한 점으로서, 교육의 개념으로 제시되는 것은 어떤 것이든지, 비록 묵시적으로나마, 규범적 의미를 내포하여야 한다. '교육은 이러이러한 것이다'라는 말이 교육의 개념을 표현하는 말이 되기 위해서는, 그 말에 따라 교육을 한 결과 통념상으로 보아 사람을 '좋게' 만든다는 것이 대다수의 사람들에게 납득될 수 있어야 한다. 물론, 사람을 '좋게' 만든다는 것이 정확하게 무슨 뜻인가 하는 것은 간단하게 결정될 수 있는 문제가 아니다. 그뿐만 아니라, 그보다 더 중요한 것으로서, 교육이 만들려고 하는 '좋은 사람'은 바로 그 교육이 만들려고 하는 사람이며, '교육이 만들려고 하는 "좋은 사람"이 어떤 사람인가' 하는 질문에 대답하는 유일하게 타당한 방법은 그 교육이 만들려고 하는 사람이 어떤 사람인가를 말하는 것이다. 사실상, 이 주석·증보판 서문에 언급되어 있는 '메타프락시스'는 이것을 핵심적 아이디어로 삼는 담론 형식을 가리킨다. (메타프락시스metapraxis는, 字義上자의상으로는, 실천의 실천, 또는 실천을 실천에 의하여 정당화하는 것을 뜻한다.)

그러나 그 반면에, 만약 어떤 교육의 개념이 명백히 위와 같은 의미에서의 규범적 의미에 어긋난다면 그것은 교육의 개념으로서 정당한 지위를 확보할 수 없다. 그 가장 명백한 경우는 현재의 교육 현실을 비판하면서 그 비판의 논지를 하나의 독자적인 교육의 개념으로 내세우는 것에서 찾아볼 수 있다. 이른바 '음모 이론'(conspiracy theory)에 입각한 교육의 개념은 그 대표적인 예이다. 가령 어떤 사람이 '교육은 지배계층이 피지배계층을 억압하는 수단이다'라는 교육의 정의를 하나의 '교육의 개념'으로 제시한다고 생각해 보자. 이 개념은 이 책에 제시되어 있는 세 가지 개념 중의 어느 것과도 동일하지 않다. (다른 것들과 마찬가지로 이름을 붙이자면, 이것은 아마 '음모 개념'이라고 부를 수 있을 것이다.) 그러나 이 개념은 다른 세 가지 개념과 대등한 개념이 될 수 없다. 이유인 즉, 그 개념을 표방하는 사람 자신이 스스로 그런 교육을 받고 싶어 하지 않을 것이기 때문이다. 그 사람은 자신이 그 교육을 받은 결과로 '피지배계층을 억압하는' 지위에 올라갔을 때 스스로를 '좋은 사람'이 된 것으로 생각하지 않을 것이다.

존 듀이의 경우에는 사정이 좀 복잡하다. 대다수의 독자는 존 듀이의 교육이론이 하나의 독자적 개념으로 제시되지 않고 이 책의 마지막 절에서 '교육의 개념을 부정한 교육의 개념'으로 규정되어 있는 데 대하여 의아해 하거나 불만을 표시할 것이다. (듀이의 개념 또한 '적응 개념' 또는 '성장 개념'으로 불릴 수 있을 것이다.) 듀이가 교육을 규정하는 데에 사용하는 적응이나 성장은, 어떤 면에서는, 규범적 의미를 포함한다고 볼 수 있는 만큼, 그의 이론이 하나의 교육의 개념으로 제시될 수 없는가에 관해서는 의견의 차이가 있을 수 있다. 그러나 이 책의 마지막 절에 논의되어 있는 바와 같이, 저자의 견해에 의하면, 듀이의 '교육의 개념'에는 교육의 개념에 반드시 들어 있어야 하는 '위대한 것에 대한 동경과 찬탄'이 결여되어 있다.

이 모든 것을 받아들인다 하더라도, 마지막으로, 이 세 개의 개념을 통합하는 '종합적 개념'이 없겠는가 하는 의문이 있을 수 있다. 이 의문에 관해서는 제1장의 마지막 부분에 가서 다시 생각해 보겠다.

¶9 문음사의 張錫泰 사장은 주석을 붙이는 현시점에서는 이미 故人고인이 되었다. 그분의 명복을 빈다. 그분에 대한 감사는 현재의 趙福子 사장께 그대로 이어진다. 이 문단에 언급된 林炳德, 車美蘭 두 선생은 현재 한국교원대학교와 춘천교육대학교에 각각 재직 중이다.

¶9 荀子순자의 一句일구 : 不登高山 不知天之高也 不臨深谿 不知地之厚也 不聞先王之遺言 不知學問之大也(勸學篇) (높은 산에 올라가 보지 않으면 하늘이 높은 줄 알지 못하고, 깊은 계곡을 내려다보지 않으면 땅이 두꺼운 줄 알지 못하며, 옛 어진 임금이 남긴 말씀을 들어 보지 않으면 학문이 위대한 줄 알지 못한다.)

제1장 문제의 성격

¶2 키에르케고르의 우화 : Søren Kierkegaard(1813-1855)는 통념상

기독교 신학자 또는 실존주의 철학자로 알려져 있다. 그러나 그의 짧은 생애를 통한 학문적 관심은 오로지 진정한 기독교인의 형성에 있었으며, 진정한 기독교인은 또한 근본적인 면에서 진정한 인간과 일맥상통하는 면이 있기 때문에 그를 '교육학자'라고 부른다고 해서 별로 이상할 것이 없다. 그는 그의 약혼녀와의 관계에 있어서나 그 당시 덴마크 교회와의 관계에 있어서 많은 파란을 겪었으며, 그렇기 때문에 그의 일생은 전기 작가들에게 널리 관심을 불러 일으켰다. 그를 교육학자로 간주한 대표적인 저작으로는 Ronald J. Manheimer, *Kierkegaard as Educator*, (李烘雨, 林炳德 역), 『키에르케고르의 교육이론』(교육과학사, 2003, 원저 1977)과 林炳德, 『키에르케고르의 간접전달』(성경재, 1998)을 들 수 있다. (林炳德 교수의 책에는 부록으로 '키에르케고르의 약전'이 실려 있다.) 키에르케고르에 대하여 저자가 가지고 있는 생각을 한 마디로 말하자면, 그는 사상적인 면에서 '인간으로서 불가능한' 업적을 남긴 훌륭한 천재였다는 것이다. 앞으로 교육에 관하여 이론적인 관심을 가지고 있는 많은 사람들이 그의 교육이론에 집중적으로 관심을 가지기를 바란다.

본문에 소개된 정신병자에 관한 우화는 『철학적 단편 후서』(*Concluding Unscientific Postscript to the Philosophical Fragments*)에서 '진리는 주관성이다'라는 명제를 설명하는 부분에 나와 있다. 이 명제는, 그것을 설명하려고 하면 기독교인의 형성에 관한 키에르케고르의 사상 전체를 설명해야 할 정도로, 그의 사상을 집약적으로, 그러나 다분히 슬로건적인 형태로, 나타내고 있다. 여기서는 다만 본문의 우화를 이해하는 데에 필요한 정도로 간략하게 설명할 수밖에 없다.

위의 명제에서 설명되어야 할 단어는, 물론, '주관성'(subjectivity)이다. 이 단어는 보통의 의미에서처럼 '자신이 옳다고 생각하는 것'을 뜻하는 것이 아니다. 여기서 '주관성'은 키에르케고르가 '객관적 지식(또는 진리)'과 '주관적 지식(또는 진리)'을 구분할 때 사용하는 그런 의미에서의 '주관성'을 뜻한다. 키에르케고르에 의하면, 과학적 지식은 전자에 해당하며 여기에 비하여 윤리적, 종교적 지식은 후자에 해당한다. 과학적 지식이 '객관적 지식'에 속한다는 것은 그것이 인간의 '존재'에 영향을 미치지 않는다는 것을 뜻한다. 과학은 인간의 바깥에 있는 사물과 현상을, 그 사물과 현상을 요약하는 개념으로 표현하는 것을 목적으로 한다. 키에르케고르의 용어를 써서 말하자면, 과학은 바깥에 있는 사물과 현상을, 마찬가지로 바깥에 있는 개념으로 표현하는 것이며, 이것은 결국 바깥에 있는 것끼리 맞물려 돌아가는 폐쇄회로와 같은 것이다. 과학은 그 폐쇄회로의 어느 지점에서도 인간의 내면('존재')에 닿는 일이 없다. 다시 말하여 과학은 '사고와 사고의 연결'이며 '사고와 존재의 연결'이 아니다. '사고와 존재의 연결'—즉, 사고가 존재에 영향을 미치는 것—은 윤리·종교적 지식에서만 가능하다. 키에르케고르의 '교육방법'을 나타내는 '간접전달'이라는 용어는, 간단하게 말하여, 윤리·종교적 지식을 그 성격에 맞게 전달하는 방법, 또는 지식이 개인의 '능력'이 되도록 지식을 가르치는 방법을 가리킨다. 여기서 '능력'이라는 것은 외부적 결과를 만들어내는 능력이 아닌, 기독교적 의미에서의 신앙 또는 인격을 나타내는 내면적 능력을 뜻한다. (키에르케고르가 말하는 '실존'은 그런 내면적 능력을 갖춘 존재를 가리킨다.) 여기에 비하여 '직접 전달'은 능력이 아닌 '정보'의 전달을 목적으로 한다.

이렇게만 말해 놓고 보면, 마치 키에르케고르는 모든 분야의 지식을 객관적 지식과 주관적 지식으로 엄격히 구분하고 그 각각에 알맞은 전달 방법을 '직접 전달'과 '간접 전달'로 규정하는 듯하지만, 이것이 과연 키에르케고르의 의도였는가는 의문이다. 왜냐하면 키에르케고르의 관심은 처음부터 끝까지 진정한 기독교인의 형성에 있었으며, 지식을 그 성격에 따라 구분하는 데에 있지 않았기 때문이다. 그의 관심은 윤리·종교적 지식을 예컨대 과학과 같은 '객관적 지식'과 동일한 성격을 지닌 것으로 생각하면서 정보를 전달하듯이 '직접 전달'에 의하여 가르치려고 해서는 안된다는 것을 지적하는 데에 있었다. 이것으로 미루어 보면, 윤리·종교적 지식을 직접 전달로 가르치는 것이, 비록 잘못 가르치는 결과가 되기는 하지만, 불가능한 것은 아니다. 그렇다면 마찬가지로 생각하여, 과학적 지식을 간접 전달로 가르치는 것도 가능하다고 보아야 할 것이다. 다시 말하여, 과학적 지식도 '정보'로서가 아닌 '지식'으로서, 다시 말하여, 그것을 배운 결과가 존재에 영향을 미칠 수 있도록 가르칠 수 있을 것이다. 물론, 이 점을 설명하기 위해서는 과학을 포함하여 학교의 교과로 가르쳐지는 모든 지식들의 성격에 관한 자세한 분석이 필요할 것이다. 만약 키에르케고르가 관심을 두고 있는 '진정한 기독교인'이 근본적인 면에서 '훌륭한 인간'과 일맥상통한다면, 과학과 그 밖의 교과에서도 '간접 전달'을 통하여 인격 형성에 기여할 가능성이 인정되어야 할 것이다.

본문의 우화에 나오는 '지구는 둥글다'라는 말은 과학적 지식을 표현한다. 그러나 '지구는 둥글다'라는 그 말이 반드시 예의 정신병자의 경우처럼 이해되고 사용되어야 하는 것은 아니다. 그 말이 올바른 의미에서의 과학적 지식을 표현한다고 하면, 그것을 이해하기 위해서는 아무리 초보적인 것이라 하더라도 '천문학'이나 '지구 과학'과 관련된 이론적 이해가 수반되지 않으면 안된다. 그리고 그러한 이론적 이해는, 윤리·종교적 지식의 경우와 완전히 동일한 방식으로는 아니라 하더라도, 인격 형성에 도움을 준다고 보아야 할 것이다. 이 점에 관해서는, 郭恩惠, '교과의 범주로서의 주관적 지식 : 키에르케고르 사상의 교육인식론적 해석,' 서울대학교 석사학위 논문(2009)이 참고가 될 것이다.

¶10 Israel Scheffler, 'Definitions in Education,' *The Language of Education*(Charles C. Thomas, 1960), pp. 11-35. 이하 본문에 등장하는 여러 가지 정의에 해당하는 영어 단어는 다음과 같다. 즉, 一般的일반적 정의(general definition), 操作的조작적 정의(operational definition), 그리고 일반적 정의의 세 가지 종류인 約定的약정적 정의(stipulative definition), 記述的기술적 정의(descriptive definition), 綱領的강령적 정의(programmatic definition) 등이다. 강령적 정의는 그 원래의 영어 이름 그대로 '프로그램적 정의'로 번역해도 무방할 것이다. 조작적 정의는 제2장에 설명되어 있다.

¶20 강령적 정의에 함의된 행동 강령 : 강령적 정의는 표면에 드러난 형태로서는 약정적 정의나 기술적 정의와 구분되지 않는다. 이것들은 모두 '교육은 이러이러한 것이다'라는 형태로 되어 있다. 그렇기 때문에 한 특정한 정의가 그 중의 어느 것에 해당하는가는 대체로 말하여 그 정의를 어떤 뜻으로 해석하는가에 달려 있다. 그 정의가 '교육을 할 때에는 이러이러하게 해야 한다'는 행동 강령 또는 프로그램을 '함의'하는 것으로 해석될 때 그 정의는 강령적 정의가 된다. 그 행동 강령이 반드시 세부적인 수준에 이를 필요는 없지만, 적어도 그 행동 강령을 따르는 교육이 사람을 '좋게' 만들 수 있는가의 여부를 판단하는 데에

충분할 정도로는 자세하여야 한다.

이와 관련하여 두 가지 점을 언급할 필요가 있다. 하나는 '이론적 문장 또는 진술'(theoretical statement)과 '실제적 문장 또는 진술'(practical statement)의 구분에 비추어 본 강령적 정의의 성격에 관한 것이다. 이론적 문장은 그것을 대답으로 요구하는 '이론적 질문'과 마찬가지로, 무엇무엇이 이러이러하다는 것을 '보기' 위한 것이며, 실제적 문장은 실제적 질문과 마찬가지로 무엇무엇을 이러이렇게 하여야 한다(또는 하는 것이 좋다)는 행동방침이나 조치를 제안하기 위한 것이다. 그 전형적인 형태로 보면 이론적 문장과 실제적 문장은 각각 '무엇무엇은 이러이러하다'와 '무엇무엇은 이러이렇게 해야 한다'라는 형태를 취한다. 이 후자의 문장에서와는 달리, 전자의 문장에는 무엇인가 행동을 해야 한다든가 조치를 취해야 한다는 뜻이 들어 있지 않다.

'교육은 이러이러한 것이다'라는 문장은 그 형태로 보면 행동 방침이나 조치를 제안하는 것이 없이 단순히 교육이 어떤 것인가를 알려고(또는 '보려고') 하는 데에 목적을 두는 이론적 문장처럼 보인다. 그러나 그 문장이 교육의 강령적 정의를 나타낸다고 볼 때 그것은, 의미상으로 보면, 교육은 이러이렇게 해야 한다는 행동 강령을 제안하는 실제적 문장－더 구체적으로는 '규범적 문장'(normative statement)－에 속한다. 이와 같이 교육의 (강령적) 정의가 이론적 문장과 실제적 문장의 구분에서 애매성을 드러낸다는 점을 부각시키려고 하면 그것을 '위장된 실제적 문장'(disguised practical statement)이라고 부를 수 있을 것이다. 삶이나 도덕적 선의 정의도 이와 동일하게 '위장된 실제적 문장'에 속한다. 삶이나 도덕적 선을 정의하는 사람은－만약 누군가가 그것을 '정의'한다면－단순히 삶이나 선이 어떤 것인지 알려고 하는 것이 아니라 어떻게 살아야 하는가, 어떻게 행동해야 하는가를 알려고 한다. 그러므로 삶이나 선과 마찬가지로 교육 또한 '임의로' 정의할 수 있는 것이 아니다. 여기에는 '옳은' 정의와 '그릇된' 정의, '좋은' 정의와 '나쁜' 정의가 있을 수 있다. 그리고 그것을 가리는 기준은 '도덕적인' 것이다.

또 하나는 '강령적 정의는 행동 강령을 함의한다'고 할 때의 '함의'의 의미에 관한 것이다. '함의'는 말뜻 그대로는 '의미를 품고 있다'는 뜻을 나타내고 있지만, 엄밀한 의미로는 두 명제 또는 항 사이의 논리적 관련을 나타내는 용어이다. 한 명제 p(X는 강령적 정의이다)가 또 한 명제 q(Y는 행동강령이다)를 '함의한다'(imply)는 것은 p를 긍정하고 q를 부정하면 모순이 된다는 뜻이며, 이때 q는 p의 '함의'(implication)가 된다. 그리하여 강령적 정의(X)와 행동 강령(Y) 사이에 함의 관계가 있다면, 강령적 정의를 받아들이고 나서 행동 강령을 받아들이지 않는 것은 '모순'이 된다. 다시 말하여, '교육은 이러이러한 것이다'라는 교육의 (강령적) 정의를 말하면서 그 정의 속에 '논리적으로' 포함되어 있는 '교육은 이러이렇게 해야 한다'라는 행동 강령을 받아들이지 않는 것은 앞의 정의 그 자체를 부정하는 결과가 된다. 다만, 이 경우에는 정의와 행동 강령 사이에 위에서 말하는 것과 같은 함의 관계－즉, 정의를 받아들이고 행동 강령을 부정하면 논리적으로 모순을 저지르는 결과가 된다는 관계－가 성립한다는 것이 전제되어야 한다. 두 명제나 항 사이에 함의가 성립하는가의 여부는 쉽게 판단할 수 있는 것이 아니며, 그렇기 때문에 어떤 것이 다른 어떤 것을 함의한다고 말하는 사람은 상대방이 그것을 납득할 수 있도록 스스로 그 관계를 세밀히 확인하지 않으면 안된다.

'함의'가 논리적 관계를 나타낸다고 할 때의 '논리적 관계'에 관해서도 설명이 필요하다. (정확하게 말하자면, '함의'는 논리적 관계 중의 한 가지이다.) 이 문제에 관해서는 제3장에서 그 밖의 다른 논리적 관계와 함께 다시 설명하겠다.

¶20 교육의 정의와 관련된 도덕적 질문 : 교육의 (강령적) 정의가 타당한가의 여부를 따지기 위하여 제기되는 질문이 '도덕적' 질문이라는 점은 교육이 윤리학의 핵심적 관심사가 되어야 한다는 것을 시사한다. 초판 서문의 주(¶6)에서 말한 바와 같이, 교육이 만들려고 하는 '좋은 사람'이 어떤 사람인가 하는 질문에 답하기 위해서는 그런 사람('좋은 사람')을 만들려고 하는 교육을 들여다보아야 한다. 윤리학은 다른 어떤 것이기 이전에 '좋은 사람'이 어떤 사람인가를 밝히는 학문이며, 윤리학이 이 일을 하기 위해서는 그것이 밝히려고 하는 '좋은 사람'을 길러내는 교육에 관심을 가지지 않으면 안된다. 저자의 견해－願望원망 섞인 견해－를 말하자면, 이때까지 있어 온 동서양의 윤리학은 좋은 사람을 만드는 활동으로서의 교육을 중심으로 고쳐 써야 한다는 것이다.

아마 인식론의 경우도 사정은 마찬가지일 것이다. 인식론에서 문제가 되는 '지식'－보다 일반적으로, 認知인지 행위－은 전달을 통하여 획득되는 것에 국한된다고 보아야 한다. (예컨대 어떤 인식론자가 '인간은 어떻게 노란 색을 노란 색으로 지각하는가'라든가 '인간은 어떻게 며칠 전에 들은 멜로디를 기억하는가'라는 질문을 그 자체로서 자신의 관심 영역으로 삼는다면, 우리는 그를 기이한 인식론자라고 생각할 것이다.) 교육은 지식의 전달이 일어나는 전형적인 사태이며, 그렇기 때문에 인식론은 그것이 밝히는 지식의 의미와 타당성 문제가 의미 있게 제기되는 사태로서 교육에 관심을 가지지 않으면 안된다. 이 점에서 얼마 전부터 교육학계의 일각에서 관심의 대상이 되고 있는 '교육인식론'과 '교육윤리학'은 장차 좀 더 본격적인 연구 주제로 되어야 할 것이다. (교육인식론과 교육윤리학은 각각 柳漢九 교수와 林炳德 교수의 발의에 의하여 논의되기 시작하였다.) 더 나아가서, 교육에서는 지식과 '좋은 사람'의 관련－지식을 가르쳐서 '좋은 사람'이 되도록 하는 것－또한 중요한 문제가 되며, 그만큼 교육인식론과 교육윤리학의 관련도 중요시되지 않으면 안된다.

¶24 실제적인 면과 이론적인 면 : 여기에 사용된 '실제적', '이론적'이라는 용어의 의미는 앞의 주(¶20)에 사용된 것과 같다. 교육의 '실제적인 면'이라는 것은 교육을 어떻게 하는가 하는 것, 다시 말하여 교육을 할 때 '하는 일'(practice)을 가리키며, '이론적인 면'이라는 것은 교육을 어떻게 보는가 하는 것, 다시 말하여 현재 일어나고 있는 교육을 '설명하는 일'(theory)을 가리킨다. 교육이 실제적인 면에서나 이론적인 면에서 그릇된 방향으로 나아가고 있다는 것은 교육을 하는 방법이 그릇될 뿐만 아니라 교육의 다양한 측면을 그릇된 방식으로 설명하고 있다는 뜻이다.

¶26 세 개의 정의가 제시되어 있는 세 학자의 저서 : 鄭範謨, 『교육과 교육학』(배영사, 1976) ; R. S. Peters, *Ethics and Education*(George Allen and Unwin, 1966), 李烘雨, 曺永泰(역), 『윤리학과 교육』(수정판)(교육과학사, 2003) ; Emile Durkheim, *Education and Sociology*(S. D. Fox, trans.)(Free Press, 1956), 李鍾珏(역), 『교육과 사회학』(배영사, 1978).

¶28 총체와 양상 : 이하 몇 문단에 제시된 내용은 '경험'에 관한 오우크쇼트의 견해를 그대로 교육의 개념에 적용한 것이라고 말할 수 있다. M. Oakeshott, *Experience and Its Modes*(Cambridge University Press, 1933) 참조. 우선, 저자가 이해한 바에 따라 이 책,『경험과 그 양상』에 제시된 오우크쇼트의 견해를 대체적으로 요약해 보겠다. 이 책에서 오우크쇼트가 논의하는 '경험의 양상'은 역사적 경험(historical experience), 과학적 경험(scientific experience), 그리고 실제적 경험(practical experience)의 세 가지이며, 이들 '경험의 양상들'과는 달리, 양상으로부터의 해탈을 목적으로 하는 철학적 경험(philosophical experience)에 관해서도 상당한 정도로 언급되어 있다. 물론, 경험의 양상이 그 세 가지에 국한되는 것은 아니다. 오우크쇼트가 말하는 경험의 양상은, 마지막 '실제적 경험'을 예외로 치면, 이하 제3장에서 고찰할 피터즈의 '지식의 형식'(또는, '사고와 이해의 형식', 제3장 ¶41)과 정확하게 일치한다. (피터즈가 오우크쇼트에 상당한 정도로 의존하고 있다는 것은 그의 개념을 집약적으로 표현하는 '성년식'이라는 용어가 오우크쇼트의 글에서 빌려 온 것이라는 점에서도 나타난다.)

'경험의 양상'에서의 '양상'(modes)은 말 그대로 '나타난 모습'을 뜻하며, 이 말은 그 속에 '무엇인가의 양상', 다시 말하여 무엇인가가 현재의 모습으로 나타났다는 것, 그리하여 그 모습으로 나타나기 이전에 무엇인가가 있다(또는, 있었다)는 뜻을 담고 있다. 그리고 그 모습으로 나타나기 이전의 그 무엇은 양상을 가지지 않으며, 이 점에서 그것은 양상과 동일한 것일 수 없다. 그러나 또한 양상은 그 무엇이 현재의 모습으로 나타난 것이며, 이 점에서 그 무엇은 양상과 다른 것일 수도 없다. '양상'의 이와 같은 의미는 '경험의 양상'에도 그대로 적용된다.

경험의 '양상'은 '경험'의 양상이며, 경험의 양상으로 나타나기 이전의 그 무엇은 '경험'이다. 다시 말하여, 경험의 양상으로 나타나기 이전의 경험 그 자체－즉, '총체로서의 경험'(totality of experience)－는 양상을 가질 수 없다. 또는, 똑같은 말이지만, 경험은 오직 양상을 빌어서만 나타날 수 있다. '모습으로 나타난다'든가 '양상을 가진다'라는 말이 나타내는 시각적인 비유를 써서 말하자면, 경험의 양상이 아닌 경험 그 자체에는 모습이라는 것이 없고 모습이 없다는 것은 아무것도 (분간할 것이) 없다는 말이나 마찬가지이다. 무엇인가가 있다면 그것은 경험이 아닌 경험의 양상이다. 그러나 또한, 경험의 양상을 떠나서 그것과는 다른 경험 그 자체라는 것이 따로 있는 것은 아니며, 그렇기 때문에 경험의 양상은 '경험이 아닌' 것도 아니다. 경험의 양상 이전에 그것과는 다른 경험 그 자체가 있다고 생각하는 것은 경험과 그 양상의 관계를 '경험은 양상을 빌어서만 표현된다'라는 문장 진술의 순서로 이해하는 데서 빚어지는 그릇된 생각이다.

그럼에도 불구하고 경험의 양상이 '아닌', 그것과는 다른 경험 그 자체, 또는 '총체로서의 경험'을 말한다면, 그것은 무엇 때문인가? 그것은 한 마디로 경험의 속성 때문이다. 경험은 완전성의 추구를 그 속성으로 하고 있다. 경험이 추구하는 완전성은 '無矛盾'무모순(coherence)이며, 완전한 무모순을 나타내는 것은 '아무것도 없는 것'에 해당하는 경험 그 자체, '총체로서의 경험'뿐이다. 역사적, 과학적, 실제적 경험 등, 경험의 양상은 반드시 모순을 포함하고 있고, 그렇기 때문에 '불완전한' 경험이다. 경험의 양상이 모순을 포함하고 있다는 것은, 그것이 언어나 개념을 빌어 표현될 수밖에 없는 한, 불가피하다. 그것은 바로 인간의 사고 그 자체의 결함을 나타낸다. (물론, 여기서 '불완전하다'고 말하는 것은 완전한 경험에 비하여 불완전하다는 뜻이다. 그러나, 다시, 불완전한 경험이라고 하여 경험이 아닌 것은 아니며, 경험의 양상을 가질 때 우리는 또한, 그 정도만큼, 경험 ─ 총체로서의 경험 ─ 을 가진다.)

어차피 비유에 지나지 않는 것이지만, 경험과 그 양상 사이의 시간적 선후관계는 '경험은 양상을 빌어서만 표현된다'라는 문장 형태에 의해서가 아니라 오우크쇼트 자신이 사용한 '억류' 또는 '중도 정지'(arrest)라는 비유에 의하여 더 잘 이해될 수 있다. 위에서 말한 경험의 속성으로 말미암아 경험은 완전한 무모순을 향하여 발달해 나간다. 그러나 우리의 경험은 불완전하기 때문에 그 발달을 끝까지 완성하지 못한 채 '억류'당하고 '중도 정지'해 버린다. 여기서 나타나는 것이 경험의 양상이다. 역사적, 과학적, 실제적 경험 등은 경험의 발달이 중도 정지된 형태, 즉 양상을 빌어 나타난 결과이다. 『경험과 그 양상』에 사용된 캐치프레이즈를 써서 말하자면, 역사적 경험, 과학적 경험, 실제적 경험은 각각 총체로서의 경험이 '과거의 측면(또는 相下상하)에서'(*sub specie praeteritorum*), '量양의 측면에서'(*sub specie quantitatis*), '의도의 측면에서'(*sub specie voluntatis*) 양상화된 결과(modification)이다.

경험의 개념에 관한 오우크쇼트의 위와 같은 견해를 그것이 나타내는 '형식'을 중심으로 하여 이해할 때, 그것이 교육의 개념에 별 무리 없이 적용되리라는 것은 짐작하기 어렵지 않다. 그 형식을 그대로 교육에 적용하면, 교육 그 자체 ─ 총체로서의 교육, 가장 '구체적인', 있는 그대로의 교육 ─ 는 언어로 규정될 수 없으며, 교육에 관한 언어적 규정 ─ 즉, '정의' ─ 은 어떤 것이든지 교육의 '양상' ─ 교육을 특정한 문제의식에 비추어 양상화한 결과 ─ 을 나타낸다. 교육을 양상화하는 데에 원용되는 문제의식은 이때까지의 교육학 연구에서 드러난 것들이다. 따라서 그 문제의식은 몇 가지로 대별될 수 있으며 그것들이 어떤 것인가 하는 것은 이때까지의 교육학 연구 성과에 의하여 결정될 문제이다. 이 책에서 다루는 세 가지 개념은 위와 같은 의미에서의 '교육의 양상'을 나타내고 있다. '교육의 양상'이 몇 가지이며 어떤 것들인가가 이때까지의 교육학 연구 성과에 의하여 결정된다는 것은 경험의 양상이 몇 가지이며 어떤 것들인가가 인간의 지적 활동의 성과에 의하여 결정되는 것과 같다. 어느 경우에나 그것을 구분하는 방식에는 학자에 따라 의견 차이가 있을 수 있다.

¶29 '양상'과 '부분' : 위의 주 ¶28에 의하여 양상과 부분의 구분은 명백하다. 총체와 양상 사이에는 전체와 부분이라는 용어가 사용될 수 없다. 양상은 비록 불완전하기는 하지만, 하나하나가 모두 총체를 드러내고 있다. 이것은 총체가 그 자체로는 표현될 수 없고 오직 양상을 빌어서만 표현된다는 점과 관련이 있다. 여기에 비하여 부분의 경우에는 그것들을 모두 합친 전체가 부분과 동일한 방식으로 기술될 수 있다. 제5장의 주석 ¶10 참조.

¶31 교육의 개념들의 종합 불가능성 : 이 점 또한 오우크쇼트의 경험의 개념에서 빌려 온 것이다. 그에 의하면 경험의 양상들은 각각 그것이 억류되는 측면을 달리하기 때문에 그것들을 '종합'하는 시도는 '논점혼동의 오류'(*ignoratio elenchi*)-지금 논의되는 문제가 어떤 것인지 모르기 때문에 그것을 다른 문제와 혼동하는 오류-를 저지른다. '완전한' 경험을 추구하기 위해서는 경험의 양상들을 '종합'하려고 할 것이 아니라 한 양상을 가장 철저하게 추구해야 한다. 교육의 경우에도 이와

마찬가지로, 교육을 완전히 이해하기 위해서는 하나의 개념을 받쳐 주고 있는 문제의식을 더욱 철저하게 따라가야 할 것이다. 그러나 이 점에 관해서는 아직 해결되지 않은 문제가 남아 있다. '주석·증보판 서문' 참조. 또한 존 듀이의 '종합'에 관해서는 제5장 ¶27 참조.

이 점과 관련하여 근래 학계에서 학문의 최신 동향으로 이따금 거론되고 있는 '統攝'통섭(consilience)이라는 아이디어에는 의심스러운 점이 있다. 만약 그것이 무엇인가 의미를 가질 수 있다면 오직 이때까지 한 학문에서만 취급되던 대상—사물과 현상—이 다른 학문에서도 관심의 대상이 된다는 뜻에서이며, 학문들을 '종합'하여 이때까지 없던 '통합적' 학문을 만들어 낸다는 뜻에서가 아니다.

¶31 교육의 개념의 자세한 예시 : 이 문단의 마지막에 '다른 기회로 미루는 수밖에 없다'고 한 일은 결국 영영 미룰 수밖에 없게 되었다. 다만, 누군가 저자보다 능력과 정력이 뛰어나면서도 시간의 혜택을 누리는 사람이 그 일을 하고자 할 경우를 위하여 저자가 마음속에 품고 있는 생각을 말할 수 있을 뿐이다. 이 책에서 논의된 세 가지 개념의 '타당성'을 자세하게 예시하기 위해서는 교육의 특정한 측면에 관하여 그 세 가지 개념이 어떻게 상이한 접근 또는 관점을 나타내는가를 보여야 할 것이다. '교사'는 그 측면 중에서 가장 쉽게 생각할 수 있는 예가 된다. 교사가 어떤 일을 하며 그 일을 위하여 어떤 준비를 해야 하는가는 세 가지 개념에서 상이하게 규정된다고 말할 수 있다. 이런 측면들로서 또 어떤 것들이 있을 수 있으며 각각의 측면에 관한 세 개념의 관점이 어떻게 다른가를 밝히는 것은 결국 이때까지의 교육학 연구 성과에 의존해서만 가능하다. 이 일은 어렵기는 하지만 중요한 일임에는

틀림이 없다.

제2장 공학적 개념 : 정범모

¶1 鄭範謨,『교육과 교육학』(배영사, 1976).

¶1 하드웨어와 소프트웨어 : 이 용어는 주로 컴퓨터 분야에서 사용되는 용어이다. 이런 의미에서의 하드웨어(hardware)는 컴퓨터의 기계적인 측면을 가리키며, 소프트웨어(software)는 그 기계 안에서 사용되는 프로그램을 뜻한다. 이것은 약간 비유적인 의미로 공학 일반에도 적용될 수 있을 것이다. 공학에도 기계적인 측면이 있고 그 기계를 사용하는 데에 기초가 되는 사고방식이 있다. 교육의 공학적 개념은 공학에 기초가 되는 사고방식을 그대로 교육에 적용했을 때 교육이 어떻게 규정되는가를 보여 준다. 물론, 그 사고방식은 교육공학에 기초가 되기도 하지만, 교육의 공학적 개념과 교육공학 사이에는 그 이상으로 직접적인 관련은 없다.

¶2 교육의 개념의 공학적 기반 : 저자가 아는 한, 정범모 교수의 교육의 개념은 교육과정에 관한 타일러와 블룸(R. W. Tyler, B. S. Bloom)의 견해에서 그 연원을 찾아볼 수 있다. 이 두 사람은 모두 시카고 대학의 교수로서 동일한 학문적 노선을 따르면서 독자적인 교육과정 이론을 발선시켰다. 그들의 이론은 그것을 가리켜 부르는 '교육과정의 고전 모형'이라는 이름에 손색이 없을 정도로 전 세계에 걸쳐서 교육과정에 관한 사고를 지배하였다. 우리나라의 경우에도 이 '지배'라는 표현은

결코 과장이 아니다. 타일러의 그 '모형'이 책으로 발간된 것은 1949년이며, 정범모 교수가 타일러의 그 조그만 편람과 같은 책을 방대한 책으로 풀이하여 우리나라에 소개한 것은 1956년이다. 지금도 우리나라에서는 교육과정에 관한 책이나 대학 강의에서 거의 예외 없이, 또 대체로는 그 모형의 원래의 주창자가 누구였는가에 관한 언급이 없이, 그 모형을 의심할 여지가 없이 옳은, 유일하게 타당한 모형으로 취급하고 있다.

타일러의 교육과정 모형과 이 책에서 말하는 교육의 공학적 개념 사이에는 근본적인 유사성이 존재한다. 타일러의 모형은 목표(교육목표 또는 수업목표)와 평가 사이의 긴밀한 관련을 특징으로 하고 있다. 그 모형에 의하면, 수업에서 가장 중요하고도 우선적인 것은 그것을 통하여 달성해야 할 목표를, 나중에 가서 그것이 어느 정도로 달성되었는가를 확인할 수 있도록 '명확한 용어로' 규정하는 일이다. 수업의 나머지 부분은 그 목표(또는 목적)를 달성하는 수단이다. 이 장의 후반부(본문 ¶40 이하)에 설명되어 있는 바와 같이, 이것은 공학적 사고방식의 가장 중요한 특징이다. 그러나 이 문단에 지적되어 있는 바와 같이, 정범모 교수에 의하여 제안되는 교육의 공학적 개념은, 비록 타일러의 교육과정 모형에서 그 연원을 들추어내는 것이 가능하다 하더라도 그것을 식별하기가 결코 용이하지 않을 정도로, 타일러의 모형과는 거리가 있다. 타일러의 모형은 교육과정을 계획하고 운영하는 데에 관련되는 '처방'을 제시한 것임에 비하여, 정범모 교수는 그것의 근본을 이루고 있는 사고방식을 '교육의 개념'으로 이끌어 올렸다. 이것은 그 일의 성격으로 보나 성과로 보나 분명히 획기적인 것이라고 말할 수 있다. (타일러 모형에 관한 자세한 내용은 이 장의 주 ¶44에 언급된 저자의 책을 참고

할 수 있다.)

¶3 조작적 정의 : 조작적 정의의 의미를 이해하는 것은 정범모 교수의 교육의 개념을 이해하는 데에 결정적으로 중요하기 때문에 이하에 절을 달리하여 그 의미가 설명되어 있다. 제1장의 본문 ¶10에서 말한 바와 같이, 조작적 정의는 '일반적 정의'와 대비된다. 다음 절에서 설명될 것을 미리 말하는 셈이 되겠지만, 조작적 정의는 과학의 목적을 위하여 사용되는 정의를 가리키며, 여기에 비하여 '일반적 정의'는 과학 이외의 일상적 사태에서 사용되는 정의를 가리킨다. 이 문단에 나와 있는 '실제에 포함되는 요인과 활동의 견지에서의 정의'라는 말도 다음 절에서 설명되는 것과 동일한 뜻으로 이해될 수 있다. 이하 본문 ¶5에 나와 있는 바와 같이, 정범모 교수는 '조작적으로' 정의하는 것과 '과학적으로' 정의하는 것을 동의어로 쓰고 있다.

¶5 외현적 행동과 내면적 행동 : 이 각각에 해당하는 영어 단어는 overt behavior와 covert behavior이다. '행동'이 과학의 맥락에서 사용될 때에는 거의 언제나 영어의 behavior의 번역어로, 다시 말하여 covert behavior도 포함하는 것으로 이해되어야 한다.

¶8 교육과 학습 : 교육(또는 수업)과 학습이 의도의 유무에 의하여 구분된다는 것은, 다른 말로, 수업(instruction)은 처방적(prescriptive) 개념인 반면에 학습(learning)은 기술적(descriptive) 개념이라는 식으로 양자를 구분할 수 있다는 뜻이다. 수업은 장차 학습이 일어나도록 하기 위해서는 어떻게 해야 하는가에 관심을 두는 반면에 학습은 이미 일어

난 학습이 어떻게 일어났는가에 관심을 둔다. 이 점에서 그 두 가지 관심은 각각 前向的전향적 관심과 後向的후향적 관심으로 구분될 수도 있다.

¶13 鄭範謨, 朴容憲, 『성취동기』(배영사, 1969). 또한 성취동기 육성 과정에 관한 상세한 설명은 朴容憲, 『성취동기 육성의 교수방안』(교육출판사, 1975) 참조.

¶14 기압의 '조작적' 정의 : 이하 기압의 예는 Carl G. Hempel, *Philosophy of Natural Science*(Prentice-Hall, 1966), p. 9에서 따온 것이다.

¶16 조작적 정의의 필요성 : 지능을 '머리 좋은 정도'로 정의하는 것이 과학적인 연구에 도움이 되지 않는 이유는 '머리 좋은 정도'가 아무런 조작도 가해지지 않은 상태에서 저절로 드러나는 것은 아니라는 데에 있다. 농담 삼아, 사람의 키를 '머리에서 발끝까지의 길이'로 정의하는 것은 키에 관한 정의로서 충분하지 않다. 의자에 앉은 상태에서 머리에서 발끝까지의 길이는 키가 아니다. 키는 '사람을 꼿꼿이 세워 놓고 신장 측정기를 갖다 대었을 때의 눈금을 읽은 것'이라는 식의 조작적인 방식으로 정의되어야 한다.

¶20 의미와 의의 : 이 문단에서 따르는 구분에 의하면 '의미'(meaning)는 그 개념이 무엇을 뜻하는가, 다시 말하여 어떤 조작에 의하여 나타나는 어떤 결과를 가리키는가를 나타내며, '의의'(significance)는 그 개념이 어째서 중요한가, 다시 말하여 그렇게 조작적으로 정의되는 개념

이 어떤 현상을 설명하는가를 나타낸다. 앞의 본문 ¶5의 인용문 참조.

¶20 과학에서의 조작적 정의와 교육에서의 조작적 정의 : 과학과 교육에서 조작적 정의가 사용되는 방식에는 '이론적 활동'과 '실제적 활동'의 차이에 상응하는 차이가 존재한다. 과학에서 그것은 현상을 '보는' 목적에 사용되는 반면에, 교육에서 그것은 '하는' 목적−의도하는 결과를 얻기 위하여 조치를 취하는 것−에 사용된다. 그러나 이하 몇 문단의 설명에서 알 수 있는 바와 같이, 실제적 활동에도 이론적 활동에서와 동일한 조작적 정의가 적용될 수 있으며, 사실상 이것이 정범모 교수의 교육의 개념의 핵심을 이룬다. 이 점은 필연적으로 교육학은 과학(즉, '행동과학' behavioral science)을 그 종주로 삼아야 한다는 주장, 그리고 이론으로서의 교육학과 행동의 변화를 일으키는 실제적 활동으로서의 교육은 긴밀하게 관련된다는 주장으로 이어진다. (정범모 교수에 의하면, 교육학의 '이론'이 그 자체로서 교육의 '실제'를 위한 지침을 제공해 주는 것은 아니며, 그 사이에는 '예술'이라고 불리는 연결고리가 필요하다. 다음의 주 ¶22 참조.)

¶22 실제적 활동의 이론적 기초 : '교육학의 이론은 교육의 실제적 프로그램을 마련하기 위한 기초를 제공한다'고 할 때의 '기초를 제공한다'는 말은 교육학의 교육에 대한 관계를 나타내는 말로서는 걷잡을 수 없이 막연하다. 뿐만 아니라, '기초를 제공한다'는 그 말이, 이론은 반드시 실제에 시간상 우선한다는 연상을 자아낸다는 점을 고려하면, 심지어 그 말은 양자의 관계를 그릇되게 규정한다고까지 말할 수 있다. 과학(이론)과 공학(실제) 사이의 관계는 일방적 의존관계로 규정될 수

있는 것이 아니라 양자가 각각 자체의 진로를 따라 발전하면서 서로 도움을 주고받는 그런 관계로 규정되어야 한다.

그러나 위의 주 ¶20에서 말한 바와 같이, 정범모 교수는 교육학의 (과학적) 이론과 교육의 실제를 훨씬 긴밀하게 관련지으면서, 양자의 관계를 충실하게 살리지 못하는 교육이나 교육학은 다 같이 결함을 드러낸다는 것을 자신의 교육의 개념의 으뜸가는 특징으로 표방하고 있다. 즉, 교육학은 '인간행동의 계획적 변화라는 현실적인 事象世界사상세계를 기술하고 설명하고 예언하는 (따라서 어떤 바람직한 방향으로 통제하는) 것을 목적으로 하는 개념, 법칙, 이론의 체계적인 집합'이며, 따라서 그것은 '경험과학으로 그 중심을 잡아야 한다'(p. 265). 그러나 또한, 정범모 교수는, 교육학은 '정직하게는', 교육의 실제적 처방을 내릴 수 없다고 말한다(p. 272). 실제적 처방은 '응용'이며, 응용은, 『교육과 교육학』의 첫 부분(p. 28)에 나오는 '예술'과 마찬가지로 공학에 속한다는 것이다. 이것으로 보면, 응용 또는 예술로서의 공학은 '교육학'의 관심사가 아닌 '교육'의 관심사가 된다고 보아야 할 것이며, 그렇게 되면 '교육학자'와 '교육자' 사이의 역할도 그에 따라 구분되어야 하는 것으로 된다. 그러나, 그렇기는 해도, 교육학의 근본적 성격을 '과학'으로 규정할 때 정범모 교수의 의도가 과학을 공학과 대비시키는 데에 있었다기보다는 과학을 이른바 '情表的정표적 발언들'(즉, 문학과 설교조의 철학)과 대비시키는 데에 있었다는 점은 명백하다. 어쨌든, 교육학과 공학은 동일하지 않다는 정범모 교수의 주장은 그분의 교육의 개념을 '공학적 개념'이라고 부르는 데에 별다른 영향을 미치지 않는다.

¶24 성취동기의 조작적 정의 : 이 문단에 인용된 '정서적 색조를 띤

연상의 망조직'이라는 동기의 정의는, 물론, '조작적' 정의이다. 이 정의는 성취동기가 강한(또는 높은) 정도를 알아보기 위해서는 어떤 '조작'이 필요하며 그 사태에 대한 어떤 반응이 동기의 강도를 지시하는가에 관한 시사를 담고 있다. 즉, TAT 검사(Thematic Apperception Test, 主題統覺檢査주제통각검사)에 사용되는 것과 같은 애매모호한 그림을 보여 주고 그것에 관하여 이야기를 지어내도록 한 뒤에, 그 이야기 내용 중에 이 문단과 다음 문단에 시사되어 있는 것과 같은, '성취'에 관한 상념이 나타나는 정도를 측정하면 그것이 곧 그 개인의 성취동기의 강도이다. 물론, 이 조작적 정의는 성취동기의 육성을 위한 12개의 원리(본문 ¶26)를 마련하는 '기초가 된다'. 성취동기 육성과정의 원리에 관한 설명은 朴容憲, 전게서, pp. 93-100 참조.

¶29 사고와 행동 : 이 문단의 설명은 사고와 행동의 관련이라는, 교육학에서 특히 중요한 문제를 제기한다. 여기서 '행동'이라는 것은 앞의 본문 ¶5에서 말한 '외현적 행동'과 '내면적 행동'을 모두 포괄하며, 따라서 보통의 의미에서의 사고(내면적 행동)도 행동에 포함된다. 그렇기 때문에 여기서 문제되는 사고와 행동의 관련은 내면적 행동과 외현적 행동의 관련과는 차원을 달리한다. 여기서의 문제는 차라리 '중추'와 '말초'라는 해부학적 용어로 파악하는 것이 편리하다. 예컨대 수학 문제를 푸는 것은 '말초적인' 것(행동)이며 그것을 통하여 가르치려고 하는 수학적 사고는 '중추적인' 것(사고)이다. 중추와 말초는 관련되어 있는 만큼, 그것으로 비유되는, 수학 문제를 푸는 것과 수학적 사고 또한 관련되어 있다고 보아야 할 것이다. 문제는 그 관련이 정확하게 어떤 것인가에 있다. 이것은 당연히 철학(특히 인식론 또는 '마음의 철학')에

서 중요한 문제로 취급되어야 하는데도 불구하고 이때까지 이 문제는 철학에서, 적어도 아래에 제시되는 것과 같은 형태로는, 정당하게 존중된 것 같지 않다. 앞으로 '교육인식론'(주석 · 증보판 서문 참조) 분야에서 이 문제에 관한 연구가 이루어질 것을 기대하면서, 여기서는 다만 그 문제의 성격을 약간 분명하게 하는 데에 그칠 수밖에 없다.

사고와 행동(즉, 중추와 말초)의 관련에 관하여 한 가지 분명히 말할 수 있는 것은, 행동은 사고의 '표현'이라는 점이다. 사고는, 만약 표현된다면, 행동을 통해서가 아니고는 표현될 수 없으며, 만약 획득하려고 한다면, 행동을 통해서가 아니고는 획득될 수 없다. 그런데 여기에 '표현과 획득의 非對稱비대칭'이라고 부를 수 있는 문제가 발생한다. (이것은 동일한 의미로 '정의와 개발의 비대칭'이라고 부를 수도 있을 것이다.) 표현(또는 정의)의 맥락에서 보면, 일체의 행동에는 사고가 표현되어 있으며, 이 점에서 행동은 사고를 정의한다고 말할 수 있다. 그렇다면 똑같은 관계가 획득(또는 개발)의 맥락에서도 성립되는가? 다시 말하여 행동을 하면 필연적으로 사고가 획득되어야 하는가? 교육에 종사하는 사람이라면 누구나 그렇지 않다는 것을 안다. 표현의 맥락에서 보면, 말초적인 행동 하나하나가 그대로 중추적인 사고를 표현하지만, 획득의 맥락에서 보면 중추적인 사고는 아랑곳하지 않고 '맹목적으로' 말초적인 행동을 하는 경우가 충분히 있을 수 있다. 게다가 말초적인 행동이 중추적인 사고로 연결되는 데는 오랜 시간이 걸린다는 사실 또한 두 맥락 사이의 '비대칭'에 한 몫을 담당한다.

따지고 보면, 위에서 표현과 획득 또는 정의와 개발의 비대칭이라고 부른 것은 결국 철학과 교육의 비대칭으로 이해될 수 있다. 철학은 사고와 행동의 관련을 '이론적으로' 이해하는 일이며, 여기서는 사고를 행동으로 '정의'하는 데에 관심을 둘 수밖에 없다. 여기에 비하여 교육은 행동을 통하여 사고가 개발되도록 '실제적인' 조치를 취하는 일이며, 여기서는 어떻게 하면 행동이 사고로 연결되는가에 관심을 둔다. 이 비대칭 관계를 그냥 주어진 사실로서 받아들여야 하는지, 아니면 그것을 좀 더 정확하게 이해하기 위한 노력을 해야 하는지 분명하지 않다. 그러나 분명한 것은, 교육에서는 그 비대칭이 '극복'되어야 할 문제라는 것, 다시 말하여 행동을 통하여 사고를 획득하는 것이 가급적 사고가 행동으로 표현되는 것만큼 확실하게 보장되도록 해야 한다는 것이다. (이 점에서 보면, 본문의 '땅 짚고 헤어치기'는 결코 말처럼 쉬운 것이 아니다.)

¶33 의도적 변화 : 앞 장의 주 ¶28에서 언급한 오우크쇼트의 견해에 비추어서 말하자면, 공학은 '실제적 경험'의 한 경우이며, 실제적 경험은 '의도'와 '변화'의 측면에서 중도 정지된 '경험의 양상'이다.

¶34 교육방법의 역사를 간략하고 요령 있게 해설한 글로서는 Harry S. Broudy, 'Historic Exemplars of Teaching Method,' N. L. Gage(ed.), *Handbook of Research on Teaching*(Rand McNally, 1963), pp. 1-43을 들 수 있다.

¶34 코메니우스(Johann Amos Comenius, 1592-1670)에 관해서는 W. Boyd, *The History of Western Education*, 李烘雨, 朴在文, 柳漢九(역), 『서양 교육사』(개정 · 증보판)(교육과학사, 2008), 9장 2절이 좋은 자료가 된다. '인공 언어'에 관한 코메니우스의 이상은 Kingsley Price,

Education and Philosophical Thought(2nd Ed.) (Allyn and Bacon, 1967), p. 228과 J. S. Brubacher, *A History of the Problem of Education*(2nd Ed.) (McGraw-Hill, 1966), p. 201에 나와 있다. 보이드의 그 책에 자세히 설명되어 있는 바와 같이, 코메니우스는 아이들의 라틴어 학습에 도움이 될 만한 몇 가지 교재를 발간하였고, 특히 교과서에 삽화가 실린 최초의 예로 생각되는 『世界圖繪』세계도회는 유명하다. 그러나 다음 문단에 지적되어 있듯이, 그의 관심이 오로지 '교육방법'에 국한되어 있었던 것은 아니다. 그의 대표작인 『大敎授學』대교수학은 교육방법에 관한 그의 견해를 신비주의적 형이상학과 결합시키려고 한 그의 노력을 보여 준다.

¶36 씨줄과 날줄의 시각적 비유 : 여기서 씨줄과 날줄이 판도 전체를 씨줄과 날줄이라는 특정한 관점 또는 측면에서 드러낸다는 말은 '추상'을 비유적으로 설명하고 있다. 이 비유는 제1장의 주 ¶28에서 설명한 총체로서의 경험과 그 양상 사이의 관계를 나타내는 데에도 똑같이 사용될 수 있다. 경험의 양상은 총체로서의 경험을 특정한 측면에서 드러내며, 그 점에서 총체로서의 경험과 다르지 않다. 다시 말하여 경험의 양상은 총체로서의 경험의 '추상'이다. 이 문단의 첫머리에서 '정범모 교수의 정의는 교육의 "총체적 정의"이다'라고 말한 것은 위와 같은 의미로 이해되어야 한다. 물론, 이 책에서 논의되는 다른 두 개념(또는 정의)도 그와 동일한 의미에서의 '총체적 정의'이다.

¶38 '좋은 교육'과 '나쁜 교육' : 정범모 교수의 말에 사용된 '좋다'든가 '나쁘다'는 말은 '규범적' 의미로 사용된 것이다. 규범적 의미에서의

'좋고 나쁜' 것은 공학적 개념의 논의영역이 아닌 외부에서 빌려 온 것이며, 따라서 그것은 당연히 공학적 개념과는 관련이 없다. 물론, 공학적 개념 안에서도 좋고 나쁜 것은 의미 있게 규정될 수 있다. 이때 '좋은 교육'은 일으키고자 하는 행동의 변화를 실지로, 또 가능한 한 효율적으로 일으키는 교육을 뜻하며, '나쁜 교육'은 그렇지 못한 교육을 뜻한다. 다음 몇 문단에 설명되어 있는 바와 같이, 공학적 개념은 수단-목적의 사고방식을 도입함으로써 규범적 논의를 비켜 간다.

¶40 공학적 개념의 딜레마 : '딜레마'(dilemma)는 '進退兩難'진퇴양난이라는 번역어의 의미 그대로 두 가지 선택가능성 중에서 어느 쪽도 선택할 수 없는 경우를 가리킨다. 이 문단에서 말하는 공학적 개념의 딜레마는 교육목적에 관한 논의가 의미 있다고도 할 수 없고 의미 없다고도 할 수 없는 사태, 또는 이때까지의 교육이 완전히 그릇되었다고 할 수도 없고 그런대로 별 문제가 없었다고도 할 수 없는 사태를 가리킨다. 이하 본문에 설명되어 있는 바와 같이, 공학적 개념에서 모색하는 이 딜레마의 탈출구는 '교육은 목적이 주어진 상태에서 출발한다'는 것이다.

¶41 수단-목적 관계 : 공학적 개념이 기초로 하고 있는 수단-목적 관계는 '교육의' 개념으로서의 공학적 개념을 그 밖의 다른 개념들—몇 가지가 되든지 간에—과 구별 짓는 근본적 특징을 이룬다. 조작적 정의의 중요성을 위시하여 공학적 개념에 관련되는 여러 가지 특징들은 모두가 이 근본적 특징에서 파생된다고 말할 수 있다. 그렇기 때문에 수단-목적 관계를 '엄밀하게' 정의하는 데에 사용되는 '개념상 별개의

것'이라는 말은 그렇지 않은 것-즉, '개념상 별개의 것이 아닌 것' 또는 '개념상으로 관련된 것'-과의 대비에 의하여 정확하고 자세하게 이해되지 않으면 안된다. 여기서는 다만 '개념상 별개의 것'이라는 말에 초점을 맞추어서 그것을 이해하는 데에 필요한 설명만 붙이겠다. (결코 완전히 충분하다고 말할 수 없지만, 이보다 약간 자세한 설명을 위해서는 저자의 『교육의 목적과 난점』에 부록으로 붙어 있는 '논리적인 것과 사실적인 것, 이론적인 것과 실제적인 것'을 참고하기 바란다.)

우선, 분명히 해 두어야 할 것은 수단-목적의 관계는 어떤 사물이나 활동의 가치-그 사물이 어떤 (좋은) 결과를 얻는 데에 쓰이는가, 그 사물을 쓰는 것(즉, 활동)은 어떤 (좋은) 결과를 가져오는가-가 문제될 때 그것에 대답하는 맥락에서 등장한다는 것이다. 이런이런 활동을 왜 (무엇 때문에, 어떤 좋은 결과를 얻기 위하여) 하는가에 대답하는 것, 또는, 편의상 이 용어를 쓴다면, 활동의 '이유'를 대는 것을 '정당화'(justification)라고 부른다. ('정당화'는 '옳은' 이유, 또는 '타당한' 이유를 대는 것을 뜻하며, 이 점에서 자신도 믿지 않는 '거짓' 이유를 둘러대는 '합리화'(rationalization)와는 구분된다.) 그리하여, 수단-목적 관계는 정당화의 '한 가지' 방식을 나타낸다. 즉, 수단-목적 관계에 의한 정당화는 이런이런 활동을 왜 하는가라는 질문에 대하여 그 활동은 이런이런 (좋은) 목적을 달성하는 데에 수단이 된다는 식으로 대답하는 것을 뜻한다. (여기서 '한 가지' 방식을 나타낸다고 말한 것은, 물론, 그것과는 다른 방식이 있다는 뜻이다. 그 '다른 방식'은 당연히 앞에서 말한 '개념상 별개의 것이 아닌' 그런 관계에서 모색되어야 한다. 이 점에 관해서는 다음 장의 성년식 개념과 관련하여 다시 설명하겠다.)

'개념상 별개의 것'이라는 말은 평이하게 말하자면 의미상으로 아무

관계가 없다는 뜻이다. 이 '의미상으로 아무 관계가 없다'는 말은 '의미상으로 관련이 있는 것'과의 대비에 의하여 설명될 수밖에 없을 것이다. 가령 X와 Y가 수단-목적 관계에 있어서 X는 Y를 달성하기 위한 수단이 된다고 말할 수 있으려면, X 속에 Y의 의미가 그 한 부분으로 들어 있어서 X를 하는 것이 '의미상' 곧 Y를 달성하는 것이 되는 그런 관계여서는 안된다. 예컨대 '그 사람은 공부하는 수단으로 책을 읽는다'는 말은 일상적인 어법으로 보더라도 분명히 어색하게 들린다. 그 이유는, 책을 읽는 것은 공부하는 것과 의미상으로 관련되어 있어서 책을 읽는 것이 곧 공부하는 것이 된다는 데에 있다. (어떤 두 항이 의미상으로 관련되어 있는가의 여부를 가리는 것이 언제나 쉬운 일은 아니다.) 수단-목적 관계에서 수단과 목적의 관계는 이것과는 다르다. 그 사이에 의미상의 관련이 없기 때문에, 여기서는 아무것이나 목적을 달성할 수 있는 것이면 수단이 될 수 있고 또 그것을 수단으로 하여 달성할 수 있는 것이면 아무것이나 목적이 될 수 있다. '활동이 목적에 대하여 중립적인 위치에 있다'는 본문의 말이나, '꿩 잡는 것이 매'라든가 '모로 가도 서울만 가면 된다'는 속담은 모두 수단과 목적 사이의 위와 같은 관계를 나타내고 있다. (본문에 충분히 강조되어 있는 바와 같이, 수단과 목적이 '의미상으로' 관련되어 있지 않다고 하여 그 사이에 아무 관련이 없어서는 안된다. 수단과 목적 사이의 관련은 의미상의, 또는 개념상의 관련이 아닌 '사실상의' 관련이다. 그러므로 수단-목적 관계를 완전하게 규정하려면, 그것은 '개념상 별개인 것 사이의 사실상의 관련'으로 규정되어야 마땅하다. '꿩 잡는 것이 매'이기는 하지만 그것이 '매'로 되려면 꿩을 잡을 수 있거나 적어도 잡을 수 있을 것으로 생각되어야 한다.)

¶42 교육에 있어서의 활동과 목적 : '교육활동 그 자체가 교육의 목적을 정립해 나가는 일'이라는 본문의 말은, 현재의 맥락에서는, 교육활동과 목적 사이에 수단-목적 관계가 아닌, 그것과는 다른 관계가 있을 수 있다는 것, 그리고 그것이 다음 장에서 고찰할 피터즈의 성년식 개념이 드러내고자 하는 관계라는 것을 염두에 두고 한 말이다. 그러나 자세히 따져 보면 그 말에는 그것 이상의 의미가 들어 있음을 알 수 있다. '활동이 목적을 정립한다'든가 '목적은 활동에 의하여 정립된다'는 생각은 이 주석 · 증보판의 서문에서 잠깐 언급한 '메타프락시스'라는 담론 형식의 핵심을 이루는 아이디어이다. 학문적 생애가 종말을 고하는 시점에 와서 희미하게 동트기 시작한 아이디어가 이 책의 초판이 나올 당시에 태아적인 형태로 표현되었다는 것은 저자로서도 믿기 어렵다. 저자가 더욱 믿기 어려운 것은, 그보다 7년 전에 나온 『교육의 목적과 난점』(초판 1984) 제3장에 제시된, '교육과 형이상학은 각각 서로의 정당성을 확립해 주는 과제를 안고 있다'는 주장도 동일한 아이디어를 나타내고 있다는 것이다. 이것으로 미루어 보면, '메타프락시스'는 '새로운 아이디어'가 아니라 전부터, 저자뿐만 아니라 알 만한 사람이면 누구나 알고 있던 해묵은 아이디어에 붙인 '새로운 이름'에 불과하다고 보아야 할 것이다.

¶44 '바람직한'이라는 말의 무게 : '인간행동의 계획적 변화' 앞에 '바람직한'이라는 말을 덧붙여서 그 정의의 이른바 '미비점'을 보완할 수 있다고 생각하는 사람들은 '바람직한'이라는 말에 어떤 의미를 부여하는가? '바람직한'이라는 말의 영어 단어 desirable(바람직한)은 흔히 desired(바라는)와 대비되고 이 대비에 의하여 desirable(바람직한)은 단

순히 누군가가 '바라는 것'이 아니라 '바라야 할 것', '바랄 가치가 있는 것', 그리하여 나아가서는 그 '누군가'와는 관계없이 '가치가 있는 것'을 뜻하는 것으로 생각된다. 그러나 아무리 '바람직한 것'의 의미를 늘이고 비틀더라도 그 뿌리가 '바라는 것'(to desire)에 있는 한 그것은 '가치 있는 것'(worthwhile thing)의 한 가지 의미는 될 수 있을지언정 결코 그것과 동일한 것이 될 수는 없다. 사실상, 가치 있는 것은 바라는 것과는 아무 관계가 없으며, 극단적으로 말하여, 아무도 바라지 않더라도 가치 있는 것이 있을 수 있다.

¶44 공학적 개념의 이른바 '보완'은 가능한가 : 제1장의 주 ¶31에서 말한 세 개념의 '대표성' 또는 '종합 불가능성'과 관련하여, 교육의 공학적 개념을 다른 두 가지 개념에 의하여 보완하거나 그것들과 종합하여 보다 완전한 개념을 만들어 낼 수 있는가 하는 문제에 관해서는 세밀하게 검토해야 할 복잡한 문제가 있다.

우선, 앞의 주 ¶2에서 언급한, 타일러 모형과 공학적 개념 사이의 근본적 유사성에서 생기는 문제가 있다. 이따금 지적되듯이, 타일러의 모형은 교육과정 계획과 운영의 '형식적 절차'를 체계화한 것이며 그 형식에서 다루어지는 '내용'에 관해서는 특별한 견해를 표명하지 않는다고 생각될 수 있다. 만약 그렇다면, 그것과 유사한 사고방식을 나타내는 공학적 개념 또한 교육을 통하여 가르쳐지는 내용은 특별히 한정적으로 명시하지 않은 채 내용에 대해서 열려 있는 개념이며, 따라서 내용을 한정적으로 명시하는 다른 개념들-예컨대 성년식 개념-과 종합될 수 있을 것으로 생각된다. 사실상, 이 장의 본문 ¶41에는, 공학적 개념에서는 '목적과 활동이 개념상 별개의 것'이며, '활동이 목적에 대하여 중립적인 위치에 있는 것'으로 되어 있다.

그러나 첫째로, 타일러의 모형은 내용을 한정적으로 명시하지 않는다는 그 견해가 옳은가는 의심스럽다. 표면상으로 보면 그 모형은 단순히 형식적인 절차만을 처방하는 듯하지만, 좀 더 세밀히 검토해 보면, 그 형식적인 절차는 그 속에 내용의 성격이나 지위에 관한 상당히 명확한 견해를 내포하고 있다. '내용'이라는 용어가 걷잡을 수 없이 막연하여 여러 가지 뜻으로 사용될 수 있지만, 이 점을 젖혀두고 말한다면, 타일러의 모형에는 그것에 맞는 내용이 따로 있으며, 그것에 맞지 않는 내용은 일단 그 모형 속에서는 그 성격이 불가피하게 변질된다. 저자가 쓴 『교육과정 탐구』(증보판)(박영사, 1992)는 타일러의 모형을 이러한 관점에서 해석하고 있다. ('타일러의 모형에 맞는 내용'은, 예컨대 기술과 같이, 외부 사태의 변화 이외의 다른 것을 목적으로 하지 않는 내용을 가리킨다. 다음 장의 '교육내용과 교육방법의 두 유형' 참조.)

둘째로, 타일러의 모형에 관하여 성립하는 위의 포인트는 공학적 개념의 경우에는 더 명백하게, 더 적절하게 들어맞는다. '목적과 활동이 개념상 별개의 것'이라든가 '활동이 목적에 대하여 중립적인 위치에 있다'는 말은 공학적 사고방식의 특징을 나타내며, 이것은 다른 개념과의 '종합'을 용납하지 않는, 그 자체로서 독자적인 문제의식을 반영하고 있다. 본문에 시사되어 있는 바와 같이, 공학적 개념은 그것이 아닌 다른 것으로 변질되지 않고는 다른 개념과 종합될 수 없다.

제3장 성년식 개념 : 피터즈

¶1 교육의 '이념'과 '목적'과 '목표' : 교육에서 이 세 용어는 모두가 교육이 지향하는 바 또는 달성하고자 하는 바를 지시한다는 점에서 비슷한 의미를 나타내며, 그렇기 때문에 때로 섞바뀌어 사용될 수도 있지만, 대체로 말하여 추상성이나 포괄성의 정도에 따라 구분된다고 볼 수 있다. 예컨대 우리나라의 교육법 제2조 (교육은 홍익인간의 이념 아래 모든 국민으로 하여금 인격을 완성하고 자주적 생활 능력과 공민으로서의 자질을 구유하게 하여 민주국가 발전에 봉사하며 인류공영의 이상 실현에 기여하게 함을 목적으로 한다)에는 '이념'과 '목적'이 구분되어 있다. '홍익인간'을 교육의 '목적'이라고 보아서 안될 것은 없지만, 교육법의 다음 부분에 나열된 것들과 비교해 보면 양자 사이에 차이가 있는 것은 분명하다. 그러나 그 중의 어느 것도 공학적 개념에서의 '목적'과는 맞지 않는다. 공학적 개념에 일관된 의미로서의 목적은 그것의 달성 여부가 '과학적으로'(또는 '조작적으로') 확인될 수 있는 것이어야 하며 이 경우에는 아마 '목적'보다는 '목표'가 더 적절하게 들어맞는다고 보아야 할 것이다. 이념이나 목적에 비하여 목표는 비교적 한정된 단위의 교육 프로그램－한 과목, 한 학기, 한 시간－과 관련하여 그 결과를 평가할 준거로 사용된다. 교육법에 나와 있는 '민주국가 발전에의 봉사'와 '인류공영의 이상 실현'은 그런 의미에서의 '목표'로는 적합하지 않다.

¶2 R. S. Peters, *Ethics and Education*(George Allen and Unwin, 1966). 피터즈(1919-)는 옥스포드 대학에서 학사 학위, 그리고 런던 대학에서 철학과 심리학으로 박사 학위를 받고 난 뒤에 1962년부터 1983년 퇴임

할 때까지 런던 대학 교육철학과의 교수로 있었다. (여기서 '교수'라는 칭호는 우리나라의 경우와는 달리, 한 학과에 한 명만 있는 '주임교수'를 뜻한다.) 그와 함께 *The Logic of Education*(1971)의 공저자이며, 나중에 캠브리지 대학의 교수가 된 P. H. Hirst를 위시하여 많은 영국의 교육철학자들이 런던 대학에서 그로부터 수학하였다. 그는 지식교육과 도덕교육에 관련되는 많은 저서와 논문을 출판하고 여러 選集선집을 편집하였으며, 그의 책과 논문은 세계 여러 나라 말로 번역되었다. 이 장에서 논의되고 있는 『윤리학과 교육』은 존 듀이의 『민주주의와 교육』 이후에 전 세계에 걸쳐 영향을 끼친 단독 저서라고 말할 수 있으며, 이 이외에도 *Psychology and Ethical Development*(1974), *Education and the Education of Teachers*(1977), *Moral Development and Moral Education* (1981)은 그의 중요한 저서로 손꼽을 수 있다. 그가 편집한 선집 중에는 *John Dewey Recosidered*(1977)가 포함되어 있으며, 특히 그의 두 '제자'들과 함께 편집한 *Education and the Development of Reason*(1972)는 영국 교육철학계에서의 그의 영향력을 집대성해서 보여 주는 대작이다. (그의 *Psychology and Ethical Development*에는 그의 세 편의 자서전적 기사가 수록되어 있다.)

피터즈는 자신의 교육사상과 듀이의 교육사상의 관련에 관하여 현재 저자가 가지고 있는 것과는 다른 생각을 가지고 있음이 분명하다. 앞에서 말한 *John Dewey Recosidered*에 수록된 그의 글, 'John Dewey's Philosophy of Education'에서 그는 듀이도 (자신과 동일하게) 교육의 '내재적 목적'을 주장하였다고 말하고 있지만, 저자가 보기에 '교육의 과정은 그 자체 이외의 다른 목적을 가지지 않으며 교육 그 자체가 목적이다'라는 듀이의 말(『민주주의와 교육』, 4장)이 의미하는 것과 피터즈가 주장하는 '내재적 목적' 사이에는 정면으로 반대된다고 말해도 좋을 정도로 현격한 차이가 있다(이하의 주석 참조).

피터즈가 오우크쇼트로부터 영향을 받았다는 것은 의심할 여지가 없다. 우선, 그의 교육의 개념에 붙인 '성년식'이라는 이름은 그의 교수 취임 강연인 'Education as Initiation'(1963, R. D. Archambault(ed.), *Philosophical Analysis and Education*, 1965에 수록)에서 따온 것이며, 피터즈는 이 용어를 오우크쇼트의 다음과 같은 구절에서 빌려 온 것이 분명하다

> 문명된 인간으로서 우리가 상속받은 것은 우리 자신과 세계의 탐구도 아니요, 누적되는 정보의 총체도 아니요, 다만 원시림에서 시작하여 세기를 거듭하는 동안 점점 뜻이 분명하게 된 대화이다. 대화는 사람과 사람 사이에도, 또 우리 자신의 내부에서도 진행된다. 물론, 우리에게는 지론도 있고 탐구도 있고 정보도 있지만, 그런 것이 우리에게 이로움을 주는 경우는 오직 그것이 이 대화의 한 토막을 이룰 때이다. 인간과 동물, 문명인과 야만인을 구별하는 것은 정연하게 추리하는 능력이나 세계를 알아내는 능력이나 심지어 보다 나은 세계를 만들어내는 능력이 아니라, 이 '대화'에 참여하는 능력이다. 아닌 게 아니라, 인간이 오늘날처럼 원숭이의 꼬리 없는 모습을 갖추게 된 것이 '결론 없는 이야기'—대화—를 하느라고 그토록 오랫동안, 그토록 늦게까지 앉아 있었기 때문이라는 것은 전혀 허황한 이야기라고만은 할 수 없다. 교육은 실상 이 대화의 기술과 거기에 참여하는 정신을 가르치는 '성년식'이라고 보아야 할 것이다. 그것을 통하여 우리는 목소리를 알아들을 수 있게 되고, 경우에 적절한 발언과 적절하지 않은 발언을 분간할 줄 알게 되고, 대화에 당연히 요구되는 지적, 도덕적 습성을 획득하게 된다. 결국, 하나하나의 인간 활동과 발언에 무대와 배역을 주는

것은 바로 이 대화이다(M. Oakeshott, 'The Voice of Poetry in the Conversation of Mankind,' in *Rationalism in Politics*, 1962, p. 199).

여기서 '성년식'으로 번역된 영어 단어 initiation은 일반적으로 한 활동의 '문턱에 들어서는 것' 또는 '入門'입문을 뜻하지만, 또한 '성년식'이라는 儀式의식(initiation ceremony, rîte de passage)을 의미하기도 한다. 그리하여 'education as initiation'이라는 문구는 '입문으로서의 교육'으로 번역될 수도 있다. 그러나『윤리학과 교육』에서 피터즈 자신도 말하고 있듯이, 교육의 의미를 비유적으로 표현하는 단어로서의 initiation은 단순한 입문 이상으로 의식－원시 부족사회에서 아이가 어른이 될 때 거치는 의식－의 뜻을 품고 있다. 독일 사람들이 피터즈의 책을 번역할 때 사용하는 Mündigkeit는 '법적, 사회적 의미에서의 어른이 되는 것'－'발언권을 가지는 것'－을 뜻하며, 이 점에서 initiation이라는 영어 단어보다는 피터즈의 원래 의미를 더 정확하게 표현한다고 말할 수 있다.

물론, 피터즈가 받은 오우크쇼트의 영향은 '성년식'이라는 용어에 그치는 것이 아니다. 제1장의 주 ¶28에서 언급한 바와 같이, 피터즈가 허스트와 함께 교과의 의미를 규정하는 데에 사용하는 '지식의 형식'(forms of knowledge)은, 오우크쇼트의 '경험의 양상'과－그의 '실제적 경험'을 예외로 치면－정확하게 일치한다. 다만, 오우크쇼트와는 달리 피터즈는 그것을 윤리학적으로 '정당화'하려고 했고, 교육철학에 있어서의 그의 공헌 또한 주로 여기에 연원를 두고 있다. 그러나 또한, 오우크쇼트의 '경험'과 듀이의 '경험' 사이에는 오직 용어만 같다고 말할 정도의 차이가 있다는 사실은 피터즈와 듀이의 '관련'을 짐작하게 하는 중요한 단서가 된다.

¶3 세 가지 개념의 논의 순서 : 대체로 말하자면, 이 책에서 교육의 세 가지 개념을 논의하는 순서는 역사상 그것들이 대두된 순서와는 반대가 된다고 말할 수 있을 것이다. 인류 역사상 맨 처음에 등장한 교육의 개념은 사회화 개념이며, 공학적 개념은 그 세 가지 개념 중에서 가장 늦게 출현하였다. 성년식 개념은 문자의 사용이 체계적인 교육을 필요로 할 정도로 보편화되었을 때 시작되었다. 공학적 개념은 '교육의 방법'을 추상함으로써 비로소 첫발을 내디딘 것으로 볼 수 있으며, 이 방법의 추상은 후기 희랍 시대 또는 로마 시대에서 그 효시를 찾아볼 수 있다. W. Boyd, 『서양 교육사』(번역본), 제3장 참조.

¶4 '교육받은 사람'의 모습 : 사람의 모습을 기술하는 관점이 수없이 많은데도 불구하고 '교육받은 사람의 모습'에 관한 질문과 대답이 의미를 가질 수 있는 것은, 말할 필요도 없이, 그것이 교육의 의미와 관련되어 있기 때문이다. '교육받은 사람은 어떤 사람인가'라는 질문을 하고 그것에 대답할 때 우리는 교육의 의미를 생각한다. 다음 문단에 지적되어 있는 바와 같이, 공학적 개념에서 '교육받은 사람'의 모습이 상상되지 않는 것은 그 개념 속에 위의 질문에 대답할 단서가 주어져 있지 않기 때문이다.

¶7 애매성과 모호성 : 애매한 것과 모호한 것은 '애매모호하다'는 식으로 결합되어 사용되기도 하지만 그 의미는 엄격하게 구분되어야 한다. '애매성'(ambiguity)은 두 경우 A와 B가 각각 어떤 것인지는 분명한

데 그 중의 어느 경우를 가리키는지가 불분명하다는 것을 뜻하며, 여기에 비하여 '모호성'(vagueness)은 A와 B 그 자체가 불분명하다는 것을 뜻한다. 이 문단에서 말하는 '애매성'은 교육내용의 두 가지와 교육방법의 두 가지가 각각 어떤 것인지는 분명한데도 그 중의 어느 쪽을 교육의 의미에 부합하는 것으로 보아야 하는지가 분명하지 않다는 뜻을 나타낸다.

¶8 이하 교육내용과 교육방법의 두 가지 유형에 관해서는 저자의 다른 책에서 설명한 적이 있기 때문에 여기서는 이 책의 논의에 필요한 정도로 개략적인 것만 제시하였다. 『지식의 구조와 교과』(개정・증보판)(교육과학사, 1997), 제5장 ; 『교육의 목적과 난점』(제6판)(교육과학사, 1998), 제6장과 제8장 ; 『교육과정 탐구』(증보판)(박영사, 1992), 제9장 ; 그러나 이 아이디어가 가장 종합적으로 정리된 것은 Hong-Woo Lee, Living, *Knowing and Education*(SNU Press, 1985), chs. 3 and 4.

¶10 '하는 지식'과 '보는 지식' : 각각을 '실제적 지식'(practical knowledge)과 '이론적 지식'(theoretical knowledge)이라고 부를 수 있는 어원적 근거는 희랍어로 *prattein*은 '하다'(to do), 그리고 *theorein*은 '보다'(to look)의 뜻을 나타낸다는 데에 있다. 여기에 사용된 '실제적', '이론적'이라는 단어는 오우크쇼트의 '실제적 경험'에서의 그것과 동일하다(제2장 주 ¶33 참조). 다만 오우크쇼트는 '실제적 지식'이라는 용어를 여기서 말하는 것과는 거의 완전히 다른 의미로 사용한다. M. Oakeshott, 'Rationalism in Politics' in *Rationalism in Politics* (New and

Expanded Edition)(Liberty Fund, 1991) 참조.

¶14 '교화'와 '수업' : 여기서 말하는 '敎化'교화와 '授業'수업은 한동안 서양의 교육철학자들 사이에 집중적인 분석의 대상이 된 indoctrination과 instruction의 번역어이다. 종래 서양의 학자들은 교화와 수업을 구분하는 '여러 가지 기준들'－내용, 결과, 증거, 의도－중에서 어느 것이 '결정적인' 것인가를 가리는 데에 주로 관심을 기울이면서, 교화와 수업이 교육의 개념과 관련하여 각각 어떤 의의를 가지는가 하는 문제는 비교적 소홀히 취급하였다는 느낌이 든다. 스누크는 여러 학자들의 분석 결과를 고찰하면서 '의도'를 그 '결정적인' 기준으로 보고 있다. I. A. Snook, *Indoctrination and Education*, 尹八重(역), 『교화와 교육』(배영사, 1977) 참조.

'교화'와 '수업'이 그 책에서 말하는 '설득을 위한 교육'과 '이해를 위한 교육'에 각각 해당한다고 볼 때, 이 두 가지 교육방법의 유형에 관해서는 두 가지 점을 추가로 언급할 필요가 있다.

첫째로, 앞에서 고찰한 교육내용의 두 가지 유형이 '양분적인' 관계를 나타내는 것과는 달리, 교육방법의 두 가지 유형은 '연속적인' 관계를 나타내고 있다. 또는, 다른 말로, 하는 지식과 보는 지식은 '종류'에 의하여 구분되는 반면에 교화와 수업은 '정도'에 의하여 구분된다. 교육방법－즉, 교사의 의도라는 관점에서 파악되는 교육방법－은 완전한 교화와 완전한 수업을 양극단으로 하는 연속선을 이루고 있으며, 우리가 '교화'라든가 '수업'이라고 부르는 것은 그 연속선의 중간 지점을 기준으로 하여 어느 쪽 극단으로 치우쳐 있는가를 표시할 뿐이다. 이것은 곧 어떠한 교육방법도 전적으로 수업만을 나타내거나 전적으로 교화만을 나타내는 것이 아님을 뜻한다. '설득을 위한 교육'이 전연 섞이지 않은 '이해를 위한 교육'은 현실적으로 있을 수 없으며, 그 역도 마찬가지이다.

둘째로, 교화와 수업에 관한 종래 교육철학자들의 분석은 교화가 '나쁜' 교육방법이며, 따라서 교사는 가능한 한 교화가 아닌 수업의 방법을 사용해야 한다는 것을 주장하는 데에 거의 전적으로 관심이 집중되어 있었다. 그러나 그 이전에, 그것보다 더 중요한 문제는, 교화가 그렇게 '나쁜' 방법인데도 불구하고 어째서 교사는 교화의 방법을 사용하고 있는가 하는 데에 있다. 다시 말하여, 교화와 관련하여 우리가 해야 할 일은 교화를 가능한 한 하지 말아야 한다는 처방을 내리는 것이 아니라 교육의 '방법'으로서의 교화를 이해하는 것이다. 교사는, 심지어 교화가 나쁜 방법인 줄 알고 있는 경우에도, 어째서 교화를 그만두지 않는가? 질문을 이렇게 해 놓고 보면, 교사에게는 교화를 할 수밖에 없는 이유가 있다고 보지 않으면 안된다. 그리고 그 이유는 짐작하기 어렵지 않다.

한 교육철학자가 사용한 예가 여기에 도움이 될 것이다. 그 철학자에 의하면, 어린 아이가 밤이 늦도록 자러 가지 않을 때, '지금 자러 가지 않으면 하나님이 벌을 주신다'는 식으로 달래는 것은 '교화'에 해당한다. 앞에서 말한 '기준들'－내용(거짓말), 결과, 증거, 의도－중의 어느 것으로 따지더라도 그것은 명백한 교화이다. 그러나 이 경우에 '수업'을 하려면 어떻게 해야 하는가? 아이가 자신의 이성적인 판단에 의하여 납득할 수 있는 이유－그것이 어떤 것인지 부모는 아는가?－를 들어 아이에게 '이해'시키려고 하는 동안에 시간은 흘러 결국 동이 틀지도 모른다. 이 예가 보여 주는 것은, 교화는 외부 사태의 변화－이 경우에는 아이가 자려 가는 것－가 절실히 요구되는 사태에서 우리가 의존할 수 있는 거의 유일한 방법이라는 것이다. 교사의 경우도 이와 다르지 않다. 만약 교사가 교화를 한다면, 그것은 그가 바라는 외부 사태의 변화－예컨대 학생이 대학 입학시험에 합격하는 것－때문이다.

이 점은 교화가 사회적 맥락에서 가지는 의의, 또는 차라리 수행하는 기능으로 연결된다. 우선, 교화는 앞의 제2장의 주 ¶41에서 말한 '합리화'와 개념상으로 관련되어 있다는 점을 확인할 필요가 있다. 행동이나 신념에 대한 이유 또는 근기를 제시하는 행위로서의 합리화는 글자 그대로의 의미로는 그것과 비슷한 '정당화'와 정면으로 반대된다. 교화에서 사용되는 근거나 이유는 합리화의 경우와 마찬가지로 진정한 또는 올바른 근거나 이유가 아닌 '편의상' 둘러대는 가짜 이유이다. 그러므로 합리화가 필요한 이유는 교화가 필요한 이유와 동일한 방식으로 설명될 수 있다. 그런데 합리화는 개인 수준에서만 아니라 집단 수준에서도 사용될 수 있다. 개인 수준에서의 합리화가 개인의 이익이나 정신건강을 도모하는 데에 사용되는 것과 마찬가지로, 집단 수준에서의 합리화에도 그것과 유사한 용도나 기능이 있다. '이데올로기'라는 용어로 불리는 집단적 신념 체계는 바로 이 집단 수준의 합리화를 가리킨다. 집단 수준에서의 합리화의 기능은 바로 이데올로기의 기능이다. 만약 집단의 구성원 개개인이 그 집단 내에서 통용되는 행동이나 신념에 대하여 '정당화'－진짜 이유를 대는 것－를 하려고 하면서 그것이 정당화되기 전에는 어떤 신념도 받아들이려고 하지 않고 어떤 행동도 하려고 하지 않는다면, 집단 내에서의 생활은 도저히 원활하게 이루어질 수 없을 것이다.

그러나 이와 같이 교화의 필요성－교화를 할 수밖에 없는 이유－을 들어서 그것을 '이해'하는 것과 그것을 '올바른' 교육방법으로 내세우는 것은 완전히 별개의 일이다. 어쩔 수 없이 하건, 아니면 자발적으로 기꺼이 하건 간에 합리화를 할 때 우리는 그 맞은편의 정당화가 의미하는 '진리 탐구'를 개인이나 집단의 편의에 희생시키고 있다. '진리 탐구'라는 말이 문자 그대로의 의미를 지닐 수 없는 곳에서는 '교육'이 있을 수 없다. 사실상, 사회학의 특정 이론에서는 합리화와 정당화의 정의에 사용되는 가짜 이유와 진짜 이유를 현실적으로 가려내기가 불가능하다는 점을 들어서, 사회 내에서의 인간의 신념은 일체가, 심지어 과학적 지식까지도, '이데올로기'－집단의 존속을 위하여 맹목적으로 받아들이는 신념－라는 주장을 내세운다. 그러나, 물론, 그 주장은 그 주장 자체에 의하여 붕괴된다. 그렇지 않고, 만약 참으로 그 주장과 같이 '진짜 이유'라는 것은 있을 수 없고, 있는 것은 오직 자신도 모르게 둘러대는 '가짜 이유'뿐이라면, '진리 탐구'는 조롱거리가 되고 '교육'은 사기술에 불과한 것이 되고 말 것이다.

¶16 듀이의 입장 : 듀이의 '교육'의 개념에 관해서는 이 책의 마지막 절에서 별도로 고찰하겠지만, 그 전에 이 문단에서 말하는 '도덕적 문제'와 관련하여 듀이의 입장이 정확하게 어떤 것인가 하는 것은 좀 더 자세하게 분석될 필요가 있다는 점을 지적하고자 한다. 대체로 말하자면 듀이는 이 문단에서 말하는 '외적 결과를 얻는 데에 학생이 수단으로 사용되는 것'에 대하여 특별히 문제 삼을 것이 없다고 생각할 것이 아닌가 하는 짐작이 든다. 듀이가 학생의 내적 안목이나 인격적 성숙 그 자체에 반대하지는 않겠지만, 그는 또한 그러한 내적 안목은 반드시 외적 결과를 얻는 수단이 되어야 한다고 주장하며, 외적 결과를 얻으려

는 노력은 반드시 내적 안목의 변화를 수반하여야 한다고 주장한다.

¶17 교육내용과 교육방법의 함의 관계 : 함의 관계는 두 항 A, B(또는 두 명제 p, q)가 있어서 앞의 항을 받아들이고(긍정) 뒤의 항을 받아들이지 않으면(부정) 모순이 되는 그런 관계를 뜻한다. 그러므로 교육내용과 교육방법 사이에 함의 관계가 있다는 말은 교육내용의 특정 유형을 받아들이고 (그것에 일관되는) 교육방법의 특정 유형을 받아들이지 않으면 모순이 된다는 뜻이다. 이것은 첫째로, 교육내용의 특정 유형을 그것에 일관되지 않는 교육방법의 유형으로 가르칠 때에는 교육내용의 유형이 교육방법의 유형에 일관되는 것으로 변질된다는 것, 즉 보는 지식을 설득을 위한 교육으로 가르치면 보는 지식이 하는 지식으로 변질되는 것과 둘째로, 교육내용과 교육방법은 그 자체로는, 즉 교육방법과 결합되지 않은 교육내용, 또는 교육내용과 결합되지 않은 교육방법의 경우에는 '추상'－허구, 존재하지 않는 것－이 되고 만다는 것을 뜻한다.

¶18 삶의 자세 : 이 문단에 규정된 두 삶을 각각 '이론적 삶'과 '실제적 삶'이라고 부를 수 있을 것이다. 물론, 이 두 삶은 각각 별도의 시공간에서 따로따로 이루어지는 것이 아니라 동일한 한 가지 삶의 두 측면을 나타낸다. 또는, 다른 말로, 이 두 삶은 개념상으로 '구분'될 뿐이며 사실상으로 '분리'되는 것은 아니다. 이 두 삶은 우리에게 모두 중요하며, 우리는 그 중의 어느 것도 완전히 도외시할 수 없고 또 도외시하고 있지도 않다. 그러나, 그렇기는 해도 한 개인의 삶은 전체적으로 볼 때 그 두 측면 중의 어느 한 측면을 더 강조하는 방향으로 이루어지고 있

으며, 따라서 위의 개념상의 구분은 '삶의 지향성' 또는 '삶의 자세'라는 형태로 사실 수준에서의 대조를 나타낸다. 각각의 삶의 자세에서의 '성공적인 삶'의 의미를 생각해 보면 그 대조를 실감하는 데에 도움이 될 것이다. ('성공'이라는 말은 보통의 경우 '실제적 삶의 자세'에 더 적절하게 어울리는 것으로 생각된다.) 가령 '삶의 보람'이라는 말은 그것을 어느 쪽 삶의 자세와 관련하여 해석하는가에 따라 거의 정반대되는 의미를 나타낸다. 『교육의 목적과 난점』 제7장 '삶의 자세와 교육' 참조. 그 이외에 6, 13, 14, 19장에도 유사한 견해가 제시되어 있다.

¶20 이하 본문의 괄호 안에 표시된 숫자는 李烘雨, 曺永泰(역), 『윤리학과 교육』(수정판)(교육과학사, 2003)의 장과 문단 번호이다. (서론 : 5)는 서론의 다섯째 문단을 가리킨다.

¶20 실제적 논의 : 이 용어에 사용된 '실제적'이라는 단어는 이때까지 이 책의 본문 여러 곳에서 사용된 것과 동일한 의미를 지닌다. (제1장의 주 ¶24, 제2장의 주 ¶20, 제3장의 주 ¶10 참조.) '실제적'이라는 단어는 바라는 결과를 얻기 위하여 조치를 취하는 것, 또는 '어떻게 해야 하는가'가 관심의 대상이 될 경우에 사용된다. 그리하여 '실제적 논의'(practical discourse)는 실제적인 것을 문제로 삼는 논의이며, 이 점에서 사물과 현상을 이해하는 것 또는 '어떻게 되어 있는가, 왜 그렇게 되어 있는가'를 관심의 대상으로 삼는 '이론적 논의'(theoretical discourse)와 구분된다. 윤리학적 논의는 실제적 논의의 '일종'이며, 그 밖에 심미적 논의나 기술적 논의도 실제적 논의에 포함된다. 서양의 학자들은 때로 이런 여러 가지 논의를 구분할 때 morally practical, aesthetically practical, technically practical(도덕적 측면, 심미적 측면, 기술적 측면에서의 실제적) 등의 표현을 사용한다. 피터즈가 윤리학적 논의에 특유한 개념으로 나열하고 있는 '마땅하다, 옳다, 바람직하다, 가치 있다, 좋다' 등은 약간씩 다른 의미로 윤리학적 논의뿐만 아니라 실제적 논의를 일반적으로 특징짓는다고 말할 수 있다. 그러나 피터즈가 그의 책에서 문제 삼는 실제적 논의는 윤리학적 논의이며, 그 책에서 그는 실제적 논의를 윤리학적인 논의와 동의어로 사용하고 있다.

¶21 정당화 : 정당화에 관해서는 앞의 제2장의 주 ¶41에서 수단-목적 관계와 관련하여, 그리고 이 장의 주 ¶14에서 '합리화'와의 대비에 비추어 설명한 바 있고 이하 교육의 '내재적 가치'와 관련하여 다시 설명하겠지만, 여기서는 실제적 논의에서의 그것의 위치와 그에 따른 이 용어의 어법에 관하여 약간의 설명을 붙이겠다.

정당화는 피터즈 자신의 표현으로 '왜 이렇게 하지 않고 저렇게 해야 하는가'(5 : 28ff)에 대답하는 것을 뜻한다. '이렇게 하지 않고 저렇게 해야 한다', 또는 더 일반적으로 '이러이렇게 해야 한다'는 발언은 '실제적 판단'을 나타낸다. 그러므로 정당화는 '실제적 판단'에 대하여 (올바른) 근거를 제시하는 것을 뜻한다. 실제적 논의는 실제적 판단(이러이렇게 해야 한다)과 그것의 정당화(이런이런 근거 또는 이유에서 그렇게 해야 한다)로 이루어지는 논의를 가리킨다. 이 정의에 의하면, 정당화의 대상 또는 목적-'무엇'을 정당화하는가-은 엄밀하게 말하자면, '실제적 판단'이라고 말해야 한다. 그럼에도 불구하고, 피터즈 자신을 포함하여 서양의 학자나 한국의 학자는 때로 '정당화'라는 용어를 그 원래의 어법에 어긋나는 방식으로 사용하고 있다. 예컨대 '무엇무엇의 가치를 정당화한다'는 표현을 생각해 보자. 이 '무엇무엇'에는 교육의 목적이나 교육내용뿐만 아니라 아무것이나 들어올 수 있다. 이 표현에서는 가치가 정당화의 대상이나 목적인 것처럼 되어 있지만, 사실상 이 표현은 위의 원래의 어법에 맞게 고쳐 읽어야 한다. '이러이렇게 해야 한다'는 말은 그 '해야 하는' 일이 어떤 면에서든지 가치를 가지고 있다는 뜻을 나타낸다는 것은 의심할 여지가 없고, 또 그렇기 때문에 가치가 정당화에서 핵심적인 위치를 차지한다는 것도 의심할 여지가 없다. 그러나 가치는 정당화의 대상이나 목적(justifying the value)이 되는 것이 아니라 정당화가 그것에 의하여 가능하게 되는 것, 또는 억지로 이 표현을 쓰자면 정당화의 수단(justifying by means of value)이 된다고 보아야 한다. 그러므로 '무엇무엇의 가치를 정당화한다'는 표현은 그 무엇무엇이 이러이러한 가치를 가지고 있다는 것을 들어서 그것을 정당화한다는 뜻으로 읽어야 한다. 다시 말하여, 정당화되는 것은 무엇무엇의 '가치'가 아니라 무엇무엇 그 자체이다.

위에서 저자는 이 '무엇무엇'은 교육의 목적이나 교육내용 이외에도 아무것이나 될 수 있다고 말하였다. 또한 저자는 다른 주석에서 정당화의 대상은 행위와 신념이라고 말하였다. 앞에서 말한 원래의 어법을 따르자면 이런 것들이 정당화의 대상이 된다고 말할 수 있는 것은 그것이 실제적 판단을 나타내기 때문이며, 그것들을 정당화한다는 것은 그것들이 나타내는 실제적 판단을 정당화한다는 뜻으로 이해되어야 한다. 그리하여 교육내용을 정당화한다는 것은 '이런이런 내용은 배울 가치가 있고 그 가치는 이런이런 것이다'라고 말하는 것을 뜻한다. 또한 정당화의 대상이 되는 '신념'은 이론적 명제가 옳다는 신념이 아니라 실제적 판단이 옳다는 신념이다. 실제적 판단에 대한 '정당화'는 이론적 명제에 대한 '설명'과 짝을 이룬다.

¶23 '성년식'에 관해서는 앞의 제3장 주 ¶2 참조. 그리고 (문명된) '삶의 형식'에 관해서는 이하 제3장 주 ¶41참조.

¶25 피터즈가 따르는 철학사조 : 피터즈는 『윤리학과 교육』의 첫머리(1:1ff)에서 자신이 따르는 철학사조를 분명히 하고 있다. 그것은 흔히 '분석철학' 또는 '개념분석'이라고 불린다

¶28 교육과 가치의 개념적 관련 : 여기서 '개념적 관련'은 두 항 A, B(또는 두 명제 p, q)가 함의(implication)와 논리적 가정(presupposition)으로 관련되어 있다는 것을 가리킨다. '함의'에 관해서는 앞의 주석 ¶17에서 설명한 바 있다. '논리적 가정'에는 함의에 더하여, 앞의 항을 받아들이지 않더라도(부정) 뒤의 항을 받아들이지 않으면(부정) 모순이 된다는 조건이 추가되어 있다. (자세한 것은 『교육의 목적과 난점』 부록을 보라. '개념적 관련'은 '논리적 관련'의 동의어이다.) 그리하여 교육과 가치가 개념적으로 관련되어 있다는 것은 교육을 하면서 '무엇인가 가치 있는 것을 전달한다는 것'을 부정하거나, 심지어 교육을 '하기 이전에도' (즉, 교육을 하거나 하지 않거나 간에) 그것을 부정하면 모순이 된다는 뜻이다. 피터즈의 규범적 기준은 이 점을 지적한다.

그러나 앞의 세 문단에서의 본문의 내용으로 미루어, 교육과 가치 사이의 개념적 관련에는 '교육이라는 말에는 무엇인가 가치 있는 것을 전달한다는 뜻이 이미 그 속에 포함되어 있다'는 말로는 충분히 드러낼 수 없는 그 이상의 의미가 들어 있다고 보지 않으면 안된다. 우선, 문단

¶25에 나와 있는, 교육이라는 용어는 그 나름의 '삶의 역사'를 가지고 있다는 말을 생각해 보자. 교육이라는 용어가 가지고 있는 '삶의 역사'는 바로 인간의 삶의 역사이다. 인간은 그 역사를 통하여 삶을 이어오면서 교육을 해 왔다. 현재 우리가 '교육'이라는 용어로 하고 있는 일－즉, 교육－에는 인간이 오랜 동안의 삶을 통하여 추구하고 정립해 온 '가치 있는 것'이 응축되어 있다고 보지 않으면 안된다. 그러므로 교육을 이해하는 일을 할 때 우리는 단순히 교육이라는 활동 속에서 일어나는 것, 그것만을 이해하는 것이 아니라 그것에 응축된 형태로 표현되어 있는 우리의 삶을 이해하는 일을 한다.

다음으로, 문단 ¶26에 나와 있는, 피터즈가 제시한 교육의 세 가지 '형식적 기준'은 교육이라는 측면에서 파악된 인간의 '삶의 형식'을 보여준다는 말을 생각해 보자. '삶의 형식'에 관해서는 이하에서 다시 고찰하겠지만, 여기서 '형식'이라는 것은 위에서 말한 '삶과 교육 속에 응축된 형태로 들어 있는 가치 있는 것'을 가리킨다고 말할 수 있다. '형식'은 '가치 있는 것' 그 자체를 가리킨다기보다는 '가치 있는 것'의 기준, 다시 말하여 그것에 부합하는 것이 가치 있는 것이 되는 그런 기준, 한 마디로 무엇이 가치 있고 무엇이 가치 없는가를 가려내는 기준을 가리키며, '기준'과 '그것에 부합하는 것'이 다를 수 없는 만큼, 형식은 가치 있는 것과 다르지 않다고 말할 수 있다. 교육이라는 용어 속에 인간의 삶의 역사가 들어 있다는 말은 다름 아니라 인간은 그 삶을 통하여 가치 있는 것을 추구하면서 그 가치 있는 것의 기준을 확립해 왔다는 뜻이다. 이것이 교육과 가치의 개념적 관련을 구체적으로 이해하는 방식이다.

¶29 교육과 활동 : 교육의 개념적 기준을 제시하는 『윤리학과 교육』의 이 대목(1:13)에서 피터즈는 교육과 활동 일반(예컨대 과학과 목공)을 구분하는 데에 관심을 두고 있다. 과학과 목공은 '교육적 가치를 가질 수 있고 또 통상 가지고 있는 활동'임에 비하여, 교육은 이런 활동들과는 구분된다. 이 문단의 본문 마지막에 인용되어 있는 바와 같이, 다른 곳에서(1:4) 피터즈는 '교육은 특정한 활동이나 과정을 꼬집어서 지칭하는 것이 아니라 어떤 활동이나 과정이 갖추어야 하는 기준을 명시하는 것이다'라고 말하고 있고, 이 말은 교육은 활동이 아니라는 뜻으로 오해되는 경우도 있지만, 피터즈가 말하고자 하는 것은 그런 것이 아니라 과학이나 목공과 같은 활동들은 오직 특정한 기준을 충족시킬 때에만 '교육적으로 가치 있는 활동'(즉, 교육의 일환으로 수행되는 활동)이 된다는 것이다.

사실상, 교육과 활동 일반의 관계는 여기서 자세하게 설명할 수 없는 복잡한 문제를 제기한다. '활동 일반'이라는 것은 모두가 삶에서 일어나는 것들이며, 그것 이외에 따로 삶이라는 것이 있을 수 없다. 그렇기 때문에 교육과 활동 일반의 관계를 밝히는 것은 바로 교육과 삶의 관계, 삶에서의 교육의 의미를 밝히는 것에 해당한다. 이 문제는 아무리 여러 측면에서 파헤치더라도 결코 충분하지 않다.

『윤리학과 교육』의 이 대목에서 피터즈는 교육과 활동의 구분을 '내재적 가치'와 '외재적 가치'의 차이와 관련짓고 있다. 말하자면 과학과 목공 등의 활동은 교육의 일환으로 수행될 때에는 내재적 가치를 가지지만 그렇지 않을 때에는 '생산성, 주택, 건강 등 외재적 목표'에 기여한다는 것이다. 표면상으로 보면, 내재적 가치에 관한 이 대목에서의 설명은 다음 절에서 고찰할 '교과의 내재적 정당화'(『윤리학과 교육』

제5장)에서의 설명과 상당한 차이를 나타내고 있다. 이 차이를 충분히 규명하는 일 또한 필요하지만, 현재의 맥락에서는 적절하지 않다. 다만, 여기서 주목할 사실은, 『윤리학과 교육』의 이 대목에서는 과학(이론적 활동)과 목공(실제적 활동)의 구분이 인정되지 않고 실제적 활동도 교육 안에서는 이론적 활동과 마찬가지로 내재적 가치를 가지는 것으로 되어 있다. 이 점은 그 책의 제5장에서 정면으로 부정된다. 거기서는 빙고나 당구 등의 '게임'이 '내재적 가치'를 가질 수 없는 것으로 취급되고 그 점에서 시나 과학과 다른 것으로 되어 있다. 만약 목공이 '교육 안에 들어와서는' 내재적 가치를 가질 수 있다면, 빙고나 당구가 그럴 수 없다고 볼 이유가 없다.

이 문제를 해결하기 위해서는 예컨대 목공의 경우에 그것이 '교육 안으로 들어온다'는 말이 정확하게 무엇을 뜻하는가에 주의를 기울일 필요가 있다. 목공이 '교육 안에서' 내재적 가치를 가지는 것은 '목공으로서'가 아니라 목공에 관련되는 과학적 지식(즉, 과학)으로 말미암아서이다. '(과학과) 목공을 교육의 일환으로 할 때에는 그 활동의 성격에 변화가 온다'든가 (¶29), '흔히 교육의 목적(내재적 목적)과 교육의 의도(외재적 목적) 사이의 혼란은 교육적 가치를 가질 수 있고 또 통상 가지고 있는 활동에 관하여 말해야 할 내용을 교육 그 자체에 관하여 말하기 때문에 빚어진다'는(¶30) 피터즈의 말은 이런 뜻으로 해석될 수 있다.

¶30 교육의 '목적' : 교육과 결합되어 사용되는 '목적'에 해당하는 영어 단어로는 aim, end, objectives 등을 들 수 있지만 이들 영어 단어 사이의 의미상의 차이를 젖혀 두고 말한다면, 우리말의 '목적'은 '수단'

과의 관계를 그 의미의 한 부분으로 포함하고 있다. 다시 말하여, '목적'은 수단-목적 관계가 성립할 경우에 적절하게 사용될 수 있다. 그러므로 이 문단에서와 같이, 교육이 내재적 가치를 가지는 것으로 생각될 경우에 사용되는 '교육의 내재적 목적'이라는 말은 적절하지 않다. '목적'은 '외재적 목적'을 그 의미의 한 부분으로 포함하고 있는 용어이기 때문이다. (피터즈가 사용하는 용어는 aim이다.) '교육의 목적이 무엇인가를 묻는 것은 사람들로 하여금 성취할 가치가 있는 것에 관하여 명확한 인식을 가지게 하고 그것에 주의를 집중하게 하는 한 가지 방법이다'(1:12)라는 피터즈의 말은 그가 말하는 '목적'이 수단-목적 관계에서 사용되는 것과 다르다는 뜻을 나타낸다. 이하 본문 ¶36 참조.

¶31 인지적 기준과 과정적 기준 : 교육내용의 두 가지 유형과 교육방법의 두 가지 유형에 관한 앞 절의 설명은 피터즈의 이 두 가지 기준을 부분적으로 풀이한 것이라고 볼 수 있다.

¶34 내재적 가치와 외재적 가치 : 앞에서도 말한 바와 같이, 교육학에 있어서의 피터즈의 가장 중요한 공헌은 교육(또는 교과)의 내재적 가치를 드러낸 데 있다. 피터즈 이전에도 이와 유사한 주장을 제시한 사상가들이 없었던 것은 아니지만 피터즈는 그것을 드러내기 위한 특이한 논의 형식을 발전시켰다. 내재적 가치는 이하 몇 문단에서, 또는 이 절 전체에 걸쳐서 다루게 될 것이기 때문에 그것을 이해하는 데에 필요한 사항은 차차 설명하기로 하고 여기서는 내재적 가치와 외재적 가치(또는 그 각각에 의한 내재적 정당화와 외재적 정당화)의 차이에 관한 일반적인 설명을 해 보겠다. 보다 구체적으로, 여기서의 우리의 관심은

'내재적' 또는 '외재적'이라는 용어에 사용된 '안'과 '밖'이 정확하게 무엇을 뜻하는가에 있다.

앞의 제2장의 주석 ¶41에서 우리는 수단-목적 관계에 의한 정당화를 고찰하면서, 수단과 목적의 관계를 '개념상 별개인 것 사이의 사실상의 관련'으로 규정하였다. '개념상 별개인 것'을 '개념상 관련이 없는 것'으로 풀이하면, 이 정의에서 우리는 '개념상의 관련'과 '사실상의 관련'이라는 두 가지 종류의 관련을 확인할 수 있다. 그런데 '관련' 중에서 가장 확실한, 또는 '자명한'(self-evident) 관련은 개념상의 관련이며, 여기서 '가장 확실하다'든가 '자명하다'는 말은 일상적인 표현으로 '보나마나 성립한다'는 것을 뜻한다. 어떤 두 항 A, B(또는 두 명제 p, q)가 개념상으로 관련된다는 것은 양자가 '보나마나' 관련된다는 뜻이며, 그 관련이 성립한다는 '증거가 그 자체 속에 들어 있다'는 뜻이다. 여기에 비하여, 사실상의 관련은 그 관련이 성립하는가의 여부를 '보아야' 하는, 또는 '관찰에 의하여' 확인해야 하는 그런 관련을 가리킨다. 사실상의 관련은 개념상의 관련처럼 자명하지는 않지만, 그런데도 '사실'의 관찰에 의하여 그 관련 여부가 확인될 수 있다는 뜻에서, 원초적인 관련이 아닌 파생적인 관련을 나타낸다고 말할 수 있다. 이 문단의 본문에서 '어떤 것이 어떤 다른 것의 수단이 되는가 하는 문제는 사실에 관한 문제이다'라고 말한 것은 위와 같은 뜻에서이다.

이 정도만 설명하더라도 내재적, 외재적의 '안'과 '밖'의 의미가 이해될 것 같기도 하다. 그러나 아직은 충분하지 않다. 안과 밖의 의미를 좀 더 정확하게 규정하기에 앞서서, 수단-목적 관계에 의한 정당화에 대한 대안적인 정당화 방식이 어떤 것인가를 생각해 보겠다. 수단-목적 관계에 의한 정당화는, 보다 일상적인 용어로는, 'A는 B라는 목적을 달성하기 위한 수단으로서 가치를 가진다'는 말로 풀이될 수 있을 것이다. 이것은 어떤 것의 가치를 설명하는 가장 손쉬운 방식이요 또 우리에게 가장 익숙한 방식이다. 수단-목적 관계에 의한 정당화를 위와 같이 풀이할 때, 그것에 대한 대안적인 방식은 흔히 '그 자체로서 가치를 가진다'는 말로 풀이된다. 그러나 이 '그 자체로서'라는 말은 뜻이 불분명할 뿐만 아니라 그 해석 여하에 따라서는 수단-목적 관계의 대안이 아닌, 수단-목적 관계 그 자체를 나타낼 수도 있다. 그 이유는 다음과 같다.

수단-목적 관계는 '연쇄'를 그 한 가지 특징으로 하고 있다. 즉, A는 B의 수단이며, B는 또 다른 목적 C의 수단이 되며, C는 다시 D의 수단이 되는 것과 같다. 그런데 이 연쇄의 가설적 극단 Z를 상상할 수 있을 것이다. 흔히 건강이나 행복이 그런 마지막 극단에 해당한다고 생각하는 듯하지만, 그것에 해당하는 것이 어떤 것이든지 간에 그것에 대해서는 '어째서 가치가 있는가'를 물을 수 없고 또 그 질문에 대한 대답이 '불필요하거나 불가능할' 것이다. 이 경우에 그 마지막 극단은 '그 자체로서' 가치를 가진다고 말할 수 있을 것이다. 그러나 이런 방식으로 설명되는 가치는 '궁극적 가치'라고 부를 수는 있을지언정 '내재적 가치'는 아니다. 그 가치는 수단-목적 연쇄에서 마지막 극단을 차지하고 있을 뿐이며, 그 가치를 설명하는 방식(또는, 파라다임)은 외재적 가치의 경우와 다름이 없다. 내재적 정당화가 외재적 정당화의 진정한 대안이 되려면 가치를 설명하는 데에 사용되는 사고방식 또는 파라다임이 수단-목적 관계에 입각한 것과는 다른 것이어야 한다.

특히 교육의 경우에, '교육은 다른 무엇을 위한 수단으로서가 아니라 그 자체로서 가치를 가진다'라는 말에 대하여 흔히 제시되는 한 가지 해석은 교육의 가치를 '교과 공부에서 오는 희열이나 지적 만족 등'으로 설명한다. 이 해석은 아마 쾌락이나 만족이 내재적 가치와 모종의 관련을 가지고 있다는 피터즈의 지적(『윤리학과 교육』 ¶5:11ff)에 의하여 지지된다고 볼 수 있을지 모르지만, 이 부분에서의 피터즈의 설명을 자세히 읽어 보면 알 수 있는 바와 같이, 이른바 '교과 공부의 희열과 만족'은 누구나 느끼는 것도 아니요, 그것이 내재적 가치의 내용이 되는 것은 더욱 아니다.

이와 관련하여 앞(¶¶429-30)에서 잠깐 언급한, 교육의 가치에 관한 피터즈의 견해를 듀이의 그것과 비교할 필요가 있다. 『민주주의와 교육』 제18장(교육적 가치)에 분명히 나타나 있는 바와 같이, 듀이에게는 가치를 설명하는 데에 있어서 수단-목적 관계에 의한 사고방식 이외의 다른 파라다임이라는 것이 존재하지 않는다. (듀이가 '수단적 가치'－수단-목적 관계에 의하여 설명되는 가치－이외에 그것과는 다른 가치로 드는 '즉각적 가치'는 앞에서 말한 '가치를 설명하기가 불필요하거나 불가능한 가치'를 가리킬 뿐이며, 수단-목적 관계의 파라다임과는 다른 파라다임에 의하여 설명되는 가치가 아니다.) 그렇기 때문에 듀이에게는 '수단적 가치는 목적에 대한 수단이 된다는 내재적 가치를 가진다'(18:21)라는, 보통 사람에게는 영락없는 철학적 괴물로 보이는 말이 당연한 말로 생각된다. 또한, 그렇기 때문에 피터즈가 '교육의 과정은 그 자체 이외의 다른 목적을 가지지 않으며 교육 그 자체가 목적이다'(4:18)라는 듀이의 말을 교육의 내재적 가치를 나타낸 것으로 해석할 때, 그 '내재적 가치'라는 것이 도대체 어떤 것인지 알 수 없는 일이다.

외재적 정당화에 대한 대안적인 파라다임은 수단-목적 관계의 정의 그 자체에 의하여 시사된다. 앞에서 정의한 바와 같이, 수단-목적 관계는 '개념상 별개인 것 사이의 사실상의 관련'을 가리킨다. 이 정의에서 시사되는 바에 의하면 내재적 정당화는 '개념상 별개의 것이 아닌' 그런 관련, 다시 말하여 '개념상의 관련'에 의한 정당화를 가리킨다. '개념상의 관련'이라는 것은 일상적인 용어로 풀이하자면 '그것이 그것인 관련'을 뜻하며, 따라서 내재적으로 정당화한다는 것은 이와 같이 '그것이 그것인 관련'으로 정당화하는 것을 뜻한다. 이것은 명실 공히 외재적 정당화에 대한 대안이며, 이하의 설명에서 알 수 있는 바와 같이, 피터즈가 제안한 교육의 정당화는 이런 의미에서의 내재적 정당화이다.

이제, 내재적 정당화와 외재적 정당화에 사용된 '안'과 '밖'이 무엇을 뜻하는지를 생각해 보겠다. 일상용어로서의 '안'과 '밖'은 그 의미가 고정되어 있다. 예컨대 '집안'은 언제나 '집안'이며 '집밖' 또한 마찬가지이다. 그러나 철학적인 비유로서의 안과 밖은 이것과 다르다. '밖'은, 엄밀히 정의하자면, 사실상으로 분리된 (즉, 별도의 시공간을 차지하는) 두 가지 사이의 관계를 나타낸다. 그리하여 A가 B의 밖이라면 B 또한 A의 밖이다. 이 비유적인 의미에 의하면 '집밖'이 집안의 '밖'이라면 '집안' 또한 집밖의 '밖'이다. 수단-목적 관계의 정의에 나와 있는 '개념상 별개인 것 사이의 사실상의 관련'에서, '개념상 별개인 것'은 '사실상으로 분리된 것'처럼 원초적인 의미는 아니지만 파생적인 의미에서 위의 정의에 부합하며, '사실상의 관련'은 이와 같은 의미에서의 밖에 있는 것 사이의 관련을 뜻한다. '외재적 정당화'(extrinsic justification)는 이런 의미에서의 '밖에 의한' 정당화이다. 그렇다면 '안'이라는 것은 개념상으로 관련된 것 사이의 관계를 나타낸다고 볼 수밖에 없다. '개념상의 관련'은 그것의 동의어인 '논리적 관련'과 마찬가지로, '마음 안'에서만 확인될 수 있다. 마음 바깥의 관련은 모두 '사실상의 관련'이라고 말할 수 있다. '내재적 정당화'(intrinsic justification)는 이런 의미에서의 '안에 의한' 정당화이다. '마음 바깥의' 사실에 의한 정당화가 보통 사람들에게 쉽게 납득되고 때로는 유일하게 타당한 정당화로 생각되는 데 비하여 '마음 안에서' 하는 정당화가 얼른 납득되지 않는 것은 당연하다.

그러나 두 가지 정당화 중에서 어느 쪽이 '완전한' 또는 '근본적인' 정당화인가를 생각해 보면 사정은 달라진다. 외재적 정당화는 '심리적으로 만족을 주는' 정당화는 될 수 있을지언정, '논리적으로 강제력이 있는' 정당화는 아니다(본문 ¶43과 ¶48 참조). (외재적 정당화가 단순히 심리적으로 만족을 주는 정당화라는 점에서 그것은 앞의 제2장의 주석 ¶41에서 말한 '합리화'와 의미상 유사한 면이 있다. 물론, 한 쪽은 '정당화'요 또 한 쪽은 '합리화'이기 때문에 양자는 완전히 동일한 것은 아니지만, 외재적 정당화는 언제나 '합리화'로 미끌어져 들어갈 가능성이 있다.)

'꿩 잡는 것이 매'라는 속담에 나타나 있는 바와 같이, 수단과 목적의 관계는 사실상으로만 성립하는 것이기 때문에 그 목적을 달성하기 위해서는 목하의 그 수단 이외에도 여러 가지 수단이 동원될 수 있고 그 수단 또한 목하의 목적 이외의 여러 가지 목적을 위한 수단이 될 수 있다. 다시 말하여, 그 목적을 위해서는 꼭 그 수단을 써야 할 이유가 없는 것이다. '수단'에 해당하는 활동을 왜 하는가 하는 질문에 대하여 그 활동과 '사실상'으로 관련된 목적을 들어서 대답할 때, 그 대답을 듣는 사람은 그것을 (심리적으로) 납득할 수 있을지 모르지만, 그 목적을 달성하기 위하여 꼭 그 활동을 해야 하는 것이 아닌 한, 그 대답은 논리적 강제력을 가질 수 없다. 만약 우리가 정당화의 의미를 '논리적으로 강제력이 있는 정당화'로 엄밀하게 한정한다면, 외재적 정당화는 이 엄밀한 의미에 미달한다. 외재적 정당화를 정당화의 한 가지 방식으로 인정해 줄 수는 있겠지만, 엄밀한 의미에서 말하면 그것은 '정당화'라기보다는 '설명'이라고 부르는 것이 옳을 것이다.

¶34 '어떤 것' : 특히 수단-목적 관계에 의한 정당화에서 정당화의 대상이 되는 '어떤 것'에는 행위나 신념이 아닌 사물이 들어올 가능성이 많다. 그러나 이 경우에도 정당화의 대상이 되는 것은 '실제적 판단'이라는 앞의 규정은 그대로 성립한다. 어떤 '사물'이 어째서 가치가 있는가를 물을 때 우리가 문제 삼는 것은 그 사물을 사용하는 행위, 그리고 그 행위에 함의된 '실제적 판단'(이 사물을 이러이러한 방식으로 사용하는 것이 옳다, 마땅하다, 가치 있다, 등등)일 것이기 때문이다.

¶36 내재적 정당화와 외재적 정당화에서의 관심의 차이 : 내재적 정당화와 외재적 정당화가 각각 드러내고자 하는 '사실상의 관련'과 '개념상의 관련'(또는 '사실적 관련'과 '논리적 관련')은 두 정당화에 있어서의 관심의 차이를 반영한다. 교육과 사실상으로 관련된 '목적'을 확인할 때의 관심은 단순히 교육이 어디에 유용한가를 알고자 하는 데에 있다. 두 항 A, B가 사실상으로 관련되는가를 알아보고자 할 때에는 두 항 A, B의 의미는, 적어도 양자의 사실적 관련을 조사하는 데에 필요한 정도로는, 이미 알려져 있다고 보아야 하며, 두 항의 의미를 탐구하려고 하다가 보면 그 사실적 조사는 애당초 시작될 수 없을 것이다. 그러나 두 항 사이의 개념적 관련을 확인하고자 할 때의 관심은 교육의 의미를 분명히 하는 데에 있다. 이 문단에 인용된, 교육의 목적에 관한

피터즈의 말은 내재적 정당화를 염두에 둔 것이라고 보아야 한다.

¶37 정당화를 위한 논의형식으로서의 '선험적 정당화' : 피터즈가 제안하는 정당화 논의형식을 지칭하는 '선험적 정당화'(transcendental justification)라는 용어는 명백히 칸트 철학과의 관련을 표시하고 있다. '先驗的'선험적이라는 용어는 칸트 철학의 특징을 나타내며, 그렇기 때문에 칸트 철학은 그 특징에 따라 '선험 철학'(transcendental philosophy)으로 불린다. 피터즈의 논의형식과 칸트 철학의 관련에 관해서는 이하에서 고찰하기로 하고, 여기서는 먼저 선험적 논의형식의 정의에 나와 있는 논리적 가정을 설명하면서 아울러 피터즈의 정당화는 앞의 주석 ¶34에서 말한, 논리적 관련(또는 개념상의 관련)에 의한 정당화임을 분명히 하고자 한다. '논리적 가정'에 관해서는 앞의 주석 ¶17과 ¶28에서 '함의'와 함께 이미 설명한 바 있기 때문에 다시 더 설명할 필요가 없다. 여기서 덧붙이고자 하는 것은, 이 두 가지는 '상호함의'와 더불어 논리적 관련의 세 가지 종류를 나타내며 그것을 망라한다는 것, 이 세 가지 중에서 기본적인 것은 '함의'이며 나머지 두 가지는 이 기본적인 관련에 다른 조건이 덧붙여져서 얻어지는 파생적인 관련이라는 것, 그리고 그렇기 때문에 논리적 가정은 함의에 비하여 중요한 차이를 나타낸다는 것이다. (약간 더 자세한 내용을 알고 싶은 독자는 『교육의 목적과 난점』에 부록으로 실려 있는 '논리적인 것과 사실적인 것, 이론적인 것과 실제적인 것'을 참고하기 바란다.)

함의(implication)의 정의는 다음과 같다. 두 항 A, B(또는 두 명제 p, q)가 있어서 앞의 것을 긍정하고 뒤의 것을 부정하면 모순이 될 때, 앞의 것은 뒤의 것을 함의한다고 말하고 뒤의 것은 앞의 것의 함의라고 말한다. 논리적 가정(presupposition)은 이 정의에 또 하나의 조건을 추가하여, 앞의 것을 긍정하고 뒤의 것을 부정하면 모순이 될 뿐만 아니라 앞의 것을 부정하고 뒤의 것을 부정하더라도 마찬가지로 모순이 될 때의 관계를 일컫는다. 이때 뒤의 것은 앞의 것의 논리적 가정이 된다. 상호함의(entailment)는 함의의 정의에 '그 역도 성립한다'는 조건이 추가되었을 때 성립하는 관계이다. 여기서 중요한 것은 논리적 가정의 경우에, 함의의 정의에 추가된 또 하나의 조건(앞의 것을 부정하고 뒤의 것을 부정하더라도 마찬가지로 모순이 된다는 것)이 논리적 가정과 함의 사이에 어떤 차이를 가져오는가 하는 것이다. 그 차이라는 것은 곧, 함의의 경우에는 '함의되는 것'(즉, '함의')(q)이 '함의하는 것'(p)에 뒤따르는 귀결임에 비하여, 논리적 가정의 경우에는 '가정되는 것'(즉, 논리적 가정)(q)이 '가정하는 것'(p)에 앞서서 받아들어져야 하는 전제라는 점에 있다. 즉, p를 말하는 사람은, 논리적으로 말하여, 그 이전에 q를 받아들이지 않으면 안된다. 피터즈의 선험적 정당화에서 p는 실제적 논의이며 q는 '윤리학의 근본 원리들'(윤리학적 가치)이다. 그리하여 선험적 정당화는 실제적 논의('왜 이렇게 하지 않고 저렇게 해야 하는가')를 하는 사람은, 스스로 모순을 저지르지 않으려고 하면–즉, '논리적으로 불가능한 일'을 하지 않으려고 하면(본문 ¶40)–'그 이전에' 그 논의의 논리적 가정인 윤리학적 가치를 받아들이지 않으면 안된다는 것을 주장한다. 실제적 논의와 그것의 논리적 가정 사이의 관련은, 물론, '논리적 관련'이며, 따라서 선험적 정당화는 '사실적 관련'에 의거하는 외재적 정당화에 대한 진정한 대안을 제시한다.

앞의 본문 ¶21에 언급되어 있듯이, 피터즈는 그의 논의형식을 칸트의 논의형식에서 빌어 왔다고 말한다. 칸트 철학의 개략적인 특징을 알고 있는 사람이라면 이 점을 이해하는 데에 어려움이 없을 것이다. (저자의 『대승기신론 통석』의 추기, '선험철학과의 관련'은 교육 또는 심성함양의 측면에서 칸트 철학의 핵심적인 주장을 드러내고 있다.) 칸트가 인식을 철학적으로 설명하기 위하여 도입한 '아프리오리'(a priori)는 인식이 일어난다고 보기 위해서는 그 이전에 받아들이지 않으면 안되는, 인식의 '선험적 조건'이며, 인식을 하면서 이 선험적 조건을 받아들이지 않는다면 그것은 '논리적으로 불가능한 일'을 하는 것이다. 비유컨대 그것은 '이씨의 아들은 천재'라고 말하면서 '이씨에게 아들이 있다'는 것을 부정하는 것, 또는 '어제 밤 영화는 재미있었다'고 말하면서 '어젯밤에 영화 구경을 하러 갔다'는 것을 부정하는 것과 마찬가지이다.

피터즈는 그의 논의 형식을 윤리학의 근본 원리들－평등, 자유, 인간존중 등－에 적용할 뿐만 아니라 교육과정을 정당화하는 데에도 적용한다. 그의 교육의 개념(성년식 개념)에 윤리학의 근본 원리들이 중요하지 않은 것은 아니지만, 더 중요한 것은 교육내용의 정당화에 관한 그의 견해이다. 그에 의하면, 학교 교육과정에 들어 있는 이론적 지식－'지식의 여러 형식들', 이하 주석 ¶41 참조－의 가치는 '왜 이렇게 하지 않고 저렇게 해야 하는가'('왜 당구나 바둑과는 달리, 역사나 문학은 학교의 교과로서 배워야 하는가')라는 실제적 논의를 하는 사람이라면, 그 논의가 의미 없는 것이 되지 않기 위해서는, 받아들이지 않으면 안되는 논리적 선결조건이다. 이 점을 피터즈의 어조로 풀이하자면, 교과의 가치는 '문명된 삶의 형식'의 논리적 가정으로 붙박혀 있다고 말할 수 있을 것이다. '문명된 삶의 형식'은 현재 우리가 살고 있는 삶의 특징이며, 실제적 논의는 그 삶의 핵심적인 부분을 이루고 있다.

교육내용에 대한 피터즈의 선험적 논의는 이때까지 형식성에 치우쳤다는 점에서 비판을 받았다. 이 비판은 완전히 근거 없는 것은 아니다. 왜냐하면 그의 정당화는 교과의 가치를 적극적으로 제시한 것이라기보다는 교과의 가치에 관한 질문은 하지 말아야 한다는 식의 소극적인 정당화에 그쳤다는 느낌을 줄 수 있기 때문이다. 물론, 피터즈의 입장에서는 여기에 대하여 할 말이 있을 것이다. 즉, 그의 정당화는 아무 내용이 없는 형식적, 소극적인 정당화가 아니요, 교과의 의미를 통하여 현재 우리가 살고 있는 '문명된 삶'이 어떤 것인가를 이해하도록 한다는 점에서 적극적인 의미를 가질 수 있는 것이다. 그러나 그렇다 하더라도 이 점과 관련하여 우리는 만약 피터즈가 칸트의 논의의 '형식'만 빌리지 않고 그 '내용'도 함께 빌려 왔더라면 그의 정당화가 어떤 모습을 띨 수 있었을까를 생각하지 않을 수 없다. 칸트 철학의 '내용'을 빌려 온다는 것은 '아프리오리'의 의미를 교과공부와 관련하여 드러낸다는 것을 가리킨다. 만약 피터즈가 이 점에 착안하였더라면 그는 십중팔구 이 책의 주석·증보판 서문에서 말한 '메타프락시스'에 생각이 미쳤을 것이며, 내재적 정당화를 핵심으로 하는 그의 교육의 개념은 보다 완전한 것이 될 수 있었을 것이다. 그러나 피터즈의 교육의 개념을 칸트 철학과 관련지으면서 '메타프락시스'의 관점에서 다시 해석하는 일은 이 책의 범위를 훨씬 넘어서며, 분명히 저자의 餘年여년의 범위도 넘어선다고 보아야 할 것이다. 그 일은 젊고 유능한 미래의 교육학도들의 손에 맡겨야 할 것이다.

¶41 지식의 형식과 문명된 삶의 형식 : 피터즈가 정당화의 대상으로 삼은 '사고와 이해의 여러 형식들'은 앞의 본문 ¶23에 열거된 것과 같

은 여러 가지 용어로 불리고 있다. 피터즈의 제자요 동료인 P. H. Hirst의 유명한 논문, 'Liberal Education and the Nature of Knowledge,' R. D. Archambault(ed.), *Philosophical Analysis and Education*(RKP. 1965)에서는 '지식의 형식'이라는 용어가 사용되고 있고 피터즈와 허스트의 공저인 *The Logic of Education*(RKP. 1970)에서는 '지식과 경험의 양식', 또는 '지식의 형식'이라는 용어가 사용되고 있다. 그 후 교육학에서는 '지식의 형식'이 일반적으로 통용되어 왔다. 피터즈와 허스트의 공저인 위의 책에는 지식의 형식이 1) 형식논리학과 수학, 2) 자연과학, 3) 자기 자신과 다른 사람의 감정에 관한 이해, 4) 도덕적 판단, 5) 심미적 경험, 6) 종교적 教義교의, 7) 철학적 이해의 일곱 가지로 분류되어 있지만, 이 분류를 엄밀한 것이라고 보거나 그것에 지나치게 구애될 필요는 없을 것이다. 여기서 생각해 보고자 하는 것은 '지식의 형식'에서의 '형식'이 어떤 의미로 사용되고 있는가, 그리고 그것과 '문명된 삶의 형식'에서의 '형식'이 동일한 의미를 가지고 있는가(또는 차라리, 가질 수 있는가) 하는 것이다.

'지식의 형식'으로 번역되는 영어 단어는 언제나 forms of knowledge 라는 복수형으로 되어 있고, 그것과 동일한 의미의 다른 단어들에서도 마찬가지이다. 이것으로 보면 '형식'이라는 단어는 단순히 '형태'나 '종류'와 동일한 의미로 사용되고 있으며, 따라서 '지식의 형식'은 지식을 핵심 개념이나 탐구방법에 따라 분류해 놓은 것을 가리킨다고 말할 수 있다. 또한, '문명된 삶의 형식'에서의 삶의 형식도 그 앞에 정관사가 아닌 부정관사(a civilized form of life, 『윤리학과 교육』 2:36)가 붙어 있어서 삶의 '형태'나 '방식'과 동일한 뜻을 나타내는 듯하다. '삶의 형식'에 관한 피터즈의 이 용법은 분명히 그것에 관한 비트겐슈타인의 용법 (L. Wittgedstein, *Philosophical Investigations*, Blackwell, 1953)에서 영향을 받았을 것이다. 여기에도 삶의 형식은 a form of life, forms of life로 쓰이고 있다.

그런데 우리말의 '형식'으로 번역되는 영어 단어 form에는 대단히 중요한 철학적 의미가 담겨 있다. '형식'은 플라톤이 말한 이데아의 영어 번역어이며, 또한 칸트의 아프리오리와 동일한 지시대상을 가진 '이념'(idea, idee)의 동의어이다. 이런 의미에서의 '형식'은 결코 부정관사와 결합되거나 복수형으로 사용될 수 없고 반드시 정관사와 함께 단수로(the form) 사용되어야 한다. 그리고 이런 의미에서의 '형식'은 지식이나 삶('문명된 삶')이 올바른 모습을 띠게 해 주는 형이상학적 (선험적) 표준을 가리킨다. 만약 피터즈가 두 경우에 다 같이 형식을 이런 의미로 사용했더라면 '형식'은 그 자체로서 지식과 삶을 '정당화'한다는 데에 생각이 미칠 수도 있었을 것이다. 이것은 곧, 앞의 주석 ¶37에서 말한 바와 같이, 칸트의 논의의 '형식'만 아니라 그 '내용'도 함께 빌려 오는 결과가 될 것이다.

¶45 '마치 ……처럼' : 실제적 판단과 그것을 정당화하는 논리적 가정 사이의 '선후관계'를 따져보면, 먼저 있는 것은 실제적 판단(평등은 옳은 것이다, 교과는 가르쳐야 한다)이며 논리적 가정은 그것으로부터 논리적으로 추론해 낸 것이며 따라서 '시간상으로 보면' 나중에 온다. 이것을 다른 방식으로 표현하자면 논리적 가정은 '後向的후향적으로' 추론해 낸 것이라고 말할 수 있다. 이것을 '시간상 반대방향으로' 읽는다는 것은 후향적으로 추론해 낸 논리적 가정이 먼저 있다고 생각하면서 논리적 분석 결과를 이해한다는 뜻이다. 그렇게 하는 것은 논리적으

로 분석된 결과를 '마치 사실처럼' 이해하는 것이다.

¶49 외재적 정당화의 위험 : 교육을 외재적으로 정당화할 경우에, 교육과 그것을 '수단'으로 하여 달성되는 '목적' 사이에 사실적인 관련이 있는 것으로 된다는 점은 외재적 정당화에 따르는 위험을 말해 준다. 교육을 수단으로 하여 달성되는 목적은, 사실적 관련에서는, 교육이 아닌 다른 수단을 통해서도 마찬가지로 달성될 수 있으며, 교육을 오직 외재적으로만 정당화하는 사태에 장기간 익숙하게 되면 사람들은 '교육 본연의 목적'은 도외시한 채, 교육을 교육이 아닌 다른 것으로 바꿔치기할 가능성이 있다. 본문 ¶36에서 말하는 '경제 성장'은 그러한 외재적 목적의 좋은 보기가 된다.

제4장 사회화 개념 : 뒤르껭

¶5 하나의 교육의 세 가지 개념 : 제1장의 주석 ¶28 참조.

¶6 '넓은 교육'과 '좁은 교육' : 이 문단과 위의 몇 문단에서 논의되는 맥락과는 별도로, 교육을 '광의의 교육'과 '협의의 교육'으로 구분하는, 이른바 '면적 비유'는 적절하지도 않을 뿐더러 그것이 교육의 의미를 파악하는 데에 과연 도움이 되는지도 의문이다. (『교육의 목적과 난점』 제9장 추기 참조.) 교육의 정의에 면적 비유를 사용하는 사람들은 십중팔구 학교에서 이루어지는 교과교육을 '협의의 교육'으로, 그리고 이 장의 제목에 나와 있는 사회화를 '광의의 교육'으로 규정할 것이다. 그러나 여기에 사용된 넓다든가 좁다는 용어가 정확하게 무엇을 가리키

는지는 결코 분명하지 않다. 저자가 판단하기에, 그런 용어를 사용하는 사람들은 교과교육과 사회화가 일어나는 공간적 판도-즉, 학교와 사회-의 차이를 하등의 비판적 성찰 없이 그대로 교육의 내용으로 이월 적용한다. 말하자면 학교라는 한정된 공간에서 이루어지는 교육은 사회라는 넓은 공간에서 이루어지는 교육에 비하여 '좁을' 수밖에 없다는 것이다. 그러나 약간의 비판적 성찰만 해 보더라도 교과교육이 사회화에 비하여 '좁은' 내용을 다룬다고 생각하는 데는 아무런 근거가 없으며, 만약 내용의 '면적'을 비교한다면 오히려 교과교육이 넓은 면적을 카버한다고 보아야 할 것이다.

분명히 말하여, 교과교육과 사회화를 면적 비유로 파악하는 것은 양자 사이에 동질성이나 연속성을 가정할 때 비로소 타당성을 가질 수 있다. 존 듀이는 바로 이 동질성 또는 연속성을 주장한 대표적인 학자이다. 『민주주의와 교육』의 첫 부분(제2장 4절)에 명백히 지적되어 있는 바와 같이, 듀이에 의하면, '학교라는 특별한 환경'은 사회에서 전수되는 복잡하고 방대한 내용을 단순화하고 체계적으로 정련하여 전달하는 데에 필요하다. 그러나 실지로 일어나는 '교육적 영향'을 조사해 볼 때, 이 생각은 받아들이기 어려운 정도가 아니라 명백히 그릇되다. 학교교육이 사회의 교육적 영향력을 '단순화하고 체계적으로 정련하여' 행사한다고 말할 수 있으려면, 학교에서 가르쳐지는 내용이 '복잡하고 비체계적인' 형태로 사회의 교육적 영향력에 포함되어 있다고 보지 않으면 안된다. 그러나 가장 쉬운 예로, 미분 방정식이 사회의 어느 '교육적 영향력'에 흔적으로나마 들어 있겠는가? 학교교육을 통하여 전수되는 내용은 '문화유산의 총체'이며, 이것은 그 이상 넓은 것이 없다고 말해야 할 정도로 넓을 뿐만 아니라, 만약 학교교육을 통하여 전수되지 않으면 한 세대가 지나가기 전에 사라져 버릴 것들이다.

앞장과 이 장에서 취급되는 성년식 개념과 사회화 개념은 각각 교과 교육과 '사회의 교육적 영향력'을 대표하는 듯하지만, 이 두 개념이 구분되는 것은 '면적 비유'와는 아무 상관이 없다. 양자는 오직 교육을 보는 '문제의식'에 의하여 구분된다.

¶7 Emile Durkheim, *Education and Sociology* (S. D. Fox, tr.), (Free Press, 1956, original French edition, 1925), 李鍾珏(역), 『교육과 사회학』, (배영사, 1978). 뒤르껭(1858-1917)은 불란서의 사회학자로서 사회학의 불란서 학파의 창시자라고 부를 수 있다. 우리나라에 알려진 그의 저작은 *The Division of Labor in Society*(1893), *Suicide*(1897) 등 사회학 분야의 저작이며, 그의 *The Rules of Sociological Method*(1895)는 사회학자로서의 명성을 가져다 준 저작으로 특히 유명하다. 그렇지만 그는 학문의 초창기부터 연구의 초점을 인간의 심성을 개선하는 방안을 모색하는 데에 두었고 그렇기 때문에 교육과 종교 문제에 지속적인 관심을 기울였다. 알려진 바에 의하면, 그는 자신이 담당한 강의의 3분의 1 이상을 교육에 할애하였다. 이 장에서 논의되는 『교육과 사회학』은 그의 또 하나의 교육적 저작인 *Pedagogical Evolution in France*(1938)와 함께 그의 강의를 편집하여 유작으로 출판한 것이다. 그의 생애에 출판된 마지막 저작인 *The Elementary Forms of Religious Life*(1912)는 그의 생애와 잘 부합하는 귀결이다. 그의 제자로는 Marcel Mauss와 문화인류학자 Claude Lévi-Strauss를 들 수 있다. 저자가 알기로, 오늘날 우리가 일상용어처럼 사용하고 있는 '사회화'(socialization)라는 단어는 그가 창안한 新造語신조어였으며, 그렇기 때문에 그의 교육의 개념에

이 이름을 붙인 것은 아주 적절하다고 말할 수 있다.

¶7 Basil Bernstein은 피터즈와 동일한 시기에 동일하게 런던대학의 각각 다른 학과(교육철학과와 교육사회학과)에서 활동한, 영국 내에서는 상당히 영향력 있는 교육사회학자이다. 그가 피터즈와 어떤 형태로든지 학문적 교류를 했다는 것은 확인되지 않지만, 두 사람이 각기 다른 분야에서 훌륭한 인간을 만드는 교육적 관심을 공유했다는 것을 느낄 수 있다. 여기에 소개된 번스타인의 이론은 그의 초기 이론으로서 다음의 문헌에 제시된 것이다. Basil Bernstein, 'Social Class and Linguistic Development : A Theory of Social Learning,' A. H. Halsey *et al.*(eds.), *Education, Economy and Society*(Free Press, 1961), pp. 288-314 ; 'Aspect of Language and Learning in the Genesis of the Social Process,' *J. of Child Psychology and Psychiatry*, 1(1961), pp. 313-24, reprinted in Dell Hymes(ed.), *Language in Culture and Society* (Harper International, 1966), pp. 251-63. 그 후 번스타인은 'Elaborated and Restricted Codes : Their Social Origins and Some Consequences,' J. J. Gumpers and D. Hymes(eds.), *The Ethnograghy of Communication : American Anthropologist Special Publications* 66, 2(1964), pp. 55-69에서 초기의 public language, formal language의 개념을 restricted code, elaborated code로 수정하였고, 'On the Classification and Framing of Educational Knowledge,' R. Brown(ed.), *Knowledge, Education and Cultural Change*(Tavistock, 1973), pp. 363-92 이후에는 교육내용으로서의 지식의 조직 문제에 주로 관심을 기울여 왔다. 이 나중의 이론이 초기의 언어사회화 이론과 어떤 관련을 가지는가는 별도로 연구되어야

할 중요한 이론적 문제이다.

¶8 영국 사회의 계층구조 : 영국 사회에 적용되는 개념으로서의 '계층'은 오늘날 우리나라 사회를 포함한 대부분의 사회에 적용되는 것과는 근본적인 점에서 차이가 있다는 점에 유의해야 한다. 일반적으로 계층은 주로 '사회경제적인' 면에서의 차이에 기초를 두고 있는 반면에, 영국에서의 계층은 사회경제적인 면보다는 '문화적인' 면에서 규정된다. 영국에서의 계층구조가 적어도 번스타인의 이론이 형성되던 당시에는, 비교적 '안정'되어 있다는 것은 아마 이 점과 관계가 있을 것이다. 약간 단순화해서 말하자면, 영국에서의 계층은 兩班양반과 常人상인의 구분이 존재했던 당시의 우리나라의 형편과 비슷하다고 말할 수 있을 것이다. 그렇기 때문에 이하에서 설명할 번스타인의 이론은, 사회학적인 관점에서, 현재의 우리 사회에 그대로 적용된다고 볼 수 있는가는 의문이다. 그러나 그렇기는 해도 그의 이론이 나타내고 있는 교육적 함의는 우리에게 적절하게 받아들여질 수 있을 것이다.

¶8 '사회적 유전인자' : 이 용어는 B. Bernstein, 'A Social-Linguistic Approach to Social Learning,' J. Gould(ed.), *Penguin Survey of Social Science* 1965 (Penguin, 1965), pp. 145-66, reprinted in P. Worseley(ed.), *Modern Sociology : Introductory Reading*(Penguin, 1970), pp. 195-204의 p. 195에서 따온 것이다. 언어, 또는 더 정확하게 '구어양식'(modes of speech)이 '사회적 유전인자를 담지하고 있다'(bearer of social genes)는 이 표현은 매우 적절하다. 이 장에서 '언어사회화'는 사회화의 한 가지 '보기' 또는 한 가지 '종류'로 취급되어 있지만, 사실상 그것은

사회화 그 자체라고 말해도 좋을 정도로 사회화에서 큰 비중을 차지한다. 이하 본문에도 지적되어 있고 우리의 일상적 경험을 통해서도 확인되는 바와 같이, 사회적인 상황에서 각 개인이 그의 인간됨을 표현하는 것은 행동뿐만 아니라, 행동과 함께, 언어 또는 '구어양식'을 통해서이며 그의 인간됨이 형성되는 것 또한 이것을 통해서이다. 이 점에서 언어는, 성년식 개념에서 교과가 교육의 '매체'인 것과 동일한 의미에서, 사회화 개념에서의 교육의 '매체'가 된다.

¶9 두 가지 언어와 두 가지 사고 : 여기에 소개되어 있는 심리학자의 연구결과는 B. Bernstein, in D. Hymes(ed.), op. cit., pp. 251-2에 나와 있으며, 그 심리학자의 글은 F. Goldman-Eisler, 'Speech Analysis and Mental Processes,' *Language and Speech*, 1(1958), pp. 59-75이다. 이하에 사용된 '고도로 기호화된 발언'과 '당장 기호화하는 발언'에 해당하는 영어 단어는 각각 highly-coded utterance와 now-coding utterance이다. 그리고 '사회적으로 조건화된 사고'(socially conditioned thought) 또는 '사회화된 의미'(socialized meaning)에서 '사회화'라는 용어는, 비록 사고나 의미로서 결함이 있다는 뜻을 나타내기는 하지만, 이 장에서 논의하는 '사회화'와 용어에 있어서 다르지 않다. '사회화'에는 분명히 '틀에 박히게' 만든다는 뜻이 들어 있다. 사고나 의미가 '사회화'되어 있을 때 그 사고나 의미는, 그것에 대비되는 '개인화'(individuated)된 사고나 의미와는 달리, 그 사회 안에 사는 사람들이 특정한 상황에서 늘 표현하고 이해하는 '뻔한' 사고나 의미이며, 따라서 높은 '예측 가능성'을 나타낸다.

¶10 대중어와 공식어 : 번스타인 이론에 관한 개략적인 설명은 저자의 『인지학습의 이론』(교육출판사, 1973) 제 7 장을 참고할 수 있다. 이 책(pp. 173-4)에는 번스타인 자신이 열거한 대중어와 공식어의 특징이 인용되어 있다. 그 부분을 그대로 옮겨 적으면 다음과 같다.

대중어

- 구문형식이 졸렬하며 길이가 짧고 문법적으로 단순한 미완결 문장으로 이루어진다.
- 단순한 접속사(so, then, because 등)가 반복적으로 사용된다.
- 언급되는 주제를 명백히 한정하는 데에 필요한 종속절이 거의 사용되지 않는다.
- 계속적인 언어 표현에서 형식상의 주어(it)가 일관성 있게 사용되지 않는다.
- 형용사와 부사의 사용이 딱딱하고 제한되어 있다.
- 조건절이나 문장의 주어로서 비인칭 주어(one)가 거의 사용되지 않는다.
- 단정적인 발언이 빈번하게 사용되며, 그 안에서는 이유와 결론이 막연하게 혼동되어 있다.
- '동정적 순환어'(sympathetic circularity, '안 그래?', '그렇지?', '알겠지?' 등과 같이－대체로는 상대방의 옆구리를 팔꿈치로 쿡쿡 찌르면서－상대방에게 자신의 말에 동의하도록 요구하는 말)가 빈번히 사용된다.
- 상투적인 관용적 표현(예컨대 속담)을 자기 나름으로 해석하여 빈번히 인용한다.
- 개인감정의 표현이 문장 조직에 명백히 드러나지 않고 애매하게 스며 있다.

공식어

- 정확한 문법적 어순과 구문으로 내용이 명백히 전달된다.
- 복합문, 특히 다양한 접속사와 종속절을 사용함으로써 논리적 관련과 강조가 명백히 드러난다.
- 논리적 관계나 시간적, 공간적 근접을 표시하는 전치사가 빈번히 사용된다.
- 비인칭 주어(it, one)가 빈번히 사용된다.
- 다양하고 풍부한 형용사와 부사가 신중히 선택되어 사용된다.
- 개인감정의 표현이 문장의 내적 구조나 문장 사이의 관계에 명백히 드러나 있다.
- 상징적 표현에서 각각의 언어가 가지고 있는 미묘한 의미가 세밀하게 변별된다.
- 언어가 복잡한 認知位階인지위계를 표현함으로써 경험을 조직하는 수단이 된다.

두 계층의 습관적 구어양식을 지칭하는 용어인 '대중어'(public language)와 '공식어'(formal language)에서 '공식어'는, 물론, '공식적인 상황'에서 사용되는 언어를 뜻한다. 위의 기술을 읽어 보면 알 수 있는 바와 같이, 그 두 가지 언어는, 비록 동일한 영어 사전에서 나온 말이기는 하지만, 거의 외국어나 다름없다고 말해도 좋을 정도로 판이하다. 사실상, 저자는 번스타인의 이론을 글로만 접했을 때 그 두 가지 언어가 두 계층에 '습관적으로' 사용된다는 말을 거의 믿을 수 없었다. 그러나 그 후 저자가 1년간 런던 대학의 교환교수로 있었을 때, 번스타인의 '이론'이 결코 허위나 과장이 아님을 실감하였다. 열 살 남짓한 아이들 중에도 저자와 같은 외국인이 알아들을 수 있는 '책에 나오는 영어' –

이른바 '왕궁의 영어'(King's English)－를 말하는 아이가 있는가 하면, 같은 또래의 아이는 말할 것도 없고 다 자란 어른들 중에도 외국인인 저자가 도저히 알아들을 수 없는, 그야말로 '외국어'를 말하는 사람들이 있었다. 결국, 영국 사회에서는 그 사람의 말만 들어 보면 그가 어떤 계층 출신인지를 거의 정확하게 판단할 수 있다.

¶13 죄악감역(guilt threshold) : 이것은 남에게 몹쓸 짓을 하여 죄악감을 느끼기 시작하는 최초의 단계－죄악감이 시작되는 문지방－를 뜻한다. '죄악감역이 높다'는 것은 웬만큼 나쁜 짓을 해서는 죄악감을 느끼지 못할 정도로 도덕적 감각 또는 감수성이 무디어 있는 상태를 가리킨다. 대중어는 이와 같이 도덕적 감각을 무디게 한다.

¶14 언어결정론적 가설 : 이것은 흔히 'Sapir－Whorf 가설'(Sapir－Whorf hypothesis)로 알려져 있다. 그 가설이라는 것은 1) 높은 수준의 사고는 일체가 언어에 의존하고 있다, 2) 우리가 습관적으로 사용하는 언어의 구조는 우리가 환경을 이해하는 방식을 결정한다, 그리고 더 나아가서, 3) 언어를 변화시키면 삼라만상의 인식을 변화시킬 수 있다는 것이다. Benjamin L. Whorf(John B. Carrol, ed.), *Laguage, Thought and Reality*(MIT Press, 1956) 참조.

이 문단의 마지막에 인용된 번스타인의 말은 B. Bernstein, in A. H. Halsey, *et al.*(eds.), *op. cit.*, p. 309에 나와 있다.

¶16 '발가벗은 언어' : 이 면에서 현재 우리의 일상적 語法어법－언어사용 방법－을 되돌아 볼 필요가 있다. 저자가 느끼기로는, 현재 우

리 사회에서는 자신의 사고와 감정을 최대한 자제하면서도 정확하게 표현하는, 이른바 '점잖은 말씨'를 들을 기회가 점점 드물어지고 심지어 '점잖은 말씨'의 개념 그 자체가 사라져 가는 것이 아닌가가 우려될 정도이다. 웬만큼 식견이 있는 독자라면 누구나 느끼고 있을 것이기 때문에 구태여 예를 들 필요가 없겠지만, 그래도 한 가지 아주 사소한 예를 들어 보겠다. 어떤 사람이 청탁을 하러 왔을 때, 그것에 대하여 '그대의 부탁을 들어 주려면 나는 상당한 무리를 해야 할 걸세'라고 하는 대답은 '점잖은 말씨', 또는 비유적인 의미로, '양반의 어법'이 통용되는 세상에서는 '절대적인 노우'이다. 그러나 '발가벗은 말'－최고도로 강조하거나 과장하는 말－이 아니고는 뜻이 통하지 않는 사태에서 그 말은 그렇게 들리지 않는다. 그 대답은 약간의 로비만 하면 들어줄 가능성도 있다는 대답처럼, 오히려 로비를 요청하는 대답처럼 들린다. '대중어'가 죄악감역을 높인다는 번스타인의 지적은 이러한 사태를 상당히 정확하게 드러내고 있다. 우리의 경우에, 절제된 용어로 자신의 생각을 정확하게 표현하는 '양반의 어법'이 어떤 것인지 확실하게 알고 싶은 독자는 朴景利의 소설 『토지』에 나오는 최 참판의 말을 참고할 수 있다. 아마 우리의 경우에 최 참판은 '마지막 양반'이라고 보아야 할지도 모르겠다.

¶18 이하 괄호 안의 페이지 수는 이종각(역), 『교육과 사회학』의 페이지를 가리킨다. 다만, 현재의 번역과 저자 자신의 번역에 명백한 차이가 있는 경우에 한하여 지자는 자신의 번역을 따랐다.

¶18 집단적 의식 : E. Durkheim, *The Division of Labor in Society*

(Free Press, 1964), p. 79를 인용한 Ivor Morrish, *Disciplines of Education*(George Allen and Unwin, 1967), p. 256에는 '집단적 의식'(collective consciousness, représentations collectives, Fr.)에 관한 뒤르껭 자신의 다음과 같은 말이 소개되어 있다. '동일한 사회의 평균시민에 공통된 신념과 정조의 총체는 그 자체의 생명을 가진 구체적인 형태의 체제를 이루고 있다. 이것을 "집단적 의식"이라고 부를 수 있을 것이다. 쉽게 짐작할 수 있다시피, 이 집단적 의식은 사회 내의 특정한 機構기구를 빌어 표현되는 것이 아니라, 그 정의에 암시된 바와 같이, 사회 전체에 걸쳐 작용한다.' 여기에 인용된 뒤르껭의 말과 이하 본문 여기저기에 언급된 것들을 종합적으로 이해하자면, 집단적 의식에 관해서는 몇 가지 세밀히 검토해야 할 중요한 문제가 있다. 그러나 그 중에서 가장 근본적인 것은 개인과 사회의 관계를 중심으로 한, 집단적 의식의 존재 방식일 것이다.

뒤르껭은 집단적 의식을 내면화하기 이전의 개인을 가리키는 '개인적 존재'를, 그것을 내면화한 이후의 개인을 가리키는 '사회적 존재'와 대비시키고 있다. 이것으로 보면 집단적 의식은 개인적 존재로서의 개인이 사회적 존재로서의 개인으로 변형되기 위하여 '내면화해야 할' 정신적 실체를 가리킨다고 말할 수 있다. 그러나 우리가 결코 간과하지 말아야 할 중요한 사실은 개인적 존재가 따로 있고 사회적 존재가 따로 있는 것이 아니라, 두 '존재'라는 것은 단순히 동일한 개인의 두 상태－집단적 의식을 내면화하지 않은 상태와 내면화한 상태－를 지칭한다는 것이다. 이 점은 당연히 개인과의 관련에서의 집단적 의식의 존재 방식에 관한 문제를 제기한다. 보다 구체적으로, 그 문제는 집단적 의식(또는 사회)이 '개인을 초월한 그 자체의 실체로서 존재한다'(본문 ¶24)고

할 때의 이 '초월'을 어떻게 이해해야 하는가 하는 문제이다.

사실상, '집단적 의식'에서의 '의식'이라는 용어는, 그것의 정의에 사용된 '공통된 관념과 정조'에서의 '관념과 정조'라는 용어와 마찬가지로 개인에게 적용되며 또 개인에게만 의미 있게 적용된다. '집단적 의식'이라는 용어는 원칙상 개인에 속하는 것을 비유적인 의미로 집단의 경우에 적용한 것이라고 보아야 한다. 그 용어는 문자 그대로 '집단이 가지고 있는 의식'을 뜻하는 것으로 이해될 것이 아니라, '마치 집단도 개인이 가지고 있는 것과 같은 의식을 가지고 있는 것처럼' 생각할 수 있다는 뜻으로 이해되어야 할 것이다. 그러나 집단적 의식은 결코 개인(또는 '개인적 의식')을 '초월하여' 존재할 수 없으며, 오직 개인 속에서, 개인을 빌어 존재할 수 있다. 그럼에도 불구하고 집단적 의식은 개인을 초월하여 존재한다든지, '관념의 형태로 존재하는 것이 아니라 제도의 형태로 존재한다'(본문 ¶23)고 말하는 것은, 집단적 의식은 개인이 마음대로 좌지우지할 수 있는 것이 아니라는 것, 개인은 개인으로서 존재하기 위해서라도 집단적 의식에 '복종'해야 한다는 것을 드러내기 위해서이다.

또한, '개인은 출생할 때 그 피부조직 속에 이기적, 반사회적 충동을 갖추고 태어난다'는 뒤르껭의 말이 반드시 인간의 '본성'에 관한 그의 견해를 나타내는 것은 아님을 유의할 필요가 있다. 그의 학문적 경향으로 미루어 뒤르껭은 '본성'에 관심을 가질 수 있는 사람이 아니다. 그가 말한 '이기적, 반사회적 충동'이라는 것은 집단적 의식을 내면화한 상태와 대비하여 그것이 결여된 상태를 기술할 뿐이며, 인간은 그것을 '본성'으로 가지고 태어났다는 것을 주장하는 것이 아니다. 그뿐만 아니라 한 걸음 더 나아가서, 그것이 과연 '사실'을 기술한 것인가도 의문이다. 태어날 때 인간이 어떤 것을 가지고 태어나는가 하는 것은, 이기적 본능이건 선한 본성이건 간에, '사실'로서 확인할 수 있는 것이 아니다. 그러므로 '본성'에 관하여 말하자면, 인간은 이기적 충동을 '본성'으로 타고난다는 말에 못지않게 '집단적 의식'을 '본성'으로 타고난다는 말도 의미 있게 성립하며, 오히려 전자보다는 후자가 더 타당하다고 볼 이유도 있다. 왜냐하면 이기적 충동은 뒤르껭이 의미하는 대로의 '집단적 의식'－개인이 교육을 통하여 갖추어야 할 훌륭한 정신적 자질－과 마찬가지로 오직 출생 이후에나 나타나며, 그것이 나타나기 이전－만약 그런 상태가 있다면－은 필경 그 두 가지 경향성 중의 어느 것도 갖추지 않은 상태일 것이기 때문이다.

¶20 교육학은 사회학이다. : '교육은 사회적 사물'(social thing)이라는 말에서의 '사회적 사물'은 앞의 '사회적'을 강조해서 읽을 수도 있고 뒤의 '사물'을 강조해서 읽을 수도 있을 것이다. 뒤에 강조를 둘 때 그 말은, 교육은 '광물학자에게 암석이 그렇듯이, 해부학자에게 신체가 그렇듯이' 탐구와 이해의 대상이 된다는 뜻을 나타낸다. '교육학은 사회학이다'라는 뒤르껭의 발언은 이것과 동일한 맥락에서 이해되어야 한다. 즉, 교육학이 '교육'을 탐구하고 이해하는 학문이라면 그것은 '사회'를 탐구하고 이해하는 학문으로서의 사회학과 다르지 않다는 것이다. 그러나 만약 이 말을 현재의 학문적 판도에 관한 발언으로 이해한다면 그것은 명백히 그릇되다. '사회'를 탐구하고 이해하는 학문이 오직 사회학뿐이겠는가? 또는, 그 학문이 대상으로 하고 있는 '사회'라는 것은 무엇이며 그것을 탐구한다는 것은 어떻게 한다는 뜻인가? 이런 식으로 생각해보면, 사회를 탐구하고 이해한다는 것은, 올바른 의미에 있어서는, 그

안에서 일어나는 삶을 탐구하고 이해하는 것과 다르지 않다. 교육학은 삶을 모든 다양한 측면에서 탐구하고 이해하는 학문이다.

¶29 교육의 양대 지주에 대한 인식론적 설명 : 이 주석은 '주석・증보판 서문'에서 말한, 초판 이후의 저자의 지적 번민과 관련되며, 따라서 초판 본문에 대한 '주석'보다는 '追記'추기에 더 가깝다. 이 장의 본문 ¶3에서 저자는 성년식 개념과 사회화 개념을 차별화하는 한 가지 방법으로 '보편적 인간으로 교육받은 사람'과 '한국인이라는 특수적 인간으로 교육받은 사람'을 구분하였다. 피터즈의 성년식 개념에는 이 후자의 측면에 대한 고려가 결여되어 있다는 것이다. 다시, 위의 그 서문에서 말한 바와 같이, 저자는 현시점에서도 그 생각이 완전히 그릇된 것인지 확신이 서지 않는다. 그러나 또 한편, 보편적 인간과 특수적 인간은 별도로 존재하는 '별종의' 인간일 수 없으며, '보편적 인간으로 교육받은 사람' 또한 반드시 '특수적 인간으로 교육받은 사람'으로 존재하며 그러한 사람을 통하여 모습을 드러낼 것이다. 이렇게 생각해 보면, 양자는 두 가지 '교육받은 사람'의 모습을 나타내는 것이 아니라, 한 가지 동일한 '교육받은 사람'을 실현하는 상이한 통로를 나타낸다고 보는 것이 더 옳을지 모른다. 이 점을 교육의 두 개념으로 고쳐 말하면, 성년식 개념이 드러내는 교과교육과 사회화 개념이 드러내는 집단적 의식의 내면화는 각각 상이한 통로를 통하여 한 가지 동일한 '교육받은 사람'을 실현하는 데에 상보적으로 기여한다는 말이 된다.

이 문단에는 집단적 의식('제도화된 행동에 내재해 있는 정신적 요소')의 내면화 과정을 설명하는 명제로 '제도 안에서의 삶은 구성원으로 하여금 제도화된 행동에 내재해 있는 정신적 요소를 내면화하도록 한다'는 것을 제시하고 있다. 표면상으로 보면, 이 명제는 성년식 개념을 설명하는 명제, 즉 '교과는 문명된 삶의 논리적 가정이며 교과를 배움으로써 인간은 문명된 삶의 형식에 입문하게 된다'는 것과 '근본적으로 다르다'고 말할 수 있을 것이다. 그러나 이와 같이 피상적으로, 또는 직관적으로 파악되는 것 이상으로, 그 '근본적인 차이'를 좀 더 엄밀히 규정하려고 하다가 보면, 그 두 가지 통로에 대한 설명은 그야말로 다르기만 한지, 오히려 교과와 제도화된 행동이라는 통로는 다르다 하더라도 그것이 '교육받은 사람'을 실현하는 방식에 근본적인 유사성이 없는지에 생각이 미치게 될 것이다. 생각해 보라. 교과를 통하여 입문하는 '문명된 삶의 형식'과 제도화된 행동을 통하여 내면화하는 '집단적 의식'은 다 같이 교과와 행동의 '논리적 가정'이며(제3장의 ¶39 이하 본문 ¶36), '논리적 가정'으로서 모종의 공통된 의미를 나타낸다고 볼 수 있을 것이다. 이 점은 교육의 그 두 개념('양대지주')을 인식론적인 측면에서 좀 더 엄밀하게 분석할 것을 요구한다(이하 본문 ¶38). 명백히 그것은 이 주석의 범위와 저자의 한계를 다 같이 넘어선다.

¶31 행동의 수행자와 원천 : 행동(즉, '제도화된 행동')의 수행자와 원천의 관계는, '수행자'를 '담지자' 또는 '소유자'로 바꾸면 앞의 주석 ¶18에서 말한, 개인과 집단적 의식의 관계와 동일하다. 즉, 개인은 집단적 의식의 담지자일 뿐이며, 집단적 의식은 개인을 '초월하는' 그 자체의 원천을 가지고 있다. 이 경우에 개인이 담지하고 있는 정신적 내용과 집단적 의식 사이에는 동일하지도 않고 상이하지도 않다는 파라독스적 관계가 성립한다. 집단적 의식은 개인이 소유하고 있는 정신적 내용에 의해서가 아니고는 표현될 길이 없으며, 이 점에서 양자는 상이

하지 않다. 그러나 또한 집단적 의식은 개인이 소유하기 전에도 존재한다는 뜻에서 양자는 동일하지도 않다. 앞에서(제1장의 주석 ¶28) 우리는 이와 동일한 파라독스적 관계가 경험과 그 양상 사이에도 성립한다는 것을 보았다. 이러한 관계는 형이상학적 실재와 그것의 경험적 표현 사이에서만 성립한다. 맨 마지막 제5장에서 다시 고찰할 바와 같이, 개인의 정신적 내용과 집단적 의식의 관계를 특징짓는 파라독스는 사회화 개념에만 해당하는 것이 아니라 성년식 개념에도 똑같이 해당한다고 보아야 한다. 이것은 곧 교육에는 필연적으로 형이상학적 측면이 있다는 것, 형이상학적 사고에 의존하지 않고는 훌륭한 인간의 형성을 올바르게 설명할 수 없다는 것을 뜻한다.

¶32 개인적 의미와 제도적 의미 : 이하에 제시되는, 행동('제도화된 행동')의 두 가지 의미에 관한 설명은 거의 전적으로 F. Allan Hanson, *Meaning in Culture*(RKP, 1975)에 의존하고 있다. 핸슨은 행동의 의미에 관한 질문으로서 '개인적 질문'과 '제도적 질문'을 구분하고 각각의 질문에 의하여 규정되는 의미를 '의도적 의미'(intentional meaning)와 '함의적 의미'(implicational meaning)로 구분하고 있다. 그가 말하는 의도적 의미와 함의적 의미는 각각 개인 수준에서의 의미와 제도 수준에서의 의미를 가리키며, 이 각각은 다시 행동을 하는 당사자의 동기(심리적 의미)와 행동 그 자체의 이유(논리적 의미)에 해당된다.

그 책에서 핸슨의 관심은, 책의 제목에 나와 있듯이, '문화 속의 의미' (문화 안에서 '의미 있다'든가 '의미를 가진다'는 말은 무엇을 뜻하는가), 또는 차라리 '문화의 의미'에 있기 때문에, 그의 초점은 당연히 '제도적, 논리적 의미'에 있다. 그의 분석에 의하면 '문화 속의 의미'

또는 '문화의 의미'는 한 마디로 '행동의 함의와 논리적 가정'(본문 ¶36)을 뜻한다. 앞 장의 주석 ¶37에서 말한 바와 같이 함의와 논리적 가정은 논리적(또는 개념적) 관련의 두 가지 형태를 나타낸다. 함의는 한 명제를 받아들이고 난 뒤에 그 귀결로서 받아들여야 하는 명제를 가리키며 논리적 가정은 한 명제를 받아들이기 위해서는 그에 앞서서 그것의 전제로서 받아들여야 하는 명제를 가리킨다. 행동에서 논리적으로 분석되어 나오는 함의와 논리적 가정은 그 행동의 (논리적) 의미를 구성한다. 그 중에서 함의는 (행동에) '뒤따르는 의미'이며 논리적 가정은 (행동에) '앞서는 의미'라고 부를 수 있다. (핸슨의 '함의적 의미'는 이 두 가지 의미를 한꺼번에 지칭한다.) 핸슨의 분석에서와 같이, 행동의 함의적 의미로 규정되는 '문화'는 뒤르껭이 말한 '집단적 의식'과 다른 것이 아니며, 그뿐만 아니라 번스타인의 언어 사회화 이론에서 두 계층의 습관적 구어양식을 통하여 전수되는 계층문화(subcultures)와도 다르지 않다.

교육의 사회화 개념은 이런 의미에서의 문화의 전수 과정을 교육의 개념으로 부각시킨다. 이와 관련하여 우리는 두 가지 점에 주목할 필요가 있다. 첫째로, 행동과 함의적 의미가 논리적 관련으로 연결되어 있다는 사실은 사회화 개념은 공학적 개념이 의존하는 수단-목적 관계와는 다른 파라다임에 의존하며 그와 동시에 성년식 개념과 동일한 파라다임에 의존하고 있다는 것이다. 이것은 곧 사회화 개념과 성년식 개념은 다 같이 공학적 개념에 대하여 대안적인 위치에 놓여 있다는 것을 의미하며 따라서 그만큼 개념상 유사성을 나타낸다는 것을 의미한다.

또 한 가지 주목해야 할 것은 사회화 개념에서의 儀禮의례의 중요성이다. '의도적 의미'와 '함의적 의미'(또는 개인적, 심리적 의미와 제도적, 논리적 의미)가 행동에서 도출되는 두 가지 의미라고 하여, 그 각각이 다른 행동에서 도출된다고 볼 필요는 없다. 그 두 가지 의미는 하나의 동일한 행동이 가질 수 있는 두 차원의 의미이며, 양자가 때로는 조화롭게 양립하기도 하고 때로는 마찰을 빚기도 하지만, 하나의 동일한 행동이 두 차원의 의미를 동시에 가질 수 있다. 그러나 의례는 여기에 예외적인 경우를 나타낸다. 이 책의 증보자료로 실려 있는 '전통 가정교육의 방법적 원리'(4절)에 지적되어 있는 바와 같이, 의례는 특이하게 '함의적 의미'를 전달하는 기능을 수행한다. 이것은, 다음 절에 시사되어 있듯이, 사회화 개념에 관심을 두는 사람은 의례의 기능에 특별한 관심과 노력을 기울여야 한다는 것을 의미한다.

¶40 사회화에 접근하는 방법론 : 여기서 말하는 방법론은 이하 본문 ¶43에 소개되어 있는 연구에 실지로 사용된 방법론이다. 그 연구에 사용된 질문의 세부사항은 주석 ¶43에서 열거하기로 하고, 여기서는 예컨대 이런 방법론에 따른 연구들이 교육의 사회화 개념의 정상적인 발전에 절실히 필요하다는 것을 말하고자 한다. 사실상, 이때까지 사회화에 관해서는 한 사회 안에서 살아가는 것 그 자체가 사회화를 보장한다는 생각에서, 그것의 원만한 수행을 위해서는 이론적인 면에서건 실제적인 면에서건 특별히 노력을 기울일 필요가 없다는 것이 당연한 것으로 받아들여져 왔다. 그러나 이하 주석 ¶46에서 말할 바와 같이, 이것은 옳지 않다. 사회화에도 교과교육에서와 조금도 다름없이 성공과 실패가 있을 수 있으며, 사회화의 성공을 위해서는 응분의 노력이 기울여져야 한다. 그리고 그 노력 중에서 가장 우선적이고도 기본적인 것은 한국 사회에서 전수되는 집단적 의식(더 정확하게는, 집단적 의식의 경험

적 표현)을 확인하는 것이다. 이 점에서 본문 ¶43에 예시적으로 제시된 것과 같은 연구는 장차 활발히 이루어지고 그 결과가 교육학의 논의 영역에서 중요한 위치를 차지하지 않으면 안된다. (저자의 '국민교육의 내용으로서의 민족문화', 『교육이론』 2-1, 서울대학교 교육학과, 1987, pp. 3-14와 金光敏, '선비정신의 개념정립을 위한 시론', 『도덕교육 연구』, 근간 참조.)

¶41 결혼의 '제도적 의미' : 결혼의 '제도적 의미'는 '결혼은 이런이런 것이다'라는 언설을 통하여 알려 줄 수 있는 것이 아니다. 물론, 그런 언설이 완전히 무의미한 것은 아니겠지만, 결혼의 의미는 사회에서의 삶 전체를 통하여, 그리고 보다 구체적으로는 결혼의 의례적 절차를 통하여 이해되고 전달된다. 예컨대 한국 사회에서 결혼은 전통적으로 '한 가문에서 성장한 사람이 양가의 합의에 따라 다른 가문의 일원으로 되는' 데에 거쳐야 할 절차를 의미한다고 할 때, 결혼이 그런 것이라는 것은 사람들이 결혼을 그런 언설로 규정해서가 아니라 결혼의 절차와 결혼 생활이 그런 관념을 사람들의 마음속에 심어 주기 때문이다. 예컨대 『한국민속대관』(고려대학교, 1980) 제 1 권 관혼상제 편에는 한국의 여러 지방의 결혼 풍속이 소개되어 있다. 결혼의 제도적 의미에 관하여 완전히 눈먼 사람이 보기에는 능히 불필요한 '허례허식'처럼 보일 수도 있는 그 번거롭고 복잡한 절차는 오로지 혼인 당사자에게 '결혼은 가문과 가문 사이의 집단적 문제'라는 관념을 체계적으로 전달하기 위한 것이라고 말할 수 있다. 참고로 그 번거롭고 복잡한 절차를 요약해서 제시하면 다음과 같다.

우리의 전통 혼인은 議婚의혼과 大禮대례와 後禮후례의 세 단계를 따라 이루어졌고 각 단계마다 복잡한 형식과 절차가 있었다. 議婚의혼이라는 것은 양가에서 혼인할 의사가 있음을 밝히는 것에서 시작하여 擇日택일(혼인 날짜를 정하는 것)에까지 이르는 과정을 말한다. 간혹 예외적인 경우도 있지만, 혼인의 성립은 먼 친척이나 제3자인 중매쟁이에 의하여 이루어진다. 중매쟁이는 혼인 당사자들의 특징보다는 양가의 가문을 주로 고려하여, 지체가 비슷한 상대방을 구한다. 중매쟁이의 역할이 중요하지 않은 것은 아니지만, 혼인을 한다 안한다 하는 최종적인 결정권은 부모에게 있다.

혼인을 하기로 양가에서 합의하면, 請婚청혼, 許婚허혼의 서신을 교환하고 四星사성(四柱單子사주단자)을 보낸다. 청혼, 허혼의 서신에도 서식이 있지만, 특히 사성을 보내는 데에는 까다로운 형식이 있다. 사성은 종이를 홀수 수(세 번 또는 다섯 번)로 접은 맨 가운데 칸에다 생년월일시를 써서 사성봉투에 넣은 다음 싸릿대를 쪼개어 그 사이에 끼우고 청홍실로 감는다. 다시 이것을 안팎으로 붉고 푸른 비단 보(사성보)에 싸서 상대방에게 보낸다. 사성보가 도착하면 그것을 받는 쪽에서는 돗자리에다 상을 놓고 그 상 위에서 받는다. 택일서신도 '奠雁전안 모년 모월 모일 모시 納幣同日先行납폐동일선행' 등과 같은 서식에 맞추어서 보내며, 여기에도 사성보를 보내고 받을 때와 마찬가지의 형식이 있다.

大禮대례는 혼례의 가장 중요한 부분으로서, 函함과 禮狀예장을 보내는 일, 奠雁禮전안례, 交拜禮교배례, 合巹禮합근례(또는 醮禮초례)를 치른 뒤에 신방에 들기까지의 과정을 말한다. 지방마다 풍속이 다르고 양가의 사정에 따라 특별한 경우가 있지만, 대체로 말하여 신랑이 신부집으로 가서 대례를 치른다. 신랑은 떠나기 전에 조상에게 告祀고사를 지낸다. 신랑은 紗帽冠帶사모관대를 하고 교자나 말을 타며, 예식의 전 과정에 걸쳐 입을 다물고 엄숙한 태도를 갖춘다. 신랑의 행렬에는 上客상객, 後行후행, 함진애비, 하인 등이 순서대로 열을 지어 따라간다. 신부 집 근방에 다다르면 신랑은 따로 정해진 곳에 머무르고 함진애비가 먼저 들어가서 신랑이 당도했음을 알린다. 이때, 오늘날에도 그 풍속이 남아 있듯이, 떠들썩하게 밀고 당기는 실랑이를 벌인다. 함을 주고받는 일에서부터 신랑 신부가 맞절(交拜교배)을 하고 술잔을 주고받는(合巹합근) 데에 이르기까지 일체의 절차는 형식화되어 있으며, 가령 술잔에 청홍실을 드리운다든지 하는 것과 같이, 모든 것이 儀式的의식적인 분위기를 한층 북돋운다.

後禮후례는 于歸우귀라고 하여 신부를 신랑 집으로 데리고 오는 것(지방에 따라서는 이것을 '新行'신행이라고도 한다), 舅姑禮구고례 또는 幣帛폐백이라고 하여 시부모와 시댁의 여러 어른들을 뵙는 것, 그리고 覲親근친이라고 하여 신랑이 다시 신부 집을 방문하는 것에 이르기까지의 과정을 가리킨다. 신부를 데리고 온 신랑은 祠堂사당에 參拜참배하고 신부가 가족의 일원이 되었음을 조상에게 고한다. 그리고 신부가 근친을 갈 때 신부 집에서는 신랑 다루기를 한다. 이때 때로는 약간 지나칠 정도로 신랑을 괴롭히지만, 그러는 동안에 신부 집의 일가친척과 신랑 사이에 일종의 가족적인 분위기가 형성된다.

¶43 李烘雨 등, 『한국적 사고의 원형』(한국 정신문화연구원, 정신문화 문고, 1988). 이 연구에서 대답을 찾으려고 한 근본적 질문에 포함되는 세부적인 질문들을 열거하면 다음과 같다. (앞의 결혼의 예에서 보았듯이, 이러한 질문과 그 대답은 언설로 주어지는 것이 아니라 제도화

된 행동으로 주어진다. 다시 말하여, 그 질문과 대답을 알아내려면 다른 어떤 것보다도 '제도'를 조사해야 한다.)

1. 행복한 삶 : 한국인의 인생관

- 희노애락의 원천은 무엇인가?(부끄러움, 자랑스러움 등)
- 삶의 보람은 어디에 있는가?
- 재앙과 난관은 어떻게 극복하는가?(행복은 어떻게 얻어지는가?)
- 올바른 삶은 어떻게 규정되는가?
  물질적 부는 삶에 어떤 의미를 갖는가?
- 일의 처리에 있어 무엇이 중시되는가? (결과/과정, 목적/수단, 情정/理리 등)
- 자기주장과 양보는 각각 어떤 경우에 행해지는가?
- 행복의 내용은 어떻게 규정되는가?

2. 집단 속의 개인 : 한국인의 사회관

- 개인이 소속감을 갖는 범위는 어디까지인가?
- 개인의 역할은 어떻게 규정되는가?
- 개인을 초월한 도리라는 것이 있는가?
- 개인의 생애와 집단의 생명은 연속적인 것인가?
- '개인의 것'이라고 보는 것은 어떤 것들인가?
- 입신양명(출세와 성공)은 개인의 것인가?
- 자아는 어떻게 규정되는가?
- 여성의 지위는 집단과 어떤 관계가 있는가?

3. 삶과 죽음 : 한국인의 생사관

- 삶과 죽음(이승과 저승)은 어떤 관련을 맺는가?
- 죽음은 어떤 상태인가?

- 죽음 뒤에도 이승에 영향을 줄 수 있는가?
- 좋은 죽음은 어떤 죽음인가?
- 영혼과 육체는 각각 어떤 상태로 존재하는가?
- 개인의 삶과 죽음, 집단의 삶과 죽음은 연속적인 것인가?
- 삶과 죽음을 규제하는 원리가 있는가?

4. 인간과 자연의 질서 : 한국인의 우주관
- 우주에 질서가 있는가?
- 우주를 움직이는 근본적인 힘은 무엇인가?
- 인간은 자연적 질서의 한 부분인가?
- 우주는 무엇으로, 어떻게 구성되는가?
- 우주에 있어서 神신의 위치는 어떻게 규정되는가?
- 인간의 운명은 결정되어 있는가?
- 개별적 시간과 보편적 시간은 어떻게 관련되는가?
- 보편자는 개체를 초월해 있는가?
- 인간이 計度계탁할 수 있는 한계는 어디까지인가?
- 인간은 동물과 어떻게 구별되는가?

¶46 사회화의 실패 가능성 : 사회화에도 잘하는 것과 잘못하는 것, 성공과 실패라는 것이 있는가? 이 질문은 사회화가 원만하게 이루어지기 위하여 갖추어져야 할 조건은 무엇인가 하는 질문과 동일한 의미를 가진다. 본문에 인용된, '풍속을 너무 푸대접하면 그 앙갚음이 우리 자식에게 돌아간다'는 뒤르껭의 말은 위의 질문에 대답하는 강력하고 직접적인 단서를 제공한다. 뒤르껭의 그 말을 풀이하려면 '문화적 통찰'이라는 것이 정확하게 무엇을 의미하는지를 이해해야 한다. 그리고 문

화적 통찰의 의미를 이해하기 위해서는 앞의 본문(¶¶ 37-8)에서 '꿈틀꿈틀 움직이는 울퉁불퉁한 공'이 우리의 삶과 문화의 어떤 측면을 비유적으로 나타내는가, 또는 다른 말로, 그 비유가 나타내는 우리의 삶과 문화는 어떤 것인가를 이해할 필요가 있다. 한 마디로 말하여, '문화적 통찰'이라는 것은 우리의 삶과 문화를 그 비유에 따라 이해하는 것을 뜻한다. 이것은 결코 쉬운 일이 아니다. 왜냐하면 그 비유가 나타내는 것은 다름 아닌 '문화의 총체성'이기 때문이다.

'총체'라는 것은 구성요소들의 상호작용으로 이루어져 있으며, 이 구성요소들은 그것들끼리만 상호작용한다. (여기서 그 구성요소끼리만 상호작용한다는 것은, 총체에는 그 바깥이라는 것이 없다는 뜻이다.) 문화를 총체로서 이해한다는 것은 그 안에서 일어나는 행동의 '제도적 의미'들 사이의 관련을 파악하는 것을 의미한다. 문화 안에서 일어나는 사람들의 행동은 끝없이 다양하고 복잡할 뿐만 아니라 살아있는 사람들이 연출하는 것인 만큼 고정되어 있는 것이 아니라 끊임없이 변화한다. 그렇기 때문에 그것들의 제도적 의미와 그 사이의 상호관련을 완전히 파악하는 것은 인간으로서는 불가능하다고 말할 수밖에 없다. 그러나 그렇기는 해도 문화를 그런 관점으로 이해하면서 조금이라도 그 이상에 접근하는 것은 불가능한 것이 아니다.

사회화가 원만히 이루어지기 위해서는 사회화를 책임지고 있는 사람들에게 이 문화적 통찰이 갖추어져 있어야 한다. '사회화를 책임지고 있는 사람들'은 넓게는 성인 집단 전체를 가리키지만, 보다 특수하게는 사회 구성원들의 행동에 영향을 미치는 제도를 마련할 위치에 있는 사회지도자들을 가리킨다. 이들에게 문화적 통찰이 중요하다는 것은 그것이 결여되어 있는 상태를 생각해 보면 쉽게 알 수 있다. '文化盲'문화

맹-문화적으로 눈먼 사람-이 그런 지도자의 자리에 올라갔을 때, 그들에게 중요한 것은 오직 실용적인 효율성-수단-목적 관계에 비추어 의미 있는 것-뿐이며 그 기준에 부합하지 않는 제도는 모두 '허례허식'으로 간주하여 닥치는 대로 난도질할 것이다. 그들은 뒤르껭의 말대로 '풍속을 마음껏 푸대접한다.' 그들의 그러한 조치는 필경 문화 내의 다른 요소들과 마찰을 일으켜 삶을 불안하고 불편하게 하며, 극도로 심한 경우에는 '꿈틀꿈틀 움직이는 울퉁불퉁한 공' 그 자체가 흔적도 없이 산산조각이 나는 사태를 몰고 올 수도 있다.

제5장 시작하는 결론

¶2 교육의 개념에 포함된 세부적 질문과 대답 : 제 1장의 주석 ¶31 참조.

¶10 부분과 전체 : 플라톤의 대화편 『프로타고라스』(*Protagoras*)에서 소크라테스는 프로타고라스에게 '전체로서의 덕과 세부적인 덕들 사이의 관계가 입, 코, 눈, 귀가 얼굴의 한 부분인 것과 같은가, 그렇지 않으면 금덩어리의 한 조각이 그 부분인 것과 같은가'하고 묻는다(329d). 사실상, 부분과 전체의 문제는 희랍 철학의 근간이라고 말할 수 있는 One and Many(一일과 多다)의 문제와 긴밀하게 관련되어 있다. (朱熹 주희의 '月映萬川'월영만천의 비유에서 드러나 있는 바와 같이, 그 문제는 성리학에서도 중요한 것으로 간주된다.) A. E. Taylor, *Elements of Metaphysics*(Methuen, 1930, University Paperbacks, 1961), pp. 95-7에서는 '부분과 전체'라는 말이 적용될 수 있는 경우를 다음과 같은

네 가지 '수준'으로 구분하고 있다.

첫째는 단순한 '집합'이다. 예컨대 사과 상자에 사과가 가득 들어 있을 때, 전체 사과 상자와 그 안에 들어 있는 낱낱의 사과의 관계에도 '부분과 전체'라는 용어가 적용될 수 있을 것이다. 그러나 이 경우는 여러 개의 사과를 동일한 장소에 모아 놓은 것에 불과하며, 따라서 낱낱의 사과가 엄밀한 의미에서 전체 사과의 '부분'을 이루고 있다고 보아야 할지는 의문이다. 여기에 비하여, 둘째와 셋째 수준인 '기계'와 '유기체'의 경우에는, 비록 두 수준에 차이가 있기는 하지만, '부분과 전체'라는 용어가 훨씬 더 적절하게 적용된다고 말할 수 있다. 예컨대 자전거와 그 부속품 사이의 관계(기계)와 사람의 몸과 손가락 사이의 관계(유기체)를 비교해 보면 두 경우에는 명백한 차이가 있음을 알 수 있다. 자전거라는 전체는 여러 부속품들을 조립하여 만들어지며, 따라서 이 경우에는 그 부속품들이 전체 자전거보다 '앞선다'고 말할 수 있다. 또한 그렇기 때문에 자전거에 박혀 있는 나사는 자전거와의 관련을 떠나서도 '나사'로서의 정체성을 띠고 나사로서 기능할 수 있다. 그러나 몸의 손가락은 몸에 '앞설' 수가 없고 몸과 더불어, 몸이 있음으로 말미암아 존재하게 된다. 그렇기 때문에 손가락은 몸을 떠나서는 생화학적 요소들의 결합으로 구성된 근육의 덩어리일 수는 있을지언정 사람의 '손가락'이 아니다. '一일과 多다'의 용어로 말하자면, 기계와 유기체에서는 그 중의 어느 하나가 '우선'한다. 말하자면, 기계에서는 多다의 측면이 두드러지며, 유기체에서는 一일의 측면이 두드러진다.

사회학에서 사회 구성원들 사이의 결속 정도를 나타내는 '기계적 연대의식'(mechanical solidarity)과 '유기체적 연대의식'(organic solidarity)은 기계와 유기체의 위와 같은 특성에 의존하고 있다. 기계적 연대의식하에서 구성원들은 전체라는 사회나 집단에 소속하고 있기는 하지만 전체와의 관련을 떠나서도 개인으로 존재할 수 있으며, 만약 그럴 필요가 생기면 그 연대를 포기하거나 최소한으로 할 수 있다. 그러나 유기체적 연대 하에서는 그렇지 않다. 이런 상황에서 개인은 전체와의 관련을 떠나서는 그 존재 의의를 가질 수 없으며, 오직 전체 속에서만 개인으로서의 정체성을 확보할 수 있다.

'장님과 코끼리' 이야기가 드러내고자 하는 부분과 전체의 관계는 위의 어느 경우와도 동일하지 않다. 이 이야기에서 코끼리와 다리는 유기체에서의 전체와 부분이 아니다. 이 이야기는 '코끼리'라는 유기체를 내세우면서도 그것을 장님이 파악하는 대상으로 표현함으로써 그 유기체적 특성을 묵살한다. 이 이야기에서의 코끼리와 다리—즉, '장님이 파악하는' 코끼리와 다리—사이의 관계에서는 一일과 多다 중의 어느 하나가 우선하는 것이 아니라 양자가 완전한 균형을 이루고 있다. 테일러 자신의 표현을 빌면, '전체 속에 들어 있지 않은 어떤 것도 부분 속에 들어 있을 수 없으며, 그와 마찬가지로 부분 속에 들어 있는 어떤 것도 전체에 의하여 영향을 받지 않을 수 없다.' 위의 설명에서 짐작할 수 있는 바와 같이, 이 마지막 '부분과 전체'의 관계는 기계나 유기체와 같은 경험적 현상에서는 어디서도 찾아볼 수 없다. 그것은 인도 사상(브라만교와 불교사상)의 특징적인 세계관을 표현한다. 그러나, 물론, 그것이 인도 사상에 국한되는 것은 아니다. 테일러의 그 책이 보여 주는 것과 같이, 그것은 동서양을 막론하고 본격적인 형이상학적 사고라면 어디서나 찾아볼 수 있는 세계관이다. 오우크쇼트의 『경험과 그 양상』은 그 한 가지 보기이다.

이 책에서 장님과 코끼리의 이야기는 우선 '교육과 그 개념들' 사이의 관계를 나타내는 데에 사용되고 있다. 말하자면 그 세 가지 개념들 각각은 교육의 전체를 드러내며, 교육이라는 것은 각각의 개념이 드러내는 것 이외의 다른 것이 될 수 없다는 것이다. 그러나 그 이야기는 또한 다음 절의 '교육은 세계를 배우도록 하는 일이다'라는 말을 설명하는 데에도 사용되고 있다. 앞의 여러 주석에서 말한 바와 같이, 그 이야기가 표현하는 형이상학적 사고를 교육의 개념에 본격적으로 적용하는 일은 후세대의 과제로 미루어두는 수밖에 없다.

¶12 양상과 양상화 : 제1장의 주석 ¶28 참조.

¶13 교육학의 학문적 발전 : 만약, 여기에 시사된 바와 같이, 교육학을 공부한다는 것이 '이미 나와 있는' 개념 체계를 이해하는 데 그친다면 교육학의 '발전'은 어떻게 이루어질 수 있는가—혹시 이런 식의 의문을 제기하는 독자가 있을지 모르기 때문에 여기에 대한 저자의 의견을 말해 보겠다. 만약 이 의문을 통하여 독자가 하고자 하는 말이 '교육학의 발전은 기존의 개념체계를 "이해"하는 데서 이루어지는 것이 아니라 새로운 개념체계를 "창안"하는 데서 이루어진다'는 것이라면, 이 말은 표면상으로는 명백히 그릇되다. 우선, 기존의 개념체계—물론, 그 '기존의 개념체계'라는 것이 이 책에 제시된 것과 동일할 필요도 없으며 그것에 국한될 필요도 없다—가 아니고는 교육학에서 공부할 것이 없으며, 이런 상태에서는 그 '창안'이라는 것이 이루어질 수 없다. 기존의 개념체계를 이해할 때, 우리는 그것이 만족할 만한 정도로 일관된 생각을 나타내고 있는가를 필연적으로 조사하게 된다. 이른바 '새로운 개념체계의 창안'이라든가 그것을 통하여 이루어진다고 하는 '교육학

의 발전'은 오로지 그 과정에서 나온 산물(또는, 정확하게는 부산물)이다. '이때까지 교육학의 "발전"이 모두 그러했는가'라고 묻는다면 저자의 대답은 그렇다는 것이다.

¶15 세계의 크기 : 현재까지 알려진 우주의 크기는 직경이 약 200억 광년(10^{28}cm)이요, 가장 작은 소립자의 크기는 직경이 수천조분의 1cm(1^{-15}cm)이며, 그리하여 전자는 후자의 千正倍천정배(10^{43}배)에 상당한다. 이것은 물리적 '세계'의 규모가 어느 정도인가를 짐작하게 해준다. 그러나, 물론, 이하에서 말하는 '세계'는 그런 물리적 세계가 아니며, 따라서 거기에는 '크다'는 말도 적용될 수 없다. 그것은 '하나'인 세계－둘이나 셋과 구분되는 하나가 아닌, '그냥 하나'(唯一유일)인 세계－이다. 불교에서 쓰는 '三世十方'삼세시방(과거, 현재, 미래, 8방과 상하)이라는 말이 가리키는 것이 그 '세계'이다.

¶18 언어의 한계 : 우리의 언어는 세계를 '직접' 기술할 수 없다. 우리의 언어는 세계의 '양상'만을 기술할 수 있으며 발언의 의미나 진위는 오직 그 양상에 비추어서만 판단된다. '한 송이 국화꽃을 피우기 위하여 / 봄부터 소쩍새는 그렇게 울었나보다'라는 싯귀(문학)는 생물학적 사실(과학)로서는 명백히 그릇된 것이다. 그와 마찬가지로, 본문에 나오는 '세계가 우리의 생각에 들어온다'는 표현에서와 같이, 세계에 관하여 이런저런 언어적 표현을 사용하는 것은 그 표현이 적용될 수 없는 곳에 그것을 '차용'하는 것이다.

¶20 부분과 전체 : 앞의 주 ¶10 참조.

¶20 자아와 세계 : 본문의 이 부분(¶¶20-21)에 설명되어 있는 자아와 세계의 관계는, 이 책의 초판이 출간된 이후에 저자의 여러 글에 사용된 용어로 '重層構造'중층구조라고 부른 사고의 틀-형이상학적 사고 모형-에 비추어 설명하는 것이 편리하다. '중층구조'라는 것은 자아와 세계의 관계를, 주관적인 것(자아)과 객관적인 것(세계)이 구분되지 않는 위층과 그것이 구분되는 아래층이 위아래로 정확하게 맞붙어 있는 형상으로 파악하는 사고방식을 가리킨다. 본문에서 '자아는 곧 세계'라고 말하면서, '자아는 세계에 비하여 빈약하다'든가 '자아의 크기는 세계의 크기에 비례한다'고 말하는 것은 모순처럼 들릴지 모르지만, 중층구조에 의하면 그것은 지극히 당연하다. 주관적인 것과 객관적인 것이 구분되지 않는 위층은 그 구분을 위시하여 그것에서 파생되는 일체의 구분-그리고 그 구분을 표현하는 언어-의 적용에서 벗어난 '절대의 세계'이며, 앞의 제1장의 주석 ¶28에 사용된 용어로 말하자면, '양상화되기 이전'을 가리킨다. 자아와 세계가 모든 면에서 완전히 일치하는 것은 이 수준에서이다. 여기에 비하여 아래층은 자아와 세계가 '양상'으로 표현되면서 양자가 구분되는 수준을 나타낸다. 우리가 흔히 '자아'라고 부르는, 우리의 몸 속 어딘가에 들어 있다고 생각하는 '경험적 자아'는 '자아'가 아닌 '자아의 양상'이다. (그러나, 물론, 그것이 '자아가 아닌' 것도 아니다.) 자아(세계)에 비하여 자아의 양상이 '빈약할' 수밖에 없는 것은 그것이 자아의 '억류된', 또는 '중도정지된' 상태를 나타내기 때문이다. 교육이 '자아가 곧 세계임을 보장한다'는 것은, 중층구조의 용어로는, 교육이 자아의 양상을 가능한 한 자아에 접근하도록 만든다는 뜻이다. 증보자료 1의 제6절 '개인적 정체의 사회적 기반'

은 이 점을 구체적으로 이해하는 데에 도움이 될 수 있을 것이다. (중층구조가 형이상학적 사고의 기본 모형인 한, 그것은 또한 '주석 · 증보판 서문'에 언급된 메타프락시스의 기본 모형이기도 하다.) 중층구조에 관해서는 저자의 『대승기신론 통석』(김영사, 2006) 제6항목과 저자와 유한구, 장성모 공저, 『교육과정 이론』(교육과학사, 2003), pp. 31-7 참조.

¶21 세계는 넓고 할 일은 많다. : 이 책을 쓰는 동안에 저자는 우리나라 굴지의 대기업주가 자신의 기업활동의 경륜을 『세계는 넓고 할 일은 많다』라는 제목의 책으로 펴내었다는 말을 들었다. 그에게는 그 넓은 세계가 온통 '할 일'－기업가로서의 할 일－투성이로 보이는 것이다. 그리고 그것은 오랜 기업 활동이 그에게 가르쳐 준 것이다. 물론, 마찬가지로 어떤 사람은 오랫동안 문학이나 음악, 과학이나 역사를 배운 결과로 세계를 온통 이 면에서의 할 일 투성이로 볼 가능성이 있다. 이런 사람이 '교육받은 사람'이다.

¶22 '개인보다 큰 것' : 물론, 개인보다 큰 것이 있다. 그것은 개인이 죽어서 들어갈 棺관이다－'개인보다 큰 것'은 아무것도 없다고 생각하는 사람은 이런 농담을 진지한 어조로 말할 수 있는 사람이다. 그런 사람은 다음 문단의 '밧줄 비유'를, 개인을 속박하는 밧줄 그 자체로 생각할 것이다.

¶22 '단편적 지식' : 이 표현은 학교에서 교사가 가르치는 지식의 가치를 깎아내리려는 의도에서 흔히 사용되고 있다. 그러나 교사가 가르치는 지식 중에 '단편적 지식'이라고 불릴 수 있는 것은 아무것도 없

다. 그 표현을 사용하는 사람들은 십중팔구 '빛은 직진한다'는 지식을 단편적 지식이라고 생각할 것이다. 그러나 그것을 '단편적 지식'이라고 부르는 것은 어떤 뜻에서인가? 별로 과장할 것도 없이, 그 '지식'에는 과학에 관한 모든 것, 세계에 관한 모든 것이 들어 있다. 그것이 '단편적 지식'이라면 '단편적 지식이 아닌 것'은 아무것도 없다고 말해야 한다.

¶22 대화편 『고르기아스』 : 플라톤 연구가들은 각각의 대화편에 관하여 '저작 연대'(플라톤이 그 대화편을 쓴 연대)와 '상황 연대'(그 대화편이 다루는 대화가 벌어진 연대)를 구분한다. 『고르기아스』의 저작 연대에 관해서는 한 가지 흥미 있는 사실이 있다. 즉, 그 대화편은 젊은 플라톤이, 그 가족과 친척들로부터 정계로 나가라는 압력이 최고조에 달했을 때, 그 압력에 맞서서 그것을 물리치려는 의도에서 쓰였다는 것이다.『고르기아스』를 읽어 보면, 플라톤 연구가들의 이 추측이 별로 그릇되지 않음을 알 수 있다. 그 대화편은 한 사람이 종사할 수 있는 활동으로서 정치와 철학을 가장 첨예하게 대립시키면서, 정치는 그것에 종사하는 사람을 타락시키는 것밖에 아무것도 하지 않는다는 것을, 평소의 소크라테스의 말투와는 맞지 않게 열렬한 웅변조로 주장하고 있다. 본문에 언급된 칼리클레스의 말은 칼리클레스가 말(대화)로는 소크라테스의 적수가 되지 못한다는 것을 알고 나서 그를 협박하는 대목에 나온다. 『고르기아스』에 관한 언급은 저자의 『지식의 구조와 교과』(개정 · 증보판)(교육과학사, 2006) 제 7 장 '소크라테스의 교육방법'에 약간 나와 있다. 독자는 제발 시간을 내어 『고르기아스』를 직접 읽어 보기 바란다.

물론, 『고르기아스』 이외에도 읽어야 할 대화편이 한두 편이 아니다. 만약 저자에게 '교육의 개념'과 관련하여 독자가 읽어야 할 단 한 명의 저자를 들라고 하면, 저자는 서슴지 않고 플라톤을 들겠다. 사실상, 저자는 젊었을 때, 플라톤의 대화편을 읽고 그 각각을 '교육학의 관점'에서 해석하는 논문을 써서 생애의 마지막쯤에 『플라톤과 현대교육』이라는 제목의 논문집을 내겠다는 포부를 품은 적이 있다. 여기서 구구하게 그 출처를 밝힐 필요는 없지만, 그동안 저자가 쓴 글은 '"사랑"으로서의 교육 : 플라톤 『향연』考고', '덕은 가르칠 수 있는가 : 『프로타고라스』와 『메논』의 고찰', '태양과 선분과 동굴 : 플라톤 『국가론』에서의 지식과 교육' 등, 다섯 손가락에도 차지 않을 정도로 미미하다. 지금 생각해보면, 만사 젖혀두고 그 일을 하지 않은 것이 천추의 한이다. (그렇기는 해도, 마지막 『국가론』 해석에 대해서 저자는 내심 은근한 만족과 긍지를 느끼고 있다.) 만약 누군가가 이 일을 이어받아 준다면, 그 천추의 한이 만분의 일은 줄어들 것이다.

¶22 교육의 장 : '교육은 학교에서만 일어나는 것이 아니다'라는 말은 교육에 관한 논술에서 우리가 흔히 접할 수 있는 말이다. 저자가 느끼기에, 그 말을 하는 사람들은 그들의 '의도'에 충실한 나머지 그 말의 의미를 명백하게 밝히는 일은 소홀히 하는 듯하다. 만약 그 말이 '학교에서 일어나는 것과 같은 종류의 일이 학교 바깥에서도 일어난다'는 것을 뜻한다면, 그것은 백퍼센트 지당한 말이다. 그러나 그들이 단순히 이런 말을 하는 것 같지는 않다. 그들은 그 이상으로, 학교에서 일어나는 것과는 '다른 종류의' 교육이 학교 이외의 장소에서도 일어난다는 것을 말하는 것으로 보인다. 그렇다면 그들은 교과교육(성년식 개

념) 이외에 이 책에서 말하는 사회화(사회화 개념)를 염두에 두고 있는 것인가? 그렇지 않다. 저자가 보기에, 그 사람들은 교과교육의 성격에 관하여 무지한 만큼 사회화에 대하여 눈먼 상태에 있다. 그들은 오로지 학교에서 교사가 하는 일－교과를 가르치는 일－의 가치와 중요성을 깎아내리려는 의도만으로 그 말을 한다. 그들의 의도가 참으로 여기에 있다면, 그들은 그 말로서 자신은 교과에 관하여, 교과를 가르치는 일에 관하여 무지하다는 고백을 하는 것이나 다름없다.

¶24 John Dewey, *Democracy and Education*(Macmillan, 1916), 이홍우(역), 『민주주의와 교육』(개정 · 증보판)(교육과학사, 1987). 이하 괄호 안의 숫자는 이 번역본의 장과 문단 번호를 표시한다. 이 책의 '역자해설'과 '증보자료'에는 이하 이 절에 제시된 것과 일관된 저자의 견해가 제시되어 있다.

¶26 듀이의 '활동' : 듀이가 말하는 '활동'은 '실제적 측면'－바라는 결과를 얻기 위하여 사태에 변경을 가한다는 측면－에서 파악되는 활동, '문제해결 활동', 또는 수단-목적의 관계에 의하여 규정되는 활동을 가리킨다. 물론, 활동에 이러한 측면이 있다는 것은 부정할 수 없다. 그러나 활동에는 또한 성년식 개념과 사회화 개념에서 드러내고자 하는 이론적 지식과 정신적 자세도 들어 있다. 듀이의 활동이 실제적 측면에서의 추상인 한, 거기에서는 이런 것들이 활동의 측면 또는 '양상'으로서 정당하게 존중되지 않는다. 본문 ¶37 참조.

¶27 '종합의 철학자' : 듀이는 일체의 개념적 대립을 극복 또는 종합

한 학자로 알려져 있으며, 그가 이 일을 할 수 있었던 것은 그의 관심이 현재의 개인의 삶－실제적 관심에서 추상된 삶－에 있었기 때문이라고 말할 수 있다. 말하자면 듀이는 일체의 개념적 대립을 현재의 개인의 삶에 용해하려고 한, '鎔鑛爐的 용광로적 정신상태'의 소유자이다. 듀이에게는 '개념적 구분'과 '사실적 분리'의 (개념적) 구분이 인정되지 않는다. 『민주주의와 교육』에서 듀이는 일체의 구분을 희랍 사회가 전형적으로 보여 준 계층 분리－자유민과 노예－의 '원인'으로 보고 이러한 계층 분리의 극복은 그 선결조건으로서 개념적 구분의 철폐를 요구한다는 식의 견해를 표명하고 있다. 형이상학적 사고의 기본 모형인 '중층구조'(앞의 주석 ¶20)가 듀이의 사고체계와 인연이 없는 것은 당연하다. 한 사상가로서의 듀이의 이미지는 고대 희랍에서 처녀에게 야유를 당한 탈레스의 이미지가 아니라 바로 눈앞의 구덩이에 마음을 두는 '현실주의자'의 이미지이다. 이하 본문에서 언급할 바와 같이, 듀이도 그 탈레스를 보았더라면 처녀가 한 것과 똑같은 야유를 했을 것이다. 그리고, 그와 마찬가지로, 이때까지 듀이의 이론은 그 처녀와 본질상 똑같은 생각을 가진 많은 사람들에게 열렬한 지지를 받아 왔다. Hong-Woo Lee, 'John Dewey and Afterwards', *Living, Knowing and Education*, ch. 2 참조.

또한, 이하 본문의 설명에서 알 수 있는 바와 같이, 듀이는 피터즈나 뒤르껭과는 달리, 교육의 개념을 수단-목적 관계로 설명하고 있으며, 이 점에서 공학적 개념과 면밀한 개념적 유사성을 나타내고 있다. 그리하여 만약 듀이의 개념이 교육의 '독자적인' 양상을 나타낸다면 그 양상은 필연적으로 공학적 개념이 드러내는 것과 동일한 것이 될 수밖에 없을 것이다.

¶29 '활동 안의 목적' : 듀이가 이 구절에서 말하는 '활동 안의 목적'을 단순히 거기에 '안'이라는 말이 들어있다는 이유에서 '내재적 목적'과 동일한 뜻으로 이해해서는 안된다. 사실상, 듀이가 거기서 쓰고 있는 '안에 있다'는 말이 정확하게 무엇을 뜻하는지는 전혀 불분명하다. 듀이가 말하는 '활동 안에 있는 목적'은 정확하게 말하면 활동과 수단-목적 관계로 연결되어 있는 목적을 뜻하며, 그러한 목적은 앞의 제3장의 주석 ¶30과 ¶36에서 말한 바와 같이, 활동의 '밖에 있는' 목적이다. 이 문단과 다음 몇 문단에 설명되어 있는 바와 같이, 듀이는 '총체'나 '절대자'와 같은 '고정불변의 목적'을, 활동에 제약을 가하면서 활동의 힘을 분산시키는, '활동과 유리된 목적'으로 간주하고 있지만, 앞의 그 규정에 의하면 이것이야말로 활동에 의미와 가치를 부여하는 목적이며 그 점에서 '활동 안의 목적'이라고 불릴 수 있다.

¶32 반성적 사고 : 이것이 듀이의 유명한 '반성적 사고'의 과정과 대체로 일치한다는 것은 짐작하기 어렵지 않다. 『민주주의와 교육』의 제11장에서 듀이는 그 과정을 '사고의 5단계'로 체계화하고 다음 장에서 그것을 교육의 방법으로 사용할 것을 권유하고 있다. 아마 듀이의 이 권유에 영향을 받아서이겠지만, 종래 교육자들 사이에서는 그야말로 그 단계에 따라 '교과'를 가르치려는 시도를 하고 그 방안을 모색해 왔다. 그러나 이것은 그야말로 나무에 올라가서 물고기를 잡겠다는 격이다. 듀이가 말한 '반성적 사고'는 '실제적 문제해결'을 위한, 그것에만 적용될 수 있는 사고이며, 만약 그것이 교과를 가르치는 데에 적용될 수 있다면 그것은 오직 모든 교과를 실제적 문제해결 사태로 바꿀

수 있을 때에 한하여 그러하다.

¶36 부모와 교사의 교육적 영향 : 이러한 듀이의 생각과 비교해 보면, '아이에게는 아무것도, 심지어 음악을 즐기는 것까지도, 강요해서는 안 된다'는, 서머힐 학교의 교장 니일의 말은 별로 극단적인 발언이라고 할 것도 없다. A. S. Neill, *Summerhill : A Radical Approach to Child Rearing*, (Victor Gollancz, 1961), p. 12.

¶38 '보통 사람들' : '교육은 보통 사람들을 겨냥해야 한다'고 말할 때의 '보통 사람들'은 '실제적 삶'에 함몰되어 사는 사람들을 가리킨다. '교육받은 사람들'은 이런 의미에서의 보통 사람들이 아니요, 하물며 '교육하는 사람들'이 보통사람들이 아닌 것은 말할 필요도 없다. 본문의 '혹시 정치는 보통 사람들의 세계를 겨냥한다고 말할 수 있을지 모른다'는 말에 나타나 있는 정치관은, 물론, '보통 사람들'의 통념이다. 그러나 정치의 역할은, 예컨대 플라톤의 『국가론』에서 보는 바와 같이, 이 통념과는 다른 방식으로 파악될 수도 있으며, 이 후자의 견해에 의하면, 정치와 교육은 동일한 관심을 추구하는 상이한 경로를 나타낸다. 다시 말하여, 정치는, 교육과 마찬가지로, 국민의 심성을 올바르게 이끄는 것을 핵심적 관심사로 삼는다. M. Oakeshott, '*Rationalism in Politics*' 참조.

¶39 교육의 실패와 교육의 목적의 혼동 : 이 점에 관한 저자의 견해는 '가치관의 혼란 : 한 교육학적 해석,' 『정신문화연구』, 13-2(1990), pp. 87-102 참조.

¶42 자아의 완성 : 여기서 말하는 '나'는 앞의 주석 ¶20에서 말한, '최대한으로 확대된 자아'를 가리킨다. 교육의 목적을 '자아실현'으로 규정할 수 있다면 그것은 오직 이런 의미에서이다.

【증보자료 1】

전통 가정교육의 방법적 원리

1. 서론

전통 가정교육은 전통 가정생활의 한 특수한 측면, 다시 말하면 자녀를 원만한 인격자로 길러내는 데에 관련된 가정생활의 측면을 가리킨다. 전통 가정교육에 관하여 논의하는 것은 곧 전통 가정생활을 이 교육이라는 측면에서 파악하는 것을 뜻한다. 그러므로 전통 가정교육에 관하여 말할 때 우리는 전통 가정생활에 관하여 말할 때와 동일한 자세를 취할 필요가 있다. 이것은 주로 다음의 두 가지를 뜻한다.

첫째로, 전통 가정교육의 방법은 그것을 한 특수한 측면으로 포함하고 있는 전통 가정생활의 양식 그 자체와 마찬가지로, 오늘날 우리에게 잘 알려져 있는 것이어야 한다. 전통 가정교육의 방법이 어떠했는가를 알아내기 위하여 우리는, 특별히 예외적인 경우가 아닌 한, 고문서를 뒤적이거나 노인들의 회고담을 간청할 필요가 없다. 옛날의 기록이나 노인들의 기억이 전통 가정교육의 방법을 조사하는 데에 도움이 되지 않는 것은 아니지만, 그것은 우리가 모르고 있는 것을 '발굴'하는 데에 도움이 되는 것이 아니라, 우리가 이미 알고 있는 것 또는 정도의 차이는 있지만 우리가 현재 실천하고 있는 것을 '확인'하는 데에 도움이 된다. 물론, 우리가 전통 가정교육의 방법을 이미 알고 있다든가 부분적으로 실천하고 있다고 말하는 것은 우리 누구나가 그것을 언어로 명문화하여 제시할 수 있다는 뜻이 아니다. 그것은 다만, 우리의 전통 가정교육의 방법이라고 하는 것은, 그것이 참으로 우리의 '전통'이라고 할 만한 것이라면, 누군가가 그것을 언어로 명문화하여 제시할 때 우리가 즉각적으로 수긍할 수 있는 그런 것이 아니면 안된다는 뜻이다. 만약 그것이 참으로 우리의 전통 가정교육의 방법이라면, 그것은 오늘날 우리의 삶 속에 여전히 작용하면서 우리의 삶과 교육에 영향을 미치고 있다고 보아야 하며, 따라서 만약 우리가 세밀히 우리의 삶과 교육을 관찰한다면 우리는 그것을 식별해내는 데에 어려움을 겪지 않을 것이다.

그러나 둘째로, 전통 가정교육의 방법이라고 할 때의 '전통'이라는 말에는 또한 위에서 말한 것과 거의 정면으로 상반되는 듯한 의미가 들어 있다. 그것은 곧 전통 가정교육의 방법은 오늘날의 가정교육에서는 등한시되거나 잊혀지는 경향이 있다는 것이다. 전통 가정교육의 방법이 오늘날 우리의 삶 속에 부분적으로나마 살아있는 것은 사실이지만, 그것을 특히 '전통 가정교육의 방법'이라고 지칭하는 데는 그것이 어떤 의미에서건 '현대의' 가정교육의 방법과는 동일하지 않다는 뜻이 들어있다. 우리는 때로 '전통가정교육의 방법은 현대에도 여전히 타당성을 가진다'라는 말을 들을 수 있지만, 이 말은 전통 가정교육의 방법이 현대 가정교육의 방법과 동일하다는 뜻이라기보다는 오히려 상이하다는 뜻을 나타낸다. 말하자면 그것은 전통적 방법에 대하여 우리가 가지기 쉬운 맹목적 편견－전통적 방법은 낡아빠진 것이며 이미 거들떠 볼 가치가 없다는 식의 사고방식－에 대한 경고를 나타낸다. 아닌 게 아니라, 전통 가정교육의 방법은 특히 이런 종류의 맹목적 편견을 가진 사람들에 의하여 무시되거나 부정되고 있다. 그러나 참으로 안타까운 일은, 전통 가정교육의 방법을 무시하거나 부정하는 사람들은 대부분의 경우에 그들이 무시하고 부정하는 그 전통 가정교육의 방법이 정확하게 어떤 것인지 명문화하여 제시하려고 하지 않는다는 것이다. 만약 그들이 전통 가정교육의 방법을 좀 더 정확하게 확인하려는 성의를 가진다면, 그들은 그들이 무시하고 부정하는, 그리고 그들의 의견에 영향을 받는 대다수 사람들에게 도외시되고 망각되는 전통 가정교육의 방법에 참으로 아름다운 점이 있다는 것을 깨닫게 될 것이다.

이런 식으로 생각해 보면, 전통의 의미와 관련된 위의 두 가지 포인트는 표면상으로는 상반되는 것처럼 보일지 모르지만, 사실은 그렇지 않다는 것을 알 수 있다. 즉, 한편으로 전통 가정교육의 방법은 오늘날에도 엄연히 작용하며 우리의 삶과 교육에 영향을 미치고 있다. 그러나 또 한편으로 전통 가정교육의 방법은 우리가 그 실체를 정확하게 규정하고 그것에서 아름다움을 발견하려는 의식적인 노력을 기울이지 않는 한, 우리의 삶과 교육에서 도외시되고 망각될 위험이 있다. 오늘날 우리가 전통 가정교육의 방법적 원리를 확인하고 명문화하여 제시하는 것은 현재 우리의 삶과 교육에 작용하고 있는 방법적 원리, 그러면서도 우리가 의식하지 못하는 사이에 사라져 가고 있는 방법적 원리를 드러내는 데에 그 의의가 있다고 말할 수 있다.

전통 가정교육은 전통 가정생활을 교육이라는 특수한 측면에서 파악하는 것이라는, 이 글의 첫머리에서 한 말이 그다지 그릇된 말이 아니라면 전통 가정교육의 방법상의 원리를 확인하는 일은 곧 전통 가정생활의 원리－다시, 오늘날에도 엄연히 작용하는, 그러면서도 우리가 그것을 파악하려는 의식적인 노력을 게을리 할 때 사라질 위험이 있는 가정생활의 원리－를 드러내는 셈이 된다. '가정교육'이라든가 '가정생활'이라고 할 때의 '가정'이라는 용어는 교육이나 생활이 전개되는 특정한 공간과 시간을 한정적으로 지칭하기는 하지만, 그렇다고 하여 가정교육이나 가정생활의 원리가 교육이나 생활 전체의 원리 중의 한 '부분'을 나타낸다든지 전체 교육이나 생활의 원리에 비하여 '부분적인' 타당성을 가진다고 생각하는 것은 잘못이다. 구체적으로 교육의 경우를 두고 말하자면, 가정교육은 비록 그것이 가정이라는 한정된 공간과 가정생활이라는 한정된 시간에서 일어나기는 해도, 한 인간을 훌륭한 인격자로 길러내려는 그 근본 관심에 있어서는 교육 일반과 다름이 없다. 결국, 전통 가정교육의 방법상의 원리를 확인하는 일은, 이상적으로 말하여, 전통 가정생활뿐만 아니라 크게는 전통적인 삶 전체의 원리를 가정교육이라는 한 특수한 표현을 통하여 드러내는 일이 된다.

이 이상에는 도저히 미치지 못하지만, 이 글에서는 그것을 향한 첫걸음으로서 교육적으로 의미 있는 가정생활의 측면을 다섯 가지의 원리로 파악하고자 한다. 그것은 다음과 같다.

(1) 자녀를 원만한 인격자로 길러내는 것은 가정생활의 핵심적 기능이다. 가정생활의 모든 측면은 자녀교육이라는 핵심적 관심사를 중심으로 이루어지며 가정의 모든 구성원은 이 공동의 관심사에 협조할 의무를 가진다.

(2) 자녀는 '*嚴父慈母*'엄부자모라는 표현에 나타나 있는 것과 같은 두

가지 상반된 권위에 의하여 교육된다. 엄부는 자녀가 지향해야 할 지표이며, 자모는 이 지표를 더욱 확고한 것으로 만든다.

(3) 자녀는 가정생활을 통하여 사회 전체에 통용되는 규범을 학습한다. 가정에서 시행되는 儀禮의례는 '집단적 의식'의 내면화를 위한 으뜸가는 통로이다.

(4) 가정에서 자녀는 사회의 '교육받은 집단'에 공유되는 知的지적 유산이 활용되고 전수되는 것을 경험한다. 가정에서 자녀는 교육받은 사람답게 말하고 생각하는 것을 배운다.

(5) 가정생활은 자녀로 하여금 그가 외따로 떨어진 '단순한 개인'이 아님을 경험하게 한다. 가정생활을 통하여 자녀는 자신의 개인적 正體정체를 올바른 사회적 기반에 위치짓는 것을 배운다.

대체로 말하여 위의 다섯 가지 원리는 전통 가정생활의 특징을 나타내는 다섯 가지 상징과 관련되어 있다. 그것은 1) 태교 2) 사랑방 3) 의례 4) 회자명구 5) 족보의 다섯 가지이다.[1]

2. 가정생활의 핵심적 관심사 : 태교

전통 가정교육에서 胎教태교는 한 가정의 자녀가 받는 최초의 교육 형태이다. 이 점과 관련하여 제기될 수 있는 여러 가지 의문 중에서

1_ 이 다섯 가지 상징으로 대표되는 전통 가정교육의 실제는 우리의 전통사회에 '보편적으로' 행해지던 것이 아니라 특수한 계층에 국한되어 있었다는 점을 들어 이하에서 제시되는 원리에 대하여 이의를 제기하는 사람들이 있을지 모른다. 이 문제는 이 글의 마지막 절에서 고찰하겠다.

오늘날의 관점에서는 특히 태교의 교육방법으로서의 타당성 문제, 다시 말하면 태교가 과연 소기의 교육적 효과를 나타낼 수 있는가 하는 문제가 우선적인 관심사가 된다고 볼 수 있다. 물론, 태교를 전통 가정교육의 방법으로 거론하는 이상, 그 교육적 타당성 문제를 전적으로 도외시할 수는 없을 것이다. 그러나 이 글에서의 논의의 초점은 태교의 효과 유무에 있다기보다는 태교가 전통 가정교육의 한 가지 방법상의 원리를 예시하는 상징적 사례가 된다는 점에 있다. 그 원리라는 것은 곧 자녀교육이 전통 가정생활의 핵심을 이루고 있었다는 것, 그리고 가족의 전 구성원은 이 공동의 관심사에 협조할 의무가 있었다는 것이다. 어머니의 입장에서 볼 때 자녀교육을 위한 명시적 노력은 회임의 순간부터 시작되며 어머니의 그 노력은 가족 구성원 전체의 관심과 협조가 없이는 성과를 거둘 수 없다. (물론, 다음에 말할 바와 같이, 태교의 성과가 유독 회임 이후의 실천 여하에 좌우되는 것은 아니다.)

태교의 구체적인 실천 항목에 어떤 것이 있는가 하는 것은 음식이나 거동에서부터 마음가짐에 이르기까지 다양한 종류가 포함되어 있다는 점을 제외하고는[2] 특별히 이 글의 관심사가 아니다. 여기서 중요한 것은 태교의 정신 또는 원리에 해당하는 것이다. 이 점과 관련하여, 조선시대 정조-순조 조에 柳僖유희의 어머니 師朱堂李氏사주당 이씨가 그의 아들 유희와 공저로 펴낸 『胎教新記』태교신기(1801)의 다음과 같은 구절은 다소간 길게 인용할 가치가 있다고 본다.[3]

태교는 태를 기르는 사람만 할 것이 아니라, 온 집안사람들이 서로 조심

2_ 柳岸津, 『한국의 전통육아방식』(서울대학교 출판부, 1986), pp. 108-145 참조.
3_ 李元浩, 『태교』(박영사, 1977), pp. 183-185. 문법이나 표현에 약간의 수정을 가하였음.

해서 감히 화난 일을 드러내지도 말고 천하고 흉한 일을 알려서 크게 두려움을 주거나 놀라게 하지도 말아야 한다. 난처한 일을 알리지 않는 것은 임부가 근심할까 염려해서요, 급한 일을 알리지 않는 것은 놀라게 될까 염려해서이다. 화내면 태아의 피가 병들고 두려워하면 태아의 정신이 병들고 근심하면 태아의 기운이 병들고 놀라면 태아가 간질을 앓는다. 벗과 더불어 오래 있어도 그 사람됨을 배우거늘 하물며 자식이 어찌 어미에게서 나는 七情칠정을 닮지 않으랴. 그러므로 임부를 대함에 있어서는 기쁨, 성냄, 슬픔, 즐거움이 혹 지나치는 일이 없도록, 임부의 곁에 언제나 훌륭한 사람이 있어서 그 거동을 돕고 그 마음을 온전하게 하며 본받을 말과 법도를 일러 주어서 게으르고 사특한 마음이 일어나지 않도록 하는 것이 도리이다.

사람의 마음은 바깥 소리에 따라 움직인다. 임부는 굿거리, 잡노래와 시장에서 지껄이고 떠드는 소리와 아낙네 잔걱정과 술주정, 분한 욕질이며 서러운 울음소리를 듣지 말 것이며, 종들이 들어와서 먼 바깥의 쓸데없는 말을 전하지 못하게 하고 오직 좋은 글을 외우고 읽으며 거문고를 켜거나 들을 것이다. 임부의 도리는 공경으로써 마음을 차분히 가지는 것이 중요하다. 사람을 해치는 일, 산 것을 죽이는 일, 간사하게 남을 속이는 일, 탐내거나 욕심을 품는 일, 도둑질, 자기보다 나은 사람을 시기하고 증오하는 일, 남을 헐뜯고 비방하는 일 등, 모든 나쁜 생각이 마음속에 없을 때 비로소 임부의 입에 망령된 말이 없고 얼굴에 어두운 그늘이 없을 것이다. 만약 잠깐이라도 공경하는 마음가짐을 잃게 되면 이미 피가 그릇되니 임부의 마음가짐은 공경과 안정이 으뜸이다.

이 글에서의 관심사에 비추어, 위에 인용된 구절의 첫 부분에 나오는 '태교는 태를 기르는 사람 혼자의 일이 아니라 온 집안사람들의 도움을 필요로 하는 일이다'라는 문장은 주목의 대상이 된다. 이 글에서 태교는 자녀교육이 전통 가정생활의 공동적 관심사였다는 방법상의 원리를 상징하는 것으로 취급되고 있다. 사실상, 전통 가정교육의 실제로서의 태교에 관하여 약간만 자세하게 고찰해 보더라도 태교가 온 집안사람들의 협조를 필요로 하는 공동의 교육 사업임을 당장 알 수 있다. 위의 인용문에 명시적으로 나타나 있는 바와 같이 태교는 모체가 그 정신 상태를 고귀하고 정결하게 가짐으로써 그와 동일한 정신 상태를 뱃속의 태아에게 전수해 주려고 하는 행위를 가리킨다. 그것은 '벗과 더불어 오래 있을 때 그 사람됨을 배우는 것'과 동일한 이치로 설명된다. 물론, 태교의 실천항목 중에는 이러이러한 음식은 먹어서는 안된다든지 이러이러한 자세로 앉거나 누워서는 안된다는 것과 같이, 의학적 또는 보건학적 관점에서 타당성을 가지는 것으로 생각되는 것들이 포함되어 있지만, 그런 실천항목들은 그것이 태아의 신체에 직접 영향을 준다는 점에서 중요시된다기 보다는 그것이 모체에 미치는 정신적 심리적 영향이 태아에게 전수된다는 점에서 중요시된다고 보아야 한다. 아니면 이하에서 언급할 바와 같이, 태교에 관한 한 心身심신의 분리는 아무런 의미를 가질 수 없으며 태교는 심신의 비분리 또는 불가분리를 기본 가정으로 하여 성립하는 개념이라고 말하는 것이 더 정확할 것이다.

사실상 태교의 실천항목에 포함되어 있는 대부분의 권장사항과 금기사항은 모체의 정신 상태와의 관련을 직접 지시하는 것들이다. 가령 임부가 귀인의 초상화나 신선의 그림을 가까이 두고 보아야 한다든지 冠帶관대, 胸背흉배, 佩玉패옥 등 귀한 물건을 자주 만지거나 뺨에 대어야 한다든지 아름다운 말을 듣고 그것을 읊고 써 보아야 한다든지 하는 것은 임부가 그런 것들에서 고귀한 정신 상태를 느끼게 되고 그것이 태아에게 전수된다는 믿음이 있기 때문이다. 또한 임부가 격렬한 감정을 표현하는 행위를 스스로 하지도 말아야 하고 그런 감정을 자아낼 가능성이 있는 사태를 가까이 하지도 말아야 한다고 하는 것은 임부에게 생기는 그러한 감정이 태아에게 나쁜 영향을 미치게 되고 그것이 출생 이후의 심성을 크게 좌우한다는 믿음이 있기 때문이다. 이것은 곧 태교가 단순히 의학적 보건학적 관심의 표현이 아니라 교육적 관심의 표현이라는 것을 뜻한다.

앞에서도 말한 바와 같이, 태교가 과연 교육적인 면에서 효과를 가지는가의 여부를 가리는 것은 이 글의 직접적인 관심사가 아니다. 그렇기는 해도 이하의 논의에 직접 관련되는 범위 내에서 이 문제에 관하여 약간 언급할 필요가 있다.[4] 한 마디로 말하여, 현재의 시점에서 태교의 효과 유무를 밝히는 것은, 결과적으로, 그 효과를 현대인의 사고방식에 받아들여질 수 있는 형태로 제시하는 것이 불가능하다는 것을 밝히는 것에 해당한다. 교육적 노력으로서의 태교는 성격상 모체와 태아의 신체적 연결을 奇貨기화로 하여 아직 형성 중에 있는 태아의 심성에 영향을 미치려는 발상을 나타내고 있다. 만약 모체의 태아에 대한 영향이 순전히 신체적인 것에 국한된다면, 그 영향은 현대인의 사고방식에 받아들여질 수 있는 '과학적인' 방법으로 확인될 수 있을 것이다. 예컨대 혈액의 성분은 생화학적 분석에 걸러지며, 모체의 혈액이 태아의 신체에 영향을 미친다는 것은 과학적으로 납득되고 확인될 수 있다. 현대에 와서 태교의 이른바 '타당성'을 입증해 주는 근거로서 모체의 전반적 건강상태나 영양 상태, 또는 특정 약물복용이 태아의 심신건강에 영향을 미친다는 식의 의학적 또는 정신의학적 연구결과가 주로 원용되는

4_ 태교가 나타내는 교육적 관심의 성격에 관해서는 李烘雨, '파이데라스테이아와 태교 : 교육의 원초적 세력을 찾아서,' 『도덕교육연구』, 4(1990), pp. 1-19참조.

것은[5] 이 점에서 당연하다고 볼 수 있다.

그러나 만약 태교에 효과가 있다면, 그 효과는 모체와 태아의 신체를 연결하는 폐쇄회로를 벗어난다. 현대의 과학적 방법에 의하여 분석될 수 있는 것은 우리의 몸뿐이며, 태교의 효과를 과학적 방법에 의하여 확인하려고 하는 한, 거기서 나오는 결과는 몸에 관한 증거일 수밖에 없다. 모체와 태아의 신체를 연결하는 폐쇄회로는 결코 정신에까지 연장될 수 없다. 그것은 마치 혈액이 혈관 벽을 벗어날 수 없는 것과 마찬가지이다. 태교가 신체적 연결을 기화로 하여 정신에 영향을 미치려는 교육적 노력인 한, 태교의 효과에 관한 이론적인 설명은 심신의 관계에 관한 명확한 규명을 필수적으로 요청한다. 심신의 관계 문제는 철학에서 늘 까다로운 문제로 되어 왔고 앞으로도 쉽게 해결될 전망이 보이지 않는 만큼, 태교의 효과 유무를 밝히는 것 또한 기대하기 어렵다고 보아야 할 것이다. 이하의 설명에서 드러날 바와 같이, 오히려 사정은 정반대로, 태교의 효과를 밝히려는 노력 여하에 따라서 심신의 관계 문제에 관한 새로운 접근 가능성이 열린다고 말할 수 있다.

이상의 고찰은 결국, 태교의 효과는 현대의 생화학적 분석에 의하여 걸러지는 것과는 다른 종류의 증거에 의하여 확인되어야 한다는 것을 시사한다. 태교의 발상 그 자체가 몸과 마음의 관련을 기초로 하고 있는 만큼, 태교의 효과 또한 몸과 마음을 가로지르는 이론적 개념에 입각하여 설명되지 않으면 안될 것으로 생각되는 것이다. 예컨대 '邪氣'사기라든가 '精氣'정기라는 용어에 사용되는 '氣'기라는 개념이 그것이다. 기는 원소의 주기율표에 나오지도 않고 현대의 과학적 방법으로

5_ 柳岸津, 전게서, pp. 139-141.

규명되지도 않지만, 그것은 심신의 관계 문제에 접근하는 중요한 관건을 제공해 준다. 가령 우리가 사악한 마음을 품을 때 우리 몸에는 사기가 흐른다. 이 사기는 순전히 정신적 현상이라고도 할 수 없고 순전히 육체적 현상이라고도 할 수 없으면서 사람 전체를 특징짓는다. 그 성분이나 작용이 과학적 방법으로 확인되는 혈액과는 달리, 기는 혈관 벽의 구애를 받지 않고 몸과 마음을 가로질러 자유자재로 순환한다.

만약 기의 개념으로 태교를 규정할 수 있다면, 태교는 임부가 자신의 기를 고귀하고 정결하게 함으로써 그와 한 몸으로 연결되어 있는 태아의 기도 그것과 똑같은 것이 되도록 하기 위한 의식적 노력을 나타낸다고 말할 수 있다. 태아의 기는, 그 몸이 모체와 연결되어 있는 한, 모체의 그것과 다를 수 없을 것이다. 만약 태교에 효과가 있다면, 다시 말하여 만약 모체가 태아에게 어떤 종류의 것이든지 '교육적' 영향력을 행사하는 것이 가능하다면, 태아는 도저히 그 영향력에 저항하거나 그 영향력으로부터 도피할 수 없다. 태아는 마치 빨대로 오렌지 주스를 빨아먹듯이, 모체의 교육적 영향력을 고스란히 받아들일 수밖에 없다. 그리하여 태아가 모체로부터 받은 열 달 동안의 훈습은, '태중교육 열 달이 스승에게 십 년 배우는 것보다 더 중요하다'는 사주당 이씨의 말이 나타내는 바와 같이 출생 이후의 심성이나 기질을 위한 결정적인 바탕을 마련한다.

물론, 이 글의 논의를 위하여 결정적으로 중요한 것은 태교의 효과 유무 그 자체라기보다는 태교가 근 2천 년 동안 모든 분별 있는 임부에 의하여 실천되어 왔다는 사실, 그리고 그것이 명백한 교육적 의도에 의하여 실천되어 왔다는 사실이다. 설사 위에 제시된 것과 같은 기의 개념에 의한 설명이 과학적 사고방식에 받아들여질 수 없는 허무맹랑

한 것이라 하더라도 태교가 교육적 의도에서 실천되어 왔다는 사실은 이 글의 관심사인 전통 가정교육의 원리에 관하여 대단히 중요한 함의를 가진다. 그 함의를 드러내기 위해서는 태교와 관련된 교육적 의도가 실천되는 상황을 좀 더 구체적으로 고찰할 필요가 있다. 그 상황은 시간과 공간이라는 두 차원에서 생각해 볼 수 있다.

첫째로, 시간의 차원에서 볼 때 태교의 실천은 엄밀한 의미에서 열 달이라는 회임기간을 벗어난다. 태교가 '태아의 교육'을 위한 노력인 만큼, 태아와의 신체적 연결이 형성되고 지속되는 그 열 달 동안 임부가 자신의 기를 고귀하고 정결한 것으로 가다듬는 것이 중요한 것은 사실이다. 그러나 이 열 달 동안의 노력은 회임 이전에 그 임부에게 이미 형성되어 있는 전체적 인간됨(또는 기)에 의하여 원천적으로 한계지어지며, 그 노력은 이 한계 안에서 효과를 발휘한다고 보아야 한다. 열 달이라는 기간은 결코 짧은 기간이 아니며, 이 기간 동안 임부가 아무리 의식적으로 노력한다 하더라도 그는 순간순간 벌어지는 삶의 상황에서 자신의 인간됨을 있는 그대로 드러낼 수밖에 없다. 귀한 물건을 가까이하고 뺨에 대는 그의 노력은 그의 전체적인 인간됨에 의하여 어쩔 수 없이 제약을 받는다. 이렇게 생각해 보면, 태교는 그 임부를 며느리로 맞아들일 때부터, 또는 차라리 그 이전에 며느리가 그의 친정에서 성장할 때부터 시작되었다고 보아야 한다. 전통적으로 우리 가정에서 훌륭한 가문에서 성장한 규수를 며느리로 맞아들이는 것을 그토록 중요시한 것은 단순히 가문의 위세를 과시하기 위해서가 아니라 훌륭한 자녀를 낳아 훌륭한 사람으로 양육하겠다는 교육적 고려에 의한 것임을 알 수 있다. 혼인 당사자의 '사랑'이나 '인생관' 등, 오늘날 가장 우선적인 고려사항으로 여겨지는 것들은 이 교육적 고려에 비하면 어이없이 사소한 것이었다고 말할 수 있다. 물론, 며느리의 성장 배경 또는 교육 배경은 열 달 이후에도 계속적으로 자녀의 교육적 영향으로 작용한다.

둘째로, 위의 설명에 이미 시사되어 있는 바와 같이, 태교는 공간적인 차원에서 보더라도 임부 개인의 노력에 국한되는 것이 아니라 주위의 사람들, 특히 가족 구성원 전체의 관심과 협조에까지 확대된다. 앞에서 길게 인용한 사주당 이씨의 말의 첫머리에 나오는 '태교는 태를 기르는 사람만 할 것이 아니라 온 집안사람들이 서로 조심해야 한다'는 말은 이 점을 나타내고 있다. 태아와 직접 신체적으로 연결되어 있는 것은 임부이지만, 그의 기를 고귀하고 정결한 것으로 가다듬는 데는 전 가족의 협조가 절대적으로 필요하다. 부정적인 면에서 말하여, 만약 모든 가족이 끊임없이 임부의 감정을 상하게 한다면, 주위의 상황에 완전히 무감각한 임부가 아닌 한, 그의 노력은 무위로 끝날 것이다. 항간에 '아이 밴 여자 세도 같다'는 속담이 있는 것은[6] 아이 밴 여자의 의사나 감정은 존중되어야 하며 그것을 거스르는 것은 뱃속의 태아에게 좋지 못한 영향을 끼친다는 생각을 표현하는 것이다.

그리하여 태아는 회임의 순간부터 그 모체는 물론, 전 가족의 관심과 배려 속에서 성장한다. 그 관심과 배려는 오로지 그 태아가 장차 훌륭한 인간으로 성장해 달라는 간절한 염원의 표현이다. 말하자면 전 가족은 장차 태어날 태아의 교육을 위하여 공동의 책임을 떠맡는 것이다. 그들의 염원은 출산과 더불어 종결되는 것이 아니라 자녀의 성장과정 전체를 통하여 계속적으로 작용한다. 물론, 대부분의 경우에 전 가족은

6_『상계서』, p. 141.

그들의 염원을 언제나 일관성 있게 표현하는 것이 아니며, 또한 그 염원을 올바른 방식으로 표현한다고도 말할 수 없다. 그러나 그들에게 있어서 그 태아가 어떤 인간으로 태어나서 어떤 인간으로 성장하는가 하는 것은 가정의 흥망성쇠가 달려 있는 문제요, 그것은 또한 그들 자신의 흥망성쇠와도 직결되는 문제이다. 그들은 각자의 능력 범위 내에서 태아의 교육을 위한 자신의 역할을 담당한다. 만약 교육의 성과가 전 가족의 교육적 의도와 무관할 수 없다면, 그들의 역할은 반드시 자녀의 교육에 어떤 방식으로든지 영향을 미칠 것이다. 이와 같이 출산 이전의 교육적 노력과 이후의 교육적 노력을 실험적으로 분리할 수 없다는 것은 곧 임부 개인의 열 달 동안의 노력으로서의 태교 그 자체의 효과를 다른 교육적 노력으로부터 분리하여 확인하기가 거의 완전히 불가능하다는 것을 뜻한다.

예나 지금이나 '가정의 흥망성쇠' 이상으로 중요한 가정생활의 관심사를 생각할 수 없는 한, 그리고 전통적으로 태교가 가정교육의 한 가지 실천 사례가 되어 왔다고 볼 수 있는 한, 우리의 전통 가정교육은 다음과 같은 원리에 입각해 있었다고 말할 수 있다. 즉, 출생 이전과 이후를 통틀어서 자녀의 교육은 모든 가정생활의 핵심적 관심사이며 그 관심사는 전 가족 구성원의 협조에 의하여 비로소 실현될 수 있다는 것이다. 위의 고찰에서 드러난 바와 같이, 태교는 이 원리를 상징적으로 또 집약적으로 표현한다.

문자 그대로 '태중교육'으로서의 태교가 오늘날에도 여전히 실천되는 경우가 있다는 사실과는 별도로, 태교에 의하여 상징되는 원리 그 자체만을 가지고 본다면, 그 원리는 현대 가정교육에도 여전히 살아 있다고 볼 수 있을 것이다. 오늘날 대학입시를 준비하는 자녀를 둔 가정이 어떤 형편에서 생활하는가를 아는 사람은 누구든지 이 점에 동의할 수 있을 것이다. 전통 가정교육에서 태교에 의하여 상징되는 원리가 오늘날에는 대학입시라는 상징으로 표현된다고 말해도 좋을 정도이다. 전 가족은 마치 자녀의 대학입시에서의 합격 여부에 '가정의 흥망성쇠'가 걸려 있는 듯이 행동하며, 그 공동의 목표를 위하여 전 가족은 협조의 범위를 넘어서서 자신의 생활을 '희생'하고 있는 형편이다.

그러나 태교와 대학입시라는 두 가지 방식으로 표현되는 관심의 종류에는 중요한 차이가 있다는 것을 간과해서는 안된다. 태교에 의하여 표현되는 관심은 대학입시에 비하여 훨씬 막연하고 그만큼 '일반적인 것'이라고 말할 수 있다. 임부나 가족이 그 자녀에게 기대하는 '훌륭한 인간'의 의미에는 고관대작이 되어 부귀영화를 누린다는 것이 전혀 포함되어 있지 않았다고는 말할 수 없겠지만, 그들의 그 기대는 '인격적 성숙'과 불가분의 관계를 맺고 있었으며, 오늘날 대학입시 합격의 경우와는 달리, 그 '인격적 성숙'의 의미는 그들 자신에게도 분명한 것이 아니었다. 아마 그 의미는 그들 자신의 판단에 맡겨진 문제가 아니라 사회 전체의 판단 또는 '가치관'에 의하여 결정될 문제였을 것이다. 뿐만 아니라, 오늘날 대학입시 준비가 사회적 문제를 야기하는 것과는 달리, 한 가정의 자녀를 인격적인 면에서 훌륭한 인간으로 기르려는 노력은 다른 가정의 자녀교육 또는 사회 전체의 교육적 관심과 반드시 마찰을 빚는 것이 아니다. 이 점에서 대학입시는 태교에 나타난 전통 가정교육의 원리를 변형 또는 왜곡된 형태로 표현한다고 말할 수 있다.

오늘날 부모의 자녀교육에 대한 관심이 대학입시에서 거의 비정상적이라고 할 만큼 극적인 형태로 나타나기는 하지만, 그 관심이 여기에 국한되는 것은 물론 아니다. 오늘날의 부모는 여건이 허락하는 범위 내에서, 또 때로는 그 범위를 넘어서까지, 자녀교육에 최선의 노력을 기울인다. 곳곳에 온갖 종류의 조기 재능학원이 우후죽순처럼 늘어나고, 학생의 과외공부를 금지하는 국가의 법령이 전연 실효를 거두지 못한다. 부모가 그에게 부과하는 모든 교육적 요구를 이행하려고 하면, 자녀는 이 학원에서 저 학원으로 숨 돌릴 겨를조차 없이 뛰어 다녀야 한다는 것이 요즘 부모의 지나친 '교육열'을 야유하는 만평거리가 되고 있다. 이것으로 보면 오늘날의 부모는 장차 자녀가 살아야 할 삶이 그대로 자기 자신의 삶이기라도 한 듯이, 또는 심지어 마치 자녀의 삶을 자신이 대신 살아주기라도 하려는 듯이 행동한다고 말할 수 있다. 흔히 오늘날의 가정교육 실태를 가리켜 한 마디로 '옛날에 어느 부모가 그렇게 했겠는가'라고 말하듯이, 오늘날 부모의 교육열은 옛날의 그것과는 도저히 비교가 되지 않을 정도로 치열을 극한 상태에 있다.

그러나 옛날과 오늘날 부모의 자녀교육에 대한 관심의 차이는 단순히 그 열도에 그치는 것이 아니다. 이 열도의 차이는 그 이면에 보다 근본적인 '관심의 종류'의 차이를 숨기고 있다. 자녀교육을 위하여 노력을 기울일 때, 오늘날의 부모는 스스로 자녀의 '뒷바라지'를 한다고 생각한다. 부모의 자녀에 대한 뒷바라지는 대학입시를 치르면서 자녀가 그 교육열의 영향권을 벗어나는 것과 더불어 끝난다. 이른바 사회경제적 지위가 높은 가정의 어머니에게서 전형적으로 나타나는 현상이지만, 이때쯤 부모에게는 자녀의 교육과 관련된 '삶의 위기'가 들이닥친다. 부모는 소스라치게 놀란 듯이, 이때까지의 자신의 삶을 돌이켜 본다. 이때까지 나는 무엇을 위하여 살아왔는가? 이때까지의 나의 삶의 의미는 과연 무엇이었는가? 이런 질문을 하는 순간 부모는, 그동안 자신의 삶은 오로지 자녀의 뒷바라지에 희생되었다는 데에 대한 허탈감

이 뼈 속 깊이 스며드는 것을 느낀다. 이제 부모는 자신의 삶—한 자녀의 부모로서의 자신의 삶이 아닌, 한 개인으로서의 자신의 삶—을 되찾을 때가 되었다고 생각한다. 그리고 이 생각은 특히 여유가 있는 가정에서는 때로 광란에 가까운 안간힘으로 표현된다.

부모의 이러한 생각은 이때까지의 그들의 교육열—마치 자녀의 삶이 바로 자신의 삶인 것처럼 자녀를 위하여 기울인 그들의 교육적 노력—이 어떤 사고방식에 입각해 있었는가를 단적으로 보여준다. 그동안 내내 부모의 의식 속에는 자녀와 자신이 각각 별개의 '개인'으로서 각각 별도의 삶을 살고 있다는 관념이 잠재해 있었다. 부모의 그 '삶의 위기'는 이 잠재해 있던 관념을 명백한 형태로 표출시키는 계기인 것이다. 말하자면 그동안 부모가 자녀에게 기울인 열성적인 관심과 헌신적인 노력은 어디까지나 개인 대 개인의 관계에서 주고받은 것이다.

그러나 전통 가정교육에서의 부모의 관심은 이것과는 종류가 다르다. 오늘날의 부모에게는 믿어지기 어려울지 모르지만, 가정생활에 관한 한, 옛날의 부모에게는 자녀를 훌륭한 인간으로 길러내는 것 이외에, 그것과는 별도로 '그들 자신의 삶'이라는 것이 있을 수 없었다. 자녀를 기르는 것은 그들에게는 '뒷바라지'가 아니라 그것이 바로 그들 자신의 삶이었다. (전통가정에서 부모의 삶이 자녀의 교육을 떠나서 별도의 의미를 가질 수 없었던 것은, 그 반대편에서 말하여, 자녀의 삶이 부모와 가정 또는 가문을 떠나서 의미를 가질 수 없었던 것과 마찬가지이다. 이하 6절 참조) 옛날의 부모가 자녀를 기르는 일에 자신의 평생을 '희생'했다고 힌뒨하는 경우는 상상할 수 없으며, 그 희생이 더 이상 필요하지 않게 된 순간에 '자신의 삶'을 되찾겠다고 몸부림치는 경우는 더욱 상상할 수 없다.

오늘날 부모의 교육열이 자녀의 바깥에서 그를 끌어당기고 떼미는 식으로 표현되는 것과는 달리, 옛날 부모의 관심은 어느 편인가 하면 자녀에 대한 내면적 기대와 성원의 형태로 표현된다. 말하자면, 이 차이는 대학입시를 위하여 과외공부를 시키고 학원에 보내는 부모의 모습과 자식의 과거 급제를 위하여 정화수 앞에서 기원하는 부모의 모습 사이의 대조에 상징적으로 나타난다. 또한, 오늘날의 경우와는 달리, 옛날의 부모의 관심은 일정한 시점을 고비로 하여 시들거나 사라지는 일이 없다. 자녀가 이미 반백이 된 머리로, 부모로서는 도저히 알 수도 관여할 수도 없는 나라의 큰일을 맡아 있을 때에도 부모는 자녀가 그의 무릎 위에 앉아 있을 때와 조금도 다름없이 그가 세상 사람들의 지탄을 받는 비열한 인간이 되지 않도록 관심을 기울이며 자녀 또한 그 관심을 감지하고 그것에 부합하는 적절한 반응을 하는 그런 부모와 자녀의 관계－이것은 오늘날 우리로서도 상상하기가 그다지 어렵지 않다.

분명히 말하여, 부모가 자녀의 교육에 관심을 가지는 것은 우리 가정생활이 가지고 있는 아름다운 전통이다. 오늘날 부모의 교육열이 빚어내고 있는, 위에서 말한 바와 같은 기현상은 우리의 전통과 흔히 '서양의 것'이라고 생각되는 개인주의 사상의 결합에서 기인된 것이라고 볼 수 있을지 모른다. 만약 이것이 사실이라면, 적어도 이 경우에만은 그 두 가지의 결합이 각각의 장점을 살린 유익한 형태로 나타났다고 보기는 어렵다.

3. 교육적 권위의 2중구조 : 사랑방

부모의 권위를 중심으로 한 부모와 자녀 사이의 교육적 관계가 가옥구조에 크게 좌우된다는 것은 얼른 생각하기와는 달리 하등 기이할 것이 없는, 지극히 당연한 사실이다. 가정생활의 양상이 가옥의 물리적 구조에 영향을 받는다는 것은 쉽게 납득될 수 있으며, 부모와 자녀 사이의 교육적 관계는 가정생활의 한 특수한 측면을 나타내는 것이다. 이하에서 설명할 바와 같이, 가옥의 물리적 구조와 그에 따른 가정생활의 양상은 자녀에 대한 부모의 권위가 표현되는 방식을 크게 결정한다.

한국의 '전형적인' 전통 가옥구조에서는 사랑채와 안채가 분리되어 있다. (여기서 '전형적인'이라는 용어는 통계 수치상 대다수를 차지한다는 뜻에서의 '일반적인'이라는 용어와 구별된다.) 사랑채와 안채가 분리되어 있다는 것은 무엇보다도 '바깥주인'(아버지)과 '안주인'(어머니)의 생활공간이 구분되어 있다는 것을 뜻한다. 바깥주인은 특별히 바깥에 볼 일이 있어 출타하는 경우를 제외하고는 사랑채에 거처하며, 안주인과 아이들은 안채에서 생활한다. 자녀를 중심으로 생각해 볼 때, 이러한 상황에서 전개되는 가정생활의 구체적인 양상은 아마 다음과 같을 것이다. 즉, 자녀가 가정생활에서 대부분의 시간을 보내는 것은 '여자들'(어머니와 출가 이전의 고모들)과 때로는 조부모 틈에서이다. 자녀가 그야말로 어깨를 비비며 더불어 생활하는 것도 이들이며, 자녀가 어려운 일을 당하여 상담과 원조를 요청하는 것도 이들을 향해서이다.

여기에 비하여 아버지는 거의 완전하게 자녀의 생활공간으로부터 격리되어 있다. 자녀는 그들이 사물을 분간하기 시작할 때부터 독립된 가정을 이룰 때까지, 특별한 경우를 제외하고는 아버지를 대면하는 일이 없다. (여기서 '특별한 경우'라고 하는 것은 예컨대 조석으로 문안드릴 때나 다음 절에서 말할 의례에 참여할 때, 또는 주로 훈계나 지시를 위하여 호출을 당했을 때 등을 가리킨다.) 아버지가 '불의에' 또는 '수

시로' 자녀를 대하는 일이 없다는 것은 곧 아버지는 언제나 '만반의 준비'를 갖춘 상태에서 자녀를 대면한다는 뜻이다. 아버지가 衣冠의관을 정제하지 않은 상태에서 자녀를 대면한다는 것은 있을 수 없다. 아버지는 어떻게 말하고 어떻게 행동하는가가 '규칙'에 이미 지정되어 있는 상황에서만 자녀를 대한다. 자녀가 아버지와 이른바 '생활'에 관한 대화, '인간적인' 대화를 나눈다는 것은 상상할 수 없으며, 그를 상대로 하여 어려움을 털어 놓고 그에게 상담과 원조를 요청한다는 것은 꿈조차 꿀 수 없다. 자녀가 아버지로부터 정상적으로 듣기를 기대할 수 있는 말은 훈계와 지시, 한마디로 말하여 '야단치는 말'뿐이다. 만약 자녀가 따뜻한 칭찬과 위로의 말을 듣는다면, 그것은 아버지가 아닌 다른 사람들, 즉 여자들과 조부모로부터이다.

요컨대 자녀의 편에서 보면 아버지는 그들과 다름없는 생활을 영위하는 구체적 인간이 아닌, 추상적 존재에 불과하다. 구체적인 생활인으로서의 그의 모습을 목격할 기회가 자녀에게는 철저하게 차단되어 있는 것이다. 그러나 물론, 아버지가 추상적 존재라고 말하는 것은 그가 있으나마나 한 존재라는 뜻이 아니다. 그 추상적 존재가 있다는 사실이 자녀에게는 대단히 중요한 것이다. 자녀에게 아버지는 일차적으로 '공포와 전율'의 대상이다. 아버지는, 자녀가 보기에는 참으로 야속할 정도로, 자녀가 명백히 칭찬받을 만한 일을 했을 경우에도 자녀에 대하여 만족을 표시하는 일이 없다. 아버지는 표면상 자녀의 성장이나 복지에 대하여 철저하게 냉담하고 무관심한 태도를 보인다. (이 점이 앞 절에서 '태교'와 관련하여, 온 가족이 자녀의 성장에 관심을 가진다는 것과 반드시 모순되지 않는다는 점을 유의할 필요가 있다. 위의 문장의 '표면상'이라는 말에 시사된 바와 같이, 자녀에 대한 아버지의 관심은 결코 직접적으로, 명시적으로 표현되는 일이 없다. 또한 아버지가 자녀의 행동에 대하여 만족을 표시하지 않는 것도 아버지 개개인의 독자적인 판단이나 특이한 기질에 의한 것이 아니라, 그것이 '제도적인 금기'로 되어 있기 때문이다. 아버지의 그러한 행동은, 가정생활의 다른 측면과 마찬가지로 '제도화'되어 있으며, 그러한 행동을 할 때 아버지는 제도의 의미를 행동으로 나타낸다고 보아야 한다. 이하 설명 참조.)

아버지가 자녀에게 공포와 전율의 대상이 되는 것은 어머니와의 대조에 의하여, 또한 더 적극적으로는, 어머니의 의식적인 노력 때문에 더욱 증폭된다. 자녀를 직접 힐책하고 비난하는 것은 어머니의 역할이 아니며, 따라서 만약 어머니에게 그럴 필요가 생기면 어머니는 언제나 그 역할을 아버지에게 미룬다. 어머니의 '야단'은 거의 언제나 '아버지에게 이른다'는 형식을 취한다. 아주 어렸을 때부터 '아버지에게 이른다'는 말을 들으면서 자란 나머지, 자녀는 아버지를 '어머니가 그들의 잘못을 일러바치는 사람'으로 지각하며, 이러한 지각은 어머니의 그 '일러바친다'는 말이 공연한 협박에 그친다는 것을 알아차릴 나이가 된 후에도 여전히 계속된다. 그리하여 자녀의 마음속에는 '嚴父慈母'엄부자모라는 말로 표현되는 전통적인 부모상이 고정관념으로 자리 잡게 된다.

이 글의 논의와는 직접적인 관계가 없지만, '위엄 있는 아버지와 자애로운 어머니'라는 이미지가 아버지와 어머니 각각의 천성적 특징에 기인하는 것인지, 아니면 그들이 각각의 역할을 문화적으로 학습한 결과인지는 논란의 여지가 있다. 그러나 어느 쪽이든지 간에, 그 이미지는 인류 전체에 공통된 것이며, 적어도 인간이 그것과 관련된 '문화적 학습'을 철저하게 외면하기 전에는, 인류 전체에 공통된 것이었다고 말할 수 있다. 예컨대 헤르바르트는 그의 『일반교육학』(1806)에서, 가정교육에서의 부모의 역할을 각각 '권위'와 '사랑'이라는 용어로 나타내면서 다음과 같이 말하고 있다.

> 자녀가 거의 본능적으로 권위를 느끼는 대상은 아버지이다. 온 집안의 우두머리인 아버지, 온 집안 식구가 그의 지시를 따르며, 집안 일이 그에 의하여 결정되고 변경되는 아버지, 아니 차라리 어머니가 자녀들을 그에게 복종하도록 조종한다고 말할 수 있는 아버지－그 아버지가 자녀에게 위엄 있는 사람으로 떠오르는 것은 당연하다. 그 아버지는 한두 마디의 찬성이나 비난의 말로 자녀의 기분을 명랑하게 할 수도 있고 우울하게 할 수도 있다. 이와는 달리, 사랑의 경우에, 자녀는 거의 본능적으로 그 어머니에게서 사랑을 느낀다. 어머니는 끝없는 희생으로 그 누구보다도 자녀의 요구를 잘 알아내고 그것을 이해한다. 어머니와 자녀 사이에는 다른 어떤 사람과의 관계에서보다 더 일찍부터 서로 대화할 수 있는 공동의 언어가 형성된다. 여성 특유의 부드러운 기질로 어머니는 어린 자녀의 감정을 따뜻하게 어루만지는 방법을 알며, 이 어머니의 부드러운 힘은, 특별히 잘못 사용되지 않는 한, 틀림없이 자녀에게 그 효과를 나타낸다.[7]

위에서 '차라리 어머니가 자녀들을 아버지에게 복종하도록 조종한다'고 말하는 것을 보면, 헤르바르트 당시 독일의 어머니도 우리의 어머니와 마찬가지로, 늘 '아버지에게 이른다'고 말했던 것이 거의 확실하다. 그러나 또한, 그 당시 독일에는, 오늘날 우리의 현대 '서양식' 가옥에서와 마찬가지로, 아버지의 전용 생활공간인 '사랑방'이 없었다.

7_ Johann Friedrich Herbart, *The Science of Education* (Henry M. Felkin and Emmie Felkin, trans.)(London : Swan Sonnenschein, 1892), p. 100.

'엄부자모'의 이미지가 전통 가정교육의 원리로서 어떤 의의를 가지는가를 고찰하기에 앞서서, 위에서 말한 내용과 관련하여 오늘날 우리의 가정생활을 돌아보는 것이 도움이 될 것이다. 오늘날 우리의 가정생활에도 전통적인 엄부자모의 이미지가 다소간은 살아 있다고 볼 수 있을 것이다. 아직도 아버지는 다소간 '엄하고 무서운' 사람이며, 어머니는 다소간 '부드럽고 만만한' 사람이다. 아직도 어머니는 때로 '아버지에게 이른다'고 자녀를 협박하며, 때로 '아이들 야단 좀 치라'고 남편을 종용한다. 그러나 그럼에도 불구하고 오늘날 우리의 가정생활에서 엄부자모의 이미지는 원래 그것이 가지고 있던 교육적 의의가 도저히 살아날 수 없을 정도로 철저하게 훼손되고 변형되어 있다.

그것은 무엇보다도 그 원리의 상징이요 실현수단이기도 한 '사랑방'이 가옥구조에서 사라진 것과 관계가 있다. 아파트의 경우는 말할 필요도 없고, 단독주택의 경우에도 오늘날 우리의 가옥은 이른바 '동일 평면'으로 설계되어 있다. 아버지가 주로 사랑방에 거처하면서, '만반의 준비'가 되어 있지 않은 상황에서는 자녀를 대면하지 않던 옛날과는 달리, 오늘날의 아버지는 동일한 생활공간에서 자녀와 어깨를 비비면서 생활하고 있다. 이제 자녀는 그들과 다름없이 정상적으로 생활하는 '구체적인 인간'으로서의 아버지를 수시로 목격한다. 예컨대 아파트의 경우에, 여름날 퇴근하여 샤워를 끝낸 아버지가 샤워실에서부터 넥타이로 정장 차림을 한 뒤에야 비로소 자녀 앞에 나타나는 경우는 상상하기 어렵다. 아버지가 속옷이나 잠옷 바람으로 자녀를 대면하는, 옛날에는 도저히 있을 수 없었던 일이 이제는 일상다반사로 된다. 아버지는 설사 자신이 직접 자녀를 상대로 세상 돌아가는 이야기를 하지는 않는다 하더라도, 그가 다른 어른들과 그런 이야기를 할 때 그것을 엿듣는 자녀의 귀를 막을 수 없다. 온 가족이 동일 공간에서 생활하는 경우에는 '어른들끼리 하는 이야기'와 '아이들이 들어도 좋은 이야기'를 구분하기가 거의 완전히 불가능하다. 자녀는 그들과 다름없는 생활을 하고 세상 살아가는 이야기를 하는 아버지를 목격하면서, 아버지도 결국 그들과 다름없는 존재임을 부단히 확인한다. 자녀가 그의 아버지에 대하여 느끼는 '공포와 전율'은 이제 충분히 흡수 가능한 수준의 것으로 된다.

물론, 이러한 현상이 오로지 가옥구조의 변화 때문에 빚어진 것은 아니다. 해마다 5월이 되면 어김없이, 모든 대중전달 수단이 총동원되다시피 하여 거듭거듭 역설되고 상기되는 '좋은 아버지'의 이미지는 옛날 공포와 전율의 대상이었던 아버지, 벽에 걸린 초상화와 다름없는 '추상적 존재'로서의 아버지와 정면으로 대조된다. 교육 전문가들이 가정교육에서의 아버지의 역할 부재를 야유하는 데에 사용하는 '하숙생'—아이들이 잠자리에서 일어나기 전에 집을 나가서 아이들이 잠자리에 들고 난 뒤에 들어오는 사람—의 이미지는 옛날 사랑방 시절의 정상적인 아버지의 이미지 바로 그것이다. 오늘날 아버지는 만약 가정교육에서의 그의 역할에 충실하려고 하면, 될 수 있는 대로 많은 시간을 아이들과 더불어 생활하면서 그들을 '이해'해야 하는 것으로 되어 있다. 말하자면 아버지는 아이와 '똑같은 사람'이 되어야 한다는 것이다. 오늘날 아버지는, 옛날의 아버지라면 당연히 '아이를 그렇게 키워서는 안된다'고 할 만한 바로 그 일을 하도록 기대된다.

또한 교육전문가들은 입을 모아, 오늘날 가정교육의 실패는 부모와 자녀 사이의 '대화'가 부족한 데서 빚어진 것이라고 주장하고 자녀의 정상적인 성장을 위해서는 될 수 있는 한, 많은 시간을 자녀와 '인간적인 대화'를 하는 데에 할애해야 한다고 역설한다. 만약 옛날의 아버지가 이 주장을 듣는다면, 그는 십중팔구 '아이들과 대화를 한다? 무슨 대화?' 하고 반문할 것이다. 그의 관점에서 보면, 오늘날 가정교육을 위하여 거의 만병통치약처럼 처방되고 있는 '대화'라는 것은 사실상 자녀의 생활에 대한 전혀 불필요하고 유해한 '간섭'을 그럴 듯하게 미화하는 것 이외의 아무것도 아니다. 만약 그가 오늘날의 가정교육의 실태를 이하에 설명되는 정도로라도 세부적으로 관찰한다면, 오늘날 가정교육의 문제는 대화의 부족에 있는 것이 아니라, 부모가 마치 자녀의 삶을 대신 살아주려고 하는 듯이 불필요한 간섭을 하는 데에 있다고 생각할 것이다. 부모의 의도와는 정반대로 그러한 간섭은 자녀가 '편하게 살도록' 해주는 것이 아니라, 몸은 다 자랐어도 홀로 설 수 없는, 그리하여 결국은 '어렵게 살' 수밖에 없는 인간을 만든다는 것이다.

대화를 할 시간이 없기 때문인지, 아니면 마땅한 대화의 주제가 없기 때문인지는 몰라도, 하여간 부모가 자녀와 대화를 해야 한다는 처방은 오늘날 그다지 충실하게 이행되지 않는다. 특히 아버지의 경우에 그 처방은 그 이행을 통해서가 아닌, 다른 방식으로 뜻밖의 결과를 가져온다. 가정교육에서의 아버지의 역할로서 '관심과 대화'가 강조되는 정도에 비례하여 아버지는 자신이 아버지로서 마땅히 해야 할 일을 다하지 못하고 있다는 자책감을 가지게 된다. 그의 태만에 대한 보상으로서, 아버지는 기회가 닿는 대로 애정과 관심을 명시적으로, 때로는 과장된 형태로 표현한다. 아버지는, 마치 자신은 항간에 떠들썩한 '무관심한 아버지'에서 예외가 된다는 것을 증명하기라도 하듯이, 자녀의 환심을 사려고 한다. 그러한 아버지의 노력은 흔히 자녀에게 '필요한 물건'을 제공해 주고 때로는 자녀가 필요를 느끼지 않는 물건을 제공해 주는 것으로 표현된다. 아버지의 이러한 행동이 그의 자책감의 표현인 만큼, 자녀는 거기서 아버지가 그들에게 모종의 심각한 '약점'을 가지고 있다는 것을 느낀다. 이 정도가 되면, 아버지에 대한 전통적인 감정인 공포와 전율은 거의 완전히 사라진다. 오늘날의 아버지를, 매일 자녀와 가까이 생활하면서 끊임없이 귀찮은 '잔소리'를 늘어놓는 어머니와 병렬로 놓고 보면, '엄부자모'라는 전통적 부모상, 융(C. G. Jung)의 용어로 '집단적 무의식'에 해당하는 인류 공통의 이미지가 오늘날에는 '엄모자부'라는 형태로 완전히 반전되었다는 느낌을 준다. 그러나 현대의 '엄모'는 전통적인 '엄부'의 역할을 결코 대치할 수 없다.

옛날의 아버지가 '표면상' 자녀에 대하여 냉담하고 무관심한 태도를 취하였다고 하여 그가 실지로 자녀에게 관심이 없었다고 생각하는 것은 잘못이다. 아버지가 어떻게 자녀에 대하여 관심이 없을 수 있는가? 자녀가 가상한 행동을 했을 때 아버지가 어떻게 자랑스럽지 않을 수 있는가? 자식을 낳아 길러본 부모라면 누구나 자녀에 대한 애정과 관심, 자녀를 위해서라면 지옥 불에라도 뛰어 들겠다는 마음은 인간의 본성에 씌어진 것이며, 그것을 억누르는 것은 인간으로서 참으로 하기 어려운 일이라는 것을 안다. 전해 오는 바에 의하면 누군가가 孔子공자에게 '聖人성인에게도 私사가 있는가?'라고 물었을 때 공자는 '내 조카가 앓을 때는 밤새도록 그 방을 드나들었어도 내 방에 돌아와서는 즉시 잠이 들었지만, 내 아들이 앓을 때는 그 방에 한 번 가본 일이 없어도 밤새 잠을 이루지 못했다'고 말했다고 한다. 옛날의 아버지가 자녀에게 무관심했다면 그것은 이 인간의 본성을 억누르도록 하는 힘이 바깥에서 작용했기 때문이라고 보아야 한다. 그것은 개인의 판단이나 기질의 반영이 아니라, '아버지는 원래 그렇게 해야 한다'는 그 당시 풍속의 영향 때문이다. 그 풍속은 분명히 '사랑방'이라는 물리적 조건에 의하여 실현되고 강화되었다고 볼 수 있다. 그리고 오늘날 역설되는 '좋은 아버지'의 이미지는 그 풍속을 정면으로 부정한다. (禮記예기에는 '옛날부터 전해 오는 예법'이라고 하여 '분별 있는 사람은 손자는 안아도 아들은 안지 않는다'는 말이 적혀 있다. 禮曰 君子抱孫 不抱子 此言 孫可以爲王父尸 子不可以爲父尸, 曲禮 上 32. 예기의 편찬자는 '손자는 안아도 좋지만 아들을 안아서는 안되는' 근거로서, 손자는 할아버지를 위하여 尸童시동－제사에서 영령 대신에 神位신위에 앉는 아이－이 될 수 있는 데 비하여 아들은 아버지를 위하여 시동이 될 수 없다는 점을 들고 있다. 시동이 될 수 있는가 없는가가 안거나 안지 말아야 할 근거로서 얼른 납득되기 어려운 만큼, 옛날의 그 '예법'은 차라리 아버지는 아들에게 애정을 직접 표시해서는 안된다는 교육적 지혜를 반영한다고 보는 것이 옳을 것이다.)

그러나 아버지는 어째서 추상적 존재로 남아 있어야 하는가? 사랑방에 거처하는 공포와 전율의 대상으로서의 아버지가 오늘날의 '민주적' 아버지에 비하여 자녀 교육에 더 좋은 영향을 미친다고 볼 이유는 어디에 있는가? 특히 오늘날 이 문제에 대하여 만인이 납득할 수 있는 해답을 제시하기는 불가능할 것이다. 그러나 '엄부자모'가 교육적으로 타당하다는 근거는 일차적으로 교육적 권위의 성격 그 자체에서 찾을 수 있을 것이다. 최근의 한 연구에 의하면, 교사라는 존재의 파라독스적 성격－즉 학생과 동등한 존재이면서 상이한 존재라는 두 가지 정면으로 모순되는 양상을 동시에 구현하고 있다는 점－은 교육적 전달을 가능하게 하는 결정적인 관건이 된다.[8] 그 두 가지 요소 중의 어느 하나가 결여되더라도 교육적 전달은 일어날 수 없다. 엄부와 자모는 교사가 한 몸에 구현하고 있는 그 두 가지 요소를 자녀의 생물학적 기원이라는 점에서는 한 몸이나 다름없는 두 몸이 나누어 맡고 있는 상태를 나타낸다고 말할 수 있다. 비록 한쪽은 위엄 있고 다른 쪽은 자애롭지만, 자녀의 입장에서 보면 그 위엄과 자애는 한 가지 동일한 원천에서 흘러나오는 두 줄기 빛과 같다. 엄부의 위엄과 자모의 자애라는 이 두 줄기 빛은 서로서로의 광채를 더하면서 교육적 권위의 완전한 모습을 드러낸다.

아버지가 자녀에게 추상적 존재로 남아 있어야 하는 것은 교사가 학생에게 교육목표를 구현하는 존재로 되어야 하는 것과 동일한 이치에서이다. 자녀가 지향해야 할 지표로서의 아버지는 결코 자녀와 동일한 인간이 되어서는 안되며 자녀에게 쉽게 파악되는 인간이어서도 안된다. 자녀에게 아버지는 키에르케고르(S. Kierkegaard)에게 神신이 그렇듯이, '공포와 전율'의 대상으로 남아 있어야 한다. 아버지는 그야말로 벽에 걸린 초상화처럼, 저만치서 자녀를 응시하면서 끝없는 노력을 요구하고 있다. 자녀는 자신이 아무리 노력을 한다 하더라도 그 아버지가 그에게 요구하는 표준에 도달할 수 없다는 것을 안다. 그럴 수밖에 없는 것이, 그 표준은 결코 구체적으로 제시되는 일이 없기 때문이다. 오늘날의 아버지가 자녀에 대하여 가지고 있는 느낌-늘 무엇인가 잘못하고 있다는 막연한 자책감-은 전통 가정에서는 자녀가 아버지에 대하여 가지고 있던 느낌이다.

다만 옛날 자녀의 그 느낌은 오늘날의 아버지의 느낌과는 달리 자녀

8_ 林炳德, '키에르케고르의 간접전달 연구,' 서울대학교 교육학과 박사학위 논문(1992). 또한 李啓鶴 교수는 엄부자모를 가정에서의 인격교육의 원리로 보고 엄부와 자모가 각각 나타내는 '두려움'과 '사랑'을 유교에서의 인격교육의 목적인 敬경의 심리적 구조로 해석하고 있다. 李啓鶴, 『인격교육론』(성원사, 1991), pp. 108-113.

자신의 교육적 성장을 위한 강력한 추진력이 된다. 여기에 비하여, 고의든 아니든 간에, 적나라한 인간의 모습을 있는 그대로 자녀 앞에 드러내는 아버지, 나아가서 마치 자녀에 대하여 심각한 약점이라도 가지고 있는 듯이 그의 환심을 사려고 하는 아버지 밑에서 자라는 아이는 교육적 성장의 지표도 추진력도 결여된 상태에 있다. 편모슬하에서 자라는 자녀에 대한 전통적인 편견, 그리고 그것을 의식하는 홀어머니의 각별한 주의는 교육적 권위의 두 요소 중 하나가 결여되는 데서 생기기 쉬운 파행적 결과를 말해주고 있다. 사랑방의 소멸과 함께 엄부의 역할이 약화되고 심지어 붕괴되다시피 한 오늘날의 자녀는 옛날 편모슬하에서 자라난 아이와, 홀어머니의 각별한 주의가 없다는 점만 제외하고는, 완전히 동일한 상황에서 자란다고 말할 수 있다.

4. 집단적 의식의 내면화 : 의례

가정교육도 교육의 한 형태인 만큼, 가정에서도 일반적으로 '교육'이라는 용어로 지칭되는 활동이 일어난다고 보아야 한다. 교육은 그것을 통하여 전수되는 내용에 초점을 맞추어 생각해 보면, '社會化'사회화와 '교과교육'이라는 두 가지 종류의 활동을 통하여 이루어진다고 말할 수 있다. 흔히 사회화는 '광의'의 교육이요 교과교육은 '협의'의 교육이라는 식으로, 교과교육을 사회화에 포함시키는 경우가 있지만, 이 이른바 '면적 비유'는 그 자체가 정확하지 못할 뿐더러 그것이 교육을 이해하는 데에 특별히 유용한 시사를 주는가도 의문이다.[9] 비록 사회화와 교

9_ '면적비유'의 의미와 타당성에 관해서는 李烘雨, 『교육의 목적과 난점』(제6판)(교육과학사, 1998), pp. 221-4 참조.

과교육이 궁극적으로는 한 가지 목적에 귀착된다고 볼 가능성이 있다 하더라도 그 각각의 활동을 통하여 전수되는 내용이나 그것이 전수되는 방식에 있어서는 양자가 구분된다고 보는 것이 타당할 것이다. 이하의 두 절에서는 사회화와 교과교육이라는 용어로 지칭되는 두 가지 교육 활동이 전통 가정교육에서 어떤 방식으로 이루어졌는가를 고찰하고자 한다.[10] 그것은 '儀禮'의례와 '膾炙名句'회자명구라는 상징에 의하여 파악된다. 말하자면 의례와 회자명구로 상징되는 교육활동은 전통 사회에서 이루어진 교육의 '가정판'에 해당한다.

의례가 전통 가정생활에서 어떤 교육적 기능을 수행했는가를 고찰하기 위해서는 우선 행동의 의미를 파악하는 두 가지 차원을 구분할 필요가 있다. 이제 한 사람이 하는 특정한 행동에 대하여 '그가 왜 그런 행동을 하는가'를 알려고 한다고 하자. 이것을 알아보는 한 가지 방법은 그 행동을 하는 당사자에게 그가 그 행동을 통하여 달성하고자 하는 목적, 실현하고자 하는 의도, 그로 하여금 그 행동을 하도록 한 동기가 무엇인가를 물어 보는 것이며, 이때 그 행동을 하는 사람은 자신이 마음속에 가지고 있는 목적, 의도, 동기 등을 들어서 그 질문에 대답할 수 있다. (물론, 그 질문을 행동의 당사자가 아닌 제3자에게 하더라도 동일한 종류의 대답을 얻을 수 있다. 그 제3자는 자신이 이해하는 바에 따라 행동의 당사자가 마음속에 가지고 있는 목적, 의도, 동기 등을 제시할 수 있다.) 행동을 하는 당사자 개인의 입장에서 보면, 그 행동과 관련하여 그가 마음속에 가지고 있는 목적, 의도, 동기 등은 그 행동이 그에게 가지는 '의미'이다. 그 행동을 통하여 자신이 달성하려고 하는

10_ 이하 두 절에서 고찰되는 사회화와 교과교육은 이 책의 제4장 사회화 개념과 제3장 성년식 개념에 각각 상응한다.

목적 등등을 말할 때 그는 그 행동이 가지고 있는 '의미'를 설명한다. 이것이 행동의 의미를 파악하는 한 가지 차원이다. 이 차원에서 파악되는 의미는 행동을 하는 당사자 개인의 '심리' 상태를 나타낸다는 뜻에서 '개인적 차원에서의 의미' (또는 '개인적 의미') 또는 '심리적 의미'라고 부를 수 있을 것이다.

행동의 개인적 의미 또는 심리적 의미는 원칙상 개인에게 의식되며, 따라서 행동의 개인적 심리적 의미라는 것이 있다는 것, 다시 말하여 행동의 의미가 개인적 심리적 차원에서 파악될 수 있다는 점에 대해서는 누구나 동의할 수 있을 것이다. 그러나 개인적 심리적 차원은 행동의 의미를 파악하는 한 가지 차원에 불과하다. 행동의 의미는 그 당사자의 목적, 의도, 동기 이외의 다른 개념에 의해서도 파악될 수 있기 때문이다. 행동은 반드시 특정한 신념에 근거를 두고 있으며 그 행동을 할 때 개인은 그가 실지로 의식하는가 않는가와는 무관하게 그 행동의 근거가 되는 논리적 가정과 그 행동에 수반되는 논리적 귀결을 받아들이지 않으면 안된다. 이 논리적 가정과 논리적 귀결은 개인의 심리상태를 나타내는 것이 아니면서도 그 행동에 '의미'를 부여한다. 그리고 이 점에서 그것은 행동의 '의미'를 파악하는 또 하나의 차원을 이룬다. 행동의 의미의 이 차원은 '제도'에 의하여 부여된다. 개인으로서의 우리의 행동은 모두 제도 속에서 일어난다. 그 행동은 개인으로서의 우리에 의하여 창안된 것이 아니라 우리가 태어나기 전부터 수행되어 온 것이며, 우리는 다만 제도 속에 태어나서 그 행동을 모방하고 학습했을 뿐이다. 그리고 그 행동을 모방하고 학습함으로써 우리는 또한 그 행동의 기저에 들어 있는 신념, 그 행동에 의미를 부여하는 논리적 가정과 논리적 귀결—즉, 행동의 '의미'—를 구현하고 있다. 이런 뜻에서 이 의미를 앞의 '개인적 의미'와 구별하여 '제도적 의미'라고 부를 수 있을 것이다. 개인적 의미가 행동 당사자의 심리 상태에 관한 기술에 의하여 밝혀지는 것과는 달리, 제도적 의미는 행동의 기저에 들어 있는 신념을 논리적으로 분석해 냄으로써 밝혀진다. 이 점에서 제도적 의미는 또한, 앞의 '심리적 의미'와 구분하여 '논리적 의미'라고 부를 수 있다. 개인적 심리적 의미는 '나는 이런이런 목적을 달성하기 위하여 이 행동을 한다'라는 형태로 진술되는 데 비하여, 제도적 논리적 의미는 '이 행동은 무엇무엇이 이러이러하다는 신념을 반영한다'라는 형태로 진술된다.

행동의 의미가 이와 같이 두 개의 상이한 차원에서 파악될 수 있다고 하는 것은 그 두 가지 의미가 각각 다른 행동에 의하여 표현된다는 뜻이 아니다. 제도적 의미를 표현하는 행동이 따로 있고 개인적 의미를 표현하는 행동이 따로 있는 것이 아니라, 하나의 동일한 행동이 제도적 의미를 가지기도 하고 개인적 의미를 가지기도 하는 것이다. 그렇기 때문에 실지로 한 행동이 제도적 의미와 개인적 의미－여기서 제도적 의미, 개인적 의미는 각각 '제도적 차원에서 파악되는 의미', '개인적 차원에서 파악되는 의미'를 뜻하는 것으로 이해되어야 한다－가 반드시 마찰을 빚어야 하는 것은 아니지만, 그렇다고 하여 그 양자가 언제나 조화롭게 양립하는 것도 아니다. 개인은 그 행동을 통하여 자신이 추구하는 목적을 달성하지만, 그 과정에서 개인은 자신도 의식하지 못하는 사이에 그 행동의 제도적 의미를 구현할 수 있다. 이것은 양자가 조화를 이루는 경우이다. 그러나 때로 개인은 자신의 목적 달성에만 급급한 나머지 자신의 그 목적 달성 행동이 가질 수 있는 제도적 의미를 완전히 파괴하는 그런 방식으로 행동할 수도 있다. 제도적 의미를 중요시하는 사람의 눈에 그런 행동은 틀림없이 '못배워 먹은 행동'으로 보일 것이다.

위의 어느 경우와도 달리, 개인은 제도 안에서 생활하는 동안에 때로 자신의 목적 달성과 무관한, 다시 말하면 그 행동을 통하여 자신이 달성하고자 하는 목적이 그 자신에게만 아니라 누구에게도 불분명한 행동을 하게 된다. 우리가 '의례'라고 부르는 것은 대부분 이런 행동으로 이루어져 있다고 볼 수 있다. 예컨대 장례식에서 하는 여러 가지 행동의 의미를 개인 심리의 차원에서 해석하려고 하는 사람은 아마 없을 것이다. 개인의 입장에서 보면 그것은 전부터 그렇게 해왔기 때문이라든지 '으레' 그렇게 해왔기 때문에 하는 행동이다. 다시 말하면 그것은 개인적 심리적 차원에서는 '의미 없는' 행동이다. 그리고 만약 개인적 심리적 차원이 행동의 의미를 파악하는 차원으로서 유일한 것이라면, 장례식에서의 행동은 어떤 의미도 가질 수 없다. 그러나 앞에서 말한 바와 같이, 행동의 의미는 제도적 논리적 차원에서도 파악될 수 있으며, 장례식에서의 행동은 개인적 차원에서는 의미가 없을지 모르지만 제도적 차원에서는 의미를 가질 수 있다. 아니 그 이상으로, 이때까지 장례식에 참여했던 모든 사람들, 현재 장례식에 참여하는 모든 사람들이 한꺼번에 완전히 '무의미한' 행동을 했다는 것을 믿을 수 없는 이상, 거기에는 반드시 제도적 의미가 들어 있다고 보아야 한다. 그리하여 만약 우리에게 그 행동이 무의미한 것으로 생각된다면, 이 사태에 관한 유일한 해명은 우리에게 그 의미를 이해하는 데에 필요한 문화적 통찰이 결여되어 있다는 데서 모색되어야 할 것이다.

이렇게 생각해 보면, '의례'는 사람들로 하여금 행동의 제도적 의미를 구현하게 하고 나아가서 그 행동의 총화로 이루어지는 우리의 삶의 의미를 알도록 하기 위하여 고안된 제도적 장치를 가리킨다고 말할 수 있다. (여기서 '고안된'이라는 용어에 개인적 의미를 부여하지 않는 것이 대단히 중요하다. 제도는 특정한 개인이나 몇몇 개인들이 고안해 낸 것이 아니라 민족 또는 인류 전체가 집단적으로 누적적으로 발전시켜 온 것이다. '의례'가 신성한 것으로 생각되는 것은 아마 그것이 어느 한 개인에 의하여 고안된 것이 아니기 때문일 것이다.) 앞의 설명에 명백히 나타나 있는 바와 같이, 제도적 의미는 유독 의례를 통해서만 구현되는 것이 아니라 우리가 하는 모든 행동을 통하여 구현된다. 어느 정도인가 하면, 우리는 제도적 의미를 구현하지 않고는 아무 행동도 할 수 없다고 말할 수 있다. 그러나 그 중에서도 의례는 사람들에게 제도적 의미를 전수하는 것 이외에 다른 목적을 가지지 않는, 오로지 이 목적을 위하여 고안된 것이다. 만약 행동의 제도적 의미를 전수하는 것이 교육의 (한 가지) 의미가 될 수 있다면, 의례는 특이하게 교육적 의도를 나타낸다고 말할 수 있다.

뒤르껭이 '사회화'라는 용어를 창안하면서 그것을 정의하는 데에 사용한 '집단적 의식'(collective consciousness)이라는 용어는 위에서 설명한 '행동의 제도적 의미'와 동일한 실체를 가리킨다.[11] 뒤르껭에 의하면 교육은 곧 사회화이며, 사회화는 출생할 때 피부조직 속에 이기적 反社會的반사회적 충동 이외에는 아무것도 가진 것이 없는 개인으로 하여금 집단적 의식을 내면화하도록 함으로써 그를 진정한 사회적 존재로 형성하는 과정을 뜻한다. 뒤르껭이 말하는 '사회'는 개인의 집합이나 지역적인 판도를 가리키는 것이 아니라, 개인의 소멸이나 판도의 변화와 관계없이 존속하는 정신적 실체, 즉 집단적 의식을 가리킨다.

11_ E. Durkheim, *Education and Sociology*(S. D. Fox, trans.)(Free Press, 1956, original French edition, 1925).

한 사회가 '사회'로서 존속하는 것은 모든 개인이 집단적 의식을 내면화하고 그것을 다음 세대에 전수함으로써 비로소 가능하다. 뒤르껭 자신은 집단적 의식의 내면화가 어떤 기제에 의하여 이루어지는가를 자세히 설명하는 데에 특별히 관심을 기울이지 않았다. 만약 그가 이 면에 관심을 기울였다면 그는 필경, 위에서 설명한 바와 같이, 한 사회에서의 행동은 '제도화'되어 있고 그러한 행동에는 제도적 의미가 붙박혀 있다는 것, 그리고 한 사회에서 생활하는 동안에 개인은 그 제도적 의미를 구현하고 그것을 내면화한다는 식으로 설명하였을 것이다.

이상의 설명은 의례가 가지고 있는 교육적 기능을 대체로 드러내었다고 생각된다. 전통 가정생활에서 의례는 모든 가족이 공동으로 참여하는 가정행사이지만, 의례를 주재하는 것은, 물론, 아버지이다. 앞 절에서 말한 바와 같이, 특히 아버지의 경우에, 의례는 자녀가 아버지의 언행을 목격할 수 있는 가장 중요한 또는 '전형적인' 기회이다. 의례를 주재하는 동안의 아버지는 평소보다 더 근엄한 모습을 띤다. 아니면 평소에 늘 근엄하던 그의 모습이 의례의 분위기로 말미암아 한층 더 두드러진다고 말할 수 있다. 이 엄숙한 분위기는 가족 전원에게 확산되어, 가족은 누구나 현재 자신이 참여하고 있는 그 활동이, 비록 자신의 지력으로 정확하게 파악되지는 않는다 하더라도, 말할 수 없이 중요한 의미를 가지고 있고, 거기에 참여하고 있는 자신 또한 대단히 중요한 존재인 것처럼 생각하고 행동한다. 마치 개인을 억압하는 듯이 엄숙한 의례적 분위기 속에서, 가족은 현재 자신이 참여하고 있는 이 일이 개인으로서의 그의 목적이나 의도와는 무관하게 중요한 의미를 가지고 있다는 것을 느낀다. 차라리 가족은 그 일이 그의 목적이나 의도와 어떤 관련이 있는가 하는 문제에는 도저히 생각이 미치지 못한다. 그 분위기가 그것을 허용하지 않는 것이다. 그들로서 그 일이 중요하다고 볼 이유가 있다면, 그것은 옛날부터 늘 그렇게 해 왔다는 것, 그리고 그들의 家長가장이 그것을 중요하게 생각한다는 것 그것뿐이며 또 그것으로 충분하다.

철이 든 자녀의 경우에, 자녀가 아버지와 함께 참여하는 의례는 가족 단위의 것만이 아니다. 아버지는 가문 단위의 의례나 지역 단위의 의례에 참여할 때 자녀를 데리고 가기도 한다. 어떤 규모의 의례에 참여하든지 간에, 의례에 참여하는 동안 아버지가 반드시 자녀에게 침묵을 지키는 것은 아니다. 아버지는 자신의 이해력이 허락하는 한도 내에서 그 의례의 '의미'—즉, 의례 행동의 '제도적 의미', 다시 말하여 의례 행동의 기저에 들어 있는 논리적 가정과 논리적 귀결—를 언어로 말해 주기도 한다. 이 아버지의 말은 자녀 자신의 견문이나 경험과 함께 자녀의 마음속에 그 의미가 점점 확실한 형태로 자리 잡는 데에 기여한다. 물론, 모든 아버지가 의례의 의미를 정확하게 또 깊이 있게 제시할 수 있었던 것은 아니다. 때로 아버지가 제시하는 의미는 '성인의 법도'라든지 '사람의 도리'라는 식의 막연한 상투적 표현 이상의 것이 아니었을 것이다. 그러나 목하 우리의 관심사로 보면, 아버지가 실지로 의례의 의미를 어떤 방식으로 설명해 주었는가 하는 것은, 전통 가정생활에서 준수되었던 의례가 어떤 것들이며 그 각각에 들어 있는 제도적 의미가 무엇인가 하는 것과 마찬가지로, 중요한 문제가 아니다. 중요한 것은, 전통 가정생활에서 의례는 그 사회의 집단적 의식을 시범하고 전수하는 가장 중요한 기회였다는 것이다. 그 점에서 그것은, 청소년의 도덕적 일탈과 비행이 사회적 문제로 되어 그것을 방지하는 것이 도덕교육의 으뜸가는 임무라는 식으로 도덕교육이 '소극적인' 성격을 띠기까지 인간이 알고 있던, 도덕교육의 표준적인 또는 유일한 형태였다. 물론, 도덕교육의 장으로서의 가정생활과 그 바깥의 사회생활 사이에는 칸막이도 울타리도 없다. 가정생활에서 내면화되는 집단적 의식은 사회생활에서 학습되고 실천되는 집단적 의식과 다른 것일 수 없다.

앞의 설명에 시사된 바와 같이, 우리가 아직 한국인으로 자처하는 한, 전통적으로 전수되던 집단적 의식이 현재의 우리 생활에도 여전히 작용하고 있다고 보아야 한다. 뿐만 아니라, 집단적 의식은 반드시 의례를 통해서만 전수되는 것은 아니며, 모든 제도화된 행동을 통하여 전수된다. 아직도 우리는 옛날의 의례를 따르고 있고 옛날과 본질상 동일한 방식으로 행동하고 있다. 그러나 전통 가정교육과 현대 가정교육의 차이는 이 면에서도 확인될 수 있다. 의례가 이른바 '능률과 실질'을 파괴하는 '허례허식'과 동일한 것으로 간주되어 마음대로 변형 또는 간소화되기 이전에는, 전통 가정생활은 거의 모든 국면이 '의례적인' 성격을 띠었다고 말해도 좋다. 전통 가정생활에서는 어른을 대하는 데에나 손님을 접대하는 데서 방 닦고 마당 쓰는 데에 이르기까지 모든 행동에 '법도'가 있었고 부모는 자녀에게 그것을 따르도록 강요하였다. 이러한 강요는 어른의 시범에 의해서만 효력을 가질 수 있는 만큼, 전통 가정생활은 누구보다도 어른에게 큰 정신적 육체적 부담을 안겨 주었다.

오늘날 모든 사람에게 가정이 적어도 원칙상으로는 '긴장과 스트레스를 푸는 곳'으로 생각되는 것과 대조해 보면, 전통 가정생활은 특히 어른에게 스트레스의 연속이있다고 말해도 과언이 아니다. 그 어른들이 현대인에게 만병의 근원이라고 생각되는 긴장과 스트레스를 견딜 수 있었던 것은 오직 그들에게 긴장과 스트레스라는 용어가 없었기 때문이다. 오늘날 우리에게 견딜 수 없는 긴장과 스트레스를 주는 것으로 생각되는 그것이 그들에게는 정상적인 생활방식이었다. 만약 전통 가정의 부모에게 스트레스를 해소할 기회가 있었다면 그것은 가정−아이들이 있는 곳−이 아닌 바깥 사회, 동년배의 친구들 사이에서였다. 金東仁김동인의 소설, '운현궁의 봄'에는 대원군의 자리에 오르기 전 흥선군 이하응의 가정 안팎에서의 행동이 눈물겨운 대조로 묘사되어 있다. 집 밖에서는 시정잡배들과 어울려 갖은 추태를 부리는 이하응도 일단 집 안에 들어오면 바깥에서의 그와 동일한 인물이라고 볼 수 없을 만큼 근엄한 아버지로 완전히 변모한다. 이하응의 그 추태가 왕족의 일원으로서의 자신의 안전을 위한 의도적 자구책이었다는 점만 제외하면, 그의 행동은 전통 가정에서의 대다수의 아버지의 행동과 본질상 다름이 없다고 말할 수 있다. 오늘날 대다수의 아버지는 이것과 정반대되는 행동 양식을 나타내는 것이 아닌가 짐작된다.

오늘날에도 전통적인 가족단위의 의례는 대부분 준수되고 있지만, 전반적인 사회상의 변화와 함께 그 교육적 기능은 현저하게 감소되고 있는 실정이다. 그러한 전통적인 의례 이외에, 특히 오늘날에 와서 점점 보편화되고 있는 가족 단위의 행사가 있다. 그것은 '바캉스'라는 용어로 대표되는 가족 단위의 행락이다. 그러나 이 행락은 애당초 교육적인 의도에서 시행되는 것이 아니라 가족 구성원 각각이 '바깥 사회'에서 당하고 있는−또는, 당하고 있다고 생각하는−긴장과 스트레스를 해소하기 위한 방안으로 시행된다. 뿐만 아니라, 행락은 교육적인 면에서 해로운 영향밖에 주는 것이 없다. 행락에서 자녀가 목격하는 것은 '근엄한 어른'의 모습이 아니라 정상적인 생활인의 모습, 스트레스 해소를 위해서라면 누구의 앞에서건 어떤 유치한 행동도 서슴지 않고 할 수 있는 어른의 모습이다. 어른의 권위는 행락에서 무너진다고 말해도 좋을 정도이다.

일부 가정에서 하고 있다는 '가족회의' 또한 가족 단위의 공동 행사에 속한다. 가족회의는 위의 행락과는 달리 건전한 행사로서, 민주적 시민의 자질을 포함하여 여러 가지 의미 있는 능력과 태도를 길러 줄 수 있는 기회로 생각된다. 이 점에서 가족회의는 전통 가정에서 의례가 수행하던 것에 상응하는 교육적 기능을 수행한다고 볼 수도 있다. 그러나 가족회의와 의례 사이에는 심각한 차이가 있다. 가족회의가 '민주적인' 정신에 입각하는 한, 거기서는 아버지의 의견이 아버지의 의견이기 때문에, 또는 '아버지의 의견으로서' 존중될 수가 없다. 가족 한 사람 한 사람의 의견은, 마치 총선거에서 유권자들이 던지는 한 표가 각각 동등하게 신성한 한 표로 계산되듯이, 동등하게 신성한 지위를 가진다. 아버지의 의견은 아버지의 입장을 반영하며, 아들의 입장에서는 사태가 전혀 다르게 파악될 수 있는 것이다. 가족회의에서 실지로 오가는 발언의 내용은 경우에 따라 차이가 있겠지만, 대부분의 경우에 그것은 가족 각 개인의 권리 주장과 다른 사람에 대한 요구로 일관될 가능성이 많다. 다시 말하면 그것은 개인의 목적, 의도, 동기의 표현인 경우가 많다. 이런 것과는 종류가 다른 '제도적 의미'를 강요하는 의례에 비하면, 가족회의는 개인의 욕심을 정당한 것으로 받아들이고 부채질하는 기회가 된다고 말할 수 있다. 아니면 오늘날 우리는, 옛날 제도적 의미의 중압으로 숨조차 제대로 못 쉴 정도로 짓눌려 있던 사람들에 비하여 이런 방식으로 자라난 사람을 진정한 '민주시민'으로 찬양하는지도 모른다.

5. 공동의 지적 유산에의 입문 : 회자명구

영한사전에서 '진부한 말', '상투적인 표현' 등으로 풀이되는 영어 단어 '코몬플레이스'(commonplaces)는 글자 그대로는 '공동의 장소'를 뜻한다. 이와 같이 원래 '공동의 장소'라는 뜻을 가진 단어가 '진부한 말'을 뜻하는 것으로 된 데에는 대단히 중요한 교육사적 배경이 있다. 영어의 '코몬플레이스'는 그것과 마찬가지로 '공동의 장소'라는 뜻을 가진 희랍어 '코이노이 토포이'(koinoi topoi)와 라틴어 '로키 코무네스'(loci communes)의 축어적 번역이다. (물론, 다음에 설명할 바와 같이, 이 희랍어와 라틴어 단어는 그 당시에 특별한 의미로 사용되었지만, 그것이 과연 오늘날 영어의 코몬플레이스와 같이 '진부한 말'이라는 뜻으로 사용되었는가 하는 데에는 의문의 여지가 있다. 말하자면 그 희랍어와 라틴어 단어는 어디까지나 '공동의 장소'를 뜻하였으며 그 '공동의 장소'가 특별한 것을 지칭하는 데에 사용되었다고 보는 것이 옳을 것이다.)

그렇다면 '코이노이 토포이'나 '로키 코무네스'가 나타내는 '공동의 장소'라는 것은 무엇을 가리키며, 그것이 가지고 있는 교육사적 의의는 무엇인가?[12] '공동의 장소'라는 용어로 불렸던 이것은 희랍 로마 시대에서 르네상스 인문주의자에 이르기까지, 또는 그 이후에도, 수사학 교육의 핵심적 내용이요 가장 중요한 수단이었다. 그러므로, 서양 교육사에

12_ 이하의 설명은 H. I. Marrou, *A History of Education in Antiquity*(G. Lamb, trans.) (Mentor Book Edition) (Sheed and Ward, 1956, original French edition, 1948), pp. 86-87 ; G. H. Bantock, *Studies in the History of Educational Theory*(2 vols.), Vol. I (George Allen and Unwin, 1980), pp. 14-15에 의거한 것이다. Bantock는 J. M. Lechner, *Renaissance Concepts of the Commonplaces*(New York : Pageant Press, 1962)에 의존하고 있는 듯하다.

서 수사학이 교육에서 중요시된 정도에 비례하여 그 '공동의 장소'는 교육의 으뜸가는 내용이요 수단이 되어 왔다고 말할 수 있다.

수사학과의 관련을 떠나서, 가령 오늘날 우리의 용어로 '공동의 장소'라고 부를 만한 것이 있다면, 그것은 누구나 출입할 수 있고, 특별히 다른 사람에게 방해가 되지 않는 한, 그 안에서 자유자재로 활동할 수 있는 그런 장소를 가리킬 것이다. 이 일반적인 의미를 수사학 교육의 맥락으로 옮겨 놓으면 그것이 바로 코이노이 토포이, 로키 코무네스의 의미가 된다. 가령 촘촘이 칸막이가 되어 있는 큰 책장 같은 것이 있다고 상상해 보자. 그 칸막이가 되어 있는 칸 하나하나에는 위대한 작가의 위대한 저작에 나오는 훌륭한 구절들이 주제별로 분류되어 있다. (오늘날 '주제'를 뜻하는 영어 단어 '토픽'은 '코이노이 토포이'에서의 '토포이'–'토포스'의 복수형, 즉 '장소'–에서 유래되었음이 분명하다.) '말하는 법'을 배우고자 하는 젊은이가 해야 할 가장 우선적이면서도 중요한 일은 이 칸막이 책장을 통째로 머릿속에 넣는 것이다. 일단 이것을 머리에 넣고 있으면, 그 젊은이는 상황에 따라, 또 말의 내용에 따라 자유자재로 활용할 수 있는 수많은 훌륭한 문구를 머릿속에 저장하고 있는 셈이다. 이제 그는 문구의 저장고 속을 뒤져 실지 상황에 맞는 문구를 골라내고 그것을 자신의 역량에 따라 수정 변형하기만 하면 된다. 수사학 교육은 본질상 이것을 연습하는 과정이었다. (오늘날 '발명' 또는 '창안'을 뜻하는 invention인벤숀은 원래 '들어간다'는 뜻을 가진 라틴어에서 유래된 것이며, 그 당시 수사학의 용어로는 문구의 저장고에서 적절한 문구를 골라내는 일을 가리켰다.[13] 이것으로 보면

13_ G. H. Bantock, *op. cit.*, p. 14.

'들어간다'는 것은 바로 그 문구의 저장고에 '들어가는 것'을 뜻하였음이 분명하다. 이와 마찬가지로 바하의 악곡 '인벤션'은 바하의 머릿속에 있는 '음악적' 문구를 적절하게 배열한 것을 뜻한다고 볼 수 있다.)

물론, 책장이다 칸막이다 하는 것은 실지로 있었던 것이 아니라 '공동의 장소'의 의미와 용도를 설명하기 위하여 지어 낸 방편에 지나지 않는다. 그러나 만약 그런 책장 같은 것이 있었다면, 그것은 능히 '공동의 장소'라는 말로 불릴 수 있었을 것이다. 그것은 누구나 마음대로 출입하여 활동할 수 있는 우리의 '공동의 장소'와 마찬가지로 누구나 그 안에 들어가서 자신에게 필요한 문구를 마음대로 사용할 수 있는 그런 '장소'이다. '공동의 장소'라는 책장이 있었다면, 그 책장은 오히려 사람들의 머릿속에 있었다고 보아야 할 것이다. 젊은이들은 그 당시에 훌륭한 문구로 알려진 것들을 배워서 머릿속에 주제별로 분류 저장하였다. 그리고 각 개인의 머릿속에 있는 문구의 저장고는 그 원천이 공동의 것인 만큼 '공동의 것'이었다.

비록 젊은이의 머리 바깥에 '책장'이 실지로 있었던 것은 아니지만, 그 당시 사람들이, 머릿속의 저장고를 만드는 젊은이들에게 도움이 될 수 있도록, '名句集'명구집이라는 형태의 참고자료를 만들었다는 것, 그리고 그것은 오늘날 대학입시 참고서만큼이나 그 당시의 젊은이들에게 인기가 있었다는 것은 짐작하기 어렵지 않다. 에라스무스의 金言集금언집[14]은 그 좋은 보기이다. 그리고 비록 그 용도의 범위나 중요성에 있어서는 옛날의 그것과 비교가 되지 않지만, 오늘날 널리 알려져 있는 바틀레트의 大引用集대인용집 (Bartlett's Great Quotations)은 옛날 명

14_ Erasmus, *Adagia*, G. H. Bantock, *op. cit.*, p. 14.

구집의 역사적 흔적을 보여 준다. 아마 明心寶鑑명심보감이 어떤 책인지 알고 있는 사람은 누구든지 우리에게도 전통적으로 그런 명구집이 있다고 생각할 것이다. 그것은 곧 우리에게도 서양의 '공동의 장소'에 해당하는 것이 있었으리라는 것을 짐작하게 해준다. 그러나 이하에서 설명할 바와 같이, 서양의 '공동의 장소'와 우리의 '명심보감'에 나와 있는 구절 (또는 그런 종류의 책에 실릴 만한 구절) 사이에는 그것이 수행하는 기능에 있어서 근본적인 차이가 있다. 뿐만 아니라, 서양의 공동의 장소건 우리의 '명심보감'이건 할 것 없이, 그것들은 비슷한 상황에서는 거의 누구나 할 만한 '공동의 말'이며, 그런 뜻에서 '진부한 말'로 될 가능성이 있지만, 그것이 '진부한 말'로 되는 것은 오직 옛날이건 지금이건 간에, 그것이 가지고 있는 심각한 교육적 의의가 사라졌을 때이다. 아니 차라리, 그것은 그 교육적 의의를 모르는 사람들에 의하여 '진부한 말'로 만들어졌다고 말하는 편이 더 정확하다.

우리의 경우에는 '코이노이 토포이'나 '로키 코무네스'와 같은 특별한 용어가 없기 때문에—결코 간과하지 말아야 할 중요한 사실은 그러한 용어는 그것에 의하여 지칭되는 것(머릿속의 책장)이 수행했던 기능과 불가분의 관계를 맺고 있다는 것이다—그것에 해당하는 것을 '사람들의 입에 자주 오르내린다' 또는 人口인구에 膾炙회자한다는 뜻에서 '회자명구'라고 부를 수 있을 것이다. 우리의 회자명구를, 오늘날 우리에게도 귀에 익은 것들만 몇 가지 나열하면 다음과 같다. (아래에 인용된 구절은 그 출전이 확인될 수 있는 것들이다.)

溫古而知新 可以爲師矣 (論語)

(옛 것을 공부하여 그것을 바탕으로 새 것을 아는 사람이야말로 남의

스승이라고 말할 수 있다)

克己復禮 爲仁 (論語)
(私慾사욕을 이기고 禮예로 돌아가는 것, 그것이 仁인이다)

身體髮膚 受之父母 不敢毁傷 孝之始也 (孝經)
(몸의 터럭과 살갗은 부모에게서 받은 것이므로 그것을 손상해서는 안 된다. 이것을 아는 것이 孝효의 첫 단계이다)

五刑之屬三千 而罪莫大於不孝 (孝經)
(다섯 가지 형벌에 속하는 죄 삼천 가지 중에서 不孝불효만큼 큰 죄가 없다)

修身 齊家 治國 平天下 (大學)
(먼저 자신의 인격을 닦고 집안을 잘 거느린 후에야 나라를 다스리고 천하를 태평하게 할 수 있다)

以五十步 笑百步 (孟子)
(오십 보 도망가는 사람이 백 보 도망가는 사람을 비웃는다)

上善若水 (老子)
(으뜸가는 善선은 물과 같다)

和其光 同其塵 (老子)
([聖人성인은] 광채를 줄이고 티끌처럼 지낸다)

大巧若拙 大辯若訥 (老子)
(큰 솜씨는 우둔과 같고 큰 말씨는 더듬는 것과 같다)

靑取之於藍 而靑於藍 (荀子)
(푸른색은 쪽풀에서 뽑아내지만 쪽보다 더 푸르다)

履霜堅氷至 (周易)
(서리를 밟으면 딱딱한 얼음이 된다)

人不獨親其親 不獨子其子 (禮記)
(사람들은 유독 그 어버이만을 어버이로 섬기지 않고 그 자식만을 자식으로 귀여워하지 않는다)

人間萬事 塞翁之馬 (淮南子)
(사람의 일은 옛날 변방 노인의 준마와 같다)

이제 이하에서는 예컨대 위에 열거된 것과 같은 회자명구가 전통 가정생활에서 어떤 교육적 기능을 수행하였는가를 생각해 보겠다. (여기에 대하여 위와 같은 회자명구가 과연 전통 가정생활에서 '회자'되고 있었는가, 회자명구가 도대체 어떤 것이든지 기능을 수행했다고 할 정도로 전통 가정생활의 한 부분을 차지하고 있었는가에 관한 의문이 있을 수 있다.[15] 그러나 만약 이러한 의문이 가정교육의 대상이 되는 자녀는 결코 그 말의 뜻을 이해할 수 없을 정도로 나이가 어리다는 점에

15_ 앞의 주 1) 참조.

기초를 둔 것이라면, 그것은 심각한 오해를 반영한다. 우선, '가정교육'이 오늘날의 연령기준으로 학교에 들어가기 이전의 자녀를 대상으로 하는 교육에 국한된다는 식의 사고는 가정교육의 올바른 이해를 위하여 하루 빨리 버려야 할 그릇된 고정관념이다. '가정교육'이 곧 '유아교육'은 아니다. 뿐만 아니라, 아이들에게 당장 이해되지 않는 문구는 가르쳐야 소용이 없다는 식의 사고는 회자명구를 둘러싼 우리의 전통적 교육방법을 정확하게 이해하는 데에 근본적인 장애가 된다. 이하 설명 참조.)

회자명구의 교육적 의의는 서양의 '공동의 장소'와의 대조에 의하여 더욱 분명히 드러난다. '공동의 장소'가 서양의 교육과 문화에서 어떤 의의를 가지고 있었는가 하는 것은 앞의 설명에 비추어 쉽게 짐작할 수 있다. 적어도 우리가 아는 한, 희랍 시대 이후 현대에 이르기까지 서양에서 '말 잘하는 것'은 교육받은 사람의 으뜸가는 징표로 간주되어 왔다. 물론 그 '말 잘하는 것'이 정확하게 무엇을 의미하는가 하는 문제에 관하여 언제나 만인이 동의할 수 있는 명확한 해답이 있었던 것은 아니다. 다시, 우리가 아는 한, 그것은 소크라테스 이래로 끊임없이 문제로 되어 왔다. 플라톤의 대화편 중에서 '고르기아스', '향연', '파이드로스' 등 몇 편은 명백히 이 문제를 다루고 있으며, 나아가서는 플라톤의 대화편 전체가 이 문제를 다루고 있다고 보아도 좋을 것이다. 또한, 고대 희랍의 교육기관으로 쌍벽을 이루었던 플라톤의 아카데메이아와 이소크라테스(Isokrates)의 수사학 학교 사이의 대립은 근본적으로 '말 잘하는 것'의 의미와 그것이 인간 완성에 대하여 가지는 의의에 관한 견해의 대립으로 파악될 수 있다.[16]

희랍의 소피스트에서 그 대표적인 보기를 살펴볼 수 있는 바와 같이,

'말 잘하는 것'은 때로 말하는 사람의 이익에 도움이 되는 방향으로 사람들의 마음을 움직이는 '실용적인' 목적에 기여한 것이 사실이고, 또 젊은이들이 이 목적을 위하여 '공동의 장소'를 외우고 웅변술을 연마한 것도 사실이다. 그러나 '공동의 장소'의 의의가 이와 같이 개인의 부귀와 영화를 위한 수단이 된다는 데에 그쳤던 것은 결코 아니다. 그보다 더 중요한 것으로서, '공동의 장소'를 배우는 것은 그 당시 교육받은 사람이면 누구나 사용하는 '공동의 언어'를 배우는 것이며, 이 공동의 언어를 배움으로써 비로소 젊은이는 그 언어를 사용하는 지적 공동체의 일원이 될 수 있었다. '말 잘하는 것'이 특히 도덕적인 인격 완성에 도움이 되는가 아닌가 하는 까다로운 문제는 차치하고라도, 그 지적 공동체의 일원이 된다는 것은 젊은이에게는 자신의 부귀영화를 위하여 주위 사람들을 설득시키는 것에 못지않게 중요한, 아니 그것과는 비교가 되지 않을 만큼 중요한 '인간적인' 야망이었다.

사실상, 서양에서는 '공동의 장소'를 배우지 않고는 자신의 말을 할 수도, 남의 말을 이해할 수도 없을 정도로, '공동의 장소'는 지적 문화의 핵심을 이루고 있었다. 예컨대 셰익스피어는 초인적이라고 할 만큼 방대한 작품을 썼지만, 그의 그 문학적 업적은 그 당시 모든 사람에게 공동의 유산으로 주어져 있던 '공동의 장소'에 의존하지 않고는 도저히 이루어질 수 없었다.[17] 그가 사용한 수많은 주옥같은 표현은 한 개인의 머리만으로는 도저히 창안해 낼 수 없는 것이었으며, 설사 창안해 낼

16_ H. I. Marrou, *op. cit.*, chs. 6-7. 여기서 Marrou는 그 두 기관을 '사원의 두 기둥'이라고 부르고 있다. 또한, Bruce A. Kimball, *Orators and Philosophers : A History of the Idea of Liberal Education* (Teachers College Press, Columbia University, 1986) 참조.

17_ T. W. Baldwin. *William Shakespeare's Small Latine and Lesse Greeke*(2 vols.)(University of Illinois Press, 1944)를 언급한 G. H. Bantock, *op. cit.*, p. 31.

수 있었다 하더라도 그의 작품을 읽는 사람에게 당시에 그것이 자아낸 것과 같은 깊은 감동은 결코 자아낼 수 없었을 것이다.

우리의 회자명구도, 그것을 배우는 것이 지적 공동체의 일원이 되기 위한 필수적인 자격요건으로 되어 있었다는 점에서는 서양의 '공동의 장소'와 다를 바 없다. 그러나 양자 사이에는, 적어도 '공동의 장소'에 관한 종래 서양학자들의 설명을 그대로 받아들인다면, 그 교육적 기능에 있어서 결코 간과할 수 없는 중요한 차이가 있다. (여기서 '종래 서양 학자들의 설명을 그대로 받아들인다면'이라고 말하는 것은, 관점에 따라서는 '공동의 장소'에 대해서도 이하에서 회자명구에 대해서 하는 것과 동일한 설명을 할 가능성이 없지 않다는 뜻에서이다.)

'공동의 장소'는 어느 편인가 하면, 그것을 배울 당시의 젊은이에게 그 의미가 충분히－또는 적어도 그것이 사용될 목적에 비추어서는 충분히－이해된다는 것을 전제로 하고 있다. 젊은이는 그것을 배우는 즉시 머릿속에 분류 저장하여 장차 자신이 하는 말에 그것을 활용하게 되어 있다. (물론 젊은이가 처음 그것을 접할 당시에 그 의미를 이해하지 못하는 경우, 그리하여 그 의미를 누군가에게서 배워야 하는 경우도 있을 수 있지만, '공동의 장소'의 의의가 주로 장차의 활용에 있었다는 점에는 틀림이 없다.) 그러나 우리의 회자명구의 경우는 이것과 다르다. 앞에 인용된 예에서 알 수 있는 바와 같이, 대부분의 경우에 회자명구는 그 의미가 당장 이해될 수 있는 것이 아니라, 학문과 경험의 축적에 따라 조금씩 조금씩 점차적으로 이해될 수 있을 뿐이며, 그 중에는 한 평생의 학문으로도 충분히 이해될 수 없는 것들이 있다. 물론, 젊은이들은 그 말을 처음 들었을 때 그것을 이해했다고 생각하겠지만, 처음의 이해는 나중의 사색과 반추에 의하여 수정 변형되면서 점점 그 깊이와 정확성을 더해 간다. 회자명구가 '진부한 말'이 될 수 없는 것은 이 점에서 매우 당연하다.[18] 부모나 그 밖의 어른들이 자녀를 상대로 회자명구를 사용할 때, 그들의 기대는 자녀도 당장 그 명구를 배워 '써 먹어 보라는' 데에 있었다기보다는, 그런 기회를 통하여 그 명구에 담긴, 또는 그 명구의 출전인, 성현의 말씀을 더 잘 이해할 수 있게 되리라는 데에 있었다고 보아야 한다. 이 점에서 회자명구는 그 당시 '성현의 말씀'이라고 불리었던 공동의 지적 유산에 입문하는 중요한 통로였다. 서양의 '공동의 장소'가 활용의 대상이었다면 우리의 회자명구는 이해의 대상이었다고 말할 수 있다.

회자명구는 '생선회나 구운 고기처럼 입에 오르내린다'는 원래의 말뜻에 나타나 있는 바와 같이, 일상생활에서 빈번히 또 반복적으로 사용된다. 자녀가 회자명구를 접하게 되는 것은 책에 적힌 문구를 통해서가 아니라 살아있는 말을 통해서이다. 말은 반드시 특정한 맥락, 특정한 상황에서 사용된다. 문자와는 달리 말은 그 말을 하는 사람의 어조는 물론이요, 표정과 제스추어, 말하는 사람과 듣는 사람의 관계, 말이 자아내는 전체적인 분위기 등, 한마디로 말하여 모든 상황적 세부사항과 함께, 그것을 배경으로 하여, 또는 그 속에서 전개된다. 이 점은 현대적 관점에서 회자명구의 교육적 중요성을 확립하는 데에 결정적인 관건이 된다.

콜링우드의 '예술이론'의 핵심을 이루고 있는 '언어이론'에 의하면 언어는 그 본래적인 의미에 있어서는 사고를 전달하는 수단이 아니라 정서를 표현하는 수단이다.[19] (여기서 '본래적인'이라는 말은 '시간상의

18_ 李烘雨, '한국 교육학의 정립을 위한 교수행위 연구'를 전재한 『증보 교육과정 탐구』(박영사, 1992), pp. 474-493 참조.

과거'를 가리키는 것이 아니다.) 우리가 언어를 이해하는 것은 이른바 '개념'을 통해서가 아니라 그것에 표현된 정서를 우리 마음속에 '재현'함으로써이다. 대다수의 사람들이 가지고 있는 언어관에서는 언어의 주된 기능이 사고의 전달에 있고 정서의 표현은 그 부차적인 기능으로 생각되고 있지만, 콜링우드에 의하면 이것은 본말전도이다. 언어는 원래 정서 표현의 수단인 것이, 그것과는 다른 목적인 사고 전달에 '차용'되고 있는 것이다. 이 관점에서 보면, 정서는 단순히 사고 전달의 수단으로서의 언어에 수반되는 '정서적 부착물'이 아니라, 언어를 통하여 전달되는 사고의 '의미' 그 자체의 핵심적인 부분을 차지한다.

콜링우드의 언어이론에는 그 전체적 구상이나 세부적인 측면에 관하여 異論이론이 있을 수 있다. 그러나 회자명구의 교육적 중요성을 확인한다는 우리의 관심사로 보면, 콜링우드의 이론이 모든 면에서 전적으로 타당한가 아닌가는 중요한 문제가 아니다. 우리에게 중요한 것은, 부모가 자녀에게 회자명구를 말할 때의 모든 상황적 세부사항은 그 명구에 관하여 자녀가 가지게 될 의미와 불가분의 관계로 연결되어 있으며, 나아가서는 그 의미를 이해하는 데에 필수불가결의 조건이 된다는 것이다. 가령 자녀가 장성하여 성현의 말씀을 직접 글로 대할 경우를 생각해 보자. 그 글은 단순히 페이지에 인쇄된 글자가 아니다. 그 글 속에는 자신이 일상생활에서 그것을 말로 들었을 때 가졌던 모든 생각과 느낌이 들어 있다. 이 생각과 느낌을 떠나서는 그 글은 '죽은 문자'요 '공허한 언어'에 불과하다. 무엇보다도 그 글 속에는 그것을 입에

19_ R. G. Collingwood, *The Principles of Art*(Oxford University Press, 1938), ch. 11. 콜링우드에 의하면, 예술은 본래적인 의미에 있어서 언어이며 예술이론은 언어이론이다. 우리의 관점에서 보면, 이 언어이론은 곧 교육이론이라고 말할 수 있다.

올렸을 때의 아버지의 어조와 표정, 그 어조와 표정에 의심의 여지없이 나타나 있던 그 글에 대한 아버지의 존경이 들어 있다. 아버지의 그 글에 대한 존경은 자신의 아버지에 대한 존경과 한데 어울려, 지금 그 글에 대한 자신의 태도에 영향을 미친다. 그의 마음속에서 그 글의 권위는 아버지의 권위와 한 덩어리가 되어 있다. 자신도 그 글을 이해하여 그의 아버지가 속하고 있는 지적 공동체의 일원이 되는 것, 그가 언제나 두려워하고 부러워했던 그 아버지와 똑같은 사람이 되는 것, 이것이 그에게는 자신에게 지워진 인간적 의무로 된다.

물론, 자녀가 이 모든 것을 반드시 위에 기술된 것과 같이 명백한 형태로 의식하는 것은 아니다. 전통적인 삶과 교육에서 회자명구가 수행한 기능은 위에 기술된 것보다는 훨씬 장기간에 걸쳐, 확산적으로 또 식별되지 않게 나타난다. 그것은 예컨대 오늘날의 경우에, 집에서 부모가 우연히 말해 준 내용이 그날 학교 시험 문제에 나오는 것과는 전혀 비교가 되지 않는다. 말하자면 위의 기술은 그와 같이 장기적으로, 확산적으로 나타나는 회자명구의 기능을 압축하여 표현한 것이다. 만약 이 압축된 표현을 원래의 맥락으로 확산시킨다면, 우리는 회자명구가 전통적인 삶과 교육에서 가졌던 의미를 추출해 낼 수 있을 것이다. 즉, 회자명구는 그 당시 '교육받은 사람들'이 공동으로 사용하는 '교육받은 언어'를 예시적으로 보여주는 '지적 유산의 편린'이며, 특히 나이 어린 자녀로 하여금 그 지적 유산에 순조롭게 입문하도록 도와주는 교육방안으로 사용되었다는 것이다.

전통적인 삶과 교육에서 회자명구가 수행했던 것에 상응하는 기능을 오늘날의 삶과 교육에서 찾아볼 수 있는가? 이 질문은 바로, 오늘날에도 교육받은 사람들 사이에 공유되는 '교육받은 언어'가 있는가, 그리고 무엇보다도 일상생활에서 부모나 그 밖의 어른들이 자녀에게 그 언어를 시범함으로써 자녀로 하여금 그것에 순조롭게 입문하도록 도와주고 있는가를 묻는 것으로 풀이된다. 아마 이 질문에 대해서는 절대적인 '예, 아니오'로 대답하기가 어려울 것이다. 오늘날에도 공동의 '교육받은 언어'가 없다고는 할 수 없고, 또 어른들이 일상생활에서 그것을 전혀 시범하지 않는다고도 할 수 없다. 뿐만 아니라, 오늘날의 '교육받은 언어'는 옛날의 '성현의 말씀'이 그렇듯이 단일한 성격을 띠는 것이 아니라, 문학, 과학, 역사, 수학 등 여러 학문 분야로 분화되고 전문화되어 있다고 볼 수도 있다. 오늘날에는 이 분화된 학문의 언어가 바로 '교육받은 언어'이며, 그것 이외에, 그것을 초월하는 공동의 '교육받은 언어'는 있을 수 없다는 것이다.

이제, 논의의 편의상, 이 마지막 포인트—즉, 오늘날의 '교육받은 언어'는 여러 학문의 언어로 분화되어 있다는 것—를 받아들이기로 하고, 이 점을 기초로 하여, 옛날의 회자명구에 해당하는 것이 오늘날의 상황에서 그 기능을 그대로 수행하는 경우를 머릿속으로 그려본다면, 아마 다음과 같은 형편이 될 것이다. 즉, 부모나 그 밖의 어른들은 일상생활에서 적절한 기회에 문학, 과학, 수학 등 학문의 '편린'을 자녀에게 말해 준다. 이 말을 할 때 어른들은 그 말의 중요성에 대한 자신의 확신, 옛날의 어른들이 성현의 말씀에 대하여 가지고 있었던 것에 해당하는 존경과 열정을 표현한다. 그 말이 구체적인 상황에서 가졌던 의미, 그리고 그 말에 대한 어른의 존경과 열정은 자녀의 학교 공부로 연결되어, 자녀는 학교의 교과를 순조롭고 의미 있게 공부할 수 있게 된다, 등등. 아마 이 머릿속의 그림은, 극히 예외적인 몇몇 가정을 제외하고는, 현실과 부합한다고 보기 어려울 것이다. (여기에 대하여, 그 '예외적인 몇몇 가정'이라는 것은 적어도 인구의 상대적 비율로서는, 옛날 회자명구를 사용한 가정과 동일하다고 말할 사람이 있을지 모른다. 그러나 중요한 사실은, 옛날 회자명구를 사용한 가정이 소수였다는 것은 오직 그 당시에 '교육받은 가정'이 소수였다는 뜻이며, 그 당시의 '교육받은 가정'에서는 거의 예외 없이 회자명구를 사용했다는 것이다. 오늘날에는 대다수의 가정이 '교육받은 가정'인데도 몇몇 예외적인 가정에서만 현대판 회자명구를 사용한다는 것은 어떻게 이해해야 하는가? 그것은 오늘날의 교육이 옛날에 비하여 무력하기 때문인가? 아니면, 오늘날의 교육은 옛날의 그것과 완전히 다른 종류의, '교육'이라는 이름에 합당하지 않은 일을 하고 있다는 뜻인가?)

만약 위에서 그린 '머릿속의 그림'이 오늘날의 상황에서 도저히 현실과 부합되지 않는다면 여기에 대해서는 보다 근본적인 해명이 있을 수 있다. 말하자면, 오늘날 '교육받은 언어'는 '살아있는 말'로 사용되는 것이 아니라, 처음부터 끝까지 책의 페이지를 통하여 전달된다는 것이다. 지적 유산에의 입문을 순조롭게 하는 것은 오직 학교급별, 학년별 '교육과정 계열'이라는 인위적인 장치에 의존하며, 학교 교과를 통하여 전달되는 내용이 일상생활에서, 그것을 이미 학습한 사람에 의하여 생생하게 시범되는 것을 목격할 기회는 현저하게 제한되어 있다. 때로 책에 적혀 있는 지식이 생활과 관련을 맺어야 한다는 주장이 구호처럼 대두되는 것을 볼 수 있지만, 그것이 무엇을 뜻하는가 하는 것은 누구에게도 분명하지 않다. '교과와 생활의 관련'이라는 주장이 가질 수 있는 아마도 유일하게 타당한 의미는 옛날의 회자명구에서 끌어낼 수 있을 것이다.

이 모든 설명을 듣고 난 뒤에, 사람들 중에는 오늘날의 부모에게 학교의 교과를 생생하게 시범해 보이라고 하는 것은 무리하고도 부당한 요구라고 생각할 사람이 있을지 모른다. 그러나 또한, 이때까지 이 절에서 말한 내용에 오해가 없기를 바란다. 이 절에서 말하고자 하는 것은 오늘날 부모가 그런 일을 해야 한다든지, 그런 일을 하려면 이러이렇게 해야 한다는 것이 아니다. 여기서는 다만 회자명구를 둘러싼 전통 가정생활과 가정교육의 모습을 드러내려고 했을 뿐이다. 그래도 이 절에서 한 가지 배울 점이 있다면 그것은, 가정에서건 국가에서건 할 것 없이, 교육의 수준은 교육을 하는 사람의 수준을 능가할 수 없다는 만고불역의 진리이다.

6. 개인적 정체의 사회적 기반 : 족보

族譜족보는 전통 가정생활의 특징을 나타내는 상징으로서 대표적인 것이라고 말할 수 있다. 족보와 관련된 여러 가지 특징을 말하지 않고 우리의 전통 가정생활을 규정한다는 것은 있을 수 없다. 또한, 오늘날의 관점에서 족보는 전통 가정생활의 폐단으로서 첫손으로 꼽히는 것이기도 하다. 전통 가정생활의 가장 중요한 특징이 그 가장 큰 폐단으로 지목되는 것은 당연하다고 볼 수 있다. 그러나 그것이 폐단인가 아닌가 하는 것은 보는 관점에 달려 있는 문제이다. 폐단이건 아니건 간에, 족보가 전통 가정생활의 으뜸가는 특징을 나타낸다면 그것은 반드시 좋은 방향으로든지 나쁜 방향으로든지, 가정에서의 자녀교육에 모종의 중요한 기능을 수행하였다고 볼 수 있을 것이다. 이 절에서는 전통 가정교육에서 족보가 어떤 방법적 원리를 나타내었는가에 관하여 생각해 보겠다.

먼저 '족보는 원래 무엇을 위하여 만들었는가'라는 질문을 생각해 보자. 얼른 듣기에 이 질문은 처음으로 족보를 만든 사람이 마음속에 가지고 있었던 목적, 의도, 동기가 무엇인가를 묻는 질문처럼 들릴지 모르지만 반드시 그런 것은 아니다. 인간의 제도가 대체로 그러하듯이, 족보라는 제도도 어느 한 개인의 창안이 아니며, 나아가서 그 개인이 그 취지를 글로 써서 남긴 것은 더욱 아니다. 그럼에도 불구하고 여기서 그 질문을 제기하는 것은 그것에 대한 대답 여하가 족보에 대한 우리의 해석, 우리가 족보에 부여하는 '의미'를 보여줄 것이기 때문이다. 우리의 조상들은 왜 족보를 만들었는가? 우선 한 가계를 대대로 기록해 두는 것은 '그 자체로서' 가치가 있다는 충분히 그럴 듯한 대답은 일단 젖혀 두고, 이 질문에 대한 대답을 앞의 4절에서 사용한 구분에 따라 크게 두 가지로 나누어 고찰해 보겠다. 말하자면 그 질문에 대해서는 족보의 의미를 '개인적 차원'에서 해석하는 대답도 있을 수 있고 '제도적 차원'에서 해석하는 대답도 있을 수 있다는 것이다.

족보의 개인적 의미에 해당하는 대답으로서는 여러 가지가 있을 수 있다. 예컨대 족보는 가문이나 더 크게는 종문의 집단적 이익을 도모하는 수단으로 만들어졌다는 것이 그 한 가지이다. 이 관점에서 보면, 옛날에 족보를 처음 만든 사람은 마치 20세기의 총선거에서 가문이나 종문의 이익을 가장 잘 대변해 줄 후보자에게 표를 몰아주는 효과적인 수단을 미리 마련해 준 셈이 된다. 오늘날 족보가 예컨대 이런 목적에 사용되는 경우가 전연 없다고는 말할 수 없으며, 따라서 족보는 우리 생활의 정상적인 질서를 어지럽히는 폐단으로 간주될 수 있다. 또한 족보는 이른바 '양반'이라는 지체와 관련하여 가문의 집단적 허영심을 만족시키는 수단이 되기도 한다. 족보에는 반드시 그 조상 중에서 누구

누구가 이런이런 벼슬을 지냈다는 것이 기록되어 있으며 그것을 통하여 자손은 그 가문이 '빛나는 가문'임을 알게 된다. 사실상, 집안의 어른들이 젊은이들에게 족보를 거론하는 의도 자체가 그들이 빛나는 가문의 자손임을 확인시키는 데에 있다고 말할 정도로, 가문의 위세와 영광은 족보의 본질적 기능에 해당한다. 특히 전통 사회에서 이러한 가문의 위세는 단순히 자손의 심리적 욕구를 만족시키는 데에 그치는 것이 아니라 그 이상으로, 그것에 따르는 여러 가지 '사회적 附帶利益 부대이익'–즉 양반이라는 신분에 따른 특혜–을 가져다주기도 하였다. 개인의 지위는 그 개인 당사자의 업적에 의하여 결정되어야 한다는 근대적 '업적지향적' 가치관과 비교하면, 이것은 명백하게 '귀속지향적' 가치관이라는 전근대적 가치관을 반영하며, 또한 이것은 온갖 사회적 폐단의 원천이 된다.

이 정도로만 생각하더라도 족보가 전통 가정생활에서 으뜸가는 폐단으로 손꼽힌다는 것은 충분히 납득될 수 있다. 그러나 예컨대 위와 같은 폐단은 족보의 의미를 '개인적 차원'에서 해석하는 데서 빚어진 것이다. 앞의 4절에서 말한 바와 같이, 족보의 의미가 오직 개인적 차원에서 해석되어야 하는 것은 아니며, 그것은 또한 '제도적 차원'에서 해석될 수도 있다. 제도적 차원에서 해석할 때, 족보는 특정한 신념을 반영한다. 만약 그 신념이 위대한 것으로 판명될 수 있다면 족보는, 그것이 자아내는 온갖 폐단에도 불구하고, 위대한 제도일 수 있다. 사실상, 그 신념과의 관련에서 보면, 족보의 폐단은 오직 족보의 제도적 의미가 그 개인적 의미–즉, 족보와 관련된 개인의 사욕–의 침해를 받는 데서 빚어지는 것이다. 위대한 제도가 사욕의 침해를 받는 것은 불행한 일이지만 인간 세상에서는 어쩔 수 없는 일이다. 오히려 어느 편인가 하면,

제도가 위대한 것일수록, 그만큼 사욕에 의하여 악용될 가능성은 더 커진다고 말할 수 있다. 인간의 집단적 삶은 제도를 사욕의 침해로부터 보호함으로써 그 원래의 의미가 될 수 있는 한 분명히 드러나도록 하는 데에 목적이 있다고 말할 수 있다.

그러면 제도적 차원에서 볼 때 족보의 의미는 무엇인가?[20] 이 문제를 생각해 보는 한 가지 방법으로 하나의 가상적 에피소드를 소개해 보겠다. 그것은 현재 우리 사회의 중견으로 일하고 있는 한 인물(이하 희근)의 경험담이다. 희근의 부친은 아주 어렸을 때 가족적 역경으로 말미암아 남쪽 어딘가에 있는 고향을 떠나 혈혈단신 서울로 올라왔다. 타고난 것이든 강요된 것이든 간에, 오로지 근면과 성실로 그 부친은 자수성가하여 남부럽지 않게 살아갈 수 있게 되었지만, 자신이 어렸을 때 떠나온 그 고향이 어디인지, 자신의 일가는 어디에 모여 사는지 알아내려고 하지 않았고, 희근 또한 호적에 적힌 본관만 알 뿐, 그 가문의 본거지에 관해서는 아무것도 모르고 살아왔다. 그러다가 최근에 희근은, 마찬가지로 서울에서 살면서 늘 고향과 연락이 있는, 촌수로 그다지 멀지 않은 한 일가를 만나, 그의 안내로 가문의 時祭시제에 참여하기 위하여 며칠 동안 고향을 방문한다. 이 며칠 동안의 경험은 희근에게는 충격 그대로였다.

그 충격은 宗家종가에 들러 그 마을에 살고 있는 일가들을 만나는 순간부터 시작된다. 두 대에 걸쳐 연락이 끊어진 사이라, 그 사람들은 길바닥에서 만나면 멱살 잡고 싸울 수도 있는 완전한 남이었다. 가문에서의 희근의 위치가 확인되는 그 짧은 순간이 어떻게 그들의 관계를

20_ 이하의 논의와 관련하여 李烘雨 등, 『한국적 사고의 원형 : 그 원천과 흐름』(한국정신문화연구원, 정신문화문고 19, 1988), 제4장 참조.

그토록 놀랍게 바꿔 놓을 수 있는가? 마치 눈에 보이지 않는 핏줄이 그들을 서로 얽어 놓기라도 하듯이, 그들은 이제 남이 아니라 부모 형제나 다름없었다. 그야말로 눈 깜짝할 사이에 맺어진 이 관계는 곧바로 희근으로 하여금 자신을 돌아보게 하였다. 그것은 희근에게 자신의 존재의 확인이라고도 할 수 있고 그 존재의 중요성에 대한 자각이라고도 할 수 있는 복잡한 감정을 안겨 주었다. 이때까지 살아오는 동안에 희근에게 스스로 중요한 존재임을 일깨워 준 계기가 전연 없었던 것은 아니지만, 이때의 그의 감정은 이전의 그 어느 것과도 같지 않았다. 그것은 그의 존재의 깊은 곳-뿌리-에서 솟아나오는, 눈물겹도록 감당하기 어려운 감정이었다. 거기서 머무는 동안 희근은 그의 마음속에서 이 감정이 계속적으로 점차 강화되는 것을 경험하였다.

시제에 참여한 사람들은 전국 각지에서 모여들어서, 그 수는 전세버스 한 대가 꽉 찰 정도였다. 희근의 선산은 한 곳에 모여 있는 것이 아니라 꽤 먼 거리를 두고 이 산 저 산에 흩어져 있었으며, 제관들은 여기저기 옮겨 다니면서 제사를 지내지 않으면 안되었다. 선산이 여기저기 흩어져 있다는 사실은 바로 가문의 영고성쇠가 얽힌 역사를 말해 주는 듯하였다. 일행이 묘지에 당도할 때마다 종가의 어른은 거기에 묻혀 있는 조상이 어떤 분들인가를 말해 주었다. 지금 희근이 눈앞에 보고 있는 그 여러 개의 封墳봉분은 단순한 흙무더기가 아니었다. 그것은 희근 자신의 自我자아를 끝없는 과거로 확장시켜 주는, 시간적 차원에서의 희근의 자아 바로 그것이었다. 그리고 그와 마찬가지로 그 봉분 앞에 도열하여 참배하고 있는 제관들은 공간적 차원에서의 희근의 자아였다. 희근 자신-늘 스스로 '자신'이라고 생각해 온 개인으로서의 희근 자신-은 오직 그 시간과 공간을 축으로 하는 좌표 상의 한 지점을 나타낼 뿐이며, 그 한 지점은 그 두 축을 종횡으로 달리는 수많은 선들로 말미암아 존재하고 또 그것 때문에 의미를 가진다. 희근은 그 선들이 마치 철사 그물처럼 그를 옴짝달싹 못하게 얽고 있는 듯한 느낌을 받는다. 그는 자신의 한 몸, 그가 늘 자신의 것이라고 생각한 그 한 몸이 결코 자신의 것이 아님을 절감한다.

희근의 그러한 느낌은 종가에 와서 족보를 보는 순간 절정에 달한다. 희근의 요청에 의하여 종손은 벽장 속에서 허름한 고서류 뭉치와 함께 족보를 꺼내 왔다. 희근에게 그것은 나이 오십이 넘도록, 어디엔가 있으리라고 짐작하기는 했지만, 한 번도 목격한 일이 없는 책이었다. 종손이 지금 희근 앞에 조심스럽게 내려놓는 그 책은, 겉으로 보기에는, 고서점에서 많은 책 밑에 깔려 있는 허름한 책이나 이따금 민속 주점 벽지로 한 장 한 장이 발라져 있는 그 책과 전혀 다름이 없다. 그러나 희근에게 그것은 그냥 보통의 책이 아니다. 그에게 그것은 앞의 시제에서 희근이 가졌던 느낌을 가시적인 형태로 집약해서 보여주는 하나의 구체적 표상이었다. 희근에게 그것은 그가 매일 지갑 속에 넣고 다니는 주민등록증보다 더 확실한, 자신의 존재에 대한 어김없는 증명이었다.

종손이 족보와 함께 꺼내온 고서류는 꽤 분량이 많았다. 종손의 말로는, 원래 그보다 훨씬 많은 서류가 있었는데 몇 년 전 홍수에 더러 유실되고, 자신이 건질 수 있는 데까지 건져서 말린 것이 현재의 그 서류라고 한다. 이 말을 하는 종손의 어조에서 희근은 그 종손이 종손으로서의 자신의 책임을 다하지 못한 데 대해서 사과하는 마음을 읽을 수 있었다. 옛날 임금의 敎旨교지(왕이 내리는 임명장)를 보여주면서 종손은 자랑스러운 빛을 감추지 못했다. 그 밖에도 서류더미 속에는 가문의 역사의 하일라이트라고 할 만한 것들이 들어 있었다. 비록 교지를 받을 처지에 있지는 않았지만, 희근은 내심 은밀하게, 자신도 나중에 백년 이백 년이 지난 뒤에 그 자손들이 그의 업적에서 자랑을 느낄 수 있는 그런 조상이 되었으면 하는 소망이 꿈틀거리는 것을 느꼈다.

이상이 그 가상적 에피소드이다. 위의 에피소드를 읽는 대부분의 사람들이 그 '가상적'이라는 말에 의아심을 가질 정도로, 거기에 기술된 희근의 경험은 누구든지 그와 동일한 처지에 있는 사람이라면 능히 가질 법한, 현실적으로 충분히 있을 수 있는 경험이다. 우리가 희근의 그 생각과 느낌에 공감할 수 있는 것은, 비록 우리가 일상 의식하지는 않는다 하더라도, 우리 각자의 마음속에 희근의 그 생각과 느낌이 들어 있다는 것, 또는 다른 말로, 우리가 아직은 족보의 '교육적 영향력' 하에 있다는 것을 뜻한다. 그 교육적 영향력은 우리가 의식적으로 받아들인 '현대적', '진보적' 가치관과 때로 마찰을 일으키기는 하지만, 아직도 우리 존재의 깊은 부분을 형성해 주고 있다.

희근의 경우에 짧은 시간 내에 압축된 형태로 들이닥친 그 경험을 긴 성장 과정으로 늘여 놓으면 그것이 바로 전통 가정생활에서 자녀가 족보와 관련하여 가지게 되는 교육적 경험이 된다. 다시 말하여, 전통 가정생활에서 자녀는 희근이 충격적으로 경험한 것과 본질상 동일한 내용을 오랜 기간이라는 '충격완화장치'를 통하여 서서히, 거의 식별되지 않는 형태로 경험하게 된다. 말하자면 위의 에피소드는 자녀의 이 경험을 명시적으로 드러낸 것이라고 말할 수 있다. (물론, 이 경험은 비단 족보에 의해서만 주어지는 것이 아니라 생활의 모든 국면에 의하여 주어지고 강화된다. 예컨대 부모가 자녀를 훈계하는 말에는 '가문의 이름을 더럽히지 말라'는 말이 후렴처럼 붙어 있다. 뿐만 아니라, 동네 어른들이 나쁜 짓 하는 아이를 꾸짖을 때는 거의 예외 없이 '너 누구집 자손이냐'라고 말한다.)

전통 가정생활에서 자녀는 아주 어릴 때부터 이따금 아버지가 보여주는 족보를 보고 아버지가 들려주는 가문에 관한 말을 들으면서 자란다. 아버지가 들려주는 말은 거의 예외 없이 그 조상 중에 이런이런 훌륭한 분들이 있었다는 '가문의 자랑'이다. 그것은 순전한 허영심의 발로라는, 오늘날 사람들에게는 충분히 떠오를 수 있는 생각이 자녀에게는 결코 떠오르지 않는다. 자녀는 막연하게, 지금 자신의 앞에 놓여 있는 그 책이 자신의 존재와 모종의 중요한 관련을 맺고 있다는 것을 느낀다. 자녀가 성장함에 따라 그의 마음속에는 그 느낌이 점점 뚜렷한 형태로 자리 잡는다. 자녀는 희근의 경우에 극적으로 표현된 그 경험-자신의 몸은 그야말로 자신의 것이 아니라는 것, 자신은 시간과 공간의 축으로 된 거대한 좌표의 한 지점을 나타내며, 그 지점을 규정하는 좌표를 떠나서는 자신의 존재가 의미를 가질 수 없다는 것-을 점점 뚜렷이 인식하게 된다. 만약 자신의 몸이 자신의 것이라면, 세상살이가 귀찮고 따분해질 때 예컨대 옥상에서 뛰어내리는 것을 위시하여 무슨 짓이든지 '자유롭게' 할 수 있다. 그러나 자녀는 그럴 수 없다. 그의 행동은 그 좌표가 요구하는 바에 따라 철저하게 통제된다.

또한 자녀는 자신을 규정하는 좌표를 더욱 튼튼하고 아름다운 것으로 만들 의무를 느낀다. 이 의무를 의식하는 순간, 자녀는 자신이 마치 거대한 산에 떠받쳐서 그 꼭대기에 서 있는 듯한 느낌을 가진다. 자신이 그 의무를 수행할 수 있는 것은 오직 그 거대한 산이 그를 받쳐주고 있기 때문이다. 그의 키가 커 보이는 것은 오직 산꼭대기에 서 있기 때문이며, 그 산을 떠나서는 그는 왜소한 난장이에 불과하다. 학문과 경험이 축적되고 시야가 넓어짐에 따라, 자녀를 떠받치고 있는 산은 단순히 가문의 범위를 넘어서서 민족으로, 인류 전체로 확대될 수 있다. 이제 자녀는 민족이나 인류 전체가 해온 모든 생각과 모든 경험이 그를 떠받쳐 주고 형성해 준다는 것을 느낀다. 그의 자아는 인류의 총체적 경험으로 확대된다. 그러나 개인으로서 도달할 수 있는 이 '최대의 자아'는 어렸을 때 아버지가 보여준 족보에서 동트기 시작한 것이며, 그것과 다르지 않다. 그에게 있어서 족보는 그로 하여금 그 '최대의 자아'를 최초로 경험하게 한, 그것에 이르는 발판이며 그것의 구체적 표상이다.

오늘날 우리는, 적어도 표면적인 의식의 수준에서는, 위에 기술된 것과는 다른 종류의 자아관을 가지고 있다. 오늘날 우리의 자아관은, 어느 편인가 하면, 개개인의 자아는 각자의 피부조직 속에 이미 주어져 있다는 것이다. 예컨대 교육은 '자아를 완성한다'든가 '자아를 실현한다'는 말을 할 때, 우리는 그 완성되거나 실현될 자아가 우리 내부 어디엔가에 들어 있다고 생각하고 교육은 그 내부의 자아를 완성하고 실현시키는 수단이 된다고 생각한다. 족보가 우리의 전통적 가정생활－그리고 그와 마찬가지로 전통적 생활 전체－의 특징을 나타내는 으뜸가는 상징이라는 사실에서 알 수 있는 바와 같이, 이런 자아관은 우리의 전통적 자아관과 거리가 멀다. 족보에 들어 있는 제도적 의미로서의 신념, 즉 족보가 나타내는 자아관은, 개인의 자아는 흔히 '사회'라는 개념으로 표현되는, 개인보다 더 큰 실체에 기반을 두고 있다는 것이다.

우리의 전통적 자아관과 거리가 먼, 오늘날 우리가 가지고 있는 '현대적' 자아관은 어디서 생겼는가? 그것은 시대의 변천과 함께 우리의 전통 문화 속에서 '자생적으로' 발생하였다고 볼 수도 있지만, 아마 대부분의 사람들은, 그것은 서양의 자아관이요 오늘날 우리가 그 자아관을 가지고 있는 것은 서양에서 그것을 받아들였기 때문이라고 생각할 것이다. 아마 그럴지 모른다. 그러나 오늘날 서양 사람들이 주로 그런 자아관을 가지고 있는 것이 사실이라고 하더라도, 바로 그것 때문에 그것이 서양의 '원래' 자아관이라고는 말할 수 없다. 서양 사람들이라고 하여 옛날부터 그런 자아관을 가지고 있었던 것은 아니기 때문이다.

최근에 서양의 한 학자는 고대에서 르네상스를 거쳐 현대에 이르는 서양의 사회적 문화적 변천을 두 개의 대립되는 자아관의 변천으로 파악하였다.[21] 즉, 서양의 자아관은 르네상스를 역사적 분기점으로 하여, 그의 용어로 '외부 지향적 자아'(또는 '밖으로 뻗어나가는 자아', extensive self)로부터 '내면 지향적 자아'(또는 '안으로 파고드는 자아', intensive self)로 변천되어 왔으며, 르네상스는 그 결정적 계기를 마련하였다는 것이다. 르네상스 이전, 특히 희랍 로마의 자아관을 나타내는 '외부 지향적 자아' 또는 '밖으로 뻗어나가는 자아'라는 용어는 특히 오늘날 우리에게 자아내는 연상 때문에 오해될 가능성이 있다. '외부 지향적 자아'라든가 '밖으로 뻗어나가는 자아'라는 표현은, 얼른 듣기에는, '자아'라는 것이 이미 있고 그것이 외부를 지향한다든가 밖으로 뻗어나간다는 뜻으로 받아들여지기 쉽지만, 이것은 잘못이다. 그렇게 생각하는 것은 곧 이미 '내면 지향적 자아'의 사상적 영향권에서 살고 있는 사람의 관념으로 고대의 자아관을 파악하는 것이다. 고대 희랍 로마의 자아관을 오늘날 우리의 관념에 납득될 수 있는 용어로 설명하기는 불가능에 가까울 정도로 어렵다. 구태여 말하자면 희랍 로마 시대

21_ R. E. Proctor, *Education's Great Amnesia*(Indiana University Press, 1988). 이하에 소개되는 extensive self와 intensive self라는 용어는 F. E. Cranz의 미발표 논문에 제시된 것이며, Proctor의 책은 여기에 거의 전적으로 의존하고 있다. 물론, 이하에 제시되는 것과 동일한 종류의 논의는 이 책에서 비롯된 것이 아니며 서양 사상사의 전반적인 추세와는 별도로 끊임없이 대두되어 왔다.

의 자아는, 우리의 전통적 자아관에서와 마찬가지로, 한편으로 '자아'와 또 한편으로 그 자아가 지향하는 표준으로서의 '외부 세계'(사회, 실재 등)가 분리되지 않은 상태의 자아, 외부 세계와 분리되어서는 존재할 수 없는 자아, 외부 세계를 받아들일 때 비로소 성립하는 자아를 가리킨다고 말할 수 있다. 르네상스는 이 자아를 외부 세계로부터 분리시킨 역사적 계기를 마련하였다. 그 이후 서양의 자아관은 자아를 개인의 내면세계―즉, 외부 세계로부터 분리된 내면세계―에서 찾는 방향으로 줄달음쳐 왔다. 그것은 그야말로 개인의 자아를 그 피부조직 속에서 찾으려고 하는 자아관이다.

그 서양 학자의 관찰에 의하면 오늘날 서양의 사회적, 정신적 문제는 현대 서양인의 역사적 '대건망증'―오늘날의 '내면 지향적 자아관'에 눈이 어두워 옛날의 '외부 지향적 자아관'을 망각한 것―에 그 기원을 두고 있다. 과연 이 서양 학자의 관찰을 받아들일 수 있는가, 또는 고대에서 현대에 이르는 서양의 역사적 변천이 자아관의 발전과 진보를 나타내는가 아니면 타락과 퇴보를 나타내는가 하는 것은, 궁극적으로는 보는 사람의 가치관에 달려 있는 문제라고 보아야 할 것이다. 그러나 만약 교육에 관심의 초점을 두고, 그 자아관이 교육의 의미에 주는 시사를 생각해 본다면, 그 문제에 대한 판단은 훨씬 용이해진다. 그 두 가지 자아관 중의 어느 쪽을 받아들이는가에 따라 '자아의 완성', '자아의 실현'이라는 교육의 목적이 상이하게 규정되는 것이다. 이 문제에 관하여 조금만 더 깊이 생각해본다면, '내면 지향적 자아'―외부 세계를 내면화하기 이전에 우리의 피부조직 속에 주어져 있다고 생각되는 자아―는 실지로 존재하지 않는 허구임을 알게 된다. 우리는 모두 교육을 받고 있으며, 그 과정을 통하여 외부 세계를 내면화하고 있다. 우리의 자아는 이것을 통하여 형성된다. 만약 그 허구를 목적으로 삼아 교육하는 일이 참으로 가능하다면 그 결과로 배출되는 것은 자신보다 큰 것, 위대한 것은 아무것도 없다고 믿는 사람, 자신의 개인적 욕망 이외에는 아무것에도 복종할 줄 모르는 사람이다. 교육의 목적이 이러한 사람을 기르는 데에 있다고 생각할 사람은 아무도 없을 것이다. 교육의 목적은 자신보다 큰 것, 위대한 것이 있다고 믿고 그것에 기꺼이 복종할 줄 아는 사람을 기르는 데에 있다. 그리고 이때까지 이 절에서 살펴본 바와 같이, 우리의 족보는 이 교육목적을, 가정이라는 한정된 생활의 장을 통하여 실현하려고 하는 가장 효과적인 교육방안이다.

가정생활이라는 면에서는 우리와 완전히 동일한 문화권에 속하는 중국과 일본에 우리의 것과 같은 족보가 있는가, 아니면 세계 어느 곳에서든지 우리와 같은 족보를 가지고 있는 나라가 있는가, 또한 설사 있다고 하더라도, 그것이 과연 우리의 전통 가정교육에서와 마찬가지로 중요한 교육적 기능을 수행하고 있는가? 이 문제는 현재로서는 확인되지 않는다. 만약 우리가 세계에 유례없는 훌륭한 민족임을 자처할 수 있다면, 그것은 아마 우리가 세계 어느 나라에도 없는 훌륭한 교육 방안을 가지고 있다는 데서 그 근거를 찾을 수 있을 것이다. 또한, 그와 마찬가지로, 만약 우리가, 폐단밖에 아무것도 가져다주는 것이 없는 낡아빠진 유물이라고 하여 족보를 팽개쳐 버린다면, 우리는 우리만이 가지고 있는 그 귀중한 교육 방안을 미련 없이 팽개쳐 버리는 셈이 된다.

7. 종합적 고찰

여기서는 먼저 이 글의 첫 부분(주1)에서 미루어 놓은 질문에 관하여 고찰해 보겠다. 이 글의 논의를 끝낸 이 시점에서 그 질문은 그 첫 부분에서보다 훨씬 무게를 가질 수 있을지 모른다. 그 질문은 다음과 같다. 즉, 이 글에서 전통 가정교육의 원리를 나타내는 상징으로 취급된 태교, 사랑방, 의례, 회자명구, 족보 등은 사실상 전통 사회의 대다수 가정에서 소유되거나 시행되던 것이 아니라 일부 특권층에 국한되어 있었던 만큼, 그것을 근거로 하여 도출된 교육 원리를 과연 전통 가정교육의 원리로 볼 수 있는가 하는 것이다. 특히 오늘날 이런 종류의 질문, 또는 반론은 '민중'의 것을 숭상하는 사람들 사이에서 자주 대두된다. 그들은 '민중'과 '귀족' 사이의 계층적 대립에 입각하여, 전통사회에서 귀족들에게만 점유되던 것을 민중의 경우에까지 확대하는 것은 민중을 정당하게 존중해 주지 않는 '비민주적' 경향을 나타낸다고 생각한다.

이 질문에 대답하는 데는 긴 말이 필요하지 않다. 그 대답은, 한 마디로 말하여, 그 질문을 하는 사람은 이 글이 나타내는 것과는 완전히 다른 종류의 관심을 가지고 있다는 것이다. 이 글의 관심은 전통 가정교육의 '표준적 형식'을 제시하는 데에 있다. 물론, 이 '표준'이라는 말도 '민주적인' 관점에서는 다르게 해석될 수 있지만, 여기서의 표준은 '평균'이나 심지어 '범용'을 뜻하는 것이 아니라, 오히려 사람들이 누구나 도달하고자 하는 '가장 높은 경지'를 뜻한다. 다만, 그 가장 높은 경지는 아무도 도달할 수 없는 '이상적인' 또는 '비현실적인' 경지가 아니라, 수가 많건 적건 간에 사람들이 실지로 도달해 있는 경지를 뜻한다. 이 글의 다섯 가지 상징 중의 어떤 것을 가지고 생각해 보더라도 마찬가지이지만, 예컨대 사랑방의 경우를 생각해 보자. 전통 사회에서 대다수의 가정이 사랑방을 가지고 있었다는 것은 의심하거나 부정할 수 있을 것이다. 그러나 사랑방이 전통 가옥의 '표준적 형식'—위에서 말한 의미에서의 표준적 형식－을 나타내었다는 것은 부정할 수 없다. 그 당시 사랑방을 가지고 있지 않았던 가정은 자신의 그 상태를 '높은 경지'로 생각한 것이 아니며, 그들도 만약 여건이 허락하였다면 사랑방이 있는 가옥에서 살았을 것이다. (이것은 곧 그 당시 사랑방이 없는 가정의 아버지도, 가능한 한, 사랑방이 있는 가정의 아버지처럼 행동하려고 노력했다는 것을 뜻한다.) 그들이 사랑방을 가질 수 없었던 것은 오로지 전통 사회가 가지고 있는 불가피한 '구조적 취약점' 때문이었다. 이 구조적 취약점을 들어 전통 사회를 고발하고 탄핵하는 것은, 그 자체로서는 충분히 고귀한 관심사가 될 수 있지만, 이 글의 관심과는 거리가 멀다.

다시, 이 글의 첫 부분에서 말한 바와 같이, 이 글에 제시된 전통 가정교육의 다섯 가지 원리는 전통 가정생활을 교육방법상의 원리라는 관점에서 '추상'한 결과이다. 그러므로 이 다섯 가지 원리를 그것이 추상되어 나온 원래의 가정생활의 맥락에 도로 투입하면, 우리는 보다 완전한, 있었던 그대로의 구체적인 전통 가정생활을 재구성해 낼 수 있을 것이다. 그리고 그와 같이 구체적인 전통 가정생활을 재구성해 볼 때, 우리는 현대 가정생활과의 대비에 의하여 두드러지는, 전통 가정교육의 '종합적' 원리를 찾아낼 수 있을 것이다. 이 글에서의 논의를 기초로 하여 그 종합적 원리를 규정하자면 아마 다음과 같이 말할 수 있을 것이다. 즉, 전통 가정생활에서 부모의 자녀 교육에 대한 관심은 인간으로서의 자신의 본능적 경향을 최대한으로 억제하는 방향으로 표현되었다는 것이다. 부모에게 있어서 '교육받는다'는 것은 자신보다 더 큰 것－제도와 학문－에 기꺼이 자신을 복종시킬 줄 아는 사람이 되는 것을 의미하였다. 더 직접적으로 말하자면, 부모는 자녀에게 '교육받은 사람'으로서의 행동을 시범하였고 그렇게 함으로써 자녀 또한 '교육받은 사람'으로 살아가기를 기대하였다. 이것은 교육의 가장 중요한 방법적 원리는 시범과 모방에 있다는 교육학의 기본 명제를 전통 가정교육의 맥락에서 재확인하는 것에 지나지 않는다.

앞에서 몇 차례 부분적으로 언급한 바와 같이, 이 글에서의 관심은 전통 가정교육의 방법상의 원리를 확인하고 기술하는 데에 있다. 그러나 전통 가정교육의 방법과 현대 가정교육의 방법 사이에 명백한 '차이'가 있을 경우에 우리는 어느 쪽을 따라야 하는가? 분명히 말하여, 이 문제는 결코 덮어버리거나 회피할 수 있는 문제가 아니다. 영국의 한 才談家재담가가 한 '이쪽 바짓가랑이를 먼저 입을까 저쪽 바짓가랑이를 먼저 입을까 망설이는 동안 엉덩이는 내내 나와 있다'는 말은 바로 이런 경우를 가리킨다. 전통적 방법과 현대적 방법 중에서 어느 한 쪽이 더 타당하다는 식의 '절대적' 판단은 할 수 없다고 말하는 동안에, 가정교육은 그 자체의 '자연적' 진로를 따라 흘러가고 있다. 사태의 자연적 추이가 바로 올바른 길을 보여준다는 입장을 취한다면 모르되 그렇게 하지 않는 이상, 우리는 전통적 방법과 현대적 방법 중에서 어느 한 가지를 택하지 않으면 안된다. (자연적 추이가 옳다는 입장은 결국 현대적 방법을 지지하는 것이다.) 위에서 말한 '종합적 원리'는 이 선택을 현명하게 하는 데에 중요한 힌트를 제공해 준다. 인간으로서의 본능을 억제하는 것이 그것을 마음껏 발휘하는 것보다 가치 있는 일이라면, 우리는 아마 전통적 방법을 최대한으로 되살려 내는 데에 노력을 기울여야 할 것이다. 우리로서 특히 명심하여야 할 점은, 전통 가정교육에 반영된 전통 가정생활은 우리의 전통적 생활방식의 마지막 보루이며, 이것이 무너지는 것은 곧 전통적 생활방식 그 자체의 붕괴를 의미한다는 것이다.

그러나 오늘날의 현실에서 전통 가정교육의 원리를 되살려내는 이 일은 결코 쉬운 일이 아니다. 누구나 흔히 말하듯이, 세상은 달라졌다. 세상을 달라지게 한 것은 분명히 사람들이지만, 그 세상을 원래의 상태로 돌려놓는 것은 사람들 뜻대로 되지 않는다는 것-이것은 우리가 감수할 수밖에 없는 인간 세상의 한 가지 비극적 파라독스라고 보아야 할지 모른다. 그러나 또한, 세상을 원래대로 되돌려 놓지는 못한다 하더라도, 우리는 그 달라진 세상이 과연 무엇을 대치하는지, 그리고 그 대치로 인하여 파괴되고 변형되는 것이 과연 무엇인지는 알 수 있고 또 알아야 할 것이다.

【증보자료 2】

학생에게서 배운 것

1. 소견서 : 주제와 반응

학생이 써야 할 소견서의 주제와 횟수는 학기에 따라 약간씩 차이가 있었다. 제목 다음에 괄호 안에 적힌 것은 그 주제가 다루어야 할 내용을 질문 형식으로 표현하고 있다. 학생들은 그 각각의 질문에 개별적으로 대답해야 하는 것은 아니며, 그것들을 전체적으로 해석하여 해당 주제에 관한 자신의 소견을 쓰게 되어 있다. 앞에 내건 제목은 예시이며, 학생은 자신이 쓴 소견서에 적합한 제목을 자유롭게 선택할 수 있다. 이하에서는 각각의 주제와 관련하여 학생들이 발표한 내용과 강의자가 그것을 읽은 결과를 '보고'할 때 해준 논평의 방향을 개략적으로 소개하겠다.

소견 1】 내가 받은 고등학교 교육
(내가 받은 고등학교 교육은 어떤 것이었는가? 나는 거기서 무엇을 배웠는가? 그것은 내가 현재 또는 장차 '훌륭한 사람'이 되는 데에 어떤 도움을 주고 있으며 또 주게 될 것인가?)

고등학교를 갓 졸업한 학생들이 이 주제에 대하여 어떤 반응을 할 것인가는 예상되고도 남음이 있다. 그들이 고등학교에서 '배운' 것 중에서 중요한 것이 있다면, 그것은 '교과'가 아닌, 교과 이외의 것－축제, 운동회, 쉬는 시간에 교사나 친구들과 주고받은 말('대화'), 간부로서 또는 '위원회의 일원'으로서 학교 운영을 위하여 일한 경험 등－이다. 여기에 비하여 교과는 힘든 일을 묵묵히 해내는 '인내심과 지구력'을 길러 주었을 뿐, 그 내용은 획일적인 단편적 지식이었다. 학생들은 예외적으로 자신에게 개인적으로 도움을 준 교사를 언급하면서 그에게 감사를 표하기도 하지만, 대다수의 학생들은 교사 집단에 대하여 입에 담기조차 어려운 극도의 비난도 서슴지 않는다. 전체적으로 보면, 학생들에게는 '母校'모교의 개념－'어머니 학교'라는 말이 자아내는 따뜻한 감정, 자신이 현재와 같은 상태로 성장한 것은 거의 전적으로 그 '어머니 학교' 덕택이라는 생각－이 없다.

자신이 다닌 학교와 거기서 일하는 교사에 대한 학생들의 이러한 소견은 어디서 형성된 것인가? 여기에 대하여 '학생 개개인의 관찰과 경험'에 의하여 형성되었다고 말하는 것은 대답이 될 수 없다. 학생들의 그 소견은 관찰과 경험에 의하여 형성된 것이 아니기 때문이며, 그 경험과 관찰은 현재의 그것과는 완전히 반대되는 소견을 가지게 할 수도 있었기 때문이다. 가령 조선시대에 학생들 또래의 젊은이들에게 '내가 다닌 서당'에 관하여 학생들이 쓴 것과 같은 소견서를 쓰라고 했더라면 그 결과가 어떠했겠는가? 모르기는 해도 그 젊은이들은 정반대의 반응을 했을 것이다. 즉, 내가 다닌 서당은 현재 내가 가지고 있는 '모든 좋은 것'을 가르쳐 주었으며, 우리 훈장님은 미련한 우리들을 가르치시느라고 밤낮 없이 노심초사하시고, 만약 내가 제대로 배우지 못했다면 그것은 오로지 내가 무능하고 게을렀기 때문이라는 것이다. 그렇다면 조선시대의 서당은 '객관적으로' 오늘날의 고등학교보다 훌륭한 교육을 했던 것인가? 그렇지 않을 것이다. 두 경우에 그와 같이 엇갈린 반응이 나온다면 그것은 조선시대의 젊은이들은 오늘날의 고등학교 학생들이 받고 있는 것과 같은, 학교에 관한 여론－대중전달 매체와 주위의 성인들에 의하여 이구동성으로 표현되는 학교에 대한 부정적 평가－의 영향을 받지 않았기 때문일 것이다.

소견 2】 교육받은 사람의 모습
(교육받은 사람과 교육받지 않은 사람의 가장 두드러진 차이는 어디에 있는가? 그 차이는 교육의 어떤 측면 또는 부분에 기인하는가? 오늘날의 교육은 그런 의미에서의 '교육받은 사람'을 길러내는가?)

소견 3】 학교교육의 필요성
('생활의 全過程전과정이 교육이다'라는 말은 옳은가? 만약 '생활'에서도 교육이 이루어진다면 그 교육은 학교에서 이루어지는 교육과 내용 면에서 동일한가? 만약 그렇다면 생활 이외에 따로 학교가 필요한 이유는 무엇인가?)

위의 두 가지 주제는 각각 별도로 제시되고 별도의 소견서를 요구하지만, 그것에 관하여 제시되는 소견은 동일한 내용을 담게 된다. 왜냐하면 학교교육의 존재 이유는 '교육받은 사람의 모습'을 실현하는 데에 있기 때문이다. 비록 생활의 전 과정을 통하여 교육이 이루어진다 하더라도 그것은 학교교육에 비하여 체계성이나 효율성 면에서 한계가 있기 때문에 학교교육은 여전히 필요하다고 생각할 수 있는 것이다. 이 두 가지 주제에 관하여 학생들은 일관된－그리고 대체로는 학생들 사이에 일치된－견해를 표현한다.

'교육받은 사람의 모습'에 관한 학생들의 소견에 의하면 교육받은 사람의 모습은 대체로 상투적인 '유능한 생활인'－사회적 성공과 동일한 의미에서의 '자아실현'을 이룩한 사람－의 모습이다. 특히 기억에 남는 한 학생은, '교육받은 사람의 모습'을 눈에 선히 보일 정도로 구체적으로 기술하라는 강의자의 요청에 충실하게, 성공한 직장인의 가상적인 하루 일과를 '아침에 거울을 보고 넥타이를 매는 것'에서 시작하여 '저녁에 신문을 읽거나 TV 뉴스를 보는 것'에 이르기까지 상세하게 적어 내었다. 물론, 학생들 중에는, 소수이기는 하지만, '교육받은 사람의 모습'이 불러일으키는 '체제에 길들여진 소시민'의 이미지에 대하여 학생들 사이에 유행하는 냉소적인 반응을 보이면서, 그에 따라 학교교육은 사회에 잘 적응하는 사람이 아닌, 사회를 비판하고 개선하는 사람을 기르는 데에 필요하다는 견해를 표명하는 사람도 있다. 사실상, 이 두 주제는 학생들에게 스스로 생각의 일관성을 점검하도록 하는 계기가 된다.

(이와 관련하여, 소견서 공부의 '운영 방법'에 관하여 잠깐 언급할 필요가 있다. 강의자는 언제나 학생들에게, 일단 제출된 소견서는 학기가 끝나기 전에는 되돌려 줄 수 없기 때문에 각자가 쓴 소견서의 '사본'을 보관하라고 말하고, 학생들의 소견서를 개인별로 철하여 학기말에

되돌려 주었다. 학생들은 자신이 쓴 소견서를 강의자가 꼼꼼히 읽고 종합적으로 논평할 뿐만 아니라, 때로는 이전의 주제에 관하여 자신이 쓴 소견서를 '인용'하기도 한다는 것을 알고부터는 소견서에 대하여 보통의 '과제물'에 대해서와는 다른 태도를 취하게 된다. 학기말에 되돌려 받는 소견서의 분량은 학생에 따라 도저히 감출 수 없는 차이를 나타낸다. 소견서의 길이는 주제당 A4용지로 2페이지를 넘지 않도록 하기 때문에 소견서의 분량은 결국 소견서를 쓴 주제의 수에 달려 있다. 그리하여 비교적 두툼한 소견서를 되돌려 받을 때, 학생은 마치 강의자로부터 선물이라도 받는 것처럼 喜色희색을 보인다. 물론, 그것은 선물이 아니라 자신의 노력에 대한 응분의 보상이다.)

위의 두 주제와 관련해서도 학생들은 사회에 만연되어 있는 '교과에 대한 편견'을 그대로 반영한다. 학생들은 교과의 의미에 관해서는 자신이 알고 있는 것 이상으로 더 알아야 할 것이 없다는 식으로 생각한다. 학생들은 교과가 교육의 개념에서 핵심적인 위치를 차지한다는 사실을 정당하게 존중하지 않는다. 비록 '교육을 (성공적으로) 받았다는 것'과 '사회적으로 출세하는 것'이 통념상 동일한 것으로 간주된다 하더라도, 학교에서 실지로 하고 있는 일을 생각해 볼 때 그 통념에는 하등 근거가 없으며, 약간 극단적으로 말하자면, 교육을 받았는가의 여부는 겉으로는 전연 드러나지 않고 오직 인생에서 무엇이 가장 중요한가, 삶의 진정한 가치는 어디에 있는가에 관한 내면적인 생각의 차이로 규정된다는 것이 학생들에게는 도저히 상상되지 않는다.

소견 4】 주입식 교육의 정체

(주입식 교육은 구체적으로 어떤 교육방법을 가리키는가? 주입식 교육과 주입

식 교육이 아닌 것의 차이는 무엇인가? 주입식 교육은 '나쁜' 교육방법인가? 그렇다면, 그럼에도 불구하고 그것이 지속되는 이유는 무엇인가?)

학생들의 마음속에 주입식 교육은 '입시 위주 교육'과 거의 동일한 의미를 지닌다. 그럴 수밖에 없는 것이, 우리나라에서 주입식 교육은 '내용' 면에서 그것과 짝을 이루는 '단편적 지식'과 함께 입시위주 교육의 폐단으로서 늘 지적되고 있으며, 학생들도 그것을 들어 왔기 때문이다. 학생들에게는 주입식 교육은 '나쁜 교육'이며, 그것은 현재 우리나라 학교-입시위주 교육을 하는 학교-에서 사용되고 있는 교육방법을 뜻한다는 것이 하나의 고정관념으로 자리 잡고 있다. 그러나 그것이 정확하게 어떤 것이며 어째서 나쁜 교육방법인가를 말하려고 할 때 학생들은 어려움을 겪는다. 학생 중에는 이따금 자신은 주입식 교육이 입시위주 교육에 동원되는 나쁜 교육방법이라는 말을 들어 왔고 그렇기 때문에 나쁜 교육방법인 줄 알고 있었지만 그 이상 자세한 말은 할 수 없다는 식의 '고백'을 하는 사람도 있다. 주입식 교육과 주입식 교육이 아닌 교육의 차이에 관해서도 학생들은 '토론식 수업'-'이 강의에서 하는 것과 같은 것'-이라는 또 하나의 상투적 용어를 쓴다. 또한, 학생들은 주입식 교육의 폐단으로서 피교육자들에게 획일적인 '정답'을 요구함으로써 인간을 획일화, 정형화한다는 견해를 표현하기도 한다.

그러나 주입식 교육의 대안인 예로서 토론식 수업을 생각해 보더라도, 토론식 수업은 모든 단계의 교육에서 모든 교과에 사용될 수 있는 방법인가? '정답'을 요구하는 것은 필연적으로 획일적인 인간을 길러내는가? 토론식 수업에서 학생들은 각자 자신의 독자적인 견해를 가지게 된다고 할 때, 이른바 '정답'을 가지게 되는 사태에 비하여 각각 독자적인 견해를 가지게 되는 것은 언제나 좋은 것인가? 소견서 공부('토론식 수업')의 취지는 학생들의 의견을 강의자의 의견으로 대치하거나 강의자의 '이론'을 일방적으로 '주입'하는 데에 있는 것이 아니라 학생들이 '무반성적으로' 가지고 있는 고정관념을 되돌아 볼 기회를 가지도록 하는 데에 있다. 그리고 이 목적을 위해서는 학생들을 대신하여 그들이 써낸 소견의 불명료하고 부정확한 부분에 대하여 질문을 하는 일이 절대적으로 필요하다. 주입식 교육에 관한 이 주제는 그러한 소견서 공부의 취지를 살리는 데 특히 적합하다고 말할 수 있다. 주입식 교육에 관한 자신의 고정관념을 반성적으로 고찰해 보는 동안에 학생은 어쩌면 자신이 이때까지 받아 온 교육은 방법 면에서 누구나 말하는 것처럼 '나쁜' 방법이 아닐 수도 있다는 것, 어쩌면 그것은 교육의 '유일한' 방법이며 그 방법을 통해서도 피교육자는 얼마든지 독자적인 견해를 발전시킬 수 있다는 점에 생각이 미칠지도 모른다.

소견 5】 시험의 의미
(시험에서 높은 점수를 받았다는 것이 - 적어도 '지식교육'에서는 - 교육을 잘 받았다는 증거가 될 수 있는가? 두 가지는 전혀 무관한가? 그렇다면 시험 점수는 우리에게 무엇을 알려 주는가?)

소견서 공부의 이 단계에 와서 학생들은 열심히 생각하는 학생일수록 생각에 갈피를 잡지 못하고 갈팡질팡 어떻게 해야 할지를 모르게 된다. 학생들은, '지식교육에 관한 한' 시험이 교육의 성공 정도를 판단하는 객관적 증거가 된다는 것을 부정할 수 없다. 그들은 이것이 입시 위주 교육에 관하여 자신이 말한 내용과 들어맞는지를 생각하게 되고,

입시(시험)의 결과가 교육의 성공 정도를 보여주는 객관적 증거가 된다면 입시위주의 교육도 순전히 '나쁜 교육'이라고만은 볼 수 없다는 것을 받아들일 수밖에 없게 된다. 그 반면에, 만약 입시위주 교육에 문제가 있다면 시험의 결과가 교육의 성공 정도를 보여 준다는 것도 그만큼 믿을 수 없는 것으로 된다. 그리하여 학생들은 시험의 의미에 관한 딜레마–시험의 결과와 교육의 성공 정도 사이의 관계를 긍정할 수도 부정할 수도 없는 사태–에 빠진다. 학생들 중에는 '지식교육'이 교육의 유일한 부분도, 중요한 부분도 아니라는 점을 들어서 이 딜레마에서 벗어나려고 하는 사람도 있다.

다른 주제에 관해서도 대체로 그러하지만, 특히 이 주제에서와 같이 자신의 생각이 '난관'–딜레마, 진퇴양난–에 부딪치면 학생들은 그 문제에 관한 강의자의 견해가 어떤 것인지 알고 싶어 한다. 여기에 대하여 강의자는 '소크라테스적 아이로니'–'나도 모른다'–를 나타내어 보일 수도 있다. '올바른 견해'가 무엇인가에 상관없이, 학생들이 자신의 知的지적 부족을 느낀다는 사실은 그 자체로서 의미가 있는 것이다. 그러나 또한, 강의자는 이 문제에 대하여 『교육과정 탐구』의 증보자료, '교육평가의 타당도 : 재해석'과 『지식의 구조와 교과』 제10장 '재는 학력과 가르치는 학력'에 나타난 자신의 견해를 보여줄 수도 있다. 요컨대, 시험은 교육을 하고 난 '뒤에' 그 '결과'를 객관적 증거에 의하여 판단하고자 하는 행위이며, 그것을 교육의 '목적'으로 삼아서는 안된다는 것이다. 시험 점수는 교육의 '실패' 정도를 보여 줄 수 있되 '성공' 정도는 보여 줄 수 없으며, 따라서 그만큼 교육의 결과를 판단하는 근거로서 한계가 있다.

소견 6】 지식교육과 인간교육
('오늘날 교육은 지식은 가르치지만—또는 지식을 가르치기 때문에—인간은 가르치지 못한다'는 말은 옳은가? 인간을 가르치지 못하는 지식교육은 왜 하는가? 지식교육이 아닌 인간교육의 방법은 어떤 것인가?)

학생들은 거의 전적으로, 지식교육과 인간교육은 별개이며 인간교육을 위해서는 지식교육 이외에 그것과는 다른 교육이 필요하다는 생각을 가지고 있다. 사실상, 이 생각은 우리 사회에 뿌리 깊이 박혀 있고 널리 퍼져 있는 통념—올바른 교육을 위해서는 그 타당성이 철저하게 검토되어야 할 통념—이 되어 있다. 학생들은, 인간교육은 '지식'에 관한 문제가 아니라 '정서'에 관한 문제이며, '지식'을 가르쳐서 달성되는 것이 아니라 '인간다운 마음씨'를 길러서 달성된다고 생각한다. 학생들은 그 증거로서 '지식교육' 면에서는 뛰어난 사람들이 끔찍한 '비인간적인' 행위를 저지르는 사례를 증거로 제시하기도 한다. 또한, 학생들은, 지식교육은 인간교육 이외의 중요한 목적—실제적 문제해결—을 달성하는 데에 도움이 된다고 생각한다.

전혀 과장이라고 할 것도 없이, 이 통념의 근거를 따지는 데는 10년 이상의 교육학 공부가 필요하다. 소견서의 한 주제를 다루는 짧은 시간으로는 어떠한 '이론적' 논의도 학생들의 그 통념을 뒤집는 데에 충분하지 않다. 이 단계에서 할 수 있는 일은 기껏해야 학생들이 가지고 있는 생각이 그야말로 '명백하게' 옳은가를 자문하도록 이끄는 것뿐이다. 예컨대 어느 모로 보나 훌륭한 '지식인'이 나타내는 비인간적인 행위가 지식교육과 인간교육이 별개의 것이라는 명백한 증거가 되는가? 지식을 가르치는 것 이외에 '인간적인 마음씨'를 기르는 방법은 과연 어떤 것인가? 현재 학생들 자신이 적어도 어느 정도로는 '인간교육'을 받은 상태에 도달해 있다고 할 때, 학생들의 그 상태는 어떤 종류의 '교육'을 통하여 형성된 것인가? 등등.

소견 7】 교육과 사회발전
(교육은 사회 발전에 기여하는가, 또는 기여해야 하는가? 사회발전은 무엇을 뜻하는가? 만약 오늘날의 교육이 사회발전을 가져오지 못한다면—또는 가져오는 데에 부적합하다면—어떤 교육이 그 일을 할 수 있는가?)

학생들은, 교육은 '당연히' 사회발전에 기여해야 하며, 또 상당한 정도로는, 기여해 왔다고 생각한다. 그 증거로서 학생들은 우리나라가 이룩한 경제적 발전은 교육의 성과라는 점을 든다. 학생들이 생각하는 사회발전은 경제적인 면에서의 발전을 (중요한) 한 부분으로 포함하고 있지만 그 이외에도 정치, 도덕, 예술 등 다양한 분야를 포함하고 있으며, 따라서 올바른 의미의 발전에서는 이들 여러 분야(특히 인간적인 또는 도덕적인 면)의 발전이 '균형 있게' 이루어져야 한다고 생각한다. 학생들 중의 일부는, 사회발전에 기여하도록 하기 위해서는 교육이 사회에 대한 '비판 정신'을 길러 주어야 하는데 현재의 교육은 이 면에 별로 성공을 거두고 있지 못하다는 견해를 표명하기도 한다. (그 학생 자신이 가지고 있는 '비판 정신'은 현재의 교육이 아닌 다른 교육을 통하여 길러진 것인가?)

이 마지막 견해를 표명하는 학생들은 대체로 교육이 사회발전의 '도구나 수단'으로 전락해서는 안된다는 식의 발언을 한다. 그러나 교육이 사회발전의 도구나 수단이 되어서는 안된다면 교육은 사회발전에 대하여 어떤 관계에 놓여 있어야 하는가? '수단-목적의 관계'가 아닌 다른 관계로 파악할 때 교육과 사회발전의 관계는 어떤 것인가? 현재의 사회가 아닌 '이상적' 사회를 건설하는 데에 앞장서는 교육도 결국은 '수단'이 아닌가? 교육과 사회발전을 수단-목적의 관계의 진정한 대안에 의하여 관련짓는 방법은 양자를 개념상으로(또는 논리적으로) 관련짓는 것이다. 다시 말하여 사회발전의 의미는 교육의 의미와 별도로, 또는 교육받은 상태를 생각하기 이전에 미리 결정될 수 있는 것이 아니며, 전 국민이 비교적 성공적으로 교육받은 상태가 곧 사회발전을 규정한다는 것이다. 문제는 '전 국민이 성공적으로 교육받은 상태'라는 것이 무엇을 뜻하는가에 있다. 이것은 전 국민이 우러러 보는 '정신적 지도자'에게 자문을 구하여 알아낼 수 있는 것이 아니라 현재 일어나고 있는 교육을 들여다봄으로써 알아내어야 할 문제이다. 여기에는 '이론'이 필요하다.

소견 8】 교사와 도덕

(교사는 다른 사람들보다 더 도덕적인 사람이어야 하는가? 이때 '도덕적'이라는 말은 무엇을 뜻하는가? 도덕적 인간이 아니면서 훌륭한 교사가 되는 것은 불가능한가? 도덕적인 사람이 되는 더 중요한 교사의 자질이 있다면 그것은 무엇인가?)

교사는 학생에게 지식을 가르칠 뿐만 아니라 (또는 지식을 가르침으로써) 학생을 도덕적 인간으로 형성해 주는 사람이므로, 교사가 도덕적인 면에서 다른 사람의 모범이 되어야 한다는 것은 명백하다. 대다수의 학생들은 이런 방향으로 생각한다. 그들의 견해에 의하면 학생(피교육자)이 도덕적인 인간으로 형성되는 것은 교사의 모범을 '모방'함으로써 가능하게 된다. 그러나 학생 중에는, 이때까지의 소견서 공부에서 영향을 받았기 때문이겠지만, 놀랍게도, 교사는 다른 사람과 동일한 정도의 도덕성만 갖추는 것으로 충분하며 교사이기 때문에 특별히 더 도덕적인 인간일 필요는 없다는 견해를 표현하는 사람들이 있다. 그들의 견해에 의하면, 교사에게 중요한 자질은 사회의 다른 사람들이 공통으로 따르는 '도덕'에 있는 것이 아니라 자신이 가르치는 교과에 관한 이해와 애착에 있으며, 이것이 바로 교사의 가장 중요한 '도덕'이다. 이 도덕이 결여된 교사는 아무리 통념상의 도덕을 갖추고 있다 하더라도－다시 말하여 도덕적으로 문제가 없다 하더라도－교사로서의 자질을 갖추었다고 보기 어려우며, 반대로 통념상의 도덕에는 문제가 있는 교사라 하더라도 교과에 관한 이해와 애착을 갖춘 교사라면 그는 훌륭한 교사일 수 있다.

이런 뜻에서의 '교사의 도덕'이 지식에 연원을 두고 거기서 파생된다는 것은 분명하다. 그러나 그런 '교사의 도덕'이 또한 통념상의 도덕으로 연결되는가, 또는 그 반대로, 교과에 관한 이해와 애착이 있는 교사라 하더라도 통념상의 도덕에서는 결함을 나타내는 것이 가능한가? 그리하여 문제는 다시 '지식교육과 인간교육'으로 돌아간다.

소견 9】 道도와 교육목적

(바둑, 꽃꽂이, 야구시합, 수도공사 등, 상이한 활동을 통하여 道統도통의 경지에 이를 수 있는가? 이 경지에 공통된 의미가 있을 수 있는가? 만약 그 의미를 '도'라고 부른다면, 도를 교육의 목적으로 삼을 수 있는가? 이런 의미에서의 교육목적은 지식교육의 목적과 동일한가?)

이 주제에서 '여러 활동들에 공통된 도통의 경지'로서 학생들은 그 활동들을 '열심히' 한다든지 '정성들여' 한다든지 '끈기와 인내심'을 가지고 한다는 것과 같은, 활동의 '방식'을 든다. 아마 이것은 '도통한 사람' 또는 '道師'도사라는 말의 일상적 의미에 영향을 받았기 때문일 것이다. 그리고 이렇게 생각하는 학생들은 그것을, '물론', 교육의 목적으로 삼을 수 있으며 지식교육의 목적도 사실상 그것과 다르지 않다고 말한다. 그러나 또한 학생들 중에는 도통한 사람의 경지인 '도'는, 비록 그것을 교육의 목적으로 삼을 수 있다 하더라도, 지식 교육의 목적과는 비교도 할 수 없을 정도로 높은 경지를 나타내며 지식을 가르쳐서 그 목적에 접근한다는 것은 애당초 무리라는 견해를 표현하는 사람도 있다.

이 중의 어느 쪽 견해를 가지고 있든지 간에 학생들의 생각은 지식교육에 관한 그릇된 통념을 반영한다. 첫째로, 사람들은 흔히 지식교육의 의미나 가치를 그 '내용'(교과내용)에서 찾으려고 하는 것이 아니라 그것을 공부하는 동안에 부차적으로 습득되는 태도와 자세에서 찾으려고 한다. (지식교육의 가치를 '내용'에서 찾는 사람들은 그것을 실제적 문제해결에 둔다.) 여러 가지 활동을 '잘'한다고 할 때의 '잘'이라는 말을 활동의 방식－열심히, 꾸준히, 등등－으로 규정하는 경향은 바로 그러한 생각에서 나온다. 그러나 예컨대 바둑을 '열심히' 하는 것과 꽃꽂이를 '열심히' 하는 것 사이에 무엇인가 공통된 의미가 있는가는 의문이다. 이 경우에 열심히 하는 것은 바둑이요 꽃꽂이일 뿐 바둑과 꽃꽂이가 공통으로 추구하는 '도'는 아니다. 만약 여러 가지 활동들이 추구하는 진정한 '도'－활동의 방식이 아닌, 활동을 통하여 도달하는 가상적 최종상태－를 생각한다면 그것은 지식이 추구하는 최종 목적과 다르지 않다는 점에 생각이 미칠 수도 있을 것이다. 차라리, 지식교육은 활동을 통하여 도달할 수 있는 도를 집중적으로, 집약적으로 추구한다고도 말할 수 있다.

소견 10】 교육에서의 인간존중
(교육은 일종의 강제 행위이며 강제 행위는 원칙상 인간 존중의 원리에 위배된다. 학생을 인간으로 존중하기 위해서는 교육이라는 강제 행위를 하지 말아야 하지만, 또한 교육은 학생을 인간으로서 완성시키는 일이기도 하다. 그러므로 교육은 학생을 인간으로서 완성시키기 위하여 인간존중의 원리를 어긴다는 逆說역설—파라독스—에 직면한다. 이 역설은 해소될 수 있는가?)

이 주제는 이 책의 제1장(문제의 성격)에 나와 있는, 교육의 개념에는 필연적으로 도덕의 문제가 개입한다는 주장을 스스로 실감하고 그것을 각자 자신의 생각으로 말해 보라는 요청이다. 학생들은 교육은 '강제 행위'라는 것을 '놀랍지만 받아들여야 한다'고 말하고 그 강제 행위가 도덕적으로 정당한 것이 되려면 피교육자의 인간적 권리를 존중하는 방식으로 이루어져야 한다고 말한다. 더 구체적으로 말하자면, 교육은 피교육자의 흥미와 자발성에 입각해야 하며 그것을 최대한으로 존중해 주어야 한다는 것이다.

학생들의 이러한 생각 또한 사회에 널리 퍼져 있는 '아동중심 사상', 또는 보다 최근의 용어로 '소비자 중심 교육'의 아이디어를 반영하고 있다. 그러나 이 나중의 '소비자 중심 교육'이 나타내는 것과 같은, 교육과 경제체제의 비유는 지적으로 그릇될 뿐만 아니라 도덕적으로 위험하다. 그것은 교육의 기초를 근본적으로 흔들어 놓는다. 교육에서의 학생은 경제체제에서의 소비자와는 달리 자신에게 무엇이 '필요'한지를 알 수 있는 위치에 있지 않다. 만약 학생이 그것을 안다면 그는 이미 교육을 받은 상태에 있으며 따라서 교육을 받을 필요가 없다. 학생들에게는 피터즈의 '내재적 정당화'가 그 원래의 의미대로 이해되지 않는다.

소견 11】 교육에서의 평등
(모든 학생에게 획일적인 교육내용─주지교과─을 가르치는 것은 평등의 원리에 위배되는가? 만약 이것이 평등의 원리와 무관하다면, 교육에서의 평등은 어떤 방법으로 실현되어야 하는가? 아니면 교육은 개념상 평등과 무관하거나, 나아가서는 평등과 양립불가능한가?)

대체로 말하여 학생들은 위의 질문에 나타나 있는, '교육과정 사회학'에서 때로 대두되는 주장－학생의 계층 배경에 따라 더 '적합한' 교육내용이 따로 있으며, 그 차이를 무시하고 획일적인 내용을 부과하는 것은 평등의 원리에 어긋난다는 주장－에 대해서는 그다지 심각하게 생각해 보지 않는 듯하다. 학생들이 심각하게 생각하는 것은 사회적으로 불리한 여건에 처해 있기 때문에 양적으로나(취학 연한) 질적으로(우수한 학교) 교육에 쉽게 접근하지 못하는 것은 기회균등의 원칙에 어긋난다는 점이다. 학생들에게 평등은 민주주의적 교육의 으뜸가는 특징으로 간주되며 평등의 원리에 어긋나는 교육은 결코 올바른 교육이 될 수 없다고 생각된다. 이 점을 특히 강조하는 학생들은 '교육의 기회균등'만으로는 평등이 충분히 실현된다고 보기 어려우며, 궁극적으로는 '결과에서의 평등'이 보장되어야 한다고 주장한다. 이 점에서 보면 현재 우리 사회가 나타내고 있는 '학력 위주의 풍조'는 하루 빨리 시정되어, 교육이 계층구분을 조장하는 일이 없도록 해야 한다는 것이 당연한 귀결로 따라 나온다.

평등이라는 원리는 복잡하고 다면적인 것이기 때문에 그것이 교육에 적용될 때 어떤 의미를 가져야 하는가에 관해서는 어떤 단순화된 견해도 올바른 것이 될 수 없다. 어떤 관점에서 보면, 교육은 평등이 아닌 '차등'의 원리에 입각해 있으며 '차등'을 만들어내는 것을 목적으로 삼는다고 말할 수도 있다. 모든 사람을 똑같이 (잘) 교육한다는 것은 교육의 성격상 실현 불가능하다. 그러므로 문제는 교육의 과정이나 결과에 있어서 어떤 차등이 도덕적으로 부당하며 어떤 차등이 용납되거나 심지어 장려되어야 하는가를 가려내는 데에 있다. 교육에서의 평등의 원리가 '일반화'되기 어려운 것은 당연하며, 모든 원리에 우선하는 가장 포괄적인 '초원리'가 될 수 없는 것 또한 당연하다.

소견 12】 좋은 세상, 나쁜 세상

(우리가 살고 있는 이 세상은 좋은 세상인가, 나쁜 세상인가? 이것을 판단하는 데에 동원되어야 할 단 한 가지 '지배적인' 근거는 무엇인가? 그 판단이 어느 쪽으로 내려지든지 간에, 우리는 자라나는 세대에게 세상이 어떻다고 가르쳐야 하는가?)

우선, 이 질문의 의미에 관하여 약간의 설명을 붙일 필요가 있다. '이 세상은 좋은 세상인가 나쁜 세상인가'라는 질문에 대하여 명백하게 타당한 대답은 이 세상에는 좋은 점도 있고 나쁜 점도 있다는 대답일 것이다. 세상은 좋기만 하거나 나쁘기만 한 것이 아니라 좋기도 하고 나쁘기도 한 것이다. 이 주제가 요구하는 것은 이런 '타당한' 대답이 아니다. 그것이 요구하는 것은 '단 한 가지 지배적인 근거'에 의하여 좋거나 나쁘다는 판단을 하라는 것이다. 다시 말하여, 이 세상에 좋은 것이 많이 있지만 '이것 하나만으로 보아' 나쁘다면 나쁜 세상이라든지, '이것 하나만으로 보아' 좋으면 좋은 세상이라고 할 때의 그 '이것 하나만'이 무엇이며 그것으로 판단했을 때 이 세상은 어떤 것인가 하는 것이다.

판단의 '결과'를 보면, 학생들은 절대 다수(9대 1 정도)가 세상을 나쁜 것으로 생각하며 좋은 것이라고 생각하는 학생은 극소수이다. 놀라운 것은, 나쁘다는 판단을 하는 학생들이 제시하는 근거는 명확하고 구체적인 의미를 가지는 반면에 좋다는 판단을 하는 학생은 '사랑'이라든가 '질서'와 같은 추상적인 근거를 제시하거나 그것과는 완전히 반대로 '자신을 사랑해 주는 사람이 있다'는 식의, 보편적인 것과는 거리가 먼 私的사적인 근거를 제시한다는 것이다. 더욱 놀라운 것은, 이 세상을 나쁘다고 생각하는 학생도 자라나는 세대에게는 세상이 좋다는 것을 믿도록—세상의 문제점이 모조리 해결되어 누구도 나쁘다는 생각을 할 수 없도록(?)—가르쳐야 한다고 말한다는 것이다.

그러나 학생들은 위의 문제에 대하여 스스로 '교육받은 사람'으로 생각하면서 '교육받은 사람'의 관점에서 판단하는가? 만약 가상적으로 완전하게 '교육받은 사람'에게 위의 판단을 하라고 한다면 그는 어떤 판단을 하겠는가? 가령 여기에 바하 음악에 대하여 이 세상의 어떤 것과도 바꿀 수 없는 '절대적인' 가치를 인정하는 사람이 있다고 하자. 그에게는 낙동강에 폐수가 넘친다든지 상인들이 농산물 원산지 레이블을 가짜로 붙이는 것 따위는 전혀 문제가 되지 않는다. (물론, 그도 그것이 나쁜 줄 모르는 것은 아니다.) 그에게는 바하가 있는 한, 이 세상은 나쁜 세상일 수가 없는 것이다. 세상이 아무리 넓고 크더라도 그에게는 바하가 곧 세상이며 바하 이외에 따로 세상이 없다. (서양의 사랑노래 가사에 나오는 'You are my world'는 결코 허언이나 과장이 아니다.) 이런 상태에 있는 사람이 몇 명쯤 있으리라는 것은 상상하기가 불가능한 것이 아니다. 그러나 '빛은 직진한다'는 과학적 지식에 관하여, 빛의 직진이라는 지식이 있는 한, 이 세상은 나쁜 세상일 수가 없다고 생각하는 사람을 상상할 수 있는가? 학생들은 받아들이기 어려울지 모르지만, 우리가 학교에서 가르치는 지식은 어떤 것이든지 바하 음악이나 빛의 직진과 같은 것이 될 수 있다. 만약 우리 자신이 그런 상태에 있지 않고 또 그런 상태에 있는 사람을 상상할 수 없다면, 그것은 오로지 '완전하게' 또는 비교적 만족스러울 정도로 교육하기가 그만큼 어렵기 때문이다. 자라나는 세대에게 세상이 좋다는 것을 가르치기 위해서는 그것을 입으로 외칠 것이 아니라 그 '단 하나의 지배적인 근거'를 교육에 일관된 것으로 생각하도록 이끌어야 한다. 그것은 '비교적 만족스러운 정도로' 교육하는 것 이외의 다른 것이 아니다.

위에서 간간이 언급하기는 했지만, 소견서 공부 그 자체에 관해서는 그 이외에도 '할 말이 태산 같다.' 여기서는 그 중에서 세 가지를 말하고자 한다. 첫째로, 소견서 공부의 첫 단계에서는 특히 강의자와 학생들 사이에 감정적으로 마찰과 대립이 빚어질 가능성이 있다. 소견서 공부를 원만하게 이끌기 위해서는 강의자가 학생의 소견에 대하여 질문을 할 수밖에 없으며, 이런 사태에 익숙하지 않은 학생들은 그것을 개인적인 평가나 모욕으로 받아들일 수 있는 것이다. 그러나 이 문제는 학기가 진행됨에 따라 학생들이 강의자의 그 질문을 진정한 교육적 善意선의로 받아들이면서 쉽게 해결되고 나아가서 학생들은 그것에 대하여 고마운 마음을 가지게 된다. 둘째로, 독자는 아마 교재 공부와 소견서 공부의 관계에 관하여, 주축은 교재 공부요 소견서 공부는 그것의 보조수단이라고 생각할지 모르지만, 반드시 그런 것은 아니다. 강의자가 언제나 학생에게 고백하는 바와 같이, 학생들의 소견서 모음은 다른 어떤 것보다도 훌륭한 '교재'이며, 강의자가 소견서 이외에 별도로 교재를 사용하는 것은 소견서를 십분 활용할 능력과 자신이 부족하기 때문이다. 셋째로, 소견서 공부를 이끄는 강의자의 입장이 아닌, 이 책의 저자의 입장에서 말하자면, 학생들이 소견서에서 발표하는 생각은 거의 전적으로 존 듀이의 『민주주의와 교육』에 나와 있는 것들이다. 그 책 번역본의 역자 해설에서 저자는 다음과 같이 말하였다—'학생들이 당연하다고 생각하고 무심히 하는 말들, 그것은 거의 그대로 『민주주의와 교육』에 들어 있는 것들이다 …… 그것은 존 듀이의 이론 자체가 전부터 보통 사람들이 가지고 있던 통념("상식")을 말한 것이기 때문인가? 그렇지 않으면 존 듀이의 이론이 그동안 많은 사람들에게 널리 받아들여져서 오늘날에는 상식화되었기 때문인가?' 어느 쪽이든지 간에, 저자는 또한, '듀이의 교육관이 극복되지 않는 한, 교육학은 존재할 수 없다'고 말하였다. 듀이의 교육관을 극복하는 데는 '이론'이 필요하다. 이 책과 소견서 공부는 그 이론 공부의 기회로서 적합하지도 않고 충분하지도 않다. 다만 학생이 여기서 이론 공부의 필요성을 느끼기만 한다면 그것만으로도 그것은 큰 성과를 거두었다고 말할 수 있다.

2. 중간 및 기말 고사 문제(예)

이 증보자료를 여기에 수록한 취지는 주석・증보판 서문에 설명되어 있다. 고사 문제지에는 하단에 대체로 다음과 같은 '주의사항'이 인쇄

되어 있거나 구두로 전달되었다. 1) 견해의 주체를 명시할 필요가 있을 때에는 '강의자', '수강자', '논평자' 등의 호칭을 사용할 것('강의자'가 누구인지는 명백하다. '수강자'는 그 문제를 작성한 가상적인 인물이며, '논평자'는 지금 답을 쓰는 학생 자신이다.), 2) 교재의 한 부분을 인용할 때에는 인용부호를 붙이고 페이지를 명기할 것, 3) 가급적 강의 내용을 이해했다는 증거를 보일 것, 4) 사고의 전개가 문단 조직에 명백히 나타나도록 할 것. ('수강자'의 견해에 찬성하는가 반대하는가는 성적에 전혀 영향을 미치지 않으며, 어느 쪽으로 논평을 하든지 간에 그 근거가 타당해야 한다.) 고사 시간은 언제나 2개 교시(약 100분)이었다. 학생들은 답안을 작성하는 데에 '젖 먹던 힘'을 쏟았으며, 거의 매 학기 학생 중의 한두 명은 시간이 부족하여 감독자를 고사 시간이 훨씬 지나도록 붙잡아 두었고 감독자 또한 별로 개의치 않았다. 성적은 대체로 A0에서 C-에 이르는 8등급으로 주어졌으며, 극히 드문 일이지만 D도 없었던 것은 아니다. A+는 강의자도 쓸 수 없을 만큼 훌륭한 답을 썼을 경우에 주어졌다.

학기 첫 시간에 '강의자'는 '한 학기 동안 공부한 분량은 한 학기 동안 노트에 쓴 분량이다'를 받아 적게 했다. (다시 말하여, '나는 노트에 쓴 것은 별로 없지만 공부는 많이 했다'는 말은 강의자에게는 '통하지' 않는다.) 사실상, 강의자의 이 방침을 충실히 이행한 학생만이 A+를 받을 답안을 쓸 수 있었다.

1

현재 우리나라에 살고 있는 사람이라면 누구든지 오늘날 교육에는 중대하고 심각한 문제들이 산적해 있다는 것을 알고 있다. 그리고 수강자와 같이 교육학을 공부하려고 대학에 들어온 사람은 당연히 그런 문제를 해결하는 것을 자신의 임무로 생각하고, 대학에서의 교육학 강의 또한 그런 문제를 해결하는 데에 직결되리라는 기대를 가지고 있다. 그러나 수강자의 관점에서 볼 때 이번 학기의 교육학 개론 강의는 그 기대를 철저하게 외면한다. 학기가 절반이 지난 오늘까지 그 강의는 한국 교육이 당면하고 있는 현실적 문제점을 본격적으로 거론조차 하지 않으며, 이 경향은 학기말까지도 달라질 기미를 보이지 않는다.

강의자가 교재로 사용하고 있는 그의 저서 『교육의 개념』부터가 그러하다. 강의자는 그 책의 제1장에서 '교육의 정의는 강령적 성격을 띤다'는, 일견 매력 있고 그럴듯해 보이는 주장을 하지만, 그 뒤의 제2장에서는 오로지 정범모 교수의 정의와 관련된 여러 가지 문제들－행동의 의미, 공학적 사고방식의 특징으로서의 수단-목적 관계, 사실적 관련과 개념적 관련의 차이 등－로만 논의를 일관하고 있다. 이런 것들이, 현실적 문제의 해결은 고사하고 그 문제를 명료화하는 데에 무슨 도움을 줄 수 있는가는 전혀 불분명하다. 강의의 상당 부분을 차지하는 '소견서'에 관해서는 더 말할 필요가 없다. 만약 누군가가 강의실 바깥에서 '교육받은 사람의 모습', '학교교육의 필요성', 등등에 관하여 글을 쓰고 토론을 하는 우리의 모습을 지켜본다면, 그 사람은 필시 우리가 교육의 현실적 문제는 젖혀 두고 한가한 지적 유희를 하고 있다는 한탄을 금할 수 없을 것이다.

여기에 대하여 아마 강의자로서도 할 말이 있을지 모른다. 가령 대학은 소란하고 긴박한 현실이 아닌, 초연하고 고답적인 이론을 공부하는 상아탑이라는 것이다. 그러나 분명히 말하여, 이런 종류의 시대착오적인 발상은 창백하고 무기력한 지식인의 현실 도피에 도움이 된다는 것을 제외하고는, 하등의 적극적 의의를 가질 수 없다.

논평하라.

2

강의자는 『교육의 개념』이라는 그의 저서의 첫 부분에서 교육의 개념은 교육에 관한 특정한 문제의식을 반영한다고 말하면서 그 책이 고찰하고자 하는 세 가지 교육의 개념은 주로 그것이 반영하는 문제의식에 의하여 구별된다는 것을 시사한다. 교육의 '공학적 개념'을 소개하는 부분에서 강의자는 공학적 사고방식의 특징을 수단-목적 관계로 규정하고 교육의 공학적 개념은 교육과 그 목적을 수단-목적 관계로 파악한다고 말한다.

수강자는 여기까지는 별다른 이의 없이 받아들일 수 있다. 강의자 자신이 지적하고 있듯이, 일체의 활동에는 목적이 있으며 따라서 일체의 활동은 수단-목적 관계에 비추어 파악될 수 있다. 교육도 활동인 만큼 교육에도 수단-목적 관계가 적용될 수 있다. 뿐만 아니라, 공학적 개념에 기초가 되는 교육의 문제의식은 바로 교육이 그 목적을 달성하는 데에 효과적인 수단을 강구하지 못한다는 점에 있다는 것도 수강자에게는 쉽게 납득된다.

그러나 위의 지적에 뒤이어 강의자는 '교육의 경우에는 교육을 하기 전에 목적이 주어져 있는 것이 아니라 …… 교육활동 그 자체가 교육의 목적을 정립해 나가는 일이라고 볼 수 있다'(2:42)는, 수강자로서는 도저히 납득할 수 없는 주장을 하고 있다. 수강자가 보기에, 이러한 주장은 오로지 공학적 개념에 대하여 대안적인 개념이 있을 수 있다는 것을 보이려는 강의자의 의도로 말미암아 허위로 날조된 것이 분명하다. 위의 주장에 이어지는, 우리는 교육의 목적을 모르는 상태에서도 교육을 하고 있다는 식의 설명은 설명이 될 수 없다. 만약 이것이 그 설명이라면 우리는 교육을 잘못하고 있는 것이다. 무엇보다도 그 주장은 교육도 활동이라는, 강의자 자신의 지적과 모순된다. 무슨 목적을 달성하려고 하는지가 사전에 명백히 정해져 있지 않은 활동은, 마치 기착할 항구가 정해져 있지 않은 채로 인천 앞바다에 떠 있는 배가 한 치도 나아갈 수 없는 것과 같이, 도대체 이루어질 수 없을 것이다.

사실상, 강의자의 그 터무니없는 주장에 대해서는 보다 타당한 설명이 주어질 수 있다. '우리의 교육적 유산'이라는, 강의자의 또 다른 글에 의심의 여지가 없이 명백히 나타나 있는 바와 같이, '교육활동 그 자체가 교육의 목적을 정립해 나간다'는 강의자의 주장은 봉건적 계급사회에서 전혀 실용성이 없는 공리공론을 일삼던 특권적 지배계급이 여가활동을 교육이라는 이름으로 미화하는 것 이외의 아무것도 아니다.

논평하라.

3

교육의 개념과 관련하여 현대 교육학의 가장 중요한 공헌은 아동존중(또는 일반적으로 피교육자 존중)을 교육의 제1원리로 부각시켰다는 점에 있다. 존 듀이의 교육이론에 명백히 드러나 있는 바와 같이, 이 원리는 피교육자의 흥미와 필요를 교육의 기초로 삼아야 한다는 것을 뜻한다. 전통적인 교육의 폐단은 한마디로 말하여 이론적인 면에서나 실제적인 면에서 이 원리를 도외시했다는 것으로 요약될 수 있다. 그와 마찬가지로, 교육의 개념은, 적어도 현대적인 것이 되려고 하면, 이 원리를 준수하지 않으면 안된다.

피교육자의 흥미와 필요를 존중하는 실제적 교육방안으로 듀이가 제안하는 것은 교과를 '유목적적 활동' 또는 '실제적 문제해결'과 관련짓는 것이다. 듀이는, 교과는 실제적 문제해결 활동의 수단이 된다는 점에서, 그리고 그 수단이 될 때 비로소, 가치를 가진다고 주장한다. 듀이의 이 주장은 바로 교과가 삶과 관련을 맺어야 한다는 주장이기도 하다. 피교육자의 삶은 다름 아닌 실제적 문제해결의 연속이며, 교과가 이러한 의미에서의 삶과 관련을 맺도록 하는 것이 피교육자의 흥미와 필요를 존중해 주는 유일한 방법이다.

이 점에 비추어 강의자가 그의 『교육의 개념』의 마지막 절에서 듀이의 교육이론을 취급하는 방식에는 수강자로서 도저히 수긍할 수 없는 면이 있다. 강의자는 '개인보다 더 큰 것이 있다는 믿음'(5:22)을 교육의 기본가정 또는 최종결과(즉, 교육의 제 1 원리)로 내세우면서, 듀이의 교육이론은 '교육의 개념을 부정하는 교육의 개념'(5:24)을 제시한다고 말하고 있다. 강의자는 분명히 다르게 생각하겠지만, 수강자가 보기에 그 '개인보다 더 큰 것'을 이념으로 하는 삶은 있는 그대로의 삶이 아닌, 추상적, 관념적인 삶이며, 피교육자의 이익을 존중하는 삶이 아닌, 누군가에 의하여 허위로 날조되고 강압적으로 부과된 삶일 뿐이다. 이런 삶을 교육의 목적으로 내세우는 교육의 개념이 있다면 그것이야말로 교육의 개념을 부정하는 교육의 개념이다.

논평하라.

4

강의자는 명백히 교육의 '성년식 개념'의 도입에 해당한다고 생각되는 부분에서 수강자로서는 참으로 납득하기 어려운 주장을 하고 있다.

강의자는, 오늘날 흔히 '주지교과'로 일컬어지는, 학교교육의 대부분을 차지하는 교육내용은, 그것이 생활에서 당면하는 문제를 해결하는 데에 아무런 도움이 되지 않는다는 바로 그 점에서, 교육의 내용으로서 정당성을 가진다는 것을 강하게 시사하고 있다. 그런 교과가 생활의 필요와 무관하다는 것을 일단 받아들인다고 하더라도, 강의자의 그 주장은 그 자신이 상당히 설득력 있게 제시한 교육의 정의(또는 개념)의 '강령적 성격'에 비추어 도저히 받아들일 수 없다.

그가 지적한 바와 같이, 교육의 정의의 강령적 성격이라는 것은 그 정의에 시사된 교육 프로그램이 '도덕적 기준'에 합당한가의 여부에 비추어 그 정당성이 사정될 수 있다는 것을 뜻한다(1:20). 누구나 인정할 수 있듯이, 교육은 '인간다운 인간'을 길러내는 일이다. 교육의 정의(또는 개념)가 '도덕적 기준'에 합당한 것이 되려면 그것은 누구나 인정하는 이 보편적인 관념에 부합되지 않으면 안된다. 생활에서 당면하는 문제를 원만하게 해결하지 못하는 사람은 인간으로서 확실히 부족한 면이 있으며, 그와 마찬가지로 그런 사람을 길러내는 교육은 올바른 교육이라고 말하기 어렵다.

물론 '인간다운 인간'은 단순히 유능한 생활인을 가리키는 것이 아니라 그보다 더 근본적으로 '도덕적인 인간'을 가리킨다. 주지교과가 교육의 내용으로서 하등 문제될 것이 없다는 주장을 정당하게 할 수 있으려면 그것이 유능한 생활인을 길러내지는 못할망정 도덕적인 인간을 길러내는 데는 도움이 된다는 것을 보일 수 있어야 한다. 교과교육(도덕과 교육 제외)을 성공적으로 받은 사람 중에도 도덕적으로 의심스러운 행동을 하는 사람들이 많이 있다는 것은 사실로서 입증되고 있으며, 도덕적인 인간―인간다운 감정과 태도를 가진 인간―은 교과 수업이 아닌 그 밖의 기회를 통하여 길러진다는 것을 누구나 알고 있다.

강의자가 하듯이 주지교과를 교육의 정당한 내용으로 내세우는 것은 결국 옛날 봉건사회에서의 양반교육을 교육의 올바른 형태로 내세우는 것이다. (사실상 강의자는 '우리의 교육적 유산'이라는, 읽는 사람에게 실소를 자아내는 글에서 그 주장을 하고 있다.) 다시, 누구나 알고 있듯이, 양반교육은 생활에 무능한, 그러면서도 과거에 급제하여 부당한 특권을 누리는 '비도덕적인 인간'을 길러내었다. 강의자는 분명히 다르게 생각하겠지만, 교육학도로서의 우리의 사명은 오늘날의 교육현실을 지배하고 있는 그 그릇된 유산을 하루빨리 청산하는 데에 있다.

논평하라.

5

자신이 쓴 『교육의 개념』의 마지막 장에서 강의자는 수강자가 보기에 명백히 교육의 개념에 관한 그 자신의 견해라고 생각되는 것을 피력하는 중에 교육의 개념에 포함되어야 할 한 가지 요소로서 교육에 있어서의 개인의 위치를 들고 있다. 그는 '개인보다 더 큰 것이 있다는 믿음은 교육의 기본가정인 것과 동시에 교육을 통하여 한 개인이 깨달을 수 있는 최고의, 최종의 지혜'(5:22)라고 말하면서 그 책의 앞부분에 제시된 교육의 세 가지(또는 적어도 두 가지) 개념은 바로 그 점을 뒷받침해 주고 있음을 시사한다. 그는 더 나아가서 교육에서의 개인을 밧줄 속에 묻혀 그것을 이어나가는 삼실 오라기에 비유한다(5:23).

교육에 있어서의 개인의 위치가 교육의 개념에 포함되어야 할 한 가지, 아마도 핵심적인 요소가 된다는 점에 대하여 수강자는 강의자와 의견을 같이한다. 그러나 그 위치를 규정하는 방식에 있어서 수강자는 의견을 달리한다. 그리고 그 문제가 교육의 개념에서 핵심적인 의의를 가지는 만큼 이 의견의 차이 또한 그만큼 근본적인 것이라고 말할 수 있다.

강의자의 견해에 의하면, 교육에 관한 한, 개인은 '아무것도 아닌 존재'이다. 그러나 교육을 받아나가는 과정은 현재 살고 있는 삶 또는 장차 살아갈 삶과 분리될 수 없는 만큼, 앞의 '교육에 관한 한'이라는 단서는 특별한 의미를 가질 수 없으며, 결국 강의자의 말대로라면 개인의 삶 그 자체가 아무것도 아닌 것으로 된다. 개인은 오직 '지식의 형식'이라고 불리는 인류의 지적 유산, 또는 '집단적 의식'이라고 불리는 제도의 정신적 요소라는, 그 자체로서 실체를 가지지 않는 허구적인 관념에 종속되어 자신의 삶을 희생하지 않으면 안된다. 물론 강의자 자신도 잘 알고 있겠지만, 인류의 역사는 그 허구적인 관념이 단순히 허구적인 관념에 그치는 것이 아니라 거의 언제나 국왕의 절대 권력이나 귀족의 횡포라는 구체적인 현실로 표현될 수 있음을 보여 주었다. 그리하여 개인을 교육에 종속시키는 강의자의 견해는 르네상스에서 불란서 혁명을 거쳐 현대 민주주의로 이어지는 사상적 발전의 흐름을 반대 방향으로 되돌려 놓는 것에 해당한다.

이 점에 비추어 보면 강의자가 '교육의 개념을 부정한다'고 극언한 존 듀이의 교육의 개념은 강의자의 견해보다 월등하게 타당하다. (그와 마찬가지로, 듀이의 견해를 강의자와 같은 방식으로 파악할 때 그것이 강의자의 견해와 맞지 않는다는 점도 이해된다.) 듀이에 의하면 교육(그리고 삶)에서 중요한 것은 개인이 당면하는 문제를 해결하여 삶을 효과적으로 영위해 나가는 것이다. 인류의 지적 유산이나 제도의 정신적 요소는 개인을 초월하는, 개인이 종속되어야 할 대상이 아니라 삶의 문제해결을 위한 수단이며 그 가치 또한 여기에 국한된다. 이 명백한 사실을 부정하는 교육의 개념이야말로 '교육의 개념을 부정한다'.

논평하라.

6

강의자는 그의 『교육의 개념』에서, 교육의 정의는 '강령적 정의'에 속한다고 말하고 있다. 이 말에 담겨 있는 한 가지, 아마도 가장 중요한 의미는, 교육을 정의하는 사람은 교육의 '실제'－교육의 내용과 방법을 결정하는 일－에 영향을 미치려고 한다는 데서 찾아볼 수 있을 것이다. 말하자면 그 사람은 자신의 그 정의에 의하여 종래의 교육 프로그램에 변경을 가하려고 하거나 그 프로그램의 특정한 측면을 두드러지게 부각시키려고 하는 것이다.

그 책에서 강의자는 또한, 교육의 정의에 관해서는, '약정적 정의'의 경우와는 달리, 옳고 그름의 문제가 제기될 수 있고 또 마땅히 제기되어야 한다는 것을 대단히 강조하고 있다. 강령적 정의에서 이 옳고 그름의 문제는, 그 정의가 종래의 관례적 語義어의를 충실히 반영하고 있는가를 묻는 '언어적 질문'의 형태를 띠는 것이 아니라, 그 정의에 함의되어 있는 실제적 조치가 도덕적으로 올바른가를 묻는 '도덕적 질문'의 형태를 띤다. 이 '도덕적 질문'에 관하여 강의자는, '일상적인 의미보다는 훨씬 광범위한 의미에서의 도덕적 판단에 관계되며, 여기에는 일일이 열거할 수 없는 복잡한 고려사항이 개입된다'고 말할 뿐, 그 이상의 자세한 설명을 하지 않는다.

그런데, 수강자의 입장에서 보면, 복잡한 고려사항이 개입되어 있다는 그 '도덕적 판단'이라는 것이 과연 어떤 것인지가 대단히 궁금해진다. 그럴 수밖에 없는 것이, 그 후 교육내용의 두 유형을 설명하는 단계에 와서 강의자는, 대다수의 사람들이 교육(내용)을 통하여 얻고자 하는 것(행복, 부귀와 명성, 안락한 생활 등)은 교육의 (강령적) 정의와 무관할 뿐만 아니라 심지어 그것에 정면으로 역행한다는 식으로 말하고 있는 것이다. 도덕의 의미에 관한 철학적 논의는 차치하고라도, 교육의 정의와 관련하여, 그 정의에 함의된 실제적 조치가 옳은가 그른가의 질문이 제기될 때, 그 대답이 대다수의 사람들에게 옳은 것으로 납득되어야 한다는 것은 부정될 수 없다. 이 점을 도외시한 '도덕'이라는 것이 무엇을 위한 것인지는 아무도 알지 못한다. 그러므로 수강자의 입장에서는 강의자의 그러한 교육관이 혹시 '도덕'이라는 허울 좋은 이름으로 극소수의 지배자들이 대다수의 대중을 기만하고 억압해 온 역사적 과오를 되풀이하려는 것이 아닌가 하는 의구심을 떨쳐 버릴 수 없다.

논평하라.

7

피터즈의 성년식 개념과 뒤르껭의 사회화 개념은 교육을 정의하는 방식에 있어서 근본적인 공통점을 나타내고 있다. 즉, 양자는 모두 교육을 통하여 개인이 받아들여야 할 '초개인적인' 기준을 교육의 목적으로 설정하고 있다는 것이다. 성년식 개념에서 그것은 문명된 삶을 사는 인간으로서 마땅히 전수받아야 할 '지식의 형식'이며, 사회화 개념에서 그것은 한 사회의 제도화된 행동에 내재되어 있는 '집단적 의식'이다. 피터즈와 뒤르껭에 의하면, 교육을 받는 동안에 개인은 이 두 가지 기준 또는 목적에 스스로를 종속시키지 않으면 안된다. 그리고 이것은, 물론, 교육받는 개인이 지식의 형식이나 집단적 의식의 대표자로서의 부모나 교사 또는 일반적으로 '어른들'의 권위에 복종해야 한다는 것을 의미한다.

교육의 두 개념이 나타내고 있는 위와 같은 공통점은 존 듀이의 교육의 개념과의 대비에 의하여 더욱 날카롭게 부각된다. 듀이의 견해에 의하면, 교육을 통하여 전수되는 내용은 현재의 개인에게 관심 또는 흥미를 일으키는 활동(즉, 유목적적 활동, 또는 실제적 문제해결 활동)을 위한 수단이 되어야 하며, 이런 관점에서 보면 지식의 형식과 집단적 의식은 듀이가 모든 교육이론의 치명적 결함으로 지적한, '현재 개인의 활동과 유리된 고정불변의 목적'(5:29)에 해당한다. 인류의 공적 유산이라든가 사회의 존속이라는 명목으로 학생(또는 자녀)의 관심이나 흥미와 무관한 교사(또는 부모)의 표준(즉, 지식과 도덕)을 일방적으로 강요하는 것은 개인으로서의 학생이 올바른 인간으로 성장하는 데에 도움이 되지 못하는 것 이상으로, 그를 '기계와 노예'(5:29)로 만드는 데에 기여한다. 삶은 실제적 문제사태의 연속이며, 동물이 아닌 인간으로 살아간다는 것은 매순간 부딪치는 문제사태를 다른 사람이 아닌 개인 자신의 지력과 의지에 의하여 해결해 나가는 것을 의미한다.

논평하라.

8

'오늘날 교육은, 지식은 가르치지만 인간은 가르치지 않는다'는 말은, '요새는 經師경사(지식을 가르치는 교사)는 있어도 人師인사(인간을 가르치는 교사)는 없다'는 말과 함께, 현재의 교육, 현재 교사가 수행하는 주된 역할에 대한 근본적인 비판을 나타내고 있다. 그러나 교사는 위의 말로 마음이 동요된다든지 사회에서의 자신의 역할에 대하여 자책감을 가질 필요가 없다. 위의 말을 하는 사람들은 아마, 교사는 지식보다도(또는 지식과 함께) 인간을 가르쳐야 한다고 주장하겠지만, 만약 그들이 참으로 이러한 주장을 한다면 그들은 당연한 사실을 그릇된 주장에 사용하는 셈이다.

첫째로, 위의 말에는 지식을 가르치는 것과 인간을 가르치는 것이 별개의 것으로 간주되어 있으며, 이 점에 대해서는 의심의 여지가 없다. '지식'이라는 것이 학교의 교과에서 다루어지는 내용을 의미한다면, 그것을 배우는 것이 보통의 의미에서의 '인간다운 인간'이 되는 데에 도움이 된다고는 볼 수 없는 것이다. 둘째로, '인간을 가르치는 일'을 중요시하는 사람들이라고 하여 지식의 실용적 가치－지식이 물질적인 면에서의 편의와 번영을 가져다준다는 점－를 덜 중요시하는 것은 결코 아니다. 특히 오늘날과 같이 치열한 국제 두뇌경쟁에서 살아남기 위해서는 더욱 철저한 지식교육을 해야 한다는 것은 그들도 잘 알고 있다.

교사의 입장에서 보면, 교사는 지식을 가르치는 일만으로도 시간과 정력이 모자란다. '인간을 가르치는 일'이 정확하게 어떤 것인지 분명하지는 않지만, 적어도 그것이 위와 같은 불평을 하는 사람들이 생각하는 그런 것이라면, 인간을 가르치는 것이 교사의 본령에 속한다고 보기는 어렵다. 사태가 이러하다면, 교사는 지식을 가르치고, 인간을 가르치는 일은 교사 이외의 다른 사람에게, 또는 학교 이외의 다른 교육적 영향에 미루는 수밖에 없을 것이다. 그러므로 '지식은 가르치지만 인간은 가르치지 않는다'는 앞의 말은 그것의 통상적인 함의와는 정반대로, 말하자면 교사가 그의 일을 살봇하고 있다는 뜻으로서가 아니라 오히려 그가 당연히 해야 할 일을 하고 있다는 뜻으로 해석되어야 한다.

논평하라.

9

피터즈에 의하면 교육은 개인을 인간다운 '삶의 형식'에 입문시키는 행위이며, 그것을 위하여 개인은 '지식의 형식'을 배우지 않으면 안된다. '삶의 형식'이라는 용어에 이미 시사되어 있는 바와 같이, '지식의 형식'을 배우는 일은, 적어도 피터즈의 견해에 의하면, 개인의 선택이나 판단에 맡겨질 수 있는 문제가 아니라 그야말로 인간이기를 거부하지 않고는 거역할 수 없는 절대적 명령이다. 그러나 이와 같은 피터즈의 교육관은 도덕적인 면에서 근본적인 문제를 내포하고 있다. 개인의 가치와 존엄성은 어떤 명분으로도 침해되어서는 안되며, 개인의 선택과 판단을 초월하여 정당성을 가진다는 것은 있을 수 없다. 피터즈의 교육관은 때로는 신의 이름으로, 때로는 왕이나 체제의 이름으로 교육이 개인의 자유를 억압하는 수단이 되어 온 역사적 전철을 방지하지 못하는 것은 물론이요, 나아가서는 그것을 되풀이하는 데에 기여할 가능성이 있다.

이와 동일한 문제점을 반대편에서 지적할 수도 있다. 이른바 '선험적 정당화' 또는 '논리적 가정에 의한 정당화'라고 불리는 피터즈의 '교과의 정당화 방식'은 교과를 배우는 것이 가치가 있다는 것을 개인에게 납득시키는 데에 목적이 있다기보다는 개인의 '심리'와는 무관한 '논리적 수준'의 정당화이며, 그것은 결국 '교과는 어째서 배워야 하는가'라는 질문 그 자체를 무효화하는 것이다. 그러나 이것은 '정당화'의 정상적인 의미에 위배된다. 피터즈의 '정당화'가 정당화로서의 올바른 의미를 가지려고 하면, 그것은 개인에게 교과의 가치를 적극적으로 제시하여야 한다. 그리고, 만약 피터즈가 이런 의미에서의 정당화를 하려고 했다면 그는 틀림없이 '현재 개인이 당면하고 있는 실제적 문제해결'을 교육의 목표로 삼는 듀이와 마찬가지로, 교과의 가치를 개인의 복지나 행복과 관련하여 설명할 수밖에 없었을 것이다. 교과가 개인의 복지나 행복과 무관하게 가치를 가진다는 피터즈의 정당화는 개인 존중이라는 도덕의 기본원리에 위배된다.

논평하라.

10

『교육의 개념』이라는 책의 저자는 스스로 한 가지 근본적인 혼란에 빠져 있고 그 결과로 독자를 혼란에 빠뜨리고 있다. 그 책의 첫머리에서 저자는 '강령적 정의'라는 용어를 빌어서, 교육의 정의는 반드시 현재의 교육에 대한 문제의식을 나타내고 있으며 그 문제의식에 대한 지적 반응으로서 '교육은 이러이렇게 해야 한다'는 강령 또는 처방을 제시한다고 말한다. 그러나 이 점이 그 후 교육내용의 두 가지 유형을 말할 때의 저자의 생각과 어떻게 조화될 수 있는가 하는 것은 오직 신만이 알 수 있다. 저자는 교육내용의 두 유형으로서 '하는 지식'과 '보는 지식'을 들고, 전자가 '바깥'(즉 외부 사태)의 변화를 목적으로 하는 것과는 달리, 후자는 '안'(즉, 학생의 생각 또는 안목)의 변화를 목적으로 한다는 요지의 말을 하고 있다. 이 구분은 일견 타당하고 그런대로 재미있어 보이기도 한다. 그러나 독자로서 도저히 간과할 수 없는 것은, 교육의 정의가 강령이나 처방을 제시하는 한, 그것은 외부 사태에 변화를 일으키기 위한 '하는 지식'(교육은 이러이렇게 해야 한다)에 속한다는 것이다. 만약 이 점을 인정한다면, 저자는 아마 다음 두 가지 중의 어느 하나를 선택해야 할 것이다. 즉, 자신이 그 책에 쓴 내용은 성격상 퓨즈 갈아 끼우는 법이나 김치 담그는 법에 해당하며 그 책에 의존하는 강의 또한 특별히 대학 강의실을 필요로 하지 않는다는 것을 인정하거나, 그렇지 않으면 저자가 그토록 애지중지하는 '하는 지식', '보는 지식'의 구분을 철회하는 것이다. 아마, 저자는 위의 어느 쪽으로도 마음이 내키지 않을 것이다. 저자가 답답해하는 것도 무리가 아니다.

논평하라.

11

『교육의 개념』의 저자는 그 책의 마지막 부분에서 '개인보다 더 큰 것이 있다'는 믿음에 관하여 말하면서, 이 믿음은 교육을 성립시키는 기본전제임과 동시에 교육을 통하여 개인이 도달할 수 있는 최종목표가 된다고 말하고 있다. 물론, 개인보다 더 큰 것이 있다. 그것은 개인의 관-개인이 죽어서 들어갈 관-이다. 그러나 이와 같이 개인의 관이 개인보다 더 크다는 의미에서가 아닌, 그것과는 다른 의미에서의 '개인보다 큰 것'은 아무것도 없으며, 하물며 그것에 관한 믿음이 교육의 기본전제와 최종목표가 되는 것은 더욱 아니다. 교육은 어디까지나 개인을 위한 것이어야 하며 개인의 행복을 증진시키기 위한 것이어야 한다. '행복의 증진'이라는 말을 어떤 뜻으로 해석하더라도 '개인보다 더 큰 것이 있다'는 믿음을 가지게 되는 것이 '행복의 증진'에 도움이 된다고 볼 수는 없다. 뿐만 아니라, 인류의 역사가 증명하는 바와 같이, 저자가 내세우는 이른바 '개인보다 큰 것'은 때로는 신의 이름으로, 때로는 왕의 이름으로, 개인을 억압하고 착취하는 이념적 도구가 되어 왔다. 다행하게도 인류는 그 '개인보다 큰 것'의 억압으로부터 개인의 이익을 보호하는 방향으로 진보적 사회사상을 발전시켜 왔다. 저자의 교육관은 이 역사의 흐름을 거꾸로 돌려놓으려는 以卵擊石이란격석의 어리석음을 저지른다. 저자의 입장에서는 다르게 보이겠지만, '개인이 당면하는 현실적 문제의 해결'을 교육의 목표로 삼는 듀이의 교육이론은 분명히 인류의 진보를 약속한다.

논평하라.

12

누군가 우리 강의실 바깥에서 다음과 같이 말한다고 하자—그대들은 침으로 동정이니 경멸을 받아 마땅한 자들이다. 예컨대 그대들은 빛은 직진한다는 원리와 퓨즈를 갈아 끼우는 방법이 교육의 내용으로서 각각 어떤 성격을 가지고 있으며, 만약 그 두 가지 중의 어느 하나를 가르쳐야 한다면 어느 것을 가르쳐야 하는가 하는 문제를 논의하고 있다. 이 문제에 관하여 그대들이 하는 말—말하자면, 빛의 직진이라는 예로 대표되는 교과는 관련 현상을 보는 안목 또는 개념적 수단이 되는 반면에, 퓨즈의 예로 대표되는 교과는 사태의 실제적 변화를 일으키는 데에 유용하다는 것, 그러나 양자의 '유용성'은 전혀 성격이 다른 것이어서, '유용성'의 의미를 후자에 고정시키면 전자에는 하등의 유용성이 없다는 것 등—을 들어 보면 그런대로 재미도 있고 일견 참신한 매력도 있어 보인다. 그러나 중요한 것은, 그대들은 귀중한 대학 강의를 하찮은 지적 유희에 허비하고 있다는 것이다. 그대들은 진심으로 '교육'에 관심을 가지고 있다고 말할 수 있는가? 그렇다고 말할 수 있으려면 그대들은 빛의 직진과 퓨즈에 관한 '머리카락을 가르듯' 세밀한 고찰이 교육의 여러 측면(아니면, 어느 한 측면만이라도), 또는 교육을 그 한 측면으로 하는 삶을 이해하는 데에 무엇인가 빛을 던져 줄 수 있다는 것을 보여야 한다. 나는 그대들이 이 일을 할 수 있으리라고 보지 않는다.

내가 보기에 그대들은 그 하찮은 지적 유희에 온통 정신이 팔려, 강의실 밖의 생생한 교육 문제에는 전혀 생각이 미치지 않는다.

이 '바깥 사람'에게 답변할 말이 있는가? (물론, 그의 말에 전적인 공감을 표시할 수도 있다. 그러나 이 방향으로 답안을 쓰고자 하는 사람은 먼저 강의실 안의 사람이 할 수 있는 답변을 상상해 보고 그것이 정당한 답변이 될 수 없다는 식의 '2중의 답안'을 써야 할 것이다.)

13

교육방법의 한 가지 유형으로서의 '교화'는 '이데올로기'와 개념상 관련을 맺고 있다. 교화는, '수업'과는 달리, 학습자 자신의 내면적 이해보다는 외부적 결과를 얻기 위하여 '진짜 이유'가 아닌 '가짜 이유'로 학습자에게 특정한 신념이나 행동방식을 주입하는 교육방법이며, 이데올로기는 개인이 속하고 있는 다양한 종류의, 또 다양한 규모의 집단의 이익을 도모하기 위하여 진리탐구를 희생시키는 사고방식(또는 그 결과로서의 신념체계)을 가리킨다. 교화는, 이데올로기와 마찬가지로, '정당화'가 아닌 '합리화'에 의존하며, 이 점에서 그것은 '이데올로기적 교육방법'으로 규정될 수 있다.

이때까지 교육학에서 교화는 주로 '교육방법의 도덕성'이라는 관점에서 비판되어 왔다. 학습자의 내면적 이해와 그로 인한 인격적 성숙을 꾀하는 것이 학습자를 '목적'으로 취급하는 것이라면, 교화에서 학습자는 단순히 외부적 결과를 얻기 위한 '수단'으로 간주된다는 것이다. 그리고 이 점에서 보면 교화는 학습자를 인간으로서 존중해 주지 않는, '비도덕적인' 교육방법이라고 말할 수 있다.

그러나 과연 이 비판을 받아들여야 하는가는 의문이다. 우선 교화에서 실현하고자 하는 '외부적 결과'는 대부분의 경우에 학습자 자신의 욕망이나 관심에 역행하는 것이 아니라 그것과 일관된다. 뿐만 아니라, 교화와 이데올로기 사이의 개념적 관련에 의하면 이 의문은 더욱 심각해진다. 이데올로기가 추구하는 '다양한 종류의, 다양한 규모의 집단적 이익'이라는 것은 사실상 그 집단을 구성하고 있는 개인의 이익 이외의 아무것도 아니며, 더욱 중요한 것으로서, 이데올로기적 사고방식에서 배제되어야 하는 '진리 탐구'는 개인의 이익에 도움이 되는 것이 아니라 필연적으로 방해가 된다고 말해야 한다. 그러므로, 학습자를 인간으로서 존중한다는 것이 학습자 개개인의 욕망과 관심을 존중하는 것을 뜻하는 한, 또는 최소한 그 욕망이나 관심을 추구하는 데에 방해가 되지 말아야 하는 것을 뜻하는 한, '수업'보다는 '교화'가 도덕적으로 더 온당한 방법이 된다고 말해야 한다.

논평하라.

14

옛날(가령 조선시대)의 교육과 오늘날의 교육을 비교해 보면 몇 가지 차이가 있다는 것을 알 수 있다. 옛날의 교육은 소수 엘리트 집단을 대상으로 하는 데 비하여 오늘날의 교육은 대다수의 국민을 대상으로 하고 있다. 또한, 교육내용에 있어서도 옛날에는 주로 유교의 경전에 나타난 성현의 사상을 가르친 반면에, 오늘날에는 학교의 교과에 나와 있는 것과 같은 다양한 현대적 학문과 기술을 가르치고 있다. 아마 그 밖에도 여러 가지 차이를 찾아볼 수 있을 것이다. 그러나 이러한 세부적인 차이에도 불구하고 그 근본적인 '성격'에 있어서는 옛날의 교육과 오늘날의 교육이 거의 완전한 동일성을 나타내고 있다. 즉, 교육은 개인의 입신출세의 수단이 된다는 것이다. 옛날 유교의 경전은 과거시험의 내용이었으며, 그것을 배우는 것은 과거에 합격하여 당시 사회의 상류계급인 관료집단의 일원이 되는 수단이었다. 오늘날의 학교 교과 중에는 옛날 유교 경전의 비실용성을 극복하는 방안으로서 약간의 실용적인 내용이 포함되어 있기는 하지만, 그 주요부는 대학 입시 과목으로 되어 있으며, 결국 그것도 대학입시를 통한 사회경제적 상승의 수단이 되고 있다. 이것으로 보면, 옛날의 교육과 오늘날의 교육은 모두 개인의 출세욕을 만족시키기 위한 수단 이외의 아무것도 아니라고 말할 수 있다. 뿐만 아니라, 옛날과 오늘날에 일관되게 작용하고 있는 교육의 '성격' 또는 '목적'은 단순히 성격이나 목적에 그치는 것이 아니라 그 이상으로, 교육내용과 교육방법에도 영향을 미친다. 그리하여 그 결과로, 옛날의 그것에 비하여 오늘날의 교육내용과 방법이 나타낼 수도 있는 차이가 교육의 근본적 성격의 영향 속에 매몰되어 버리고 결국 교육의 전반적 특징은 옛날과 다름없는 것으로 되고 만다.

논평하라.

15

현재 학교에서 가르치고 있는 교과(즉, '지식위주의 교육'이라는 비판의 대상이 되는 교과)가 '무엇이 옳은가'에 대한 이론적 탐구로서 가치를 가진다는 것은 아마 인정해도 좋을 것이다. 그러나 교과가 오직 이 한 가지 점에서 가치를 가진다고 주장하는 것은 잘못이다. 이것은 단순히 교과를 배우는 사람의 '동기'에 여러 가지가 있을 수 있다는 뜻이 아니라, 그 교과가 '성격상' 그 이외의 다른 가치를 가질 수 있다는 뜻이다. 예컨대 물리나 역사는 이론적 탐구로서도 가치를 가지지만,

그와 동시에 생활의 편의를 제공한다든지 사회활동을 조정하는 것과 같은 실제적 이익을 가져다주며, 이 점에서도 가치를 가진다. — '포용'의 입장

위의 입장은 교과를 배우는 사람의 '동기'에 근거를 둔 것일 때에만 타당성을 가질 수 있다. 그러나 교과가 '성격상' 두 가지 (또는 그 이상의) 가치를 가진다는 것은 있을 수 없다. 왜냐하면 만약 교과가 성격상 위와 같이 두 가지 가치를 가진다면 교육(교과를 가르치는 일)은 한쪽에서 달성하고자 하는 목적을 다른 쪽에서 달성하지 못하게 하는, 원칙상 이루어질 가망이 없는 일을 하는 셈이 되기 때문이다. 위의 '실제적 이익'이라는 것은 어떤 것이든지 사람들의 욕심에 기초를 두고 있으며 사람들의 욕심을 더욱 부채질한다. 여기에 비하여 '이론적 탐구'는 우리의 욕심과는 관계없는 진리 그 자체에 헌신하는 것이며, 이 헌신은 우리의 욕심이 부질없다는 것, 올바르게 산다는 것은 욕심을 버리는 데에 있다는 것을 알도록 이끈다. 교과를 배우는 사람 중에는 교과가 욕심을 충족하는 수단이 된다고 믿고 그 때문에 교과를 배우는 사람이 있을지 모르지만, 교과의 '성격'이 여기에 있다고 보는 것은 잘못이다. — '순수'의 입장

이 두 입장 중의 하나를 택하여 변호하라. (출제자가 생각하기에 위의 두 입장은 양립불가능하다. 아니면, 그렇지 않을지도 모른다.)

16

강의자는 교육내용과 교육방법을 각각 두 유형으로 구분하였다. 이 구분을 의미 있는 것으로 받아들일 때, 그것에 대하여 다음과 같은 말을 할 수 있을 것이다. — '보는 교과'와 '하는 교과' 중 어느 것에 대해서

도 '이해를 위한 교육'과 '설득을 위한 교육'의 두 가지 방법이 사용될 수 있다는 점으로 보면 교육내용과 교육방법은 분명히 별개의 것이다. 그러나 '보는 교과'는 그 성격으로 보아 '이해를 위한 교육'이라는 방법을 요구하며, 이와 마찬가지로 '하는 교과' 또한 '설득을 위한 교육'이라는 방법을 요구한다. 이 점에서 보면 교육내용과 교육방법 사이에는 모종의 관련이 있다. 이 관련을 표현하는 한 가지 방식으로서, '보는 교과'와 '이해를 위한 교육'의 결합('제1결합'), 그리고 '하는 교과'와 '설득을 위한 교육'의 결합('제2결합')은 각각 상이한 교육의 개념을 지시한다는 점을 들 수 있다. 다시 말하면, 어떤 두 사람이 각각 '제1결합'과 '제2결합'을 교육의 올바른 형태로 생각한다면, 그들은 삶(좋은 삶, 가치 있는 삶)의 의미를 각각 다르게 파악하고 있다는 것이다. — 이 점을 설명할 수 있는가?

(위에서 말한 구분이 의미 없는 것이라고 생각하든지, 아니면 위의 추론의 어느 단계에 대해서든지 찬성할 수 없는 사람은 각각 그 입장에 따라 교육의 개념과 삶의 의미를 규정해도 무방하다.)

17

때로 교육을 '인간을 기르는 일' 또는 '인간형성의 작용'이라는 식으로 규정하는 것을 볼 수 있다. 교육을 어떻게 정의하든지 간에 이 정의에 부합되지 않는 경우는 없을 것이다. 그러나 이 정의가 충분한 의미를 가지기 위해서는 교육에서 기르거나 형성하는 인간이 어떤 인간인가가 약간은 밝혀져야 한다.

물론, 피터즈의 정의(성년식 개념)나 뒤르껭의 정의(사회화 개념)도 '인간을 기르는 일'이라는 위의 정의에 부합된다. 다시 말하면 이 두 사람의 정의는 각각 교육받은 인간의 모습을 제시하는 것으로 볼 수 있다. 대체적으로 규정하자면 그것은 각각 '교과의 가치를 알고 그것에 헌신하는 사람'(제1인간형), '사회의 공통된 표준을 내면화한 사람'(제2인간형)을 가리킨다고 말할 수 있을 것이다.

그런데 이 두 인간형 사이에 어떤 관계가 있는가 하는 문제가 대두된다. 여기에는 적어도 세 가지 가능성이 있다. 우선, 이 두 인간형은 양립 불가능하다고 보는 관점이 있다. 그리하여 성년식 개념과 사회화 개념이라는 두 가지 교육은 한 개인을 상반된 방향으로 이끌어 가며, 한 개인의 입장에서 보면 제1인간형을 실현하기 위해서는 제2인간형이 방해가 된다(첫째 가능성). 교육이 이 두 가지 서로 모순된 일을 한다는 문제를 해결하는 데에는 두 가지 가능성이 있다. 첫째로, 제1인간형과 제2인간형은 동일한 개인에서 실현되는 것이 아니라 상이한 개인에서 실현된다고 보는 관점이 있다. 역사적으로 보면 제2인간형과는 달리 제1인간형은 소수의 엘리트들이 지향했던 것이었다고 볼 수 있다(둘째 가능성). 이것은 교육의 비민주성을 나타내는 것으로 비난의 대상이 될지 모른다. 둘째로, 제1인간형과 제2인간형은, 표면상 양립 불가능하거나 모순된 것으로 보이지만, 사실은 한 가지 동일한 방향을 지시한다고 보는 관점이 있다(셋째 가능성).

위의 세 가지 가능성(또는 그 이외의 것) 중에서 어느 하나를 취하여 그 입장을 변호해 보라.

18

교과교육과 도덕교육의 관계에 관해서는 두 가지 입장이 있을 수 있다. (논의의 편의상, '도덕과'는 위의 교과교육에서 제외되는 것으로 한다.) 하나는, 교과를 가르치는 것은 도덕적 인간이 되는 데에 아무 관련이 없으며 도덕적 인간은 별도의 수단에 의하여 형성되어야 한다는 것이요(제1입장), 또 하나는 교과를 가르치는 것은 그 자체가 도덕적 인간을 형성하며 교과교육 이외에 따로 도덕교육을 할 필요가 없다는 것이다(제2입장). 이 중의 어느 입장을 취하든지 간에, 교과교육의 의미와 도덕적 인간의 특징을 다소간 규정할 수밖에 없을 것이다. 또한 이 중의 어느 입장을 취하든지 간에, 그 반대편 입장의 근거가 될 만한 것에 대하여 약간의 해명이 있어야 할 것이다. 예컨대 제1입장에서는 명백히 교과교육을 잘 받은 것으로 볼 수 있는 사람 중에도 '도덕적이지 못한' 사람이 있다는 것을 근거로 삼을지 모른다. 또한 제2입장에서는 교과 속에 사람을 '도덕적이게 하는' 요소가 이미 들어 있다는 것을 근거로 삼을 가능성이 있다.

위와 같은 점들을 고려하여 위의 어느 한 입장을 취하고 설명을 붙여보라. (위의 어느 것도 아닌 제3입장을 취해도 좋다. 다만, 어느 경우에 있어서나 강의 내용을 이해했다는 증거를 보이도록 노력하라.)

19

피터즈에 의하면, 교육은 '내재적으로 가치 있는 내용을 도덕적으로 온당한 방법으로 전달하는 과정 또는 전달받은 상태'를 뜻한다. 이 정의에 사용된 '도덕적으로 온당한 방법'이라는 것이 무엇을 뜻하는가, 그리고 어째서 그것이 교육의 개념을 한정하는 데에 사용되어야 하는가에 대하여 복잡한 논의가 있을 수 있다. 피터즈에 의하면 그것은 교육받는 사람 편에 자신이 교육을 받고 있다는 최소한의 의식이 있어야 한다는 뜻으로서, 이 한정으로 말미암아 '조건화'는 교육의 방법에서 제외된다. 다시 말하면, 조건화라는 방법에 의존하는 한, 어떤 가치 있는 내용을 전달하는 행위도 교육이라는 이름으로 불릴 수 없다는 것이다. 그러나 이것은 불필요하고 불합리한 한정이다. 조건화를 하는 사람이라고 하여 반드시 '나쁜' 의도를 가지고 있는 것은 아니며, 또한 조건화는 해당 개인에게 명백히 이익이 되는 행동 변화를 일으키는 데에 효과를 발휘할 수 있다. 가령 어떤 아이에게 파란 신호등이 켜질 때에 길을 건너가도록 '조건화'한다고 하자. 피터즈에 의하면, 이것은 그 아이 편에 '자신이 교육받고 있다는 최소한의 의식이 결여된' 경우이며 그만큼 그것은 '도덕적으로 온당한 방법'에 의한 것이 아니요, 따라서 그것은 교육의 범주에서 제외된다. 피터즈는 어떤 근거에서 그런 터무니없는 주장을 하는가?

논평하라.

20

강의자는 이번 학기의 중간고사에서 '21세기 학교교육의 과제'라는 제목으로 된 그의 글을 논평하도록 하였다. 그 답안에서 수강자는 그 글이 '21세기'라는 단어에 어울리지 않게 교육에 관한 시대착오적 발상을 나타내고 있다는 것을 지적한 바 있다. 강의자가 '회복'되기를 탄원하는 교과－그리고 그 교과를 내용으로 하는 학교교육－는, 강의자 자신이 인정하는 바와 같이, 교과공부와 일이 별도의 사회계층에 분담되던 시대를 배경으로 하여 그 시대에 적합하도록 마련된 것이다. 그 교과가, 강의자의 말로, '모든 사람이 일하고 모든 사람이 교과공부를 해야 하는'('과제', p. 7) 오늘날에 그대로 적합할 수는 없을 것이다. 교과가, 적어도 현대 사회에 적합한 것이 되려고 하면, 일(또는, 실제적 문제해결 활동, 유목적적 활동)에 도움이 되어야 한다는 것은, 위의 글에서 강의자가 논의의 희생양으로 삼은 '20세기 지식인'의 말에 반드시 찬성하지 않고서도 무리 없이 주장될 수 있는 입장이다.

그 이후의 강의에서, 그리고 교재의 3장 이하에서 강의자는 그의 그 시대착오적 교육관을 조금도 누그러뜨리지 않고 위의 글과는 약간 다른 맥락에서 그대로 되풀이하고 있다. 말하자면 교과교육과 사회화는 다 같이, 일상생활에서의 문제해결과는 무관하게, 개인으로 하여금 '삶의 형식'이나 '집단적 의식'이라는 용어로 불리는 '마음'을 받아들이도록 하는 데에 목적이 있다는 것이다. 물론, 강의자의 그러한 주장은 교재의 마지막 5장에서 '교육(또는 삶)과의 관련에서의 개인의 위치'를 말하는 부분(5:23)에서 절정에 다다랐다는 느낌이 든다. 여기서 '개인'은 삶이 의미하는 '노력과 환희와 좌절'을 겪는 주체, 또는 달리 말하여, 실제적 문제해결을 하면서 살아가는 사람으로서의 개인을 가리킨다. 강의자의 그 교육관과 비교할 때, '교육의 개념을 부정하는 "교육의 개념"을 내세웠다'(5:39)는 이유에서 강의자로부터 이론가로서는 가장 치명적인 모욕을 받은 존 듀이는 참으로 현대 사회에 적합한 진정한 교육의 개념을 제시하였다고 말할 수 있다.

강의자 자신도, 우리가 희랍의 자유민이나 조선의 양반이 살던 그 시절로 되돌아갈 수는 없다고 말하고 있다('과제', p. 7). 그렇다면 강의자는 현재 살고 있는 모든 사람을 자유민이나 양반으로 만들려고 하는가? 강의자는 어쩌면 일부러 그런 터무니없는 주장을 하면서 상식인의 건전한 교육관을 혼란시키고 거기서 은밀한 만족감을 얻고 있는지 모른다. 만약 이 짐작이 그다지 그릇된 것이 아니라면, 그의 '탄원'은 진심이 아니요, 그것에 대한 우리의 반응 또한 거짓 공감 이상의 것이

될 필요가 없다.

논평하라.

21

이번 학기 강의의 주제 중에서 가장 두드러지는 것을 찾는다면 그것은 교육받은 사람의 삶의 모습이었다고 말할 수 있을 것이다. 이번 학기의 교재이기도 한 그의 저서 『교육의 목적과 난점』에서 강의자는 여러 장에 걸쳐서 그 주제를 약간씩 다른 측면에서 취급하면서 교육받은 사람의 모습을 여러 가지 용어로 규정하고 있다. 예컨대 '이론적 삶의 자세'(6장, 7장), '삶의 형식을 따르는 삶'(12장, 13장), '안을 향한 삶'(14장, 15장)이 그것이며, 맨 마지막 20장의 원둘레 비유도 아마 동일한 의미로 해석될 수 있을 것이다.

강의에서의 강의자 자신의 말을 빌 필요도 없이, 이들 상이한 용어로 규정되는 '교육받은 사람의 삶'이 5장에서 교사에 관한 상투적 고정관념으로 제시된 '사범형 인간'과 의미상 관련되어 있다는 점은 조금이라도 주의 깊은 독자에게는 의심의 여지가 없이 명백하다. 여기에는 충분한 근거가 있다. 한 사회에서 교육받은 사람의 전형적인 모습은 현재 교육을 담당하고 있는 교사에서밖에 달리 찾을 수가 없는 것이다. 그러므로 사범형 인간에 관한 강의자의 기술은 바로 위에서 여러 가지 용어로 규정되는 '교육받은 사람의 삶'을 현상적으로 그려낸 것 이외의 아무것도 아니다. 다시 말하여, 강의자는, 교육받은 사람은 사범형 인간과 동일한 삶을 살아야 한다고 주장하는 것이다.

그런데, 강의자의 정확하고 여실한 기술에 나타나 있는 사범형 인간은, 우리 수강자 중의 누군가가 지적한 바와 같이, 명백히 '사회의 낙오자'라고 밖에 달리 표현할 수가 없다. 우선 교사가 사회의 낙오자로 살아가야 한다는 주장 자체가 대단히 받아들이기 어렵지만, 백 보를 양보하여 교사가 그러해야 한다는 것은 받아들인다고 치자. 그러나 교사뿐만 아니라 사회의 각계각층에서 일하는 모든 '교육받은 사람들'이 사회의 낙오자로 살아가야 한다는 주장은 삼척동자라도 코웃음 칠 주장이다. 이런 터무니없는 주장이 나오게 된 데는 틀림없이 강의자가 그토록 강조하는 논리적 추론과정에 무엇인가 심각한 결함이 있었기 때문일 것이다. 강의자에 대한 수강자의 우정어린 충고를 하자면, 강의자는 하루 빨리 그 결함을 스스로 찾아내고 보완하여 더 이상 세상 사람들의 웃음거리가 되지 말기를 바란다.

논평하라.

22

이번 학기의 교재로 사용된『교육의 목적과 난점』의 저자이기도 한 강의자는 그 책의 19장에서 '교육의 어려움은 교육을 받는 사람의 동기에 의하여 규정될 것이 아니라 교육의 이유에 의하여 규정되어야 한다'는 요지의 말을 하고 있다. 여기에 사용된 동기와 이유의 구분은 그 책의 2장에 언급된 99명의 하제와 100번째 하제가 담당한 일의 구분에서 시작하여 '하는 것과 보는 것', '실제적 삶과 이론적 삶', '자아의 양상의 실현과 자아의 실현' 등등, 그 밖의 거의 모든 장에서 드러내려고 하는 여러 가지 구분에 정확하게 상응한다. 약간만 세심한 독자라면 강의자의 그 책이 교육의 목적에 관하여 시종일관 동일한 주장을 개진하고 있다는 것을 쉽게 알아차릴 수 있을 것이다.

이 주장을 하는 동안 내내 강의자는 교육을 '교과를 가르치는 일'로 정의한다. 단 한 군데, 9장에서 강의자는 이때까지의 자신의 공부를 반성한다고 말하면서 '교과학습'과는 다른 '문화학습'을 교육의 의미에 포함시키는 듯하지만, 그 반성이 '교육은 교과를 가르치는 일'이라는 그의 고집에 영향을 미쳤다는 증거는 그 부분을 제외한 어느 장에서도 찾아볼 수 없다.

그런데 수강자의 입장에서 보면, 교육목적에 관한 강의자의 견해에는 도저히 납득할 수 없는 점이 한 가지 있다. 보통 사람들이 생각하기에, 교육의 목적은 일차적으로 도덕적 또는 인격적인 면에서 훌륭한 사람을 기르는 데에 있다. 아무리 고상한 학술적인 논의도 이 점을 도외시할 수는 없을 것이다. 보통 사람들의 그 생각과 관련지어 말하자면, 강의자가 '교육을 받는 사람의 동기'와 구분되는 것으로 내세우는 '교육의 이유'는 바로 도덕적인 인간 형성을 가리킨다고 보아야 한다. 그럼에도 불구하고, 강의자는 교과 공부가 '현상을 보는 안목'을 가지도록 한다는 말은 하면서도 그것이 도덕적으로 훌륭한 인간을 만든다는 점에 관해서는 명확한 설명을 하지 않는다.

수강자도 '보통 사람들' 중의 하나인 만큼, 위에서 말한 교육의 목적 -도덕적 인간의 형성-을 의심하거나 부정할 생각은 없다. 수강자가 우려하는 것은 '교육의 이유'가 그 목적으로 연결될 수 없는 한, '교육을 받는 사람의 동기'를 교육 목적의 유일 타당한 기준으로 받아들일 수밖에 없다는 것이다. '이유는 멀고 동기는 가깝다'는 강의자 자신의 밀과 같이, 개인적인 면에서의 안정된 생활과 사회적인 면에서의 풍요로운 삶 등, 교육과 관련된 동기 또한 보통 사람들의 생각을 강하게 사로잡고 있으며, 이 측면에서 규정되는 교육의 목적 또한 그릇되거나 사소하다고 볼 이유가 없다. 결국 강의자는 그의 주장을 도덕적 인간

형성이라는 교육의 목적과 관련짓든지, 그럴 수 없다면 동기에 의하여 규정되는 교육의 목적을 정당한 교육의 목적으로 내세우든지, 두 가지 중의 한 가지를 선택할 수밖에 없을 것이다. 이 선택은 후학들에게 미룰 것이 아니라 강의자 자신이 해야 한다는 것이 수강자의 우정어린 충고이다.

논평하라.

【참고문헌】

1. 郭恩惠, '교과의 범주로서의 주관적 지식 : 키에르케고르 사상의 교육인식론적 해석,' 서울대학교 석사학위 논문, 2009.
2. 師朱堂李氏, 『胎敎新記』, 1801.
3. 柳岸津, 『한국의 전통육아방식』, 서울대학교 출판부, 1986.
4. 李啓鶴, 『인격교육론』, 성원사, 1991.
5. 李元浩, 『태교』, 박영사, 1977.
6. 李烘雨 등. 『한국적 사고의 원형 : 그 원천과 흐름』, 한국정신문화연구원, 정신문화문고 19, 1988.
7. 林炳德, 『키에르케고르의 간접전달』, 성경재, 1998.
8. 鄭範謨, 『교육과 교육학』, 배영사, 1976.
9. 鄭範謨, 朴容憲, 『성취동기』, 배영사, 1969.
10. Bantock, G. H., *Studies in the History of Educational Theory*(2 vols.), Vol. I, George Allen and Unwin, 1980.
11. Bernstein, B., 'Social Class and Linguistic Development : A Theory of Social Learning,' A. H. Halsey *et al.*(eds.), *Education, Economy and Society*, Free Press, 1961.
12. Boyd, W., *The History of Education*, Adam and Charles Black, 1964 (7th and Enlarged Edition), 이홍우, 박재문, 유한구(역), 『서양 교육사』(개정 · 증보판), 교육과학사, 2008.

13. Broudy, Harry S., 'Historic Exemplars of Teaching Method,' N. L. Gage(ed.), *Handbook of Research on Teaching*, Rand McNally, 1963.

14. Brubacher, J. S., *A History of the Problem of Education*(2nd Ed.), McGraw-Hill, 1966.

15. Collingwood, R. G., *The Principles of Art*, Oxford University Press, 1938.

16. Dewey, John, *Democracy and Education*, Macmillan, 1916, 이홍우(역), 『민주주의와 교육』(개정・증보판), 교육과학사, 1987.

17. Durkheim, E., *Education and Sociology* (S. D. Fox, tr.), Free Press, 1956 (original French edition, 1925), 이종각(역), 『교육과 사회학』, 배영사, 1978.

18. Hanson, F. Allan, *Meaning in Culture*, RKP, 1975.

19. Hempel, Carl G., *Philosophy of Natural Science*, Prentice-Hall, 1966.

20. Herbart, Johann Frienrich, *The Science of Education* (Henry M. Felkin and Emmie Felkin, trans.), London : Swan Sonnenschein, 1892.

21. Hirst, P. H., 'Liberal Education and the Nature of Knowledge,' R. D. Archambault(ed.), *Philosophical Analysis and Education*, RKP, 1965.

22. Kimball, Bruce A., *Orators and Philosophers : A History of the Idea of Liberal Education*, Columbia University Teachers College Press, 1986.

23. Manheimer, J. R. J., *Kierkegaard as Educator*, university of California Press, 1977, 『키에르케고르의 교육이론』, 이홍우, 임병덕(역), 교육과학사, 2003(원저 1977).

24. Marrou, H. I., *A History of Education in Antiquity* (G. Lamb. trans.), Mentor Book Edition, Sheed and Ward, 1956(original French edition, 1948).

25. Neill, A. S., *Summerhill : A Radical Approach to Child Rearing*, Victor Gollancz, 1961.

26. Oakeshott, M., *Experience and Its Modes*, Cambridge University Press, 1933.

27. ______, 'Rationalism in Politics' in *Rationalism in Politics* (New and Expanded Edition), Liberts Press, 1991.

28. ______, 'The Voice of Poetry in the Conversation of Mankind,' in *Rationalism in Politics*, 1962.

29. Peters, R. S. *Ethics and Education*, George Allen and Unwin, 1966, 이홍우, 조영태(역), 『윤리학과 교육』(수정판), 교육과학사, 2003.

30. Price, Kingsley, *Education and Philosophical Thought* (2nd Ed.), Allyn and Bacon, 1967.

31. Proctor, R. E., *Education's Great Amnesia*, Indiana University Press, 1988.

32. Scheffler, Israel, *The Language of Education*, Charles C. Thomas, 1960.

33. Snook, I. A., *Indoctrination and Education*, 윤팔중(역), 『교화와 교육』, 배영사, 1977.

34. Taylor, A. E., *Elements of Metaphysics*, Methuen, 1903, University Paperbacks, 1961.

35. Wittgenstein, L., *Philosophical Investgations*, Blackwell, 1953.

【본문과 주석 색인】

각 항목 다음의 숫자는 장과 문단 번호를 표시하며 숫자 다음의 n은 주석을 뜻한다. 예컨대 1:24, 1:24n은 동일한 항목이 제1장의 24문단과 그 주석에 언급되어 있음을 나타낸다. 주제 색인에 나오는 ⇨는 관련 항목을 표시한다.

【인 명】

【주 제】

이홍우李烘雨

[약력]
서울대학교 사범대학 교육학과 (1961) ; 서울대학교 대학원 교육학과 (1968) ; 미국 콜럼비아 대학 (EdD, 1971) ; 서울대학교 사범대학 교수 (1971) ; 서울대학교 명예교수

[저서]
인지학습의 이론 (1973) ; 교육과정 탐구 (1977, 증보판 1992) ; 지식의 구조와 교과 (1978, 개정 · 증보판 2006) ; 교육의 목적과 난점 (1984, 제 6판 1998) ; Living, Knowing and Education (1985) ; 교육의 개념 (1991, 주석 · 증보판 2009), 성리학의 교육이론 (2000) ; 교육과정 이론 (공저, 2003) ; 대승기신론 통석 (2006)

[역서]
브루너, 교육의 과정 (1973) ; 피터즈, 윤리학과 교육 (1980, 수정판 공역 2003) ; 듀이, 민주주의와 교육 (1987, 개정 · 증보판, 2007) ; 함린, 경험과 이해의 성장 (공역, 1990) ; 마명, 대승기신론 (1991) ; 보이드, 서양교육사 (공역, 1994, 개정 · 증보판 2008) ; 만하이머, 키에르케고르의 교육이론 (공역, 2003)

[주석 · 증보판] 교육의 개념

초판 1쇄 1991년 3월 30일
주석 · 증보판 1쇄 2009년 8월 1일
주석 · 증보판 7쇄 2022년 2월 22일

지은이 | 이홍우
펴낸이 | 장후녕
펴낸곳 | 문음사
㊄ 16914 경기도 용인시 기흥구 구성로279번길 3-32
등록 가제 3-15호
전화 | 031-282-5875
팩스 | 031-624-5875

E-mail | moonumsa@moonumsa.co.kr
Homepage | www.moonumsa.co.kr

ISBN 978-89-8168-458-7 93370

인지가 없거나 파본된 책은 바꿔드립니다.

정가 25,000원